[新訳] ローマ帝国衰亡史

エドワード・ギボン
中倉玄喜 編訳

PHP文庫

○本表紙図柄＝ロゼッタ・ストーン（大英博物館蔵）
○本表紙デザイン＋紋章＝上田晃郷

文庫版の発刊によせて

およそ人類は、希望に支えられて生きてきた。

希望は先を見すえた行動を促す。やがて実ると思えばこそ、農夫は土を耕し、種を蒔く。魚が獲れると思えばこそ、漁師は海へ行って釣り糸を垂れる。

こうした習慣的な営みに関してだけではない。天災や疫病といった不慮の災難に際しても、希望は人類の生存に大いに寄与してきた。

折りしも、いま「新型コロナ・ウイルス」という感染症が世界で猛威をふるっている。わが国においても事態はきわめて深刻である。医療の問題だけにとどまらず、社会の諸活動が著しく縮退し、われわれのしかるべき生活そのものが崩壊の危機にさえ瀕している。

こうしたなか、われわれはこの先の情勢を見通しつつ、目の前の事態にしかと対応していかねばならない。そしてそのようなとき、世界史あるいはその枢要な部分を占めるローマ史が教えるところは大きく、これを紐解くことはきわめて有益である。大局観を持つこと、リーダーシップ、前例にとらわれない思考法などの重要性を、世界史なりローマ史なりは史実を通して端的に物語っているからである。

本書エドワード・ギボン著『[新訳]ローマ帝国衰亡史』は、約二十年前（二〇〇〇年）の初刊の単行本から数年後（二〇〇八年）の新書版を経て、このたび文庫版としても刊行される運びとなり、そしてそれが偶然にも、前述の通り、未曽有の悪疫の只中のこととなった。

不如意にも生じた閑暇に一献傾けて、微酔のなかで読むもよし、後日友人にローマ史を語る、あるいは友人と語り合う、ことを楽しみに読むもよし、あるいは、なお忙しい日々のなかで寸暇を見つけて休む折々に、少しずつ読み進む、これも又よい。

いずれの状況にもできるだけ良く応えることができるよう、本文庫版は編集部の熱意と創意とによって、やや浩瀚にしては最大限、手に取りやすく、読みやすい本造りとなっている。

本書や著者のことについては、このあとの既刊に寄せた冒頭の辞でそれぞれすでに触れているので、ここでは省く。では読者諸賢よ、さっそくこの不朽の名著へと頁を捲られたい。

二〇二〇年五月一日に記す

編訳者　中倉玄喜

普及版の発刊によせて

拙訳『〈新訳〉ローマ帝国衰亡史』は、二〇〇〇年十月の発刊以来、単行本のかたちで少しずつ増刷をかさねて現在にいたっている。それがこの度、このように新書〝普及版〟としても世に出されることになった。

これは、その間に育ってきた若い読者層のほかに、忙しさなどのために直に触れる機会を逸してきた社会人の方々の潜在的な期待にも応えようとしたものである。

二十一世紀に入って、われわれをとり巻く自然環境や世相には深刻な変化がみられる。当然、その影響はわれわれ一人ひとりの将来にも及ぶ。

であれば、言うまでもなく、国家にせよ個人にせよ、なんとかして明るい展望をきり開かなければならない。

このようなときに、歴史はわれわれを導く指針となり得る。なかでもローマ史は、おそらくもっともよい指針である。

なぜなら、しかるべき考察に適した時間的長さ、つまり、二千年余にもわたってさまざまな困難を閲しつつ存続し得た国家は、史上ほかにはなく、しかも現代の世界文明の主流をなす西欧文明は、ほかならぬ古代ローマを直接の起源としているからである。

そして以上のような事情から格好のローマ史を選ぶとすれば、それは（その最たる古典としての名声を確立している）エドワード・ギボンの『ローマ帝国衰亡史』であり、とくにその縮刷版に優るものはない。英米において同じような縮刷版が数多く出ている所以でもある。

ところで、ギボンがローマ帝国の衰亡の原因を明確に指摘しているかというと、実のところ、そうした指摘はどこにもない。かれは、ただ衰亡の過程を述べているにすぎない。原因そのものは、語らずして明らかだからである。あるいは、原因を読みとるのは、むしろわれわれ読者の仕事なのだろう。

いずれにせよ、本書を通してこれまで以上に多くの読者諸賢がこの不朽の名著に接し、歴史の教訓をあらたに汲みとる機会を得られるにいたったことは、大変幸いなことである。

二〇〇八年一月

中倉玄喜

はしがき

英書『ローマ帝国衰亡史』（The History of the Decline and Fall of the Roman Empire）は、近世最大の歴史家エドワード・ギボン（Edward Gibbon）の筆になる不朽の傑作です。本書はその編訳版であり、浩瀚な原著の中から各時代の代表的な章をそれぞれ選び、これを訳して一冊にまとめたものです。すなわち、希代の歴史家が語る、あの西洋古代の大国約一千五百年の歩みを、この一冊のなかで、親しく眺めることができるようになっています。

ギボンの『ローマ帝国衰亡史』は、世界をうごかした人々に感銘をもって読まれた歴史書としても有名です。なかでも著名な読者としては、英首相ウィンストン・チャーチル（同じく英首相クレメント・アトリー）、インド首相ジャワハルラル・ネルー、経済学者アダム・スミスなどを挙げることができます。また哲学者バートランド・ラッセルも、この本に魅せられた一人でした。

チャーチルは、後年、『第二次大戦回顧録』でノーベル文学賞を得ていますが、その文学的才能は、青年時代に「衰亡史」の文体を模写して英文（国語）をよく学んだことによって培（つちか）われたものでした。

この本とはじめて出遭ったときのことを、チャーチルは自伝のなかで次のように語っています。「時間に余裕のあるインドでのこの兵役の間に、少しでも教養を身につけようと思い、読書をすることにした。そこで、まずギボンからとりかかった。父もギボンが好きで、大事なところは暗記していたそうだ。このローマ史を読み出して、その物語と文章とにまったく圧倒されてしまった。馬屋から帰ってきて、外の日差しが強烈な日中の長い時間、夕暮れせまって次のポロの時間がくるまでの間、私はギボンをむさぼり読んだ」、と。

のちに当のインドの指導者となったネルーも、獄中でギボンのローマ史を読んだときの印象を、「流れるような旋律をもった文章を、どんな小説よりも夢中になって読んだ」と語っています。

また、ギボンと同時代の人であった、『国富論』の著者アダム・スミスは、書簡をとおして次のような賛辞をかれに贈っています。「わたしが直接知っている人たちだけでなく、文通している広範な人たちまで、だれもが認めていることですが、あなたは御著によって今日の欧州文壇の最高峰に立たれたわけです」、と。

最後の例である哲学者ラッセルについては、ローマ時代に一時東方で栄えたパルミュラ王国の女王ゼノビアに興味をもったときの話が伝えられています。『ケンブリッジ古代史』という本では、なんともよく得られなかった彼女の実像が、ギボンの「衰亡史」で読んだところ、眼前に彷彿として浮かび上がったということです。

では、それほどまでの名著は、どのようにして生み出されたのでしょうか？

著者エドワード・ギボン（一七三七～九四年）は、英国サリー州はパトニーの郷紳の家系に生まれています。幼いころから病弱で屋内にこもることが多く、そのため早くから読書に親しんでいたそうです。十六歳になるまでには、手に入るかぎりの東西の歴史書を読破していたといわれています。

同じ頃のことですが、ギボンにはその生涯に大きな影響を及ぼすことになる出来事がありました。自分の考えで、突然、英国国教会からローマ・カトリック教会へ改宗し、そのことのために在学していたオックスフォード大学を追われたのです。そして息子の改宗に怒った父によって、プロテスタント系の地域であるスイスのローザンヌにいる知人のもとに預けられることになったのです。その期間は、五年に及ぶものでした。

ギボンは、これが縁で、後半生を自国ではなくローザンヌで過ごすことになります。また、当地における若き日の顕著な成果としては、フランス語に堪能になったことでした。

かれは二十一歳のときに英国へもどり、その数年後あらためて、「グランド・ツアー」と称されていた欧州諸都市歴訪の旅に出ています。当時の英国紳士にとって、大陸の文化遺産を見、各地の名士と交流することは、教育の総仕上げとされていたのです。

この旅行では、欧州文明発祥の地、すなわちイタリアがもっとも重要な訪問地であったことは、言うまでもありません。そのイタリアに入り、念願のローマ市に腰をおちつけたギボンは、さまざまな遺跡をたずねて同市を逍遥(しょうよう)します。

そうしたある日の夕暮れ、カピトリーヌの廃墟の間にたたずんでいるとき、ローマ帝国の衰退と滅亡について書いてみたい、という想いが心をよぎったのでした。史跡にただよう古代ローマの荘厳さにうたれた、このときの強烈な印象については、忘れ得ない日付（一七六四年十月十五日）としてギボンの回想録に語られています。

伝えられるところによると、ギボンは当初、この歴史書をフランス語で書くつもりでいました。当時はフランス語が国際語であり、また先の事情から、この外国語を得意としていたからです。

そのような折り、親交のあった哲学者デーヴィッド・ヒュームから、英語で書いた方がよい、とのアドバイスをうけます。歴史家でもあったヒュームは、英国が発展しつつある現状を見て、やがて英語がフランス語に代わって世界でひろく使われるようになることを予見していたのでした。

しかも、英国では政治家から小学生まで、だれもがローマ史を知っている、という事情もありました。英語であれば、少なくとも国内では、多くの一般読者に読まれるにちがいない——。

ここにおいてギボンは、母国語で書くことを決意します。

かれにには、また、自分の著書には哲学性をもたせたいという思いがありました。その背景には、同時代の類書が、総じて出来事を並べただけに終わっていたからです。それまで続いていた宗教的な歴史解釈にたいして、科学的な態度をおもんじる考証学の発達がありました。しかし、延々とつづく雑多で無味乾燥なデータの寄せ集めでは、書物として読者を魅了することはできません。ギボンは、人間の行動の背後にある「歴史の法則」といったものに関する考察をもまた重視したのでした。

こうして自著の基本的な構想がきまるや、あと上梓のために為すべきことは、長年蓄積してきた膨大な歴史的知識という珠玉に、それをつらぬく糸を通すことだけでした。しかし、ギボンがこの時点でただちに本格的な執筆に入ったわけではありません。

そのまえに、英語の文体についても苦心したのでした。哲学的考察を盛ってもなお退屈になりがちな年代記を、読者にとって真に魅力あるものにするには、それを語る文章がしかるべきものでなければならないと考えたからです。回想によれば、〃ある程度〃満足できる文体を探しあてるまでに、かれは第一章を三度書き直し、第二章と第三章とをそれぞれ二度書き直したといわれています。

かくして誕生した英書『ローマ帝国衰亡史』は、一七七六年二月、初巻が発売されるや、たちまち希代の名著としての地位を確立しました。その好評ぶりは、ギボンの期待をもはるかに上まわるものでした。初版は数日にして売り切れ、すぐに増刷された第二版もたちまち完売。翌年はじめには第三版が出、隣国のアイルランドでは海賊版まであらわれるという人気でした。

ある資料によると、それはあたかも「最新情報を伝える三ペニーのパンフレット」のような、今日でいえば、薄くて安いニュース雑誌のような、売れ行きだったといわれています。また、そうして購入されたこの書物は、教養の証（あかし）として、あるいは教養への憧れから、「各家庭の食卓、いや、ほとんどすべての化粧台にまでも置かれた」といいます。

以来、ギボンのローマ史は、西欧の画期的繁栄と、なかでも英国の最たる隆盛にささえられ、とくに欧米では多くの読者を魅了してきました。その模様は、先にご紹介しました歴史的人物の例にみられる通りです。おそらく、読者諸賢におかれても、少なからず同じような感銘をおぼえられることでしょう。

しかし、本書を手にすることの意義は、そうした文学的興趣だけにとどまるものではありません。ギボン独自の魅力もさることながら、それよりはるかに重要な意義が、じつはローマ史を知ること自体のなかに存在しています。それは、わが国の行く末、さらには読者各位の人生とも、ふかく係わりのある問題です。

『ローマ帝国衰亡史』初巻の刊行から二世紀余。今日、西洋文明は人類史上初の「世界文明」となってすでに久しきにいたっています。その影響はまさに甚大（じんだい）であり、恒常的でもあります。意識されるとされざるとにかかわらず、近代日本の歩みと現状とが、そのことを如実（にょじつ）に物語っています。また、将来どのような国が世界の指導的大国となろうと、次代の世界文明が現代西洋文明の延長上に在るものであることに、疑問の余地はありません。

さらに、文明の創造にも係わることとして、国家間の競争においては、先進諸国の一員とはなり得ても、筆頭とはなり得ず衰えていった国が数多くあることを、歴史は教えています。すなわち、新興国からやがてその文明圏で第一等の国となり、時代を画した国は、ごく少数にすぎません。現代日本もまた、必然、右のいずれかの途をたどります。

では、わが国が衰微の途を回避し、東洋文明の顕揚にもつながる歴史的繁栄への途を歩むためには、いったい、どのようなことが求められているのでしょうか?

方途は、ただひとつ。それには、しかるべき文明史的判断のうえに立ち、あらためて、西洋いわゆる欧米についてよく学び、学びつくして、あらゆる面で欧米を超える以外にありません。

ここに、その努力の一環として、西洋の母体である古代ローマ帝国の歴史に、すべての日本人があえて——若干の——関心をよせるべき理由があるといえましょう。

さらに、ローマ史を一瞥することには、もうひとつ、大きな意義があります。それは、洋の東西に通じた、十全な世界観が得られるということです。すなわち、われわれは、日本人にして「世界人」ともなるのです。

「世界人」たることは、なにより一個の人間として、素晴らしい存在です。その存在は、思いにおいて、広く地球規模であり、考えにおいては、ひとつの伝統的価値観にしばられることがありません。そしてその視野の広さと思考の柔軟さゆえに、いかなる困難にも屈することがなく、やがてはそれぞれの人生において勝利します。また、人類全体の姿に通じているがゆえに、社会人としても、おのずと自国の正しい発展にも寄与し、ひいては世界の調和と繁栄にも寄与します。じつに、公私の両面からみて、あるべき存在といえましょう。

以上のように、ローマ史との邂逅(かいこう)は、われわれ現代の日本人にとって、意外にも、きわめて重要な意義をもつ出来事にほかなりません。本書『〈新訳〉ローマ帝国衰亡史』は、そうした出合いにもっともふさわしい書物であり、今回そのために邦訳、刊行されるにいたりました。

では、早速これから、皆さんとともに、そのギボンの名著をひもとくことにいたしましょう。

〔新訳〕ローマ帝国衰亡史——目次

第Ⅰ章

第Ⅱ章

第Ⅲ章

第Ⅳ章

第V章

第VI章

第VII章

第VIII章

第IX章

第Ⅹ章

第XI章

第XIV章

終章

ローマ帝国最大の版図：トラヤヌス帝の時代
カスピ海
ダキア
黒海
下
モエシア
上
モエシア
アルメニア
ビテュニア・
ポントゥス
トラキア
マケドニア
ガラティア
カパドキア
アッシリア
ピルス
アシア
メソポタミア
キリキア
ティグリス河
シュリア
リュキア・
パンピュリア
キュプルス
エウフラテス河
クレタ
ユダエア
アラビア
キュレナイカ
アエギュプトゥス
ナイル河

アントニヌス帝壁
ハドリアヌス帝壁
ブリタンニア
大西洋
レヌス河
(ライン)
下
ゲルマニア
ベルギカ
アグリ・
デクマテス
ダヌウィウス河
(ドナウ)
ルグドゥネンシス
上
ゲルマニア
ノリクム
上
パンノニア
ラエティア
アクィタニア
①
②
③
下
パンノニア
ナルボネンシス
タラコネンシス
ダルマティア
(イリュリクム)
ルシタニア
コルシカ
イタリア
バエティカ
サルディニア
シキリア
マウレタニア
ティンギタナ
マウレタニア
カエサリエンシス
地中海
①アルペス・ポエニナエ
②アルペス・コッティアエ
③アルペス・マリティマエ
アフリカ
0
600km

第I章

両アントニヌス帝時代における帝国の版図(はんと)と軍事力

＊上記は原著の見出し（以下、同）

西暦紀元二世紀、当時ローマ帝国ほど、豊かな国土を擁し、開けた社会を有していた国はなかった。そしてこの広大な帝国の辺境は、伝統と訓練のたまものである強力な軍隊によってまもられていた。

ローマの法制や習俗の影響により全属州の統一が堅固なものとなって久しく、太平のなか、すべての人民が繁栄の恩恵を存分に享受していた。また政体としては、共和制の理念が軽んじられることもなく、元老院も最高権威としての体面を保ちつつ、行政権についてはすべてこれを皇帝にゆだねていた。

かくて至福の世がつづくこと、八十有余年。まさにこの時代こそ、ネルウァ、トラヤヌス、ハドリアヌス、そして両アントニヌスと、すぐれた皇帝があいつぎ、かれらの英智と威徳によって国政がみちびかれた時代であった。

そこで本章と次章の二つの章では、まず、そうしたローマが誇った栄華について眺めるものとし、そしてそのあと、マルクス・アントニヌス帝の死去以降においては、世界の諸民族がいまなお随所にみとめ、おそらく将来もまた決して忘れ去ることのない、大いなる変動ともいうべきその衰亡について、とくに重要ないくつかの要因を明らかにしてみたい。

●——初代皇帝アウグストゥスがあたえた指針

およそローマの征服事業は、共和制時代にすでに完了していた。その背景には、元老院の政策や執政官（コンスル）の競争心、それに国民の軍事熱などがあったようだ。帝政期に入ると初期の皇帝らは、総じて既得の領土をただまもり抜くことで満足した。

かえりみれば、建国当初の七世紀間、勝利の連続であったローマが、国家の諸会議に抑制の精神をとり入れ、世界制覇の野望を擲（なげう）ったのは、アウグストゥス（初代皇帝）の功績によるものであった。

その性格からしても時の状況からしても、平和主義に傾いていたかれにとって、いまやローマは絶頂にあり、これ以上のあらたな軍事行動から得られるものはほとんどないことが、容易に見通された。遠隔地における征戦となれば、作戦はますます困難となり、戦局もいよいよ見きわめがたく、しかも領有は日増しに不安定かつ無益になっていたからである。

経験にてらしても、この判断に疑念はなかった。そこでアウグストゥスは、次のように確信した。すなわち、断固たる姿勢でしかるべく対処すれば、強猛な蛮族からさえ、ローマの安全や威厳の確保に必要な譲歩は、いつでもこれを引き出すことができるに相違ない、と。

じじつかれは、かの将軍クラッススの敗戦（前五三年）でうばわれていた軍旗と捕虜とを、わが身も兵士もパルティア人の矢面にさらすことなく、名誉ある条約によってその後回復している。

アウグストゥス帝治世の初めごろ、ローマ軍はエチオピアとアラビア・フェリックス（現イエメン）の征服を試みた。しかし、北回帰線の南一千マイル近くにまで達したものの、焼けつく暑さのために撤退を余儀なくされ、かたや争いを好まない辺境の民は、その気候ゆえに、災いをまぬがれたかたちとなった。

一方、ヨーロッパ北辺の国々で、征服の労や費えに価したところは、ほとんどなかった。たしかに、ゲルマニアの森林や沼沢地にすむ、自由を何より宝としていた蛮族など、ローマ軍との最初の戦闘で、はやその力に屈したかにみえたが、その後死力をつくして独立を奪還。アウグストゥスをして権勢のはかなさを想わしめた。

やがてこの帝政の創建者が逝（い）くや、その遺言が貴重な遺産として元老院において読み上げられた。それによれば、かれは帝国の版図（はんと）を、自然が恒久の防壁として定めたものとおもわれる境界内、すなわち、西は大西洋、北はライン、ドナウの両河、東はユーフラテス河、南はアラビアとアフリカの砂漠地帯、この域内にかぎるよう諭（さと）していた。

人類の平和にとって幸いにも、アウグストゥスが示した穏健な統治指針は、帝位を継いだ後継者たちがただちに戴（いただ）くところとなった。

恐怖心や悪徳に支配されていた初期の皇帝らは、快楽にひたり暴政にあけくれして、軍隊や属州民のまえに姿をみせることは希（ま）れであった。しかし、凱旋（がいせん）の名誉が部下の将軍たちにさらわれることには憤り、臣下の武勲は皇帝特権の不遜（ふそん）な侵害である、と主張していた。そのためやがて、蛮族よりむしろわが身の方を危うくする征服事業などくわだてず、託された辺境の防衛に専念することが、将軍たちの義務とも利益ともなっていった。

●――ブリタニアの征服

西暦紀元一世紀にローマがあらたに得た領土は、ブリタニア属州ただひとつ。すなわち、このブリタニアにかぎり、アウグストゥスの指針ではなく、むしろカエサルの範例に従ったといえようか。

ガリアの海岸に近かったことが、なによりローマ軍をまねき入れた誘因らしいが、そのほか、不確実ながら真珠がとれるという情報も、かれらを引きつけたようだ。それにもともと、ブリタニアは孤立した別世界とみなされていて、その征服が大陸の基本政策に抵触する可能性など、ほとんどなかったためでもあった。

かくして、愚昧（ぐまい）な皇帝クラウディウスが端をひらき、放埒（ほうらつ）な皇帝ネロが引き継ぎ、そして小心な皇帝ドミティアヌスが終止符をうった約四十年にわたる戦いのすえ、島の大半がローマの掌（てのひら）におちる。

ブリトン人の諸部族には、蛮勇あれど統率なく、自由を愛するの心あれど団結の心なし。怒って武器をとるも、恒心を欠き、あるときはそれを投げすて、あるときはそれを同族同士にむけた。そしてこうした有様のゆえに、個々の抵抗むなしく、つぎつぎと征服されていった。

カラクタカスの剛勇も、ボウディッカの抵抗も、ドゥルイド僧らの狂信も、必要とあればつと立ち上がって常に帝威をまもるローマ諸将のまえに、いずれもこの国の隷属をのがれることも、ローマ軍の侵攻を支えとどめることもできなかった。

宮殿内に幽閉されたドミティアヌス帝が、みずからまねいた脅威におびえていたとき、ブリタニアでは、名将軍アグリコラ指揮するローマ軍がグランピア高地のふもとでカレドニア（スコットランドの古名）連合軍を撃破し、また一方では、ローマの艦隊が未知の危険な航海をものともせず、軍事力を島の全周域に誇示していた。

いまやブリタニアの征服は、すでに完了したかの観があった。そこでアグリコラとしては、一個軍団と多少の補助軍で十分とおもわれるアイルランド攻略をもって島の完全制覇を果たしたいと考えていた。

たしかに、この島地は極西の小島とはいえ、以後貴重な領土となった可能性もあり、またブリトン人にしても、望みが皆目ないとなれば、それほどの屈辱感もなくローマ軍に屈したにちがいない。

ところが、その偉功ゆえに、かれは間もなくしてブリタニア統治から外されたのである。ここで、必然とおもわれたこの名将の遠大な征服計画も、空しく永久に挫折した――。


しかしながら、アグリコラの慧眼と深慮とは特筆に価する。なぜなら、ブリテン島が今日スコットランド湾と称する、向かい合う両入江によって大小ふたつの部分に分かれていることを見抜き、四十マイルほどのその狭い地峡沿いにすでに屯営地を設けていたからである。すなわち、離島のまえに、領土の画定だけでなく後顧の憂いを断つことまで果たしていたのだ。

爾来、現在のエジンバラとグラスゴー両市の背後にある、アントニヌス・ピウス帝のときに石造りの土台に芝をかぶせた塁壁で補強された、いわゆるこのアントニヌス帝壁が、ローマ属州の境界となった。

カレドニアの原住民は、島の北端に原始的独立を維持した。がしかし、それはかれらの武勇のためであったというより、むしろ貧しさのためであったという方が、より真実ではないだろうか。いずれにせよ、その後かれらの越境はなんども撃退され、懲罰も受けはしたものの、この地が征服されることはたえてなかった。

朔風あれ狂う荒涼たる冬の丘陵、青い霧につつまれた神秘な沼湖、裸の蛮族が鹿の群れを追う寒烈なヒースの原野――。

(親愛なる読者諸賢よ、想ってもみたまえ、この光景を)

かくて、世界でもっとも明媚、豊穣の地にすむローマ人は、この貧寒の地を蔑視し、ついにはこれに背をむけ、去っていった。

●――トラヤヌス帝による版図拡大

以上、アウグストゥス帝の死去(一四年)からトラヤヌス帝の即位(九八年)にいたるまでの帝国辺境の状況と帝政の基本政策をみてきた。これより、こうした平和な時代をもたらした先任者たちの穏健な治制を、幾多の戦征によって寸断した英主のトラヤヌスについて、筆を進めてみたい。

兵士の教育をうけ、将帥の才を有していたかれの登場に、ローマの軍隊は久しく待望していた武人皇帝の出現をみた。

トラヤヌスの偉業は、ドミティアヌス帝の治世（八一〜九六年）にローマの権威をほしいままにはずかしめていたドナウ河以遠の民族、すなわちダキア人の討伐にはじまる。この民族には、蛮族特有の強烈な好戦性に加え、生をさげすむ傾向があった。それは霊魂の不滅や輪廻（りんね）にたいする熱烈な信仰からくるものであった。

そのため、かれらとの間で闘われた激戦についてローマ軍が伝えているところによると、みずからをトラヤヌス帝の好敵手に任じていた、かのダキア王デケバルスの奮戦ぶりたるや、気力も術策もことごとく尽きはてるまで絶望するということを知らない、壮絶なものであったといわれる。

この有名な戦役は、短い休戦期間をはさんで五年つづいたが、帝国の全兵力を自由に駆使できた皇帝トラヤヌスのまえに、ついに蛮族の無条件降伏というかたちで幕を閉じた。

アウグストゥス帝の遺訓にたいする二番目の例外となった新属州ダキアは、周囲が約一千三百マイル。ドニエステル、タイス（現ティィサ）両河、ドナウ河下流域、黒海などを天然の境界とし、かつてドナウ河岸から近代史に名高いベンデリ近郊を通り、そこからさらに現在のトルコ、ロシア両帝国の国境まで延びていたローマの軍道は、いまもなおその跡をたどることができる。

皇帝トラヤヌスは、名声をもとめた。だが、歴史が建設者より破壊者の方へいっそう多くの賞賛をあたえるかぎり、高貴な人物がいだく軍事的栄光への渇望ほど、人類にとって厄介なものはない。

はたしてかれは、詩人や歴史家によって連綿と伝えられていたアレキサンダー大王賛美に競争心をあおられ、ついに東征へと乗りだしたのだ。高齢のため、名声の点でこの若き英雄に伍（ご）する可能性がほとんどないことを嘆きながらも。

ところが、その戦果たるや華々しく、燎原（りょうげん）の火をおもわせるものであった。内紛のため弱体化していたパルティアは、ローマ軍のまえに逃走。トラヤヌス帝はアルメニアの山岳地帯から揚々としてチグリス河を下り、ペルシャ湾に出、そしてこの遠海を航海したローマの将軍は後にも先にも、おのれひとりという名誉をものにし、つづいて、艦隊をしてアラビア沿岸をつぎつぎと略奪せしめ、いまやインド国境にまで近づきつつあるとして悦にいった。

一方、元老院にとっては、皇帝の進軍をしめす聞きなれない名前の国王たちとその国々の報告をうけとる驚きの連続。ボスポロス、コルキス、イベリア、アルバニア、オスロエネ、さらにはパルティアの王までもがこの老帝からじかに王冠をさずかり、メディアやカルドゥシアの山岳地帯の民族もかれに保護を乞い、アルメニア、メソポタミア、アッシリアなどの豊かな国々は属州になった、と報(しら)される。

が、それも一瞬――。まばゆいばかりの展望も、突然この武人皇帝の死（一一七年）によって暗雲をみる。慣れない軛(くびき)に苦しめられていた、かくも遠くの国々が、その強要者が消えうせたことを知って、それを投げすてることが懸念されたからである。当然といえよう。

●――内政を充実させた後継者たち

古来の伝承にいわく、ローマ諸王のひとりによってカピトリウムの神殿が造られたとき、あらゆる下級神のなかで、境界の神テルミヌスだけは、その場所をユピテル大神にさえゆずらなかった、と。

こうした頑固さは、後代ひとつの瑞兆(ずいちょう)とみなされるにいたり、卜占官(ぼくせんかん)によって「ローマの勢力に後退なし」との確たる証拠であるとされた。じじつ、この予言は外れることなく、長年にわたりその成就に寄与したのであった。

しかし、ユピテル大神の権威にさからったテルミヌス神も、ハドリアヌス帝（在位一一七〜一三八年）の力のまえには忍従を余儀なくされる。というのも、前帝トラヤヌスの手になる東方征服地の放棄こそ、この皇帝の最初の政策だったからである。

かくしてローマは、パルティア人には独立君主の選出をみとめ、アルメニア、メソポタミア、アッシリアの各属州からはローマ軍守備隊をひきあげた。そしてアウグストゥス帝の遺訓に則し、ユーフラテス河をふたたび帝国の国境とさだめたのであった。

君主の振舞いと思惑との関係を懐疑の目でみる者たちは、深慮や中庸ゆえとおもわれるこのハドリアヌス帝の政策を、羨望（せんぼう）のためだという。もっとも、卑劣さと高潔さとが交錯してやまないこの皇帝の性質をおもえば、そうした疑念もあり得ないことではない。

だが、いずれにせよ、トラヤヌス帝の征服地を維持することが自分の力量には過ぎた所行であることを明らかにした点では、はからずも先帝の卓越さをこれ以上雄弁にあらわしたやり方は、ほかにはおそらくなかったのではないだろうか？

皇帝トラヤヌスの軍事的野心と皇帝ハドリアヌスの穏健さ、その差たるや著しい。だが、それでも、ハドリアヌス帝の休む間もない活動を、アントニヌス・ピウス帝（在位一三八〜一六一年）の静かな暮らしぶりと対比させると、その差もまたひじょうに際立つ。

なにより、ハドリアヌス帝の生涯はつねに旅のなかにあった。兵士、政治家、学者などの才をあわせ持っていたかれのばあい、義務の遂行がただちに好奇心の満足につながっていたともいえる。まことに、季節や風土の違いなど意に介さず、あるときは雪深いカレドニアの丘陵を、あるときは焼けつく上エジプトの平原を、無帽、徒歩（かち）にて進んだ。このため、その治世中、皇帝行幸の栄誉を逸した州など、ひとつもなかった。

これにたいし、アントニヌス・ピウス帝は、帝座にあった二十三年間のうち、もっとも長い旅行がローマの宮殿からラヌウィウムの離宮（ローマ市のすぐ南東）までの移動にすぎなかったことからもうかがわれるように、その生涯をイタリアの胸央部で平穏のうちに送っている。

しかしながら、そうした違いはあったものの、アウグストゥス帝の基本政策については、ハドリアヌス帝にせよ両アントニヌス帝にせよ、ひとしくこれをひき継ぎ、一貫してこれを推し進めている。すなわち、帝威はまもるが、版図拡大はくわだてず、あらゆる名誉ある手段を駆使して蛮族の親交をもとめた。換言すれば、ローマの力は征服欲に動かされるものではなく、ひとえに正義と秩序の要請をうけて行使されることを万民に示したのであった。

かくして四十三年の長年月にわたり、その高貴な努力は輝かしい成果をあげた。たしかに、かれらの治世は、辺境駐屯軍の訓練に寄与した程度の小競り合いこそ何度かあったものの、総じて帝国全土が太平に終始した時代であったといってよい。ローマの名が崇敬されることは、遠い国々においても変わらず、気性の荒い蛮夷までもが、しばしばかれら同士の紛争を皇帝の仲裁にゆだねていた。ちなみに、当時の、ある歴史家によると、臣民たることをもとめて来訪したものの、ついにその願いが叶えられなかった使節を何度か見かけたことがあったという。

●――帝威を支えた兵制と軍事力

では、こうした諸皇帝の穏健さに侵すべからざる威厳をあたえていたもの、それは何であったか。それは、つねに臨戦態勢をとりつつ平和を維持していたローマ軍の武威に帰される。かれらは、正義がローマ側にあるかぎり征伐にはなんら躊躇しないことを、つねづね周辺の国々に宣言してはばからなかった。

そしてその通り、マルクス・アントニヌス帝（在位一六一〜一八〇年）の時代になると、ハドリアヌス帝やアントニヌス・ピウス帝のときには誇示するだけで十分であったその軍事力が、パルティア人やゲルマン人にたいして実際に行使された。両蛮族の敵対行動に、この哲人皇帝が激しく怒り、将軍らとともに防衛に立ち上がって、ドナウ、ユーフラテスの両流域において幾多の大勝利をあげたのである。

そこでこれより、帝国の平和と発展を支えていたその軍事力を、重要な考察の対象としてとり上げてみたい。

ローマの「共和制」がまだ本来の姿であった時代、武器の使用はひとえに、愛する国と守る財産とをもち、立法への参加が義務でもあり利益でもあった階級の市民にかぎられていた。しかし、やがて征服の進展によって社会的自由がなくなるにつれ、戦争はしだいにひとつの技術となり、また、ひとつの職業へと堕(お)ちていった。元来ローマの軍団というのは、たとえ最遠の属州における徴募であっても、なおローマ市民から成るものとされていた。そしてこの栄誉は一般に、兵士の法的資格もしくは当然の報酬とみなされていた。

だが、それよりもいっそう重視されていたのは、年齢、体力、軍事的素質などの実質面であった。したがって、徴兵は帝国の南方より北方の方が、また基本的には、都市より地方が、それぞれ良いとされ、とくに鍛冶、大工、猟師など、肉体労働の者の方が奢侈(しゃし)にたずさわる座業の者より体力も気力も旺盛だと考えられていた。いずれも、もっともなことである。

ローマ軍を指揮したのは、その大半が教育をうけた上流階級出身の将校たちであり、このことは財産による資格が撤廃されてからも変わらなかった。これにたいし兵卒は、近代ヨーロッパの傭兵(ようへい)のばあいと同様、つねに最下層から、またしばしば、ならず者からも集められた。

古代人が愛国心とよんだ公徳心は、本来、「おのれが属する自由な政体の維持と繁栄をみずからの利益である」とする強い認識から生まれるものである。

しかし、共和国の軍隊を無敵たらしめていたそうした認識も、専制君主の傭兵にはそれほど訴えるところがなかった。そのため、影響力の点ではかわらない別の動機を用意する必要があった。――名誉と宗教である。

もともと農民や職人たちの間では、軍人になることについて、ある種の思い込みがあった。すなわち、みずからの実力で地位や名声を獲得できるこの職業につくこと自体が、すでに名誉であり、出世であるとみられていた。また、武勲が顕彰されると否とにかかわらず、自分のはたらきが所属の部隊、軍団、ひいては全軍の栄辱をさえ左右しかねないのだとおもわれていた。為政者にとっては、いずれも都合のよい偏見であったといえよう。

入隊に際しては、厳粛をきわめた宣誓式が執り行なわれた。そしてその宣誓式では、絶対に逃亡せず、つねに上官の命に服し、皇帝と国家のために命をささげる誓いがなされた。

かくて畏敬の念と名誉心とで高揚した兵士たちにとって、軍の先頭にあって燦然とかがやく金鷲の軍旗こそ、情熱をささげてやまない献身の対象となったのである。したがって、危殆に際して軍旗を手放すなど、それはたんに恥辱であるだけでなく、きわめて不敬な行為であるとみられていた。

とはいえ、こうしたことはひとつの観念的な動機にすぎず、実際にはいっそう強力な、より具体性のある実質的な動機を必要とした。――恐怖と希望である。正規の俸給、ときどきの賞与金、一定期間の兵役後にあたえられる褒賞金、これらが軍隊生活の労苦をやわらげた。一方、臆病者や命令に服しない者には、かならず厳罰が科された。百人隊長は懲拳をふるうことができ、将軍は死刑を宣告できたのである。

「兵士たる者が怖るべきは、敵より上官である」というのがローマ軍紀の鉄則であった。このためローマ軍兵士は、その武勇に加え、激情に翻弄される蛮族にはみられない安定感や即応性を獲得していった。

習熟した技量のない、たんなる蛮勇だけの戦闘がいかに無意味であるか、このことをローマ人がよく認識していたことは、ラテン語でいう軍隊が訓練を意味する単語に由来していることからみても分かる。そしてその通り、まさに不断の軍事訓練こそ、ローマ軍紀の要諦であった。

新兵や若年の兵士は、終日訓練にあけくれた。いや、古参兵についても例外ではない。いかなる荒天であろうと、訓練が中断されることのないよう、冬営地には大きな兵舎が設けられ、また模擬戦の武器の重さを実戦のときの二倍にするなど、周到な配慮がなされていて、だれもが年齢や技能に関係なく、すでに習熟したものを、なおも日々反復しなければならなかった。

ただ、軍事訓練について詳述するのが本書の目的ではないので、ここでは簡単に、体力、筋力、敏捷性、優雅な動き、これらに資するものはなんであれ、すべて行なわれていたことを指摘するにとどめたい。すなわち、行進、疾走、跳躍、水泳、重い荷物のもち運び、さらには、防御と攻撃とをとわず、また遠距離戦と接近戦とをとわず、あらゆる種類の武器のとり扱い、さらには各種の展開、軍笛にあわせた戦舞の踊り方まで、徹底して教え込まれていた、ということだけを。

以上のような短い記述からも察せられるように、まさに平和のただ中にあって、ローマ人の間では戦争の訓練が日常化していた。たしかにこの事については、かれらローマ軍の兵士たちと闘った経験をもつ、当時のある歴史家(ヨセフス)が、いみじくも述べている。「実戦と訓練の違いは、血をみるか否かにあった」、と。

こうした訓練には、その奨励のために、将軍はもとより、皇帝までもが姿をみせ、みずから範を示していた。じじつ、トラヤヌス帝だけでなく、ハドリアヌス帝までもがじきじきに未経験の兵士をおしえ、熱心な者には賞をさずけ、またときには腕力や技量に賞金をかけてかれらと競いあったといわれる。

そのため、これら二皇帝の治世には戦術学が大いに進歩し、そして帝国に精気が息づいていた時代には、軍事訓練こそローマ軍紀の鑑(かがみ)とたたえられていた。

●――帝国の属州

以上、ハドリアヌス帝と両アントニヌス帝の帝威を包んだ穏健な精神とそれを支えた軍事力について説明した。

これ以降は、かれらの征服によって一度統合されたものの、現在――すなわち、著者(ギボン)が本衰亡史を著わしている十八世紀後半――では多くの独立国に分裂し、互いに相対立している、かつての属州について、できるだけ精確に述べてみよう。

ヒスパニア――ヒスパニア。この国は、ローマ帝国、ヨーロッパ、古代世界、いずれにおいてもその西端であり、自然の境界はピレネー山脈、地中海、大西洋と、一度も変わっていない。

この大半島は、当時はアウグストゥス帝によってルシタニア、バエティカ、タラコネンシスの三つの州に分けられていたが、現在は大小ふたつの王国に分かれており、かつての好戦的なルシタニア人の地を、今はポルトガル王国が占め、東部の喪失を北部の新領土で補ったかたちとなっている。

グラナダとアンダルシアの地方は、古代バエティカに比定する。残りのヒスパニア、ガリキアとアストゥリアス、ビスカヤ、ナヴァール、レオンとふたつのカステイリア、ムルキア、バレンシア、カタロニア、アラゴンなどの地はすべて、ローマ帝国第三の重要な属州を形成し、その首都の名をとってタラゴナの州、つまりタラコネンシスと呼ばれていた。

土着の蛮族のなかでは、ケルト・イベリア族がもっとも強く、カンタブリア族とアストゥリア族がもっとも御しがたい民族であった。ピレネー山脈という天然の防塞をたのんでローマに最後まで抵抗したのも、アラブの鉄鎖を最初に断ち切ったのも、かれらにほかならない。

ガリア——古代ガリアは、ピレネーとアルプスの両山脈、ライン河、大西洋にはさまれた全域に及び、現在のフランスより広い。先頃アルザスとロレーヌを獲得した強大なフランス王国の支配地に、サヴォイ公国、スイス諸県、ライン地方の四つの選定侯国、さらにリエージュ、ルクセンブルク、エノー、フランドル、ブラバント等々の領土をも含めた広さである。

アウグストゥス帝は義父カエサルが征服したこの地に法制を敷くや、ローマ軍団の進出、河川の流路、百有余の独立国にわたる、おもな国民的特徴などによく配慮しつつ、ガリアの分割を行なったといわれる。ランゲドック、プロヴァンス、ドフィネなどの地中海沿岸地域のばあい、植民市ナルボンヌの名がそのまま州名となった。ロアール河とセーヌ河との間の地は、ケルト・ガリアと呼ばれていたが、間もなくしてかの有名な植民地ルグドゥヌム（リヨン）の名を得た。

セーヌ河の彼方にあって、以前はただライン河をその境界としていたベルギウムは、カエサルの時代の少しまえに、勇武をほしいままにしていたゲルマン人によってかなりの部分が占拠されていた。

ローマにとってそうした状況は好都合であったらしく、そのため、バーゼルよりライデンにいたるライン河のガリア辺境には、上下ゲルマニア（「ゲルマニア・スペリオル」と「ゲルマニア・インフェリオル」）という、聞こえのよい名称をさずけている。

以上が、両アントニヌス帝時代におけるガリアの六つの属州、すなわち、ナルボンヌ、アクイタニア、ルグドゥネンシス、ベルギカ、およびふたつのゲルマニアの概要である。

ブリタニア――ブリタニアの征服と境界設定については、すでに述べた。この領土にはイングランド全域と、ウェールズのほか、ダンバートン、エジンバラまでのスコットランド低地が含まれる。自由をうしなう以前のブリタニアは、三十ほどの蛮族の間でさまざまに分割されていた。

こうした蛮族中もっとも勢力をなしていたのが、西部はベルガ族、北部はブリガント族、南ウェールズはシルール族、ノーフォークとサフォークがイケヌス族であった。ちなみに、習俗や言語の類似性からすると、ヒスパニア、ガリアおよびブリタニアの民はすべて、祖先を同じくする勇敢な民族であったようにおもわれる。この島では、たがいに支配地をめぐる争いが絶えなかったが、ローマ人に征服されるや、ついにはヨーロッパ属州群のなかの西端の州として収まることになった。

イタリア――ローマの征服以前、いまのロンバルディアという国は、イタリアの一部とはみなされていなかった。この地はかつて強力なガリア人が支配していて、かれらがピエモンからロマーニャまでのポー河沿いに定住し、アルプスからアペニン山脈までその勇名をとどろかせていたのである。

現在のジェノア共和国を形成している岩の多い海岸地帯は、かつてリグリア人の土地であった。ヴェニス市は当時まだ生まれていない。ただ、アディジェ河東岸に広がるこの地域には、ヴェネティア人の定住がすでにみられていた。

今日トスカナ大公国と教皇領よりなるこの半島の中央部は、古代エトルリア人とウンブリア人の地にして、イタリアはその文明の発祥を前者に負っている。ローマの七つの丘の麓を流れるティベリス（テヴェレ）河。この河よりナポリ国境にいたるサビニ人、ラティニ人、ウォルスキ人の国こそ、ローマ台頭時の戦勝の舞台であった。まさに名高いこの地において、初期の執政官らは勝利に輝き、後継者らは別荘地を飾り、子孫らは修道院を建てたのである。

今日のナポリ王国がある地域は、当時カプア族とカンパニア族がこれを治め、王国領内の他の地域には、マルシ人、サムニテス人、アプルス人、ルカニ人など、多くの勇猛な民族がすんでいた。海岸地帯には、それ以前にギリシアの植民市が栄えていたようだ。小さなイストリア州は、アウグストゥス帝がイタリアを十一の地域に分割したときに皇帝直轄の地として編入されたところである。

ライン・ドナウ両河の周辺地方——つぎに、往時ヨーロッパの諸属州をまもっていたラインとドナウのふたつの河についてであるが、これら両大河のうち、ドナウ河はライン河よりわずかに三十マイルのところに端を発し、総じて南東へ流れること、一千三百マイル余。航行可能な六十の支流を集めながら、ついには、六つの河口を通して黒海へと注いでいる。

このドナウ河周辺の諸州は、間もなくしてイリュリクム、すなわちイリュリア辺境という総称を得、帝国中もっとも好戦的とされていたところである。なお、これらの属州については、以下、ラエティア、ノリクム、パンノニア、ダルマティア、ダキア、モエシア、トラキア、マケドニア、ギリシア等々の名称のもとに、もう少しくわしく述べてみたい。

ウィンデリキ族という古名が聞かれなくなってから間もない当時のラエティア州は、アルプスの山頂からドナウ河岸までと、その水源よりイン河に合流する地点までとの間にあった。しかし、時代が下っていまは、バヴァリア選定侯が平坦（へいたん）なこの地の大部分を領有している。

一方、アウグスブルク市はドイツ帝国の保護下に入り、グリソン族はその山岳によってまもられ、チロル地方はオーストリア家（ハプスブルク家）諸州のひとつとなっている。

イン、ドナウ、サヴァ、この三河の間にある広い地域、すなわち、オーストリア、ステイリア、カレンティア、カルニオラ、低ハンガリア、スクラヴォニアなどの諸地域は、古代、ノリクムとパンノニアの名で知られていた。

この地の諸民族は気性が荒く、往時、独立状態にあったが、相互の関係が深かったことから、ローマの統治下では統合されることが少なくなかった。そのためだろう、いまではこれも一王家（ハプスブルク家）の世襲所領となっている。現にみずからをローマ人の皇帝と称するドイツ国王（神聖ローマ皇帝）の居住地も、このところにあり、オーストリア勢力圏の中心となっている。

したがって、ボヘミア、モラヴィア、オーストリア北辺部、タイス、ドナウ両河の間のハンガリア領、これらを除けば、ハプスブルク家の他の支配地はすべてローマ帝国の版図の域内にあったといっても、あながち不当ではない。

ダルマティアは、むしろイリュリクムという呼び名でよく知られ、サウェ河とアドリア海を左右にみる細長い地帯である。そして海に臨むその最良の地域は、いまも古称をとどめながら、ヴェネティア国の一州とラグーサ小共和国とに分かれている。

内陸部はクロアチアとボスニアというスラブの名で呼ばれ、前者はオーストリア総督に、後者はトルコ知事にそれぞれ服している。しかし、キリスト教圏とイスラム教圏との境はあまり判然としていない。この国にはなお数多くの蛮族が入り乱れているからである。

タイス、サヴァの両河が合流してから先のドナウの流れは、少なくともギリシアではイステルの名で呼ばれている。かつてはモエシアとダキアの境界をなし、すでに述べた通り、後者はトラヤヌス帝の征服地として、この大河以遠の唯一の属州であった。

ドナウ河左岸のテメスヴァルとトランシルヴァニアは、幾多の革命を経たのちハンガリア王国に併合されたが、これにたいし、モルダヴィアとワラキアの小公国とは、オスマン・トルコの宗主権をみとめるにいたっている。一方、中世期にセルビアとブルガリアの蛮族王国に分かれていた右岸のモエシアも、今はまたひとつとなってトルコの支配下にある。

ルーメリア地方——ルーメリアという呼称は、トラキア、マケドニア、ギリシアをふくむ広汎（こうはん）な地域をさす名称として今日もトルコ人にもちいられており、ローマ帝国支配下の一国家であった名残をとどめている。

ハイモス、ロドペの両山脈からボスポロス、ヘレスポントゥス（現ダーダネルス）の両海峡にいたる尚武（しょうぶ）の地トラキアも、両アントニヌス帝時代はローマの一属州であったところである。このボスポロスの海辺にコンスタンティヌス大帝が建設した都は、さまざまな支配者と宗教を経験した。それでも、この都がいつの時代もつねに偉大な王国の首都であったことに変わりはない。

マケドニアがアレキサンダー大王のときにアジアを支配した国であることは、読者諸賢もよくご存じのことだろう。この王国はかつて両フィリッポス王の政策によって確たる覇を堅持し、エーゲ海からイオニア海までの間にあったエピルスとテッサリアの二国を属国としていた。

つぎに、古代ギリシアで光彩を放ったテーベやアルゴス、スパルタやアテネなどがくる。しかし、これら歴史上不滅の都市がローマの属州となり、昔のアカイア同盟ゆえに、アカイア属州という通称の下にまとめられたことについては、だれもが一瞬信じがたい想いにとらわれるのではないだろうか？

ローマ帝政下におけるヨーロッパの状況については、以上の通りである。一方、アジア諸州については、トラヤヌス帝の一時的征服地も入れて、現在そのすべてがトルコの勢力圏内にある。

ただ、これらを区分するばあい、無知や専制にもとづく独断的な区分より、不変的な自然の諸相に注目するのが妥当だろう。したがって、その観点から、まずタウルス山脈とハリス河（現キジルイルマク）の西方によこたわる広大な繁栄の地をとりあげてみたい。

アジア――ローマ人が特別にアジアと呼んだこの属州（小アジアの一部）には、トロイア、リディア、フリジアなどの古王国、パンピュリア人、リュキア人、カリア人などの海洋国、さらには、芸術の点で母国の栄光に伍していたギリシア人のイオニア海植民地群などが含まれる。ビテュニアとポントゥスの両王国は、コンスタンティノポリスよりトレビゾンド（トラブゾン）までこの半島の北側にあり、南はキリキア属州がシリア山地まで延びていた。

ローマ領アシアとはハリス河で、アルメニアとはユーフラテス河で、それぞれ分かたれた内陸地帯には、往時カパドキア王国という独立国があった。

トレビゾンドの彼方にあって、ドナウ河の先にひろがる黒海北岸一帯は、ローマ皇帝の宗主権をみとめ、あるときには属王を、あるときにはローマ軍守備隊をそれぞれうけ入れていた。ブドサック、クリム・タルタリ、サーカシア、ミングレリアなどは、こうした諸蛮国をさす今時の呼び名にほかならない。

シリア地方――アレキサンダー大王の後継者らの時代、シリアはセレウコス朝の本拠であった。この王朝は、パルティア人の勃興（ぼっこう）によってユーフラテス河と地中海の間におし込められるまで、上アシアを支配していたが、やがてローマに臣従して帝国の東の辺境となった。これより先は、北にカパドキア山地、南にエジプトと紅海があるのみで、それ以外、境界はない。

フェニキアとパレスチナは、シリアとの間で併合、分離をくり返してきたところであり、前者は岩の多い細い海岸地帯を占め、一方、後者は肥沃（ひよく）度と面積の点でウエールズとよく似ている。地理的に格別なところはない。しかしながら、この両者は、アメリカとヨーロッパにたいして、一方は文字を、他方は宗教をあたえたことによって、人類の記憶に永遠に残ることだろう。

シリアの境界ははっきりしていない。その漠然たる境界に沿い、ユーフラテス河より紅海まで、水も木もない砂漠がつづく。この地のアラブ人の独立性は、その遊牧生活のゆえであった。したがって、わずかに草木が生えている土地をみつけてこれに定住するや、かれらはすぐにローマ帝国の臣下となった。

エジプト——さて次は、エジプトについてであるが、このエジプトとは、一体いかなる範囲をいうのか、古来、地理学者の間でもその定義はかならずしも明確ではない。ただ位置的には、アフリカ大半島のなかに在ること、そしていつの時代も、いわゆるアジアからの侵略者が通ってきた通路がひとつであったことだけは、明らかである。

支配者はといえば、当時はローマ人の長官がプトレマイオス王家の絢爛（けんらん）たる玉座を占めていた。現在ではかつてのマムルーク朝の鉄笏（てっしゃく）をうけ継いだトルコ人の知事がこの地を治めている。北回帰線から地中海まで五百余マイルにわたって大河ナイルが流れ、毎年その氾濫(はんらん)によって両岸に肥沃な土壌をさずけている。「エジプトがナイルのたまもの」といわれている所以(ゆえん)である。

キレネは西方、海岸沿いにあり、昔はギリシアの植民市だったが、その後エジプトの一州となり、いまはバルカ砂漠のなかに消えてしまった。

アフリカ——そのキレネから大西洋まで、アフリカ海岸は長さ一千五百マイル余。地中海とサハラ砂漠に挟まれたかたちで、幅は八十あるいは百マイルを超えることはない。

ローマ人が真にアフリカとみなしていたのは、その肥沃な東部であり、フェニキア植民地が出現するまで、そこには野蛮なリビア人が住んでいた。その後、カルタゴの支配の下で商業と国家の中心地となったが、それが現在では、治安だにままならない弱小国、トリポリとチュニスに分かれている。

いまアルジェ軍事政府の圧制下にあるヌミディア全土は、昔はマッシニとユグルタによって統一されていたところである。

この地は皇帝アウグストゥスのときに狭められ、カエサルをあらわす形容辞「カエサリエンシス」を添えたマウレタニアの名のもとに、少なくとも国土の三分の二はローマに服従した。そのマウレタニア、すなわちムーア人の国は、古都ティンギ（タンジール）に由来するティンギタナの名で知られた地で、近世においてはフェズ王国がこれに代わる。

大西洋にのぞむサレは、以前より海賊行為の悪名高く、支配圏はもとより地理的知識の点でも、ローマ人が最遠の地とみなしていたところである。したがって、現在モロッコ皇帝という尊称で呼ばれている蛮人の城府メキネスの近郊では、ローマ人が建設した都市が発見される可能性がないではない。ただ、この皇帝のさらに南の領地、モロッコそのものとセゲルメッサのばあいは、一度も属州に組み入れられることはなかったようだ。

最後に、支脈がアフリカ西部を寸断しているアトラス山脈についてだが、そもそもこのアトラスというのは、詩想の産物にすぎなかった。それが今は、新旧両大陸の間によこたわる大洋をさす言葉となっている。

これで、ローマ帝国を一巡し終えた。以上の説明から、アフリカとスペインがわずか十二マイルほどの海峡によって分かたれ、そこから大西洋が地中海に流れ込んでいることがお分かりだろう。

古代人にあまねく知られていたジブラルタルの「ヘラクレスの柱」とは、地殻の変動によって分断されたとおもわれるふたつの岩山のことであり、その一方であるヨーロッパ側の山麓には、現在、要塞が築かれている。

地中海——地中海については、海岸も島嶼もことごとく、その全域が帝国の領土であった。主な島のうち、バレアレスのふたつの島は、その大小によりマジョルカ、ミノルカと呼ばれ、現在前者をスペインが、後者を英国が、それぞれ領有している。

次に、現状はともかく、何よりもその悲運の歴史には涙を禁じえないコルシカ。

また、ふたりのイタリア君主が王を僭称しているサルデーニャとシチリアがある。

さらには、クレタ（別名カンディア）とキプロスも忘れてはならない。

最後に、ギリシアとアシアの小さな島々の大半がトルコの軍門に降ったにもかかわらず、ひとりかれらの侵攻を寄せつけず、騎士団の統制の下に富と名声とを博するにいたっている孤島マルタがある。

さて、今日きわめて多くの強国に分立している、かつての諸属州をこのように一つひとつ見てくると、古代ローマ人の無知や慢心にたいして、ある種の同情心がわき起こってくるのではないだろうか。

広大な征服地や無敵の軍事力、それに内実はともあれ、諸皇帝の穏和さ、これらに幻惑されていたかれらは、未開の周辺諸国を蔑(さげす)んでいただけでなく、ときにはその存在さえ忘れて、しだいに自国と全世界とを混同するまでになっていたのだ。

しかしながら、近代の歴史家ならば、その知識や学問的態度からして、何事ももう少し正確かつ冷静な表現をもとめるにちがいない。

とすれば、ローマの偉大さを示すには、その版図をむしろ客観的に示すべきだろう。

すなわち、東西が大西洋を西辺としユーフラテス河を東辺とする三千マイル余、南北がアントニヌス帝壁とダキア北境を北辺としアトラス山脈と北回帰線を南辺とする二千マイル余、つまり、温帯の最良の地帯である北緯二四度と五六度の間にあって、推定総面積が百六十万平方マイルを占め、そしてその地域の大部分がひじょうによく開拓された豊沃（ほうよく）の地であった、ということを指摘するのが、もっとも適切なのではないだろうか？

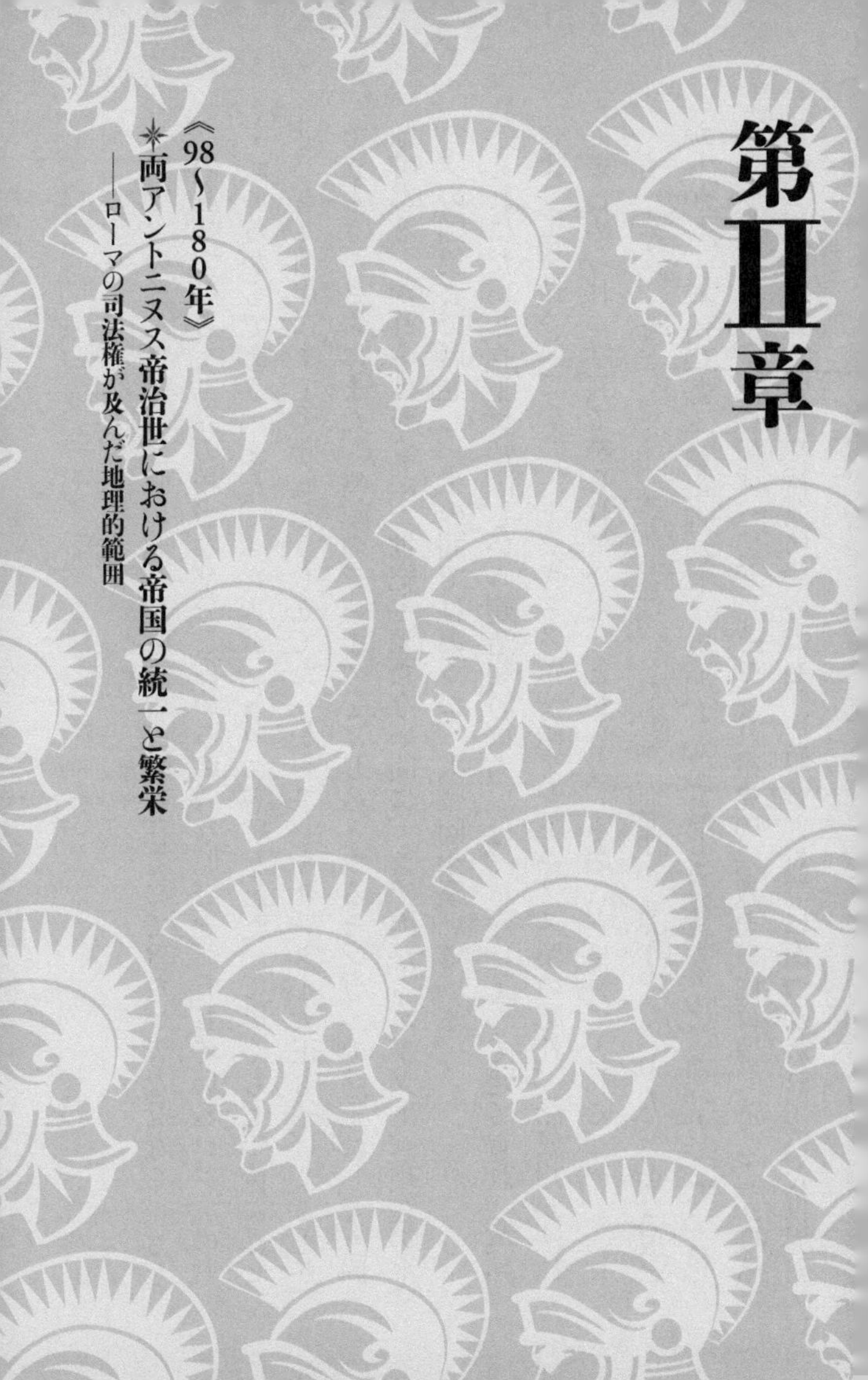

第II章

両アントニヌス帝治世における帝国の統一と繁栄

《98〜180年》

——ローマの司法権が及んだ地理的範囲

ローマの偉大さは、征服の速さや版図(はんと)の広さに在るのではない。なぜなら、もしその意味でなら、世界の相当な部分を占める広大な原野を領有しているロシアの君主がいるからである。また、ヘレスポントゥス海峡をわたって早くも七年後にはヒュパシス河岸にまで戦勝碑をうち立てた、かのアレキサンダー大王も挙げることができよう。さらにまた、無敵のジンギスをはじめとするモンゴルの諸王にしても同様である。かれらはわずか一世紀も満たない間に、シナ海からエジプト、現在のドイツの国境まで席巻(せっけん)し、束(つか)の間(ま)ではあるが、大帝国を築いている。

それにたいしローマ帝国という建造物のばあいは、英知によって建てられ、英知によって維持されていた。トラヤヌス帝や両アントニヌス帝の時代、諸属州が法律でまとめられ、学芸で飾られていたことからも、そのことは看(み)てとれる。

もっとも、ときには、中央から派遣された地方官吏の専横(せんおう)もみられたことだろう。がしかし、統治の基本は単純にして賢明、かつ慈しみ深いものであった。じつに、ローマ世界こそ、臣民のすべてが、それぞれ祖先の宗教を自由に信じることがゆるされ、また社会的名誉や特典においても、征服者と対等にあつかわれていた世界だったのである。

●――寛容な宗教政策

およそ皇帝や元老院の政策は、こと宗教に関するかぎり、良識的な人々からも迷信的な人々からも、諸手（もろて）をあげて歓迎されていた。

帝国内にはまことに雑多な宗教がみられたが、そうしたすべての宗教を、民衆は真実とおもい、哲学者は迷妄と考え、統治者は便宜とみなしていた。そして、おたがいの放縦（ほうじゅう）さをみとめ合っていただけでなく、ときには信仰上の連帯にさえ及んでいた。

宗教論争や教義体系に左右されることもなく、だれもが自国の儀式を熱心にまもりながら、そうした共存のなかで、恐怖、感謝、好奇、夢、予兆、奇病、長途の旅など、さまざまなことを契機に、それぞれがたえず信仰箇条や守護神の数を増やすといった状況だったのである。

それはまさに、異教徒の神話という妙（たえ）なる織物が、いろどり豊かな、しかしけっして不調和ではない、さまざまな材料で織られていた様子にたとえられよう。

祖国の英雄や賢者は死後、神として祀(まつ)られ、人類すべてに、愛慕とまではいかないまでも、少なくとも尊敬すべき存在だとされていた。無数の森や川にも一つひとつに守護霊がおり、それぞれの場で影響力があった。そのため、たとえばティベリス河の怒りなどまったく意に介さないローマ人でさえ、ナイル河の神に供物(くもつ)をささげるエジプト人をあざ笑うようなことはなかった。

およそ自然や天体など、目にみえる現象は、どこも同じであった。また、目にはみえない精神世界の現象についても、物語などの形式でその存在が表現されていた。技術や職業ばかりでなく、すべての善事に、いや悪事にさえ、神性をもつ代表者がおり、そしてその属性は、もっぱら信奉者の事情に由来していた。

とはいえ、性格も利害もちがう多くの神々で構成された国のばあい、つねに調停者が必要であったことは言うまでもない。そのため、時とともに、そうした調停者にはしだいに「永遠の父」「全能の君主」といった完全性が付与されるようになっていった。それは、一部知識の発達にもよるが、また一部には追従(ついしょう)の高まりにも帰される。

古代の精神はじつに寛容であり、各宗教についても、人々は相違点よりもむしろ類似点に注目していた。ギリシア人にせよローマ人にせよ、あるいは蛮人にせよ、それぞれの祭壇に向かってはいたものの、内心だれもが一様に、名称や儀式こそ違え、同じ神々を崇めているのだとおもっていたのである。そして、この古代世界の多神教崇拝に、美しい、ほとんど整然とした体系をもたらしていたのが、あのホメロスの優雅な神話にほかならない。

両アントニヌス帝の治世には、もっぱら無宗教の傾向がみられたものの、それでもなお、神官の利権や民衆の信仰心にたいしては、しかるべき敬意が払われていた。書物や対話ではさかんに理性を強調し、大衆のさまざまな迷信にたいしては、憐憫と鷹揚さが相ただよう微笑をみせていた哲学者たちの間でさえ、行動の点では法や慣習を尊重する風潮がみられていた。たしかに、祖先の儀式となると、みずからもいそいそとこれを執り行ない、また、しげしげと神々の教会にも詣で、ときには、法衣の下に無神論者であることを隠して、そうした迷信の舞台で一役買うことさえあったほどである。

こうした理性人に、各種の信仰や儀式について議論する気持ちなど、ほとんど起ころうはずはなかった。かれらにとって、無知蒙昧な大衆が固執する形式など、いずれでもよく、そのため、リビア、オリンポス、カピトリウム、いずれのユピテル神殿にたいしてであれ、内心では軽蔑しながらも、外見はいかにもうやうやしく接していた。

世界各地からあつまる臣下や異邦人で賑わいをきわめていた帝都ローマ。ここには、そうした人々によってさまざまな迷信がもち込まれた。帝国内の都市も、古来の礼拝を禁止していたところはひとつもない。

とはいえ、どこまでも放縦さがゆるされていたわけではなく、異国の儀式が氾濫するのを阻止しようと、元老院が公権を発動して干渉したことも一度ならずあった。とくに、いかがわしく映ったエジプトの俗信などはしばしば禁止された。そのためセラピスやイシスの神殿は破壊され、信者もローマやイタリア全土から追放されるという憂き目にあっていた。

しかし、熱血果敢な狂信が冷血脆弱な政治に勝ることは、いつの時代も変わらない。このことは当時も同じであった。やがて追放者はもどり、異教徒は増え、教会は前よりいっそう豪華に再建された。かくてセラピスもイシスも、ついにはローマの神々の間に座を占めるにいたったのである。
宗教政策はこのように寛容なものではあったが、といって、それが帝政の基本に反することはなかった。

●——実利的なローマ人

あのアテネやスパルタの隆盛をとめ、没落を早めた原因は、異邦人と交わらず、祖先の純血をたもとうとした狭量な政策にあった。この点、大志あるローマは違っていた。かれらは、野望のまえには虚栄をすてた。奴隷であれ異邦人であれ、敵であれ蛮族であれ、長所や美点があれば、これを活用することこそ、賢いだけでなく、名誉でさえあると考えていたのである。

ローマ繁栄の因がその寛容な政策にあったことは、すでに述べた通りである。しかしそれはまた、あらたな市民の貢献に因(よ)るところも少なくなかった。じっさい、もしローマ人としての特権が市内の旧家族にかぎられていたとしたならば、その不滅の栄光も、これほどまでに光彩を放つことはなかったのではないだろうか。ウェルギリウスはマントヴァの生まれであったし、ホラティウスなどは、アプリア人かルカニア人か、本人さえ決めがたくおもっていた。また、輝かしいローマの戦勝を記録する歴史家にもっとも価(あたい)したリウィウスにしても、パドヴァの人である。さらに、あの愛国者カトーの一族も、トゥスクルムの出であった。

さらにまた、マリウス、キケロにしてもそうである。かれらは、アルピヌムという小邑(しょうゆう)の出身であった。ちなみに、このふたりについては、マリウスがロムルスとカミルスに次いで、ローマ第三の建設者たる人物であることや、キケロがカティリナの陰謀からこの国を救っただけでなく、雄弁術においてもアテネに並ぶ国にした人物であることは、よく知られている。

植民を奨励する一方、忠実にして功労のあった属州民にはローマの自由をあたえる、この二重の政策によって、各州にはしだいにローマ国民がつくられていった。なるほど、「いずこにてあれ、征服地に定住するのがローマ人である」とはセネカの言葉であり、歴史もこれを証明している。

征服から四十年ほど経ったアシアでのことだが、ときの王ミトリダテスの命によって、わずか一日のうちにローマ人八万人が殺戮（さつりく）されるという惨事があった。

蓄財や享楽のため勇んでこの地に殺到したイタリア人の多くは、当初、商業、農業、租税取立てなどを職業とする者たちであった。しかし皇帝の常備軍が置かれてからは、兵士の定住が進んだ。退役兵にいたってはその大半が、兵役の報酬が土地であると恩給であるとに関係なく、青春を名誉のうちに送ったこれらの土地に、家族ともども住みつくようになっていった。豊沃（ほうよく）な地域や至便な地点があると、帝国のどこであれ――西部地方のばあいはとくに――軍事的あるいは非軍事的な植民市の候補地とされていたことも、その要因ではなかったかとおもわれる。

こうした植民市の習俗や内政は、もっぱら母国ローマを忠実に模していた。そして友好や同盟といった政策により現地人の抵抗感をすぐさま除くや、かれらの心のなかに、ローマにたいする尊敬の念とその名誉や恩典にたいする願望までも生じさせ、しかもそうした願望の大半を容易にかなえてやった。

格式の点でも繁栄の点でも、自由市と植民市との間の差はなくなった。そのため、ハドリアヌス帝時代になると、ローマの懐から出ていった社会と、ぎゃくにローマの懐に入ってきた社会と、はたしてどちらが望ましいのか、といった議論も聞かれたほどである。

ラテン市民権は、それまでにも多くの特典を享受していた都市の市民にあたえられた。一方、ローマ市民としての資格は、任期を終えた行政官だけにみとめられていた。しかし、この職は任期が一年であったことから、数年後にはすべての名家がこれを務めるかたちとなった。

属州民のうち、軍務や市政にたずさわった者たちにも、ある種の特典があたえられていたが、ただ、その価値となると、皇帝がみせた気前良さのために、しだいに低下していった。とはいえ、それでも、そうした傾向が著しかった両アントニヌス帝の時代においてさえ、その恩恵にはなお多大なものがあったようだ。

そしてこうした権利によって、国民の大半がローマ法、とくに婚姻、遺言、財産相続などに関して恩典を享受することができた。とくに眷顧があった者や功績があった者には、栄達への道もひらかれていた。

かつてユリウス・カエサルをアレシアに包囲したガリア人の子孫が、いまやローマ軍を指揮し、属州を治め、また元老院に席をおいていた。ローマ人がかれらの存在をみて国の治安を乱すのではないかと恐れたのは昔のことで、この時代にはむしろ帝国の威厳や安全の維持に大いに貢献する側に変じていたのである。

●――ラテン語の普及とギリシア文化の遺産

およそ習俗にたいする言語の影響を熟知していたローマ人にとって、最大の関心事は、征服地におけるラテン語の普及であった。そうした事情から、当時すでにイタリア、サビヌ、エトルリア、ヴェネティアなどの方言は忘れ去られ、過去のものとなっていた。

しかし、東の属州は西の属州とはおもむきが違い、この点しごく厄介であった。ローマの絶頂期においてはそれほどでもなかったが、衰退にむかうや、それはしだいに顕著なものとなっていった。

西方諸国はもともと、征服者ローマの手によって開花されたところである。この地方の蛮族は隷従をうけ入れるや、征服者から知識と教養を吸収した。その結果、避けがたい訛(なま)りが一部生じたものの、ウェルギリウスやキケロの言葉はアフリカ、ヒスパニア、ガリア、ブリタニア、パンノニアなどに広く普及した。ケルト、カルタゴの語法が、山岳地帯か農民の間でだけ、しかもわずかしか残らなかったのは、そのためである。

西方諸州の住民は教育や学問を通してローマの息吹にふれ、かたやラテン系の属州民はイタリアの法制だけでなく、風俗習慣までもならっていた。こうして、かの国がもつ、あるいはかの国があたえる、自由や名誉にたいする長年の願いが満たされていたのである。

ひるがえってローマとしては、文学や軍事の点でも、それによって国威がしかるべく支えられていた。トラヤヌスが皇帝となり得たのも、もとはと言えばこうした背景があったからにほかならない。したがって、もしかりに大スキピオが当時生きていたとしても、かれはトラヤヌスを同じローマ人としてみとめざるを得なかったのではないだろうか？

ところが、東方諸州、とくにギリシア人のばあいは、蛮族とは事情が大いに異なっていた。ギリシア人はすでに久しい以前に開化と衰退を経て洗練きわまり、そのため虚栄心が強く、母国語や自国の制度に固執することには、はなはだしいものがあった。しかも、そうした傾向は、祖先の活力を完全になくした後もなおもつづき、ローマ人の英知や力に内心圧倒されていながら、かれら征服者を習俗が粗野だとして軽蔑する態度をみせていた。

もっとも、ギリシア語とギリシア思想についていえば、その影響は狭い自国内にとどまることなく、植民や征服によってすでにアドリア海からユーフラテス河やナイル河にまで及んでいた。

また、アシアにもギリシアの都市が点在している状況であった。それは、連綿とつづいたマケドニア王家の統治の影響によるものであった。当時、かれらの豪奢な宮廷では、ギリシアの典雅な気風とオリエントの贅沢な気風との折衷がみられるようになっていた。また上流階級の間でも、臣下として格を下げたかたちではあったが、こうした様式が同じく広まっていた。

以上が、帝国内におけるラテン語圏とギリシア語圏のおおよその区分である。

だが、これにもうひとつ、シリアとエジプト、とくに後者における文化圏を加えることができよう。シリアとエジプトをひとつの文化圏として画する理由は、この地域の蛮族が古代の方言を使いつづけたために、世界から孤立し、著しくその進歩がはばまれたことによる。そのため、征服者は、シリアを柔弱かつ怠惰であるとして軽蔑し、エジプトを陰険かつ強暴であるとして嫌悪していた。

ローマに隷従していながら、自由な市政を望むことも、また自由な市政に価することもほとんどなく、プトレマイオス朝の滅亡後二百三十年余りして、ようやく初めて当地出身の元老院議員が誕生するといったありさまであった。

ローマ人はギリシアの技芸・学問に支配された、とよくいわれる。これは否定できない。たしかに、ギリシアがローマの属州となるや、今日なおヨーロッパ諸国民にたたえられているギリシアの不滅の文人たちが、イタリア本土においてだけでなく西方の属州においても、さかんに研究の対象とされ、また模倣されたからである。

もっとも、ローマ人は優雅な娯楽のために健全な政治原則を曲げるような民族ではなかった。ギリシア語の魅力はみとめつつも、ラテン語の威厳は頑としてこれをまもり、軍政のみならず民政においても、つねに唯一後者をもちいていた。かくしてふたつの言語は、前者が学問の用語となり、後者が公務の用語となって、帝国内においてそれぞれの領分を担当するかたちとなった。そのため当時は、実務と学芸に通じた者であれば、だれもがギリシア語とラテン語の両方を駆使することができた。こうした事情であったから、どの属州であれ、高等教育をうけた者で、そのどちらも解さないローマ市民をかりに見つけようとしても、それは不可能だったに相違ない。

●——ローマ帝国における奴隷たち

帝国内の諸民族が名実ともにしだいにローマ人となっていったのは、以上のようなローマの基本政策に因るものであった。

だが、すべてが例外なくそうであったわけではない。各属州、各家族には、社会の重圧をうけるだけで、その恩恵には無縁の者たちがなお存在した。苛酷で気まぐれな主人をもつ身、すなわち、古代の自由国家における家内奴隷がそれである。

かえりみれば、ローマ帝国全体が完全な平和にいたるまでには、何世紀にもわたる破壊と略奪の歴史があった。奴隷の大部分は、こうした戦争で大量に捕虜となり、いくらもしない値段で買いとられた蛮族の者たちにほかならない。

かれらは、いつでも機あれば、即座に足かせを断ち切って往時の自由な生活を回復しようと、つねに復讐(ふくしゅう)をかたく胸に秘めていた。じじつ、必死の蜂起によって一度ならずこの国を存亡の危機にさらしたことさえあった。そのため、つねに内部の敵とみなされ、自衛という名分で苛酷な取締りや取扱いをうけていた。

しかし、やがてヨーロッパ、アシア、アフリカの主なる国々がひとりの統治者、すなわちローマの手におさまり、異国からの奴隷の供給が激減すると、奴隷の確保には、もう少し穏やかで、しかも迂遠(うえん)な方法にたよらざるを得なくなった。

こうしたことから、ローマ人の家庭や地方の領地、とくに後者においては、奴隷同士の結婚が奨励された。さらにその後は、教育の習慣や不動産の所有なども加わり、かれらの労苦も多少は和らげられた。

奴隷の幸福は、基本的には、なお主人の人柄と境遇にかかっていたが、そうした状況もやがて変化していく。奴隷の値打ちがしだいに高騰し、そのため主人の配慮も深くなっていったのである。

こうした傾向は、諸皇帝の政策によっても奨励された。それは、ハドリアヌス帝や両アントニヌス帝が勅令によって最卑賤層にまで保護をひろげた事例にもみられる。

たとえば、従来しばしば乱用されていた、主人がもつ奴隷にたいする生殺与奪の権は、個人の手からとり上げられ、行政官にゆだねられた。また、地下牢なども廃止されたほか、虐待の訴えが正しい奴隷のばあいは解放されるか、あるいはもう少し温情のある主人に仕えることができるようになった。

この不完全な世にあって、およそ希望ほど人を慰めるものはない。奴隷のばあいも例外ではなかった。職能の点で重宝な奴隷や主人に気に入られた奴隷には、数年懸命に仕えれば、自由という無上の報酬が待っていたのである。

ただ、主人の善意が見栄や欲心といった卑しい動機によるものであることも少なくなかった。そのため、奴隷にたいするそうした厚遇をやがて法律でおさえる必要性が生じた。

奴隷は元来、母国をもたないものとされていたから、解放されるや主人の属する政治社会の一員となるのが当時の習わしであった。

しかし、これにはローマ市民の特権を雑多な賤民にもゆるすことにつながりかねない惧れがあった。そこで、その防止策として、もっともらしい例外規定がもうけられた。すなわち、そうした名誉は、しかるべき資格の奴隷に限定され、法的自由を得るには行政官の承認が必要とされるようになったのである。しかも、こうして選ばれた自由民にみとめられたのは、市民としての私権だけで、公権については、文武いずれの職からもきびしく除外された。

状況は、子供のばあいも変わらなかった。いかに財産や功績があろうとも、かれらにとって元老院は閉ざされた門であって、卑賤な出自の影響が完全に消え去るまでには、三世代あるいは四世代の年月を要していた。

つまり、それまで差別されていた者たちにも、自由や栄誉にたいする希望がみとめられるようになったとはいえ、階級の差そのものは、長い間厳然と温存されたのである。

若くて素質がある奴隷には、技芸や学問が教え込まれ、その技能や才能の程度によって価値がさだめられた。裕福な元老院議員の屋敷には、頭脳職にしても技能職にしても、あらゆる職業の奴隷がいた。贅沢や官能に仕える、こうした人種が多数に上ったことは、現代にいう贅沢の観念をはるかに超えている。

商人や製造業者などは、雇うより得策だということで奴隷を働き手として買いとり、一方、地方の住民は、きわめて安価でしかも持ちのよい道具としてかれらを使っていた。いま、そうした実状を裏づけるため、具体例をいくつかここに挙げてみよう。

ひとつは、じつに痛ましい事件（主人が殺害された際、それを防ぎ得なかったとして、奴隷全員が処刑された事件）があったときのことだが、そのとき、帝都の、ある邸宅には四百人の奴隷がいたといわれる。また、一介の私人にすぎなかったアフリカの、ある未亡人などは、同じく四百人ほどかかえる荘園を息子にゆずったあとも、彼女自身はなお、自分のためにそれよりはるかに広い地所を保有していた。

さらにまた、皇帝アウグストゥスの治世下のことであるが、ある解放奴隷は、内戦で多大の損害を蒙ったにもかかわらず、それでも牡牛七千二百頭、小家畜類二十五万頭、そのほか、家畜同然のものとして、奴隷四千百十六人を遺したという。

市民、属州民、奴隷をとわず、ローマ臣民の数について、この問題の重要さにふさわしい正確さをもって人口を算出するのは今日不可能であるが、一説によれば、クラウディウス帝が国勢調査を行なったときの「ローマ市民」の数が六百九十四万五千人、これに婦女子を加えると、総数二千万人に上ったともいわれている。ただ、卑賤な民については、変動的であり、確定できない。

しかし、全体の数字を左右しかねない重要事項を考慮に入れて推計すると、クラウディウス帝時代の属州民の数は市民の約二倍、奴隷については、少なくとも全ローマ世界の自由民の数と、ほぼ等しかったものとおもわれる。

●諸皇帝が威信をかけた公共事業

国内の平和と統一とは、ローマ人が採った融和的政策のたまものである。これにたいし、アジアの諸王国に目を転じると、そこにはまったく異なる状況が見いだされる。すなわち、中央部には専制や強権がみられたが、その勢威は辺境部にまではとどかず、ところによっては、税の徴収や法の執行が軍隊の力を背景にかろうじて行なわれていたというありさまであった。あるいは、国の中心に危険な蛮族が居すわり、あるいは、世襲の太守が地方の支配権をうばい、あるいはまた、自由のない臣下が反乱の機をうかがう、といった状況がみられた。

ローマ帝国のばあいは、趣が異なる。その治政下では、国民の臣従は自発的であり、しかも恒久的な性質のものであった。征服されたすべての民族が、ひとつの偉大な国民の中にとけ込み、独立への期待、いや、願望さえもなくし、自国の存在とローマの存在とをほとんど同一視するまでにいたっていた。

皇帝の威令はただちに帝国全域に達し、テームズ、ナイル、いずれの河畔においても、ティベリス河畔においてと同じく、難なく行使された。もっとも、公敵の鎮圧がその目的であったローマ軍の力を、民政官がじっさいに必要とした例はほとんどなかった。

このような太平の世において、君民の富と閑暇とは、国内の改善や装飾にささげられていた。おもうに、ローマ人の手になる無数の記念建造物のなかで、歴史が見落としてきたものがいかに多く、一方、歳月と蛮行に耐えてきたものがいかに少ないことか。

しかしそれでも、イタリア全土のほか各属州には、見事な遺跡がいくつも散見される。おそらく、そうした遺跡からだけでも、これらの国々が昔は洗練された大帝国の一部であったことを証明するには十分だろう。

とくにわれわれに訴えるのは、そうした建造物が優雅な芸術と鷹揚な慣習の融合によるものであったことである。たしかに、この種のすばらしい建造物のなかには、公共のために私費で建てられたものが少なくなかった。

煉瓦(れんが)の街を大理石の都にして遺した、とつねづね豪語していたアウグストゥス。倹約を礎(いしずえ)として豪勢を誇ったウェスパシアヌス。天才的精神をいまに伝える建造物を造ったトラヤヌス。また、自身芸術家でもあり、そして芸術が帝国の栄耀(えいよう)につながるとの信念から全属州を飾りたてたハドリアヌス。さらには、人民の幸福のためにこれらを奨励した両アントニヌス。このように、ローマの建造物のうち、主要なものを含め、その大多数が、人と金とを際限なく所有することができた歴代の皇帝によって建てられた。

しかし、帝国内の建築家はかれら皇帝だけにとどまらない。皇帝こそ第一人者ではあったことは言うまでもないが、高貴な事業をくわだてる気概とそのための財力をともに有することを公言してはばからない臣下も、広くこれにならったのである。

その通り、あの壮観なコロセウムがローマに献ぜられて間もなく、小規模ではあるが、様式や材質の点では同じ建造物が、カプラ、ヴェロナの両市に、市民のために公費で建てられた。またダグス河にかかる壮大なアルカンタラの橋にしても、その碑銘によると、ルシタニア諸町村の寄付金によって建設されたものだという。

ローマや諸属州の裕福な元老院議員たちの間には、祖国やみずからの時代を飾ることを栄誉、いや、ほとんど義務とする考え方がみられていたが、おもうに、こうした風潮があったればこそ、かれらの気前のよい性向や風雅を愛でる心がしかるべく満たされていたといってよい。

このように、篤志家(とくし)は多数いた。そしてそのなかで最たる例といえば、両アントニヌス帝時代のアテネの人、ヘロデス・アティクス、この人物ではないだろうか？

なぜなら、動機はともあれ、気宇(きう)の宏大さという点では、諸大王に劣らなかったからである。

●――途方もない富豪の財力

　このヘロデ家は、少なくとも栄えてからは、キモン、ミルティアデス、テセウス、ケクロプス、アイアコス、ゼウスなど、神々や英雄たちの直系であった。しかし後裔となると、その零落ぶりたるやはなはだしく、ヘロデス・アティクスの祖父などは司直の手にかかっている。

　父ユリウス・アティクスさえ、もし古屋の床下に最後の遺産とおもわれる莫大な財宝を偶然発見することがなかったなら、貧窮のうちに没していたにちがいない。かれのばあいは、きわめて幸運であった。

　当時、この種の発見物については皇帝に請求権あり、との厳格な定めがあったらしく、賢明なユリウスは内通者の先を越して正直にこれを告白している。しかし、ときの皇帝であった公正なネルウァは、わずかでも、これを受けとることを拒否。天恵として存分に享受すべしと命じた。だが、かれは用心から心をゆるさなかった。そこで、みつけた宝は一臣下にとりあまりにも莫大であり、遣うすべを知らないと主張すると、皇帝は温情からくるいら立ちをみせて、「ならば、浪費せよ。汝のものぞ！」、と応えたといわれる。

以来かれは、のちに婚姻による倍増分まで含めて、その財産の大半を公共のために費やした。皇帝の最後の言葉に忠実にしたがったといえよう。

やがてユリウスは、息子ヘロデスにアシアの自由都市を治める長官職を世話してやった。そして長官となったこのヘロデスが、あるとき、トロイア地方の町々では水利が良くないことをハドリアヌス帝に奏上したところ、即座に三百万ドラクム（約十万ポンド）を下賜された。

そこで若き長官は、これをもって水道建設に着手する。ところが、工期中に費用が見積りの倍を超え、財務官らが苦情を呈しはじめた。と、そのときである。ほかでもない、あのユリウスが出てきていわく、全差額を負うことを許可していただきたい、と。――たちどころに不平が止んだことは、言うまでもない。

当時、雄弁術はフォルム（大広場）や元老院などでは活用されず、ただ学校内だけで使用される非実用的なものであったが、ギリシアやアシアから多額の報酬でまねかれた教師に雄弁術を学んだ少年ヘロデスは、やがてこの道の大家として名をなした。

かれの生涯をみると、一時ローマの総督（プロコンスル）を務めたほかは、アテネやその近郊の別荘地において、羨望の念とは無縁の弁論家仲間にたえずかこまれ、思索的遁世のなかで生涯の大半を送ったようである。

ヘロデスの才能を示す建造物は、残念ながら、もはやない。しかし、その豪奢な生活や洗練された趣味を物語る建物は、いくつか残っている。そのなかで、今日の旅行者がもっとも観るべきものは、かれがアテネに建てたといわれる競技場の跡ではないだろうか。

総白大理石造りのこの建造物は、長さが六百フィート。全市民を収容できる規模で、ヘロデスがアテネ競技会を主宰した際に四年の歳月をかけて完成させたものだという。そのほか、亡き妻レギラを偲んで建てた大劇場もある。この建物は、すべてに杉がもちいられ、異様な彫刻で埋めつくされており、見事な出来である。帝国広しといえども、これに比肩できる劇場はおそらくなかったことだろう。

また、その建材の大部分にペルシャ軍船の帆柱が利用されていることから、かの蛮族の強権にたいする芸術の勝利を記念するものとされていた音楽堂も忘れてはなるまい。これは、かつてペリクレスが音楽の演奏や新悲劇のリハーサル用に造ったもので、のちのカパドキアの王による補修にもかかわらず、当時はふたたび廃墟と化していたが、その壮麗さを復活させたのも、このヘロデスにほかならない。

さらに、その金離れのよさは、アテネ市壁にたいしてだけでなく、イスムスのネプチューン神殿にささげられた華麗な装飾、コリントスの劇場、デルフォイの競技場、テルモピュレーの公衆浴場、イタリアのカヌシウムの水道などにたいしてもみられた。しかし、これらをもってしても、その財をなお遣い尽くすことはできなかった。

まことに、エピルス、テッサリア、エウビーア、ボエティア、ペロポネソスなどの市民が、かれの富財の恩恵に浴した。ギリシア、アシアのあらゆる都市に、ヘロデス・アティクスを保護者、後援者として謝意を表した碑がいまもなお残っているのが、その証拠である。

●—優れたローマの建築技術

共和制時代のアテネやローマにみられた民家の簡素さと公共建築物の壮麗さとは、その対比たるや著しい。要するに、前者は「等しい自由」の表れであり、後者は「主権在民の思想」の表れであった。ことに後者については、各皇帝がその勢威を顕示しようとして、臣民のための公共事業に腕をきそった。

優雅なギリシアの絵画や彫刻でかざられた公共のための諸種の記念建造物。好奇心旺盛な学者のために希覯書の閲覧さえ許されていた平和の神殿。さらには、そこからわずかの距離にある、中央には大理石の円柱が屹立していて、その柱廊が古昔の美をいまなお残す、建設者のダキア戦績を彷彿とさせる皇帝トラヤヌスの広場等々。こうした環境のなかで、老兵は戦場の思い出にふけり、一般の市民は軽薄な愛国心から、勝利の栄誉に与っていたのである。

事情は他の帝都地区でも各属州でも同様であった。同じ精神から、円形闘技場、寺院、劇場、柱廊、凱旋門、浴場、水道など、最下層の市民の健康や娯楽、はては信仰をも考慮に入れた、さまざまな施設が造られ、街のいたるところがさかんに飾りたてられた。

こうした数多くの建造物のなかでも、最後にあげた水道は、とくに注目に価する。計画の大胆さ、施工の堅固さ、供された用途などの点において、水道はもっとも高貴な建造物に数えることができる。そこには、ローマ人の才能と権力がいかんなく発揮されている。

もちろん、帝都の水道がとりわけ見事であったことは言うまでもないが、しかし他の水道にしてもそれとほとんど遜色がない。いまもし歴史にうとい旅行者がスポレト、メッツ、セゴビアなどの水道を見たとしたならば、おそらくその者は、これらの属州都市も往時は有力な君主の城府だったにちがいない、とおもうことだろう。アシア、アフリカの寂寥の地にも、かつては繁栄した都市が点在していた。当時このような清水をたえず供給できる人工の施設がなかったとしたならば、そうした都市がかかえていた多くの人口だけでなく、都市そのものの存在さえ、あり得なかったに相違ない。

●—属州をむすぶ「ローマの道」

こうした各都市を帝都と、また相互にも、つなげていたのが、後者の大広場を起点にイタリアを縦走して各属州にひろがり、帝国の辺境にまで延びていた公道、すなわち「ローマの道」にほかならない。

いまアントニヌス帝壁からローマへ、さらにはそこからエルサレムまでの道程をたどるとすると、帝国の北西端から南東端まで、四千八十ローマ・マイルの長きにわたって一条の大いなる連絡路が延びているのがわかる。

ローマ人はこの公道を標石で正確に区分し、自然の障害も私有地もほとんどものともせず、町から町へと一直線に走らせた。山あれば隧道を掘り、川あれば橋を架ける。とくに、川幅の広い急流にかかる大橋などは、まことに壮観というほかはない。構造的には、周辺がよく見わたせるよう中央部を高くし、砂、砂利、セメントなどを何層にも敷き、通常は表面が広い石板で、首都近郊においてはところにより花崗岩で、それぞれしかるべく舗装している。「ローマの道」の堅牢たること、十五世紀という星霜を経てもなお完全には崩壊していない事実が、そのことを物語っている。

最遠の属州同士さえも互いによく結ばれ、その交通も便利かつ頻繁であった。だが、公道の本来の目的は、何よりまず軍隊の移動を容易にすることに在った。ローマ人は、かれらの武威が相手国にくまなく行きわたらないかぎり、征服が完了したとは考えなかったからである。

このため、いちはやく情報を入手し、ただちに命令を伝達することの重要性をみとめた諸皇帝の指示により、広大な帝国全土に駅伝制度が敷かれた。五、六マイル毎に四十頭の馬を常備する駅舎がおかれ、乗継ぎによって公道を一日に百マイルも走破することができた。

●──「われらが海」──地中海

一方、帝国の海上交通も、陸上交通におとらず活発であった。多くの属州によって周囲をかこまれた湖──地中海、そしてその中央に突き出た一大半島──イタリア。もともとこの半島には安全な港が乏しかった。だが、人間の営為はそうした自然の欠陥をも克服する。

その代表的な例が、クラウディウス帝によってティベリス河口に建設されたオスティア港である。ここにも、ローマの実用技術の才が看てとれる。

ちなみに、首都からわずか十六マイルのこの港から出帆する船は、順風ならば、七日間でジブラルタルへ、九日もしくは十日でエジプトのアレクサンドリアへ達していたといわれる。

以上のような帝国の膨張については、各方面からいろいろとその弊害が指摘されているが、弊風をひろげた自由な交流によって、同時に社会生活にいくたの改善がもたらされたことからすれば、好ましい影響も少なくなかったといえよう。

およそローマ以前の古代世界は、昔から芸術と富贅（ふぜい）を享受していた東方と、それにたいして、農業をさげすむか、もしくはこれをまったく知らない好戦的な蛮族がすむ西方と、このふたつに分かれていた。

だが、西の方にもやがてローマの支配が確立され、その保護のもとに、暖かい地方の産物や文明国の産業がしだいに入ってくるようになると、ところの住民もその多利をもとめて交易に乗り出すにいたり、その結果、異国との貿易は倍加し、定着した産業は改良をみるにいたった。

アシアやエジプトからヨーロッパに輸入された動植物について、全品種を列挙することはほとんど不可能である。しかし、いまここに、主なものを若干挙げるだけでも、歴史書としての権威を保つことができるのではないかとおもわれる。少なくとも、無用ではないだろう。

●―外来品種と農業の発展

(1)今日欧州の庭園でみられる草花や果実のたぐいは、大半が外国の原産である。たしかに名称からだけでも、そのことが分かるものが少なくない。桃、杏、柘榴、それにシトロンやオレンジなどを初めて知ったローマ人は、これら果実に「りんご」という一般名をあたえ、各原産地の地名をこれに加えて、それぞれを区別した。林檎はイタリアを原産地とする。

(2)葡萄(ぶどう)は、ホメロスの時代、野生としてシシリー島のほか、おそらくは近くの大陸にも生育していたらしい。しかし、現地人はこれを改良することもなく、また、その味もかれらの野蛮な口に合わなかった。ところが、それから一千年後、イタリアは、もっとも有名な世界のワイン八十種のうち、三分の二以上を産出するにいたっている。

葡萄に関する福音（ふくいん）は、ガリアのナルボンヌ属州などにも早くから伝わってはいたものの、セヴェンヌ山脈以北の寒さはなかなかにきびしく、ストラボン（前六三～後二四年）の時代、ガリアにおける栽培は不可能とみられていた。だが、時代が下るにともない、困難はしだいに克服され、やがてそこでも栽培に成功する。したがって、いまのブルゴーニュの葡萄畑が遠く両アントニヌス帝時代にまで遡（さかのぼ）るとおもわれるのも、あながち謂（いわ）れのないことではない。

平和の進展とともに普及したことから、その象徴とされた西方世界のオリーブは、ローマ建国から二世紀後の当時、ローマでもアフリカでもまだ知られていなかった。しかし、やがてこれらの地にも移植され、ついにはヒスパニア、ガリアの内部でも栽培されるようになった。ある特定の温度を要するうえ、しかも海岸近くでなければ十分な生育は望めないとしていた古代人の謬見（びゅうけん）は、大胆な試みと長年の経験とによって駆逐されていったのである。

亜麻は、その栽培技術がエジプトからガリアへ伝えられた。栽培による土壌の荒廃が懸念されたこともあったが、けっきょくは、これも帝国全土にひろがり、農民はこれによって潤った。

⑶栽培牧草は、イタリアや諸属州、とくに名前も原産地メディアに由来するルッエルン地方などでは身近なものとなった。そして、このことによって冬季用の良質の飼料を十分確保できるにいたり、家畜の数が大いに増え、ひいては土地も肥えるにいたった。

こうした方面の発展のほか、鉱業や漁業もみのがせない。ここにも多くの労働者が従事し、富裕層の快楽と貧困層の生存を支えていた。

また、かのコルメッラがティベリウス帝治世におけるヒスパニア農業の先進性を紹介しているように、共和国草創期にしばしば起こっていた飢饉も、広大なローマ帝国となってからは、希れにしか、あるいはまったく、みられなくなった。なぜなら、ひとつの属州がたまたま欠乏をきたしても、周辺の属州から余剰な物産がすみやかに供給されたからである。

●――富裕層のために、あらゆる品が

およそ農業は製造業の基礎である。それは、自然の産物が技術の材料となるからにほかならない。

ローマ帝政下では、工夫の才ある民衆の勤労がたえずさまざまなかたちで活用された。そしてかれらのそうした勤労ゆえに、富裕層を形成する人々は、実用、優雅、贅沢と、あらゆる面の粋をあつめた衣服や食卓、住居や家具など、虚栄心をくすぐり官能をみたす各種の品々をふんだんにとり揃えていた。

道徳家は、そうした贅沢を強く非難した。このことは、いつの時代も変わらない。たしかに、かりにもし人が贅沢品をしりぞけ、必需品だけで満足していたとすれば、それは人類の幸福、さらには徳性の伸長にも寄与したことであろう。

しかしながら、この不完全な社会の実状をおもうと、残念ではあるが、奢侈（しゃし）こそ不平等な資産配分の是正に寄与しうる唯一の手段といえるのではないだろうか？　たとえそれが悪徳や愚考にもとづくものであっても。

職人や芸術家は、いかに勤勉であれ、いかに能才であれ、土地の配分にあずかる

ことができず、その代わり、土地所有者から自発的税金を徴収していた。これにたいし土地所有者は、地所を改良して収益をたかめ、生産物を市場でさばいて、あらたに快楽を求めることができた。

もっとも、こうした社会の仕組みはどこも同じであるが、ただローマ世界のばあい、そのエネルギーたるや、横溢（おういつ）してとどまるところがなかったのである。

武力や権威を背景にローマが属州民から取り立てていたものが、かりに贅沢品の製造や交易によって還元されていなかったとしたならば、属州民の富はたちまちにして尽きていたことだろう。だが実際には、富の循環がみられていた。そしてそれは政治機構にも新鮮な活力をもたらしていた。したがって、それが帝国内にかぎられていた間は、総じて有益にはたらいていたといえよう。

●――世界各地との交易

しかしながら、贅沢を帝国内にとどめることは、それほど容易なことではなかった。スキタイの森は貴重な毛皮のために、バルチック海岸は琥珀（こはく）のために、というふうに、ローマ人の豪奢な生活を支えるため、古代世界最遠の地でさえすでに略奪にさらされていたことが、その証左である。ちなみに琥珀は、陸路でドナウ河まで運ばれ、つまらぬ品にこれほどまで、と蛮族が驚くほどの高額で買いとられていたといわれる。

バビロニアの絨毯など、東方の商品についても大きな需要があった。しかし、もっとも重要であったインドやアラビアとの交易は、ローマ側にとって芳しいものではなかった。

毎年、夏至の頃、百二十隻からなる船団が紅海のミュオスホルモス港から出帆する。季節風にたすけられて大洋を横断すること四十日ばかり。かくして当時一大市場としてマラバルの名で船乗りに親しまれていたセイロン島（古名タプロバネ）に到着。そこでアジアの遠くの国々からやって来た商人たちとの間で取引きが行なわれた。

エジプト船団の帰帆は、通常十二月もしくは一月。接岸するや、高価な積荷はすぐにラクダの背に積みかえられて紅海からナイル河へと運ばれ、さらにこの大河を下ってアレクサンドリアに達するや、ときを移さず奔流のように帝都ローマへなだれ込んだ。

東方貿易の対象は、贅沢、浮薄の品々であった。そのひとつが絹であり、その値打ちは、同じ重量の金に相当した。もうひとつは、宝石類であり、そのなかではダイヤモンドを措けば、真珠がもっとも高価であった。さらにもうひとつは、礼拝や豪葬に使用された各種の香料であった。

航海には多大の労力と危険がともなう一方、その対価として法外な利益を生んだ。もっとも、その利益は帝国臣民の手にしか落ちず、そのため国費により少数の者たちだけが富む結果となったようだ。

アラビアやインドは、ほぼ自国の産品で足りていた。それにたいし、ローマには交易品としてはほとんど銀しかなかった。このため、女性の装飾品をもとめて、とり返しがつかないほど国富が敵国あるいは国外へ流れていることを、元老院は深刻になげいていた。

じじつ、詮索きびしい作家プリニウスの計算によれば、年間の損失額は英貨にして八十万ポンドを上回っていたという。であってみれば、忍び寄る窮乏に危機感をつのらせたかれらの苦情には、たしかにうなずかざるを得ない。

●——繁栄の陰で衰退の歯車が

人が至福の世にあるとき、その背後に潜行しつつある衰運を見抜くなど、おそらく不可能に近い。ところが、今まさに、帝国の臓腑には、そうした長い平和とローマの単一支配による害毒が徐々に広がりつつあったのである。人心はしだいに画一化し、天才の炎は消え、そして尚武心までもが薄らいでいたのだ。

また、この時代になると、国力の中心はヒスパニアやガリア、ブリタニアやイリュリクムなどの諸属州に移り、主にこれらの地方が兵士の供給地となっていた。しかし、かれら頑強なヨーロッパの原住民には、個人的勇気こそあれ、民族的誇りや独立心、危機の到来や統率の習慣などによって養われる公義的勇気はなかった。ただ、主君の意のままにローマの法律や総督をうけ入れるだけで、防衛はほとんど傭兵の手にゆだねていた。

勇敢であった指導者たちの後裔も、いまや市民たると臣民たることに満足していた。栄達を志す者たちの願いは、宮廷か親衛隊に入ることであった。こうした状況下、過疎化が進んだ属州では政治的求心力が消え、人々はものうげな私生活へとしだいに堕していった。

平和と洗練があるところ、かならずや文学熱がある。ハドリアヌス帝や両アントニヌス帝の時代には、かれら自身が好奇心旺盛な向学の士であったこともあって、臣下の間でもこの雅風が盛んにみられた。そしてそれは、やがて帝国全土にひろがり、たとえば、最北端のブリトン人までもが修辞の趣味をおぼえ、ライン、ドナウの両河畔でもウエルギリウスはじめホメロスまでもが翻訳、研究され、また少しでも文学の才をもつ者がいれば、その者は多額の報酬でもとめられた。

●——さまざまな帝政初期の皇帝像

いまもし世界史のなかで、どの時代がもっとも幸福で、かつまたもっとも繁栄を享受した時代であったかと問われたとすれば、それはドミティアヌス帝の死去からコンモドゥス帝の即位までの期間である、とだれもが躊躇なく答えるのではないだろうか。たしかに、この期間こそ、広大なローマ帝国が智徳の先導のもとに、絶対的権力によって治められた期間であったといってよい。

その威徳ゆえに巧まずして尊敬をあつめ得た歴代四人の皇帝。軍隊は、穏健にして確固たるかれらの統制下にあり、文民体制も、この四代を通して周到に維持されていた。それは、かれらが自由をしかるべく評価し、みずからを責任ある法の管理者をもって任じていたからである。したがって、もしその通り、当時のローマ人が道理にかなった自由を享受していたとすれば、これらの英帝たちこそ、共和制の再建者たる栄誉をうけるにふさわしい皇帝たちである。

こうした君主の努力は、成功にたいする莫大な褒賞、また徳行にたいする自負、さらには、みずからがもたらした人民の福利をながめる無上の悦び、これらによって十二分に報われていた。

しかしながら、この世でもっとも高尚な楽しみも、あるひとつの避けられない懸念によって陰りをみせるものである。すなわち、万事がひとりの人物のいかんに懸かっているという不安定さ。このことがしばしばかれらの胸をよぎったに相違ない。たしかに、このとき、放蕩な若者や嫉妬ぶかい暴君による絶対的権力の乱用という深刻な事態がみられようとしていた。

元老院は皇帝の美徳を顕揚するには有力であっても、その悪徳を是正することには無力であった。いまや軍隊は強力な圧政の手段と化し、国民の間には退廃的風潮がひろがり、君主の恐怖や欲心、暴虐や肉欲に賛辞をおくる追従者やそれに手をかす高官には事欠かない状況となったのである。

ローマ人の体験をたどれば、かれらの危惧(きぐ)には納得できる。歴代皇帝の人間性をみると、そこには現代史の人物にはみられない、きわめて鮮烈な人間模様がみとめられるからである。そうした君主の振舞いは、われわれに人間の美徳と悪徳、高潔と退廃、これらの著しい対比をおもわせて余りある。

トラヤヌス帝から両アントニヌス帝までの、いわゆる黄金時代には、堕落の時代が先行していた。すなわち、無慈悲なティベリウス、狂乱のカリグラ、惰弱(だじゃく)なクラウディウス、放蕩で残虐なネロ、いまわしきウィテリウス、小心にして冷酷なドミティアヌスなど、歴史に汚名を刻んだ、これら暗帝がいたのだ。

まさにローマは、八十年の間——例外として、評価がむずかしいウェスパシアヌス帝の短い治世を除けば——うちつづく暴政に苦しんだのである。たしかに、この不幸な時代に、共和制時代の名家はすべてが断絶し、美徳や才能をみせた者たちにしても、その大半が命を絶たれている。

●ローマの司法権が及んだ範囲

今日、欧州が多数の独立国家に分かれつつも、似通った宗教、言語、習俗によってなおも結びついている現状は、人類の自由にとって幸いである。近代では、たとえ暴君が自分の心のなかにも、また人民の間にも、なんら抵抗をみとめなかったにしても、同輩の例や非難にたいする恐れや、あるいは味方の忠告もしくは敵への危惧などから、すぐにもある程度の自制心をみせるに違いない。

ひるがえって、臣下の立場からいえば、君主の逆鱗にふれても、その狭い領土から抜けだし、より良い環境のもとに、みずからの才幹にふさわしい富財や、さらには苦情を述べる自由、ばあいによっては、報復の手段さえも容易に得ることができるだろう。

しかし、当時のローマ人にとっては、国家は世界と同じであった。そのため、この大帝国がひとりの人間の掌中におちるや、その敵にとって状況は絶望的で、世界全体が牢獄と化した。

　暴政にしいたげられた者には、ローマ市や元老院内で金の鎖を引きずるか、あるいはエーゲ海の小島セリプフスの岩山や凍れるドナウ河のほとりで流刑の生活に身をすり減らすか、いずれにせよ、ただ絶望の人生が待つのみ。

抵抗すれば命はない。かたや、逃亡は不可能である。四方をかこむ大洋と大地。逃げおおせるまえに、発見され捕まって、怒れる主人の面前に引き出されるのは、火をみるより明らかであった。たとえ国境を越えることができたにしても、そこから翼々たる眼に入るものは、涯（はて）しない大海原や広漠たる不毛の荒野、解せない言語を口にする未開きわまる敵性蛮族、あるいは皇帝の庇護（ひご）を得るためには逃亡者など嬉々として差しだそうとする隷属国の王たち、だけであった。

　すでに帝政以前に、流される友人のマルケルスに向かって、あのキケロがそのことをいみじくも言い放っている――「汝、いずこにあろうとも、ひとしく征服者の掌（てのひら）のなかに在るのだ！」、と。

◉帝政のはじまり

前三一年のアクチウムの海戦でクレオパトラ・アントニウス連合軍を破ったオクタウィアヌスは、ローマ世界に最終的な平和をもたらしました。これに応え、元老院はかれにたいし「アウグストゥスの称号」を贈るとともに、さまざまな大権をあたえました。こうしてこの「アウグストゥス」は、ローマ世界で並ぶ者のない権力者となったのです（ちなみに、時代が下ると――ハドリアヌス帝の時代にはすでに――「アウグストゥス」という呼び名が「正帝」をさす称号として、「カエサル」という呼び名が「副帝」をさす称号として、それぞれ用いられるようになっていました）。

しかし、王になろうとして共和主義者に暗殺された義父カエサル（シーザー）の事件を忘れることはありませんでした。また、性格的に臆病さあるいは用心深さもあって、つねに慎重に行動し、ローマ人が大切にしている「共和制」という理念にたいして、事あるごとに敬意をみせることを欠かさず、形式的には、なお「共和制」を維持していました。そのため、史学的には「元首制」(プリーンキパートゥス)と呼ばれ、後代ディオクレティアヌス帝(即位二八四年)以降の帝政「専制君主制」(ドミナートゥス)と区別されています。

ローマ世界は、このアウグストゥスの治世から大きな平和、いわゆる「ローマの平和」を享受します。その繁栄ぶりについては、すでに見てきた通りです。アウグストゥスが晩年、「余は煉瓦の都市を見いだし、大理石の都市をのこす」と語ったように、ローマ市はかれの治世に壮麗な帝都に変貌(へんぼう)し、人口もアレクサンドリアを抜いて、当時最大の都市となっていました。

以後ローマ世界は、この帝政の創建者が遺したさまざまな遺産を継いで、ますます発展していくことになるのです。

◉帝政初期から五賢帝時代へ

元老院からも民衆からも尊敬され、全属州の約半分を皇帝の直轄領とし、そのうえエジプトを個有の私領としてあたえられるなど、卓越した政治性ゆえに、最期までローマ世界における唯一、絶大な存在であったアウグストゥスでしたが、そうしたかれにも一つ大きな苦悩がありました。後継者の問題です。アウグストゥスは生涯に三度結婚していますが、しかし残念にも、直系の嫡子には恵まれませんでした。しかも、次善の策として養子縁組による帝位の継承をはかろうとした試みまでもが、当の養子やその孫たちの夭折によってことごとく打ち破られたのでした。

そのため、三番目の妻リウィアの連れ子であったティベリウスを、先妻との間の娘ユリアと娶わせて養子とし、そのうえでこの女婿に帝座を譲っています。

以下、そのティベリウスから「五賢帝」最初のネルウァまでの歴代の皇帝の簡単な紹介を通して、ローマ帝国が極盛にいたる過程を手短に見ていきましょう。

ティベリウス（一四～三七年）――ティベリウスは、即位のときすでに五十五歳。かれは文武両道に通じ、行政官としても将軍としても名声を得ていました。しかし、人々の間に人気がある人物ではありませんでした。その理由は、一言でいうと、指導者としては控えめで、やや暗い性格だったからです。アウグストゥス帝がかれを最後まで後継者候補から外していたのも、おそらくこの辺の事情によるものだったと思われます。

しかし、もともとギリシア語などにも堪能な教養人でしたから、施政のための資質は十分。実際、ティベリウスがあらたにとった各種の政策によって、帝国の秩序はいっそう安定し、財政もさらに豊かになったのでした。

ところが、まもなくして息男ドゥルーススの怪死や妻ユリアの浮気などがあって、かれの人生は暗転します。さらに、厭世的な気分になったティベリウスは、カプリ島へ引き籠もるのですが、その間の施政をゆだねていた親衛隊長セヤヌスが、じつは帝座をねらう野心家だったのです。あわやというところでそのことを知ったティベリウスは、かれをただちに処刑し、帝務に復帰します。

しかし、これ以降、猜疑心がつのり、ささいなことでも嫌疑をかけ、多くの無辜の者を反逆罪などで死にいたらしめることになりました。こうしてかれの晩年には、恐怖政治がローマ世界を支配し、人々は息をひそめて生活したのでした。

そのため、かれが三七年に亡くなったとき（享年七十七）には、多くの臣民が「この皇帝を市中の川へ放り込め」と気勢をあげ、小躍りして喜んだといわれています。「ティベリウスをティベリス（川）へ」、と。

カリグラ（三七〜四一年）――ティベリウスの跡を継いだのは、遠縁にあたるガイウス・ゲルマニクスでした。この皇帝は、幼いときに小さな兵隊用の靴をはいていたことから、兵士たちが愛称として呼んでいたカリグラ（「小さな軍靴」の意）という綽名でよく知られています。

前述のティベリウスによる恐怖政治が終わったということもあって、即位時カリグラにたいする臣民の期待には大きなものがありました。ところが、まもなくしてある重病にかかり、それを契機に回復とともに残虐性をあらわしはじめたのです。そして数々の暴虐をはたらき、そのはてに皇宮内で殺害されたのでした。

クラウディウス（四一〜五四年）――カリグラの横死後、帝座に推されたのは、その叔父にあたるクラウディウスでした。先帝の乱行に悩まされた元老院は、帝政という制度にたいして危機感をつのらせていましたが、近衛隊の力に押し切られたのです。

クラウディウスの印象に華々しさはありません。ですが、かれには行政実務に長けたところがあったようです。有能な解放奴隷を国政に重用したり、属州経営にも意をそそいだりするなど、地味な印象にしてはまずまずの実績をあげているからです。

クラウディウスは生涯何度か結婚していますが、最後の妻となった自分の姪アグリッピナによって殺されました。そしてその彼女の連れ子であったのが、次の皇帝となる、あの有名なネロにほかなりません。

ネロ（五四〜六八年）――帝座についたとき、ネロは十七歳でした。ローマ世界は明るい希望に満ちていたようです。若い皇帝の雰囲気のなかに、人の心にそうした気持ちをいだかせるものが多分にあったのでしょう。たしかに最初の五年ほどは、哲学者セネカなども加わっていた顧問団の力が大きく与って、その施政も善政でした。

ところが、ネロはやがて気紛れな暴帝へと豹変していきます。愛人にそそのかされて母親を殺し、妻をも追放して最後には処刑に付しています。これに前後して、数多くの側近がかれの毒牙にかかって果てたのでした。

また、六四年のローマ市の大火では、当時新興宗教であったキリスト教の信者に放火犯の濡れ衣をきせ、かれらを虐待しています。一時的であり、限られた範囲でしたが、最初のキリスト教徒迫害です。

ネロの命運を決したのは、こうした暴虐に加え、元老院や軍隊を無視するという、政治的な配慮のなさでした。そのため、やがて元老院の支持を得た軍隊に迫られ、逃亡先で自害したのでした。

ガルバ、オトー、ウィテリウス

（六八〜六九年）――ネロ帝の後は激動が続きます。わずか一年余りで右の三人の人物がつぎつぎと登位し、そして矢つぎばやに失脚しています。ヒスパニアの属州総督だったガルバは、近衛隊の推戴で帝座についたものの、兵士たちへの褒賞を怠ったため、わずか約一年の在位の後、かれらによって殺害されました。つづいて皇帝となったオトーも、そしてそのオトーに勝利したウィテリウスも、ともに半年にも満たない間に権力の座から失墜しています。

ウェスパシアヌス（六九〜七九年）――北イタリアの戦いでウィテリウスを破った将軍ウェスパシアヌスは、元老院と軍隊双方の承認のもとに皇帝の座につきます。かれは即位のときすでに六十歳でした。しかし、その高齢にもかかわらず、それから亡くなるまでの約十年間に、よく秩序の回復につくして、皇帝の権威をとりもどし、また国家財政の再建にも成功を収めたのでした。ちなみに、いまも残る、有名な円形競技場（コロセウム）の建設を手がけたのは、このウェスパシアヌスでした。

貴族の血筋ではなく、また吝嗇（りんしょく）などのため、印象も皇帝にはふさわしからぬところもあったようですが、帝政初期の混乱を収拾した功績はしかるべく評価されてよいでしょう。

ティトゥス（七九〜八一年）――ウェスパシアヌス帝の跡を継いだのは、長子のティトゥスでした。父子継承の最初の例です。かれは有能で愛すべき性格でした。そのため、人々に大いに慕われたといいます。しかし、帝座にあることわずか二年。ある日突然病にたおれ、その良き治世に幕を下ろさざるを得ませんでした。

ドミティアヌス（八一〜九六年）——惜しくも善帝ティトゥスが逝くや、帝座の主となったのは実弟のドミティアヌスでした。かれの治世は十五年の長きにわたっています。そしてその施政をみると、財政管理や属州統治などには大きな成果をあげています。しかし、治世末期になると恐怖政治にかたむき、暴帝と化していきます。そのため、ドミティアヌス帝の妻までが不安におびえ、ついには、そうした彼女をはじめとする側近や軍の共謀によって殺害されたのでした。

さて、ここからが世にいう「ローマ五賢帝」の始まりです。

- ネルウァ（九六〜九八年）
- トラヤヌス（九八〜一一七年）

・ハドリアヌス（一一七〜一三八年）
・アントニヌス・ピウス（一三八〜一六一年）
・マルクス・アウレリウス・アントニヌス（一六一〜一八〇年）

ギボンの言葉をかりれば、この初代「賢帝」から最後のマルクス・アントニヌス帝までの帝位継承は、簡単には次の通りです。

「ドミティアヌス帝が暗殺によって倒れるや、その暗殺者たちが差し出した紫衣をうけ入れたのがネルウァである。しかし、帝座についたネルウァは、前帝の暴政下で進んでいた社会的混乱を収めるには、自分が高齢であることを痛感する」。たしかに、即位のときすでに六十六歳であったといわれています。

「人々にとっても、その思いは同じであった。かれらはこの老帝の温和な人柄を慕ってはいたものの、しかし君主としては、むしろ悪に制裁を加えることができる剛毅な人物を望んでいた。そこでかれは、方々縁故があったにもかかわらず、他人に白羽の矢をたてた。低ゲルマニアにあった強力な軍団を指揮していた、当時四十歳のトラヤヌスである。そしてネルウァ帝はこの将軍を養子とするや、ただちに副帝に指名し、後継者としたのである」

トラヤヌス帝はすぐれた武人であっただけでなく、すぐれた行政家でもありました。そのため、トラヤヌス帝には「最善なる元首」という称号が贈られています。

この辺の消息を伝えるものとして、ギボンは、「けっして阿諛（あゆ）から出たものとはおもわれない、この皇帝にたいする、ある賛辞がある」といっています。そして次のように紹介しています。「それは、かれの死後二百五十年以上経たのちの、皇帝即位のさいに慣例として元老院が述べた祝辞のなかにみられる。すなわち、新帝が幸運においてはアウグストゥス帝を、また威徳においてはトラヤヌス帝を、それぞれ凌（しの）ぐことを祈願したという事実である」、と。

トラヤヌス帝の時代、ローマ帝国の版図は外征により最大となります。まさにローマは、この時点で極盛に達したのでした。

次は、外征より内政の充実に意を注いだハドリアヌス帝です。

「前述の通り、皇帝ハドリアヌスの治世には、帝国全土が平和と繁栄を謳歌（おうか）した。

かれは在位中、芸術を奨励し、法律をあらため、軍紀の引締めをはかったほか、属州にも余すところなく訪れている」

「好奇心や虚栄心が旺盛であったハドリアヌス帝は、そうした情念にしばしば動かされた。そしてその都度つぎつぎと関心の対象をとりかえ、ときには名君となり、ときには滑稽な詭弁家になり、また、あるときには嫉妬に狂った暴君となった。だが、言行の基調はあくまで公正と温和とにあり、総じて賞賛に価する皇帝であったといってよい」

ハドリアヌス帝はアエリウス・ウエルスという貴族を養嗣子にして、後継者とするつもりでいました。ところが、死神にこの若者を奪われたのです。ハドリアヌス帝は大いに落胆しました。しかし、帝は気をとりもどすや、他の後継者を探しはじめ、そこでたちまち、ふたりの人物を発掘したのでした。

「ひとりは、義務の遂行において非の打ちどころがなかった齢五十に達しようとしていた元老院議員、もうひとりは、あらゆる美質の開花が期待された、十七歳になろうとしていた青年、であった。ハドリアヌス帝はこのうち、前者を自分の養嗣子とし、そしてその際、その養嗣子が後者をただちにみずからの養子とすることを条件とした」

「かくして誕生した二皇帝こそ、あの両アントニヌス帝にほかならず、ローマ世界はかれらのもとで、四十二年間にわたり知徳によって統治されたのであった」

「アントニヌス・ピウス帝には息男がふたりいたが、かれは自分の一族の利益より国民の福利を優先させた。娘のファウスティナをマルクスに嫁がせ、元老院から護民官と属州総督の地位を得させた。周囲の嫉妬をしりぞけ、この青年をあらゆる政務に関係させたのである。マルクスの方でも、ピウス帝を尊敬し、父としても敬愛した。そして父帝が亡くなったあとは、ことごとくその例にならって国を治めた。おそらく、国民の福利ということが統治の唯一の目的であった時代は、歴史上、右のふたりの治世だけだったのではないだろうか」

アントニヌス・ピウスは裕福な貴族で、高潔・敬虔な人柄でした。ピウスという名も、かれに贈られた「敬虔」という称号によります。

この皇帝の治世には、特筆すべきほどの歴史的事件はなにも起こっていません。たとえば、国境を接していたパルティアにたいしては、牽制するだけで十分でした。前章との関連から印象に残るものとしては、ドミティアヌス帝のときに放棄していたカレドニア（現スコットランド）南部の再占領の際に、城壁（「アントニヌス帝壁」）の構築を命じているくらいです。

内政は、ピウス帝の時代、いっそう充実しました。元老院との協調は言うまでもなく、官僚制度もよく整えられました。また、財政面でもしかるべき浪費が抑えられ、かれが亡くなったときには、アウグストゥス帝以来最高の資産が国庫に遺されていました。

第Ⅰ章にもありましたように、二十有余年にわたる在位期間中イタリアを離れることがなかったピウス帝の時代は、まさに「ローマの平和」が支配した、よき時代であったといえましょう。

さて、敬虔帝の跡をついだマルクス・アウレリウス・アントニヌス帝（通称として、マルクス・アントニヌス帝あるいはマルクス・アウレリウス帝とも呼ばれています）ですが、この哲人皇帝の時代になると辺境に暗雲が立ち込めます。人々の目には、総体的にも、帝国という存在の輝きに、やや陰りが感じられるようになったのです。

マルクス帝は、義弟ルキウス・ウェルスとともに登位しました。共治帝制のはじまりです。しかし、即位から一年もたたないうちにパルティアが侵寇してきました。これにたいし、ウェルス帝が東方へ親征。

ところが、パルティアを大勝利のうちに撃退はしたものの、この戦役に参加した兵士たちが、得体の知れない疫病をもち帰ったのです。そのため、帝国全土でその疫病が猛威をふるい、一六八年にはローマ市ほか多くの都市で、多数の犠牲者が出ました。

こうしたローマ弱体化の兆しを読んでか、ゲルマン人がドナウ河を渡河。帝国内に侵入し、今日のイタリアまで及んだのです。約二百年あまりなかった事件です。第１章でも描かれているように、マルクス帝らはこれにたいして敢然と立ち向かい、勝利しました。しかし、ともにゲルマニアからの帰還の途中、ウェルス帝が病死したのでした。

その後は蛮族侵寇の頻度が多くなり、人々の間に、はじめて深刻な危機感が走ります。そうした状況のもと、マルクス帝の残りの治世は、かれらにたいする征戦に費やされました。

有名な『自省録』がつづられたのも、そうした戦陣においてでした。北方辺境の寒い夜、幕営でひとり沈思して、思いを吐露したそのノートは、かれの死後、衣服あるいは備品のなかから見つかったといわれています。それを読むと、遙かな時をこえて、帝の真摯、高潔な人柄とストア哲学の諦観をおびた考え方がひしひしと伝わってきます。読者諸賢におかれても、お読みになれば、当時の哲人の言葉にしばしば共感をおぼえ、静かな感動を禁じ得ないことでしょう。

晩年のマルクス帝は、防衛のためには、征戦によって問題の地域の版図を拡大しなければならないと考えるようになりました。しかし、そうした強い責任感が帝の繊細な体を犠牲にしたようです。かれは一八〇年、蛮族との戦いを指揮していたウィンドボナ（現ウィーン）において亡くなりました。かくして五賢帝の時代は、ここについに終わったのでした。

ローマはこれ以降、だれの目にもあきらかに衰勢に向かいます。

第Ⅲ章

《180～248年》

✴コンモドゥス帝の残忍、愚行、殺戮

✴近衛兵による後継皇帝ペルティナクスの殺害

✴近衛兵によるディディウス・ユリアヌスへの帝国売り渡し

✴セプティミウス・セウェルスの勝利と厳政

✴カラカラ帝の暴政

✴エラガバルス帝の愚行

✴アレクサンデル・セウェルス帝の仁政

✴帝国全土の騒擾と皇帝の相次ぐ交代

✴フィリップスの帝位簒奪と大競技祭

●——哲人皇帝の人柄

マルクス・アウレリウス帝の慈悲ぶかい性格は、ストア派の厳格な鍛錬によっても変わらず、この人物のもっとも愛すべき点であると同時に、また唯一の欠点ともなっていた。すなわち、疑うことを知らない善良さによって、生来のすぐれた判断力に影がさすことが少なくなかった。

そのため、高潔さを装って近づくやからに、富や名誉をあたえていた。とくに妻子や義弟にたいしてはあまりにも寛容で、一個人の美徳の域を超えていたばかりか、それはかれら身内の者たちの品行ゆえに、しばしば公共の災厄ともなっていた。

アントニヌス・ピウス帝の娘でもあったかれの妻ファウスティナは、その美貌(びぼう)とともに艶聞でも名をはせていた。それは、最下層の民衆の間でなら、一種の魅力であったかもしれないが、質朴謹厳なこの哲人皇帝にとっては、そうした彼女の旺盛な冒険心や遊び心にこたえることは、なかなか容易なことではなかった。

古代の愛の女神クピードー（キューピッド）は、きわめて官能的な神であり、また后妃の情事にしても、それはもっぱら女の方からの積極的な言い寄りであった。したがって、そこには感情の繊細さなど、ほとんどみられなかった。

ファウスティナの不貞を知らないか、あるいはこれに無関心であったのは、帝国中でマルクス帝だけであったようにおもわれる。いずれにせよ、そうした彼女の不行跡は、偏見からとはいえ、この皇帝の上に不面目なこととしてはね返っている。たしかにかれは、妻の情人たちにたいし名利ともに具えた顕職をさずけ、妻本人にたいしても、三十年の長きにわたってこまやかな信愛の情をあらわしていた。しかもそうした態度は、彼女の死後も変わらず、ストア的思索のうちに綴った『自省録』のなかにおいてもみられるように、じじつ、彼女のことを優雅で貞淑な伴侶であったとして神々に感謝していた。

元老院の方も従順であったとみえ、帝の切なる要求をうけて彼女の神格化をみとめた。すなわち、ユノー、ウェヌス、ケレスなど、これら女神の徳をいくつも兼ねそなえた女性として神殿に祀ったほか、爾来、結婚式ではその祭壇のまえで愛の誓いを述べることを義務として法にまでさだめたのであった。

●——帝権が不肖の子に

しかし、彼女の件だけではない。いやむしろ、マルクス帝にたいする評価にもっとも暗い影を投げかけているのは、おぞましい息子コンモドゥスの品行にほかならない。このことについては、自分の子供への偏愛から万人の幸福を犠牲にしたことや、後継者を帝国内からではなく、身内から選んだことなど、マルクス・アウレリウス帝への風当りはきびしい。

帝をはじめ、教師としてまねかれていた学徳有識の人たちすべてが、コンモドゥスの偏狭な精神を広げ、つのる乱行を正し、将来の帝座に価(あたい)する人物に育て上げようと、万全の努力をしたことは確かである。

しかしながら、およそ教育というものは、生来めぐまれた資質をもつ者にたいしては別として、大方にたいしてはそれほど成果をあげ得るものではない。コンモドゥスのばあいも例外ではなかった。哲学者が深刻な面持ちをして語る無味乾燥な講説など、遊興仲間の耳打ちで、一瞬にして無に帰すありさまであった。

そうした苦心の教育による成果を無にいたらしめた責は、十四か十五の若者を帝権に全面関与させてしまったマルクス・アウレリウス帝自身にある。

この哲人皇帝は、それからわずか四年後に没したが、その短い期間を観察しただけでも、おのれの軽挙を後悔するには十分であったといえよう。

社会の治安をみだす犯罪の多くは、原因をある種の抑制に帰せられる。たとえば、不動産をめぐる不平等な法律がそうである。必要とはいえ、多数の者がもとめる事物の所有を、少数の者にかぎろうとする。そこから争いが生じてくる。

では、すべての欲望のなかでもっとも危険かつ排他的なものは何かといえば、それは、権力欲ではないだろうか。なぜなら、ひとりの人間の満足のために多くの人間の服従を必要とするからである。

世の中に乱あれば、法は死文と化す。といって、人道主義がそれに代わることなど、めったにない。はげしい競争心、勝利による傲慢（ごうまん）、成功への渇望、忘れがたい怨念（おんねん）、将来の危険にたいする恐れ、これらすべてが激情に火をつけ、慈悲の声をだまらせる。歴史をみてもわかる通り、こうした動機によって民衆の血が流されなかった時代はほとんどない。

だが、コンモドゥス帝のばあい、そのような動機は毫も当てはまらない。かれには不足のものとてなく、すべてが満たされていたからである。元老院、軍隊双方の歓呼のなかで登位したこの幸福な若者のまわりには、除くべき競争者も罰すべき敵対者も、だれひとりとしていなかった。また、かれ自身にしても、そうした平穏な高みにあって、皇帝ネロやドミティアヌスの唾棄すべき運命ではなく、前五賢帝がみせたおだやかな栄光の生涯を望んでいた。

コンモドゥスは、しばしばいわれているように、生来人間の血に飢えた猛虎であったわけではない。かれは邪悪というよりむしろ惰弱な性格であり、その単純さと臆病さのゆえに、近臣たちの奴隷となり、徐々に堕落させられていったというのが実のところだろう。つまり、かれの残忍さは、他人の指図にしたがうことからはじまり、それがしだいに習い性となり、ついには支配感情となったといってよい。

父帝が没するや、大軍隊の統帥権を託され、クワディ族やマルコマンニ族相手の困難な征戦をみずから指揮しなければならなくなったことに、コンモドゥスは当惑した。

こうしたなか、マルクス・アウレリウス帝によって斥けられていた不品行な手合いが早々に舞いもどり、戸惑う新帝をあやつった。かれらはドナウ河以遠の野蛮な国々への出征について、その難儀や危険をさかんに誇張し、そしてしきりに説得した。すでに混乱の様相をみせている蛮族の平定には、帝の威名と部下の部隊をもってすれば十分であり、ことによっては平定するまでもなく、今すぐにもさらに有利な条件さえ引きだせる、などと。

またその一方で、無気力な帝の官能にもたくみにうったえ、平和なローマでいとなまれる豪奢や洗練された数々の快楽をあげて、贅沢のための余暇も品々もないパンノニア幕営の状況との違いを強調した。

そうした忠告は耳に快い。コンモドゥスはかれらの進言に熱心に耳をかたむけた。かくして、父帝の顧問団にたいする畏敬の念とみずからの怯懦な性向との間で躊躇している間に、その夏もしだいに過ぎゆき、首都への凱旋は秋まで延びる。

この間かれは、その端正な容姿、すばらしい演説、一見人格者らしい印象、これらによって民衆の人気を博していた。また、蛮族にたいして先頃みとめた名誉ある平和によって、帝国全土に喜びをもたらしていた。ローマ再訪をしきりに願うかれの姿は、祖国愛のためと好意的に解釈され、一連の遊惰(ゆうだ)な行状にしても、弱冠十九歳の皇帝ということで、とくに非難されることもなかった。

コンモドゥス帝治世の最初の三年間は、父帝マルクスが実子のためにつけていた忠実な顧問団によって、施政体制ばかりか、しかるべき統治の精神までもが従来通り維持されていた。顧問団の英智と清廉さには、かれも表向き敬意を表していた。

このときまでは、取り巻き連を相手に帝権を乱用してはいたものの、その手が血に染まるというようなことはなかった。むしろまだ、しばしば寛容な面もみせ、やがては真に有徳の士となるのではないかとの期待さえいだかせるほどであった。ところが、ここで、かれの性格を運命づける、あるひとつの事件がおきるのである。

●――コンモドゥスが暴帝と化した日

一八三年のある日の夕暮れ、コンモドゥス帝は宮殿にもどろうと、コロセウムの暗い柱廊(ちゅうろう)を歩いていたときのことである。このとき突然、待ち伏せていた何者かが、剣を手に一声を発して襲いかかった。

「元老院の命令だ！」

だが瞬間、かれが一喝。暗殺者がこれにひるむや、近衛兵にとり押さえられ、その場で計画の主犯者について口を割った。

驚くべきことに、それは宮殿内の策謀であった。皇姉でもありルキウス・ウェルスの寡婦でもあったルキルラが、実弟の命をねらわせたのだ。帝国第三位の地位を潔しとしない彼女の、皇后にたいする嫉妬（しっと）からであった。

ファウスティナの行状にならっていたルキルラには、情人（じょうじん）が多数おり、そのなかにはこの女の愛欲のみか、狂乱にすら仕えようとする食いつめた野心家が何人もいた。したがって、計画を実行する手先には事欠かなかったのである。

共謀者はただちに全員きびしく罰せられ、彼女も、最初は流罪に、そして最後には死罪となった。

暗殺者が放った言葉、その言葉はコンモドゥス帝の胸につき刺さり、元老院全体にたいする消しがたい恐怖と憎悪の傷跡を残した。以来かれは、それまで畏（おそ）れていた口うるさい高官らをひそかな敵とみなすにいたる。そしてそうしたなかで、過去数代の間にほぼ根絶の域まで衰勢していた密告者なる一群が、皇帝の胸の内を知るや、ふたたび恐るべき存在として台頭する。

父帝マルクスが偉大な議会とみなした元老院は、ローマ人のなかでもとくに秀逸な人士によって構成されていた。しかしいまや何事であれ、秀でることはただちに犯罪となった。

以来、富の存在は密告者の精励をうながし、謹厳さは皇帝の不行跡にたいする暗黙の非難ととられた。要職につくことは危険な卓越を意味し、さらには、父帝とのかつての友人関係さえも皇帝に不興をおぼえさせた。

また、嫌疑はすなわち確証となり、裁判はすなわち有罪となった。ある有力な元老院議員が処刑されたときなど、その悲運を嘆きかなしむ者たちや復讐（ふくしゅう）しそうな者たちも、ともに全員死をまぬがれ得なかった。

ついに人間の血を味わってしまった凶帝コンモドゥス。かれはこれ以降、憐憫（れんびん）の情や後悔の念とは無縁な人間と化していく。

　こうした暴状の犠牲となった無辜の人々のなかでも、クインティリアヌス家の兄弟マキシムスとコンディアヌスほど、その死が悼まれるものはないだろう。ふたりの思い出は、その兄弟愛ゆえに当時の人々の胸にいつまでも残り、その遺名はいまも多くの人々に慕われている。

　かれらは勉学や職業だけでなく、趣味や娯楽までもつねに同じであった。所有する広大な地所についても、同様である。ふたりの間に、個々の権利あるいは資産の分割などという考えは少しもなかった。著述にしても例外ではない。その断章がいまなお残る「農業論」も、共著であった。まさに、ふたつの体がひとつの心によって動かされていた。

　両アントニヌス帝の時代には、兄弟の人柄を高く評価し、その仲をたたえていた両帝によって、ある年にはふたり同時に執政官に任じられたこともあった。また、その後マルクス帝単独の時代になってからも、ギリシアの行政や大軍団の指揮がその共同管理にゆだねられたこともあった。ちなみに、このときかれらはゲルマン人相手にはなばなしい戦果をあげている。

こうした兄弟を、コンモドゥスは一緒に葬り去ったのである。これこそ「残忍な親切さ」だと言うほかはない。

●――奸臣ペレンニス

しかし、もっとも高貴な元老院議員の血さえ流した暴君の凶暴さは、ついにその主な手先であった者たちにもはね返る。人の血と贅沢にひたる皇帝コンモドゥスは、国務をペレンニスなる寵臣(ちようしん)に託していた。前任者を殺害して現在の地位を得たこの側近は、覇気、能力ともにかなりの者で、貴族相手の財物強要や財産没収で膨大な蓄財をなしていた人物であった。しかも近衛軍が直接その指揮下にあったほか、その実子もすでに軍事的才能をみせて、イリュリクム軍団の指揮官となっていた。

ペレンニスの胸には、帝位簒奪(さんだつ)、あるいはコンモドゥス帝の目からすると、それと同等の犯罪的計画があった。したがって、かりにこの悪臣が不意討ちによって抹殺されなかったとしたなら、その目的を達していた可能性もないではない。帝国の長い歴史においては、ひとりの高官の没落など、およそひとつの小事にすぎない。しかし、それが次のような事件によって早められたということは、すでにローマ軍の軍紀がゆゆしいまでに緩んでいたことを物語っている。

それはブリタニア駐屯軍の事件のことである。かねてよりペレンニスのやり方に不満をいだいていたこの遠島地のローマ軍が、そのことを皇帝へ直訴しようと、一千五百名の精鋭からなる部隊を編成し、これを帝都へ送ることになったのだ。

嘆願兵らは態度決然。近衛軍諸部隊を扇動する一方、ブリタニア軍の強さを誇示した。そして驚愕するコンモドゥス帝にたいして、ペレンニスの死だけが唯一の解決策であるとして強引にこれをもとめ、ついにはこれを勝ちとることに成功したのであった。

この事件はこれで決着をみたものの、しかし帝国の不穏はこれで終わったわけではない。いやむしろ、こうした辺境軍の振舞いや政府弱体化の露呈は、来るおそるべき激動のひとつの予兆にすぎなかった。

●――さらなる奸臣クレアンデル

恩を売れば、けっして自分以外の者のところへ走ることはあるまい、との思いからだろうか、猜疑心にみちた皇帝が卑小な人品を重用するという例は、歴史上少なくない。

ペレンニスの後継者となったクレアンデルもまたフリュギア人であった。そもそもこのフリュギア人というのは、殴らなければきかない頑迷、卑屈な国民性であったといわれる。

そうした故国から奴隷としてローマに送られ、また奴隷として宮廷入りしたクレアンデルは、主人の欲情に奉仕することすこぶる巧みであった。そのため短い間に、当時臣下としては最高の地位にまで登りつめていた。

コンモドゥス帝にたいする影響力という点では、ペレンニスもクレアンデルにはおよばなかった。というのも、この後任者には、コンモドゥス帝に嫉妬や不信をおこさせるほどの才幹や美徳などひとつもなく、ただ飽くなき貪欲さのみがその支配情念でもあり行動原理でもあったからである。

執政官、貴族、元老院議員など、こうした地位がつぎつぎと公売に付され、財産の大半をもってこれを購入することがもとめられた。かりにもし拒否しようものなら、それは不忠とみなされたというのだ。

暴利のあがる属州の売官行為ともなると、クレアンデルは人民から収奪したものを総督たちと分け合うことまでしている。

法の執行は独断的で、しかも金銭で左右された。おそらく裕福な犯罪者のばあいは、しかるべく下された有罪判決を撤回させることができただけでなく、告発者や証人、いや裁判官にたいしてまで、ほしいままに懲罰を科すことができたのではないだろうか。

クレアンデルは、こうした手段で三年の間に、解放奴隷としては前代未聞の巨富を築いていた。そしてコンモドゥス帝にたいしては、その足下に豪華な贈物をしきりに差し出して大いに悦ばせていた。いやそればかりか、さらには民衆の不満をそらすため、皇帝の名で浴場や柱廊、体育場などの公共施設をさかんに建設したりもしていた。

かれは心ひそかにおもうのであった。ローマ市民はこの大盤振舞いに飛び上がって喜んでいる。したがって日常茶飯事となっている流血事件にはさほど気をとめることもないだろう。とくに先の元老院議員ビルルスの死もすぐに忘れるに違いない、またアルリウス・アントニヌスの処刑のことについても、これをとがめることもあるまい、と。

右のふたりのうち、前者ビルルスは、義弟にあたるコンモドゥス帝にクレアンデルの正体を暴露しようとしたことが不幸の原因となり、後者アルリウスは、アシア属州総督時にこの奸臣(かんしん)にたいしてくだした公正な判決が命取りとなった。

ペレンニスの死後、コンモドゥス帝は先に出していた悪法を撤回し、政府にたいする民衆の怨念はこれを死者にかぶせた。そしてそれまでの愚行については、これをすべて悪臣の指図に帰すなど、自己弁護につとめ、一時は善性をとり戻したかにみえた。

だがしかし、この反省も長くはつづかなかった。そのため、クレアンデルによるあらたな暴政のもとで、人々はペレンニスの治政をしばしば追惜したほどであった。

こうした災厄に加え、ローマはやがて疫病や飢饉(ききん)におそわれ、最悪の状況となっていく。

疫病の方は神々の正当な怒りに帰せもされようが、飢饉については、クレアンデルの富と権力による穀物の独占が真因であることがだれの目にもあきらかであった。かくしてそれまで陰口に終始していた民衆の不満が、円形競技場で一気に爆発する。

群衆は、復讐のためにはもはや好きな催し物もかえりみず、いまや暴徒と化し、郊外にあった皇帝の離宮におしかける。かれらは、公敵の首級をもとめて絶叫した。これにたいし近衛軍の長でもあったクレアンデルは、騎兵隊に暴徒の一蹴(いっしゅう)を命じた。この強力な力の出現のまえに、群衆は算をみだして街へと逃げ、その途中、何人かが騎兵の剣にたおれ、またそれより少なからぬ数の者たちが馬蹄(ばてい)で踏み殺された。

だが、追撃してきた騎兵隊が市街地に入るや、家々の屋根や窓から石や矢が雨のように放たれ、騎兵部隊は前進をはばまれる。ここで、近衛軍騎兵隊の特権や専横(せんおう)を以前から快くおもっていなかった首都警備の歩兵隊が、民衆を支持。騒乱は正規の交戦へと発展し、大量虐殺の可能性まで出てきた。

ところがこのとき、情勢が一転する。敵の数に圧倒された近衛軍が、撤退しはじめたのだ。勢いに乗じた民衆は、その怒りをいっそう激化させ、皇帝が快楽にひたる離宮の門前へと怒濤のごとくおし寄せた――。

コンモドゥス帝に迫っていたのは凶報とともに、死であった。したがって、もしこのとき皇姉ファディルラと寵妾マルキアが事態を直接うち明けることがなかったならば、かれは快楽の耽溺のなかで果てていたことだろう。

ふたりは髪をふり乱し、涙にぬれ、コンモドゥス帝のもとに駆けつけた。そしてその膝にすがり、驚くかれに、クレアンデルの悪行、民衆の怒り、いまにもこの宮殿と帝のうえに降りかかろうとしている破局について、すべてを一気にうち明けた。

これを聞いて酔夢からさめたコンモドゥス帝。かれは事の真相を知るや、ただちにクレアンデルの首を群衆に投げあたえよ、との命を発した――。

かくして民衆の要求が満たされるや、それまでの混乱は潮がひくように収まった。

ちなみに、このときならまだ、賢帝マルクスの子息として、かれは人民の愛情と信頼をとり戻すことができていたかもしれない。

●——皇帝の淫虐と愚行

が、いかんせん、皇帝コンモドゥスのなかには、慈悲心も徳義心ももはやなかった。かれは国政をくだらぬ寵臣どもに任せ、自分は官能をみたす以外に帝権の価値はないかのごとく、ひたすら快楽にあけくれた。

三百人の美女のほか、少なからぬ数の美童がすむ後宮で、毎日かなりの時間を過ごし、ほしいままにかれらを誘った。そしてときにそうした誘惑が不首尾におわると、すぐに暴力にうったえた。

自然の抑制や人倫の節度など微塵（みじん）もみられないコンモドゥス帝の淫虐（いんぎゃく）について、古代の歴史家はくわしく書き残しているが、品性を犠牲にせずしてそれらの描写を近代語に忠実に翻訳するには、憚（はばか）られるものがある。

また、淫楽（いんらく）の合間あいまには、下劣な余興が行なわれていたともいわれている。まことに、時代の洗練も熱心な教育も、この粗暴な心には一片の良識だに吹き込むことができなかったようで、知的快楽にたいする趣味をまったく欠いた皇帝としては、かれが最初の皇帝であった。

ネロ帝のばあい、暴君ではあったが、音楽や詩などの芸術に秀でていた。少なくとも、そうみられていた。したがって、もし余暇の楽しみを真剣な営為や野心の対象にすることがなかったならば、われわれとしてはこの多芸な皇帝のそうした余技を嫌悪するようなことはなかったことだろう。

●――君主が円形闘技場で

ところが、コンモドゥス帝のばあいは、幼い頃から、良識的なことは、ことごとく毛嫌いする一方、拳闘士の試合や野獣狩りといった、俗衆の娯楽にはひとかたならず執していた。

父帝マルクスがまねいていた優秀な教師たちの講義など、はなはだいとわしく、これを真剣に聴くことはほとんどなかった。これにたいしムーア人やパルティア人が教える投槍や弓などの武術にはひじょうに興味を示し、いくらもしない間にもっとも練達の教師とすら肩を並べるにいたっていた。

立身の機会を主人の悪徳にかけていた下劣なやからは、こうした恥ずべき君主の嗜好に拍手を送り、ギリシアのヘラクレスがネメアのライオンやエリマンサスの猪を倒す、同じような功績で、神々の間に座を占め、人々の間に永遠の名声を遺したことを、皇帝コンモドゥスに想起させた。

しかしながら、かれらはひとつ肝心な指摘を忘れてはいなかったか。すなわち、人間が猛獣と闘って勝つことが英雄的行為とされたのは、未開の土地をめぐって野獣と争っていた、はるか昔の原始社会においてであったということを。

　これにたいし開花したローマ帝国のばあいは、野獣が大都市の近郊から、いや人間のまえからさえ、姿を消してすでに久しく経っていた。したがって、猛獣の隠れ家を襲ってこれを捕らえ、ローマ市へ送って催しのなかでこれを殺すなど、皇帝としては愚行の極み、人民にとっては迷惑の沙汰以外のなにものでもなかった。

しかし、コンモドゥス帝にこの辺の違いは解せない。かれは競技の華々しい外観にとらわれ、ひたすら「ローマのヘラクレス」を気どった。帝権をあらわすいくつかの標章とともに、棍棒やライオンの皮を帝座のかたわらに置いたり、さらには帝国内の方々に、そのギリシアの英雄に似せた自分の彫像を建てさせていた。

　かくてコンモドゥス帝はこの種の賞賛に有頂天となり、しだいに羞恥（しゅうち）心をなくしていく。そしてついには、それまで少数の寵臣のまえでだけみせていたそうした業を、ローマ市民にも披瀝するようになる。

追従や恐怖、あるいは好奇心など、さまざまな動機から、民衆が円形闘技場に雲霞のように集まり、観客としては当然ながら、この皇帝演武者の非凡な腕前に喝采をおくった。

獣の脳天であろうと心臓であろうと、狙ったものは一撃必殺。疾走する駝鳥のまえを駆け抜けざまに、矢尻が三日月形の征矢で、その長い首を切りおとす。豹が放たれると、この射手は震える罪人めがけて豹が飛びかかるまでじっと待つ。そして次の瞬間、野獣が飛ぶや、矢が走り、その場で獣は地面におちる。罪人は、傷ひとつ負わない。

次に、檻のなかから一度に百頭のライオンが放たれる。すると、コンモドゥス帝の手から放たれた投槍が、荒れ狂って走りまわるかれらを、誤ることなくつぎつぎと倒していく。まさに百発百中である。ライオンばかりではない。象の巨体も犀の厚皮も、その鋭い槍先から身をまもることはできなかった。

珍獣奇獣がインドやエチオピアから運ばれ、美術のなか、いや、おそらくは物語のなかでしか知られていなかった動物たちが、闘技場において大観衆が注視するなか、無残にもつぎつぎと殺されていった。

こうした見せ物に登場する自称「ローマのヘラクレス」には、万全の身辺警護が敷かれていた。皇帝の権威や神格としての尊厳など、まったく解ろうはずがない獰猛(どうもう)な野獣が、死にもの狂いで帝に襲いかかり、その身をそこなう可能性が少なくなかったからである。

君主が剣闘士の列に名をつらね、国法からも慣習からも賤業(せんぎょう)とされているそうした業に満悦しているさまは、最卑賤(ひせん)の人々にさえ恥辱と憤怒をおぼえさせた。

コンモドゥス帝は「セクトル」の役を選び、その服を着、その武器をとって「レティアリウス」と闘ったが、それは闘技場で行なわれる血なまぐさい競技のなかでも、最大の見せ場のひとつであった。

セクトル役の者は、兜(かぶと)、剣、それに円盾で武装し、相手となるレティアリウス役の者は、裸のまま、大きな網と三叉(みつまた)の矛をもつ。そして前者は敵を切り殺そうとし、後者は敵を捕らえようとする。最初に放った網が失敗におわると、次に放つ網の用意ができるまで、レティアリウスはセクトルの追及をかわさなければならない。

コンモドゥス帝は、この役を七百三十五回も演じた。その輝かしい成績は、帝国の公式行事記録に入念に記されている。

しかし、かれの乱行は以上のことにとどまらない。まさに破廉恥行為をひとつだに逃すまいと思っていたかのごとく、剣闘士の共同基金から法外な年金を受けとってもいた。ちなみに、これがために、かれは新税まで課している。おそらく、ローマ市民にとって、これほど屈辱的なことはなかったにちがいない。

もちろん、こうした試合では、皇帝がつねに勝者であった。闘技場における勝利で血をみる場面は希(ま)れであったが、剣闘士養成所や宮殿内での練習では、コンモドゥス帝から致命的な一撃をくらう栄誉に浴し、自己の追従行為をみずからの血でもって封印せざるを得なかった不憫(ふびん)な相手も少なくなかった。

この暴帝にとって、もはやヘラクレスの呼称も満足できるものではなく、当時有名であったパウルスの名だけが、いまやかれの耳をくすぐる唯一の呼び名となった。

そのため、このパウルスという名はコンモドゥス帝の巨大な彫像の数々に刻まれたほか、嘆きつつ賛辞をおくる元老院の歓呼のなかでも、何度もくり返し聞かれた。

●暴帝の最期

皇帝コンモドゥスの暴状や悪名は、いまや極まった感があった。佞臣たちの賛辞のなかにあって、かれには帝国内のすべての良識、有徳の士から軽蔑や憎悪を向けられても、やむを得ないことが分かっていた。そしてそうした憎悪にたいする意識やあらゆる美徳にたいする羨望、また脅威にたいする危惧や日々の娯楽においてなされる殺人行為、こうしたことがその凶暴な心をいっそういら立たせていた。

だがコンモドゥス帝の残忍さにも、ついに終焉のときがおとずれる。高貴なローマ人の血をほしいままに流してきた皇帝も、近臣の恐怖心によって果てるときがきたのだ。

同僚や前任者の運命をみて戦慄していた愛妾のマルキア、侍従長のエレクトゥス、近衛隊長官のラエトゥス、この三人が主君の気まぐれな乱行やそれに怒る民衆の決起をおそれ、いまにも自分たちの頭上に降りかかろうとしている危難を回避しようと決心したのだ。

そこであるとき、野獣狩りで疲れたコンモドゥス帝に、マルキアが機会をとらえて葡萄酒をすすめた。皇帝はそれを飲み干し、寝所に入ったが、やがて毒と酔いがまわって喘ぎはじめたところをとらえて、レスリングをなりわいとする若者が寝室におし入り、かれを一気に絞め殺した。そして遺体は、宮殿からひそかに運び出された。近臣にも民衆にも気づかれることなく。

——これが、英帝マルクスを父とした後継帝の末路である。

個人の力量や才幹において自分とまったく変わらなかった幾百万の臣民を、十三年間の長きにわたり虐げつづけてきた憎むべき暴君。その抹殺が、かくも容易であったとは……。

解説　コンモドゥス帝の死後からフィリップスの登位まで

以上のような幕切れで暴帝コンモドゥスがたおれるや、新帝に推されたのはペルティナクスでした。かれは卑賤な出でありましたが、すぐれた才幹により出世の階段をのぼり、元老院議員となり、そのときは折しも首都長官でした。高潔な人物であったようで、皇帝としても、熱心に綱紀の粛正にはげみました。しかし、そのやり方には政治的配慮が欠け、また、あまりにも性急なものでした。そのため、在位からわずか三カ月後に、先に自分を推戴した近衛隊によって殺害されたのでした。

いまや横暴の極みに達した近衛隊。かれらは次に、帝位を競売にかけるという暴挙にでます。そしてこれを競り落としたのが、ディディウス・ユリアヌス（後章のひとつに出てくる、あの高貴なユリアヌス帝とはまったく別人）という裕福な元老院議員でした。

しかし、そうした人物が帝位をながく維持できるはずがありません。じっさい、かれ自身も事の重大さに気づいて、みずからの軽挙を大いに後悔し、予想される混乱をおもって恐怖心にとらわれたのです。

案の定、新帝登位の経緯が辺境へ伝わるや、ブリタニア知事のアルビヌス、シリア知事のニゲル、それにパンノニア総督のセプティミウス・セウェルスなど、各地の知事・総督が異をとなえて蜂起します。

その結果、皇帝ユリアヌスは、在位わずか六十六日後にセウェルスの帝都進撃の報に接して変節した近衛隊によって殺害されたのでした。

右の三者のうち、最終的に勝利して正式な皇帝となったのがセプティミウス・セウェルス（在位一九三〜二一一年）です。セウェルス帝の治世は、十八年間続きます。

セウェルスは新帝として帝都に入るや、横暴をきわめた近衛隊を解体し、あらためて、それまでの四倍の規模で近衛隊を創設します。そしてこの新隊を、イタリアではなく、辺境属州の各軍団から選りすぐった屈強、傑出した兵士たちで組織したのです。

　こうした処置によって、皇帝の地位は堅固なものとなりました。そこで武威を背景に、元老院を軽視した強権政治を断行します。そのため、かれの治世には、共和制の名残も、ほとんど消え去ったかたちとなりました。

　セウェルス帝がもっとも意を払ったのは、自分の支持基盤としての軍人たちにたいしてでした。給与の増額、退役兵特権の保護、現役兵の結婚の容認など、その処遇には、厚いものがありました。しかし、そうした優遇策のために、軍人たちはやがてしだいに軟弱化していったのです。

　また、新近衛隊の編成でもみられたように、かれ自身北アフリカの出身でもあったためか、セウェルス帝はイタリア本土を特別視することもありませんでした。いずれにせよ、この時代になると、帝国全土が一様に考えられたことによって、ローマ帝座、帝都、イタリア本土の特権などに関する伝統的な価値観が薄らいで、ローマ帝国はその実体が根本的に変化しはじめます。

　そうした意味で、ギボンはこのセウェルス帝をローマ衰退の張本人であると指摘しています。

　帝は晩年、後継者のことで悩みます。帝にはカラカラとゲタというふたりの息(そく)

男がいましたが、帝位の父子継承による災難、すなわちコンモドゥスの例が頭にあったほか、さらには、両者の欠点や、兄弟の仲が良くないことも頭痛の種でした。

そうした不安を残しながら、かれは征戦先のブリタニアで没します。享年六十五。十八年にも及ぶ栄光の治世でした。

セウェルス帝の跡は、けっきょく、ふたりの実子が共治帝として継ぐことになりました。しかし、まもなくして長子カラカラが弟のゲタを殺害し、単独皇帝となったのです。

カラカラ帝は、その猜疑心や残忍さのため、暴帝のひとりに数えられています。ゲタの死を悼んだということだけで、二万人以上の人々を殺したり、過酷な税を取り立てたりしています。

しかしその一方で、いくらかでも皇帝として良い評価をうけたいという気持ちもあって、市民のために大浴場を造っています（「カラカラ浴場」）。

兵士にたいしても、父帝以上に気前がよかったそうです。しかし、そこには為政者に求められる、出費の抑制という様子は、微塵(みじん)もありませんでした。かれは二一七年、パルティア遠征中、近衛隊長官マクリヌスによる謀殺によって倒れました。

カラカラ帝を葬ったマクリヌスは、軍の擁立で即位します。ところが、その支配に不満をいだいた東方の軍団が、次のエラガバルスをかつぎ出して蜂起。やがてマクリヌス帝の方が捕らえられて殺されます。皇帝となってからわずか約一年ほどの間の出来事です。

エラガバルスは、先のセウェルス帝の遠縁にあたり、本名をウァリウス・アントニヌス・バッシアヌスといいます。かれはシリア生まれで、幼くして東方の太陽神エラガバルスの神官の役をはたしていたことから、もっぱらこう呼ばれるようになりました。

エラガバルス帝（在位二一八～二二二年）は、異国風の儀式のほか、女装などの倒錯的な淫蕩(いんとう)にふけったことでよく知られていますが、やがてこの奇妙な皇帝も、そうしたことから元老院にも軍隊にも見放され、母とともに殺害されます。

エラガバルス帝の横死後、ただちに皇帝に推されたのは、従弟のアレクサンデル・セウェルスでした。かれも即位のとき少年（十四歳）でしたが、元老院に助けられ、その治世（二二二～二三五年）は比較的順調なすべり出しをみせます。

このころ近東地域は、長年パルティアの支配下にあったのですが、そのパルティア王国が二二六年、突然瓦解します。アルダシルという人物が主君をたおして、自分の王朝（ササン朝ペルシャ）を開いたのです。アレクサンデル・セウェルスが皇帝になってから四年目のことです。

新興の勢いにのるアルダシルは、かつて支配していた領土の復権をめざします。そして、ついに二三〇年、ローマ領土への侵略を開始したのです。これにたいし、ローマ側は皇帝の親征をもって対応します。

ところが、そうしたなか、ライン河辺境のゲルマニアで反乱が起き、セウェルス帝は、この鎮圧におもむかざるを得ませんでした。

かれは、ひ弱な皇帝であったらしく、母親に動かされていたといいます。このときも、そうでした。ゲルマン人にたいして、母親の忠告にしたがい、賞与金による和解をめざしたのです。

そのため、皇帝の軟弱な姿勢に怒った軍隊が、マクシミヌスという指揮官を新帝に推し、セウェルス帝については、これを母親とともに葬ったのでした。

マクシミヌス帝（在位二三五〜二三八年）は、「八フィートを超える」巨漢の軍人でした。その姿は、アレクサンデル・セウェルス帝とは対照的に、いかにも兵士たちの仰ぐに足る威容だったとおもわれます。

属州トラキアの出身であったマクシミヌス帝は、ゲルマン人制圧のため、そのまま辺境にとどまり、つねに辺境を軍とともに移動して、軍陣から勅命を発していました。

また、武力を前面におし出し、各都市の公共財産までもかってに処分していました。当然、各市の怨念はつのります。

また、右の事情からかれは皇帝でありながら、ローマ市に赴くことがありませんでした。そうした状況を背景に、それまで無視されていた元老院が、別の人物を皇帝に推し、マクシミヌス帝にたいしては公敵を宣言します。

それをうけて、アフリカ属州の総督ゴルディアヌス（一世）がマクシミヌス帝に反旗をひるがえし、元老院からみとめられた皇帝として当地の支配に着手します。二三八年のことです。

この年の四月、マクシミヌス帝は、蜂起したアクィレイア市の攻囲中、近衛隊によって殺害されました。

かたやゴルディアヌス（当時七十九歳）の方も、皇帝を称してからわずか一カ月も満たない間に、マクシミヌス配下の反撃をうけ、共治帝となっていた息男のゴルディアヌス（二世）とともに、非業の死をとげました。

ゴルディアヌス親子が横死したという報せをうけて、元老院は急遽（きゅうきょ）バルビヌスとマクシムスという人物を共治帝として推戴します。しかし、かれらふたりも、在位わずか三カ月の後に近衛隊によって葬り去られました。

右の両帝が刃にたおれるや、次に帝座を継いだのは、そのとき副帝となっていたゴルディアヌス二世の息男です。

この若きゴルディアヌス帝の治世は六年つづきます。前任者が数カ月の間に五人も交代していたことをおもえば、その時期としては長い治世であったといってよいでしょう。

ただ、かれ自身は純朴であったらしく、施政は、実質、当初かれの母、その後は有徳の士であり近衛隊長官までなっていたミシテウスによって行なわれていたようです。

登位から三年目の二四一年、ペルシャ王シャプール一世がローマ領内へ侵入。これにたいしてゴルディアヌス三世はみずから東方へおもむき、ミシテウスの知謀に助けられ、ペルシャ軍をユーフラテス河からティグリス河まで撃退しています。

しかし、この忠臣が逝くや、ゴルディアヌス三世の盛運もまた終焉をむかえます。ミシテウスの後任となったアラブ人フィリップスの野望のまえに斃れたのです。フィリップスの策謀による糧食不足に怒った軍が、この若き皇帝を無能よばわりし、帝を殺害したのでした。

出自が低く、しかも以前は完全に外国人であるとされていた者が、ローマ帝国内の出世の階段をつぎつぎと登り、近衛隊長官になる。そしてさらには帝座にまでつく。ここに、ローマの支配層に関する伝統が、帝政初期とはまったく違ったものになってしまったことがよく看てとれます。

あの五賢帝の最後の皇帝マルクス・アウレリウスが没した一八〇年から約七十年にも満たない期間における変化です。時間の流れに比べて社会的変化が少なかった古代においてさえ、半世紀余りもすれば、国家の状況はもとより、人々が伝統として信じていたものまでも、大きく変わっています。このことは、現代のわれわれにたいする教訓として、注目に価することのようにおもわれます。

さて、皇帝となったフィリップスは、東方からもどるや、帝権簒奪の記憶を抹殺し、なんとか臣民の人気を得たいという思いから、ローマ建国以来五回目となる「大競技」といわれる一大行事を催します(二四八年)。

ローマの建国を祝うものとして最初アウグストゥス帝によって始められたこの行事は、以来、クラウディウス、ドミティアヌス、セウェルスと、四皇帝の時代にそれぞれ行なわれていました。人心をつかむ政策としては、じつに格好のものであったことは言うまでもありません。

フィリップス帝の治世は、約五年に及んでいます。しかし、この間ローマ帝国は、北方から東方からと、各異民族の侵入に悩まされつづけました。それは、いままでのような辺境だけの問題ではなく、帝国の存在そのものを脅かすにいたる性質のものでした。こうした変遷を背景に、事態は次の第Ⅳ章へと移っていきます。

第Ⅳ章

《248〜285年》

- デキウス、ガルス、アエミリアヌス、ウァレリアヌスおよびガリエヌスの諸帝
- 諸蛮族の大侵寇
- 三十人の僭帝
- クラウディウス、アウレリアヌス両帝の治世と戦勝
- ゴート人の敗北
- アウレリアヌス帝死去後の束の間の平和
- タキトゥス帝、プロブス帝およびカルス帝父子たちの治世

●——混乱の時代

フィリップス帝の大競技会からガリエヌス帝の死去にいたる二十年（二四八〜二六八年）は、ローマにとってさまざまな汚辱や災難に満ちている。まさにこの期間は、全体を通して蛮族の侵寇（しんこう）や軍人皇帝の暴政に悩まされなかったときなどひとつもなく、帝国は疲弊きわまり、瓦解（がかい）に瀕（ひん）していた観があった。

いまこの時代の通史を著そうとすれば、当時の世情の混乱や歴史資料の不足から、著述にはかなりの困難が予想される。残っている資料に頼ろうにも、それはすべて断章にすぎない。また、簡潔に過ぎ、さらには、しばしば曖昧（あいまい）なばかりか、ときには矛盾さえしている。

それでもあえて筆をとるとなれば、そうした資料をあつめて比較、推断せざるを得ない。もちろん、その際、推断を事実のように扱うことがあってはならないが、そのことを踏まえたうえで、人間というものの性質や激しい情念の作用に関する知識などをもってすれば、資料の不備をいくらかは補えるのではないかとおもわれる。

あいつぐ皇帝暗殺のため君主にたいする臣民の忠誠心に動揺がみられたことや、フィリップス帝の部下であった将軍らが主君の例にならおうとしたこと、また、それまで久しく暴挙になれていた軍隊がむら気から一介の兵卒をいつなんどき皇帝に推戴するかもしれない可能性があったことなど、これらは察するに難くない。ただ、確たる史実となると、二四九年の夏にモエシア（ドナウ河の南）軍がフィリップス帝に反旗をひるがえし、マリウスという下級将校を帝座につけようとした事件くらいだろうか。

このとき、急報をうけた皇帝フィリップスは、この一反乱が全土的動乱の口火となることをとっさに恐れ、動転した。そして、みずからの罪科と迫る身の危険におののきながら、事件をただちに元老院に報告したが、反乱をつたえられた議場は一時重苦しい沈黙につつまれた。議員たちの胸には恐怖のほか、おそらくは、皇帝にたいする不満もあったのだろう。

だが、しばらくして議員のひとりデキウスがこの沈黙を破った。高貴な家柄にふさわしい気概をみせて、大胆不敵な発言をしたのである。すなわち、敵は皇帝をよそおった影法師にすぎず、いくらもしないうちに、その軽挙妄動によってかならずや自滅にいたる、と。

●──反乱軍、元老院議員デキウスを皇帝に

予言はただちに的中した。

フィリップス帝の胸には、デキウスにたいする尊敬の念がわき上がった。マリウスの死後も不穏な動きをみせている軍の規律をひき締め、帝国に平和をもたらし得る人物はかれを措いてほかにない。フィリップス帝には、そうおもわれた。

しかしデキウスの方は、その大任をひきうけることについては、長い間これを固辞した。おそらく、不安や怒りに駆られている兵士たちのまえにすぐれた指導者があらわれたばあいの危険性を、そうした態度によって暗にほのめかせていたのではないだろうか。

まもなくして、かれの不安、あるいは予言はふたたび現実のものとなった。モエ

シア軍がデキウスを強引に共犯者に仕立て上げてしまったのである（二四九年）。いまやかれに残された選択肢は、死か紫衣（しえ）か、いずれかしかなかった。

かくしてデキウスはイタリア国境まで軍を進めた。いや、兵士たちにしたがったというべきだろうか。いずれにせよ、皇帝即位をうけ入れた以上、これは必然の行動であった。

かたや皇帝フィリップスも、それまで腹心としていた、このおそるべき相手を撃退しようと、全兵力を結集して国境をめざした。数のうえでは皇帝軍が優っていたが、反乱軍は精鋭部隊、しかもこれをひきいるのは歴戦の名将である。

けっきょく、この戦いでフィリップス帝は戦場の露とはてた。一説によると、数日後ヴェロナで刑死したともいわれる。共治帝であった帝の息男や側近も、ローマで近衛隊によって殺害された。ここにいたり、元老院も諸属州もこぞって勝利者デキウスを承認。時の野心家にたいするものとしては破格の特典をかれにみとめた。

伝えられるところによると、軍の圧力のまえに正帝（アウグストウス）の称号を不承不承にうけ入れた直後、デキウスはフィリップス帝に私信をおくり、身の潔白と忠誠とを主張していた。イタリアに帰還して帝位の標章をかえし、従順なる臣下として旧状に復したいとの胸の内を切々とうったえていたといわれる。

たしかに、かれの告白は真率なものであったのかもしれない。だが、いかんせん、この運命の落し子には、赦すことも赦されることも、いずれもほとんど叶わぬことであった。

●──ゴート族の登場

秩序の回復と賞罰の裁定に没頭すること数カ月。ここでデキウス帝はゴート族侵入の報をうけ、これを討つためドナウ河畔に親征する（二五〇年）。そしてこれこそ、その後ローマの勢力をくだき、帝都略奪のほか、はてはガリア、ヒスパニア、イタリアなどに定住、君臨するにいたるこの偉大な民族が、歴史に登場した最初の大きな事件にほかならない。

以来、「ゴート」という呼び名は、不適切ながら、好戦的な蛮族をあらわす総称としてしばしばもちいられてきた。それは、西ローマ帝国の転覆にはたしたかれらの印象がきわめて強烈であったことに因るものである。

ゴート族は、かれらの古謡をもとに、みずからの発祥の地を広大なスカンジナヴィア半島と考えていた。その古謡は、信憑(しんぴょう)性には欠けるものの、かれら自身の記録としては唯一のものである。しかしながら、ゴート族が何世代にもわたってスカンジナヴィア発祥の名残をとどめ得たにしても、文字もない蛮族に、その移動の時期や状況について正確なことは期待できない。

バルチック海をわたることなど、かれらにとっては容易かつ自然な行為であったにちがいない。なぜなら、スウェーデン人は多数の櫂(かい)を擁した大型船からなる大船団の操船に長(た)けていたうえ、しかも、カルルスクローネからポメラニアやプロシアの近港まで、距離にして、わずか百マイルほどにすぎないからである。

かくしてこの時点から、われわれははっきりとした歴史の舞台に入る。

少なくともキリスト紀元の初めから両アントニヌス帝時代の終わりまで、ゴート族はウィストゥラ河口付近に定着していた。そして後年、この豊饒(ほうじょう)の地にはトルン、エルビング、ケーニヒスベルク、ダンチッヒなどの商業都市が生まれた。

ゴート族の西方には、オーデル河畔とポメラニアやメクレンブルクの海岸にそって、ヴァンダル系の部族が数多く定住していたようだ。

ゴート族とヴァンダル族とは、習俗、膚色（はだいろ）、宗教、言語などの点で著しい共通点があることからみて、祖先を同じくするひとつの大きな民族であったようにおもわれる。

ゴート族はその後、東ゴート、西ゴート、ゲピタエの三つに分裂した。かたやヴァンダル族も一様でなかったことは、ヘルリ、ブルグント、ランゴバルトなどの独立の部族名があったことや、小国が多数存在していたことからも分かる。ちなみに、こうした小国から、現在多くの強力な王国が生まれている。

●移動をはじめた諸蛮族

両アントニヌス帝の時代までプロシアを本拠としていたゴート族は、アレクサンデル・セウエルス帝の治世になると、ローマ帝国領内にあいついで来襲し、ダキア属州民に、その身近な存在を印象づけていた。したがって、この間の約七十年を、ゴート族がバルト海から黒海へ移った第二次移動期としてとらえるべきだろう。

かれらがなぜ移動したのか？　その理由はよく分かっていない。だが、定住性のない蛮族をうごかす動機については、種々考えられる。

たとえば、飢饉や疫病、勝利や敗北、神々の託宣や果敢な指導者の雄弁などである。このうちひとつでもあれば、ゴート族をして南の温暖な地方に攻め入らしめるには十分であったとおもわれる。

尚武的な信仰もそうであるが、同様にゴート戦士の数も士気も、困難な冒険にふさわしいものであった。円い盾と短い剣を使うかれらは、白兵戦ではおそるべき力を発揮していた。また、世襲の王にたいするその不動の忠誠心は、全体的意思決定に一枚岩の団結と安定をもたらしていた。イタリア王テオドリックの十代前の祖先にあたる当時の英雄アマラのごときは、才幹にすぐれ、ゴート民族のアンセス、すなわち半神たちの後裔という特権を最大限利用している。


さて、輝かしい勝利の報に、ゲルマニア全土から勇敢なヴァンダル戦士がぞくぞくと馳せ参じた。そして数年後には、そのうちの多くがゴート族という共通の旗幟のもとで戦うことになる。

かれらはまずプリペック（現プリペット）河畔へと向かった。それからさらに、ボリュステネス河（現ドニエプル河）の南の支流として古代人にあまねく知られていた、ポーランドとロシアの両平原を蛇行するこの大河に達するや、その流れにそって進んだ。道中おびただしい数の家畜をつれていたが、この河のために、そうした家畜群が必要とする水や牧草に事欠くことはなかった。

みずからの勇武に自信満々たるヴァンダル族。かれらは進路をはばむ恐れのあるいかなる勢力も意に介さず、未知の河沿いに進んでいった。

いまやゴート族はウクライナまでも掌中にする。このウクライナは、ボリュステネス河へとそそぐ多数の航行可能な河川にめぐまれ、樫の大樹が鬱蒼としげる大森林が随所にみられる広大かつ豊沃の地である。

そこには、おびただしい数の獣と魚、古木や岩壁の凹みにつくられた無数の蜜蜂の巣（この未開の時代においてさえ、これはすでに貴重な交易品であった）、肥えた家畜群、温暖な気候、あらゆる穀作に適した土壌、繁茂した植生、こうしたあらゆる自然の豊かさがあった。本来なら、人間の勤勉な営みをうながす土地である。だが、ゴート人はこうした誘惑にはうごかされず、あいもかわらず、遊惰、貧困、略奪の生活をつづけた。

ゴート族があらたに定住した地には、その東隣にスキタイ系の諸部族がいたが、交戦に価するものとて、何もなかった。これにたいしダキア平原は、かれらを魅了した。そこは、土地の勤勉な民が実らせた作物で一面がおおわれ、あたかも外来の好戦的な民にこれを刈りとらせようとしているかのような観を呈していた。おそらく、防衛も不十分であったにちがいない。なぜなら、かつてトラヤヌス帝が征服したこのダキア地方は、実利よりむしろ国威のために維持されていたからである。いずれにせよ、この新属州は、定住者が少なかったため、貪欲な蛮族に抵抗できるほど守りが堅牢ではなく、また、かれらを満足させるほど豊かでもなかった。

次のモエシアであるが、当時この属州の住民は自分たちの地方を蛮族の手からは程遠いところと考え、惰眠にふけっていた。はるか彼方のボリュステネス河畔がローマ支配圏の境界と目されていたこともあって、ドナウ河下流地方の防備は等閑視されていたのである。

しかしフィリップス帝の治世下、度重なるゴート族の侵入によってその迷夢はついに破られることになった。

ゴート軍は、ダキア属州をとるに足らぬとして一過。つづいて、進軍を妨げるほどの強力な敵に遭うこともなく、ボリュステネスとドナウを渡河する。軍紀がゆるんでいたローマ軍の重要な駐屯地をつぎつぎとうばい、しかもその責による懲罰を恐れた兵士たちを味方に加えた。そしてついには、当時、下モエシアの首都となっていたマルキアノポリスの城壁下にまでおし寄せる。ここは、かつてトラヤヌス帝が妹の名にちなんで建てた都市である。

これにたいし城府の住民は、生命や財産の代わりとして多額の償金を差し出すことになった。そこで蛮族軍は、それを受けとるや、攻城を中止し、揚々として故郷の荒野へとひき揚げていった。遠征の成功に満足して、というより、むしろいっそう鼓舞されて。

皇帝デキウスのもとに蛮族侵入の伝令がとどいたのは、それから間もなくしてのことである。ゴート王クニヴァがふたたび、前よりいっそう多い大軍をひきいてドナウ河をわたった、モエシア属州はそのおびただしい分遣隊に蹂躙されている、敵の本隊はゴート人とサルマタエ人からなる圧倒的勢力、その数七万か、これに討つには皇帝の親征を仰ぐほかなし、と。

●――ゴート軍との交戦

二五〇年、ゴート軍はヤトルス河畔のニコポリス（トラヤヌス帝が建てた戦勝碑のひとつ）を攻囲していたが、デキウス帝来援の報に接するや、囲みをといて移動する。しかし、その移動の真の狙いは、より大きな目標、すなわちアレキサンダー大王の父君フィリッポスがハイモス山麓（バルカン山脈）近くに建設したトラキアの都市、フィリポポリスの攻略にあった。

一方、みずから駆けつけたデキウス帝は、険峻の地を強行軍で追跡する。相手が逃走していると考えたのである。ところが、敵の後衛部隊との間にまだかなりの距離があるとみていた地点で、敵は踵を返し、猛反撃に出る。

奇襲されたローマ軍陣営は、略奪にさらされた。デキウス帝自身もかろうじて逃げおおせたという有様で、武装も不十分な蛮族をまえに潰走した初めての皇帝として不名誉な記録を残すこととなった。

フィリポポリスは長期間籠城に耐えたものの、ついに孤立無援のなか急襲されて陥落。それにつづく市中略奪の際には、十万人が虐殺された。

惨状が収まるや、貴重な戦利品の一部として貴顕のローマ人が多数捕虜となり、制圧された城府内では、前帝フィリップスの弟であるプリスカスが臆面もなく蛮族の庇護のもとに紫衣をまとった。

しかし、攻囲が長引いたことで、デキウス帝は軍の士気を回復。そして、あらたに徴募も行なって態勢を立て直すや、同族の勝利にあやかろうとして駆けつけたカルピ族ほか、ゲルマンの諸部族を迎え撃った。その後かれは、山岳地帯の関門を腹心の将軍に託して、みずからはドナウ河畔にある要塞の修復や補強につとめ、ゴート族の進退を阻止すべく万全の警戒網を敷いた。

形勢が逆転したのだ。ローマ側は名誉を回復すべく、いまや敵に壊滅的打撃をあたえる機会をうかがった。

●──ウァレリアヌス、監察官に推される

　こうした状況下、デキウス帝は荒れ狂う外界の嵐と闘いながらも、内界においては静謐さを失わず、両アントニヌス帝時代以降ローマがかくも大きく衰微するに到った根本の原因について思いめぐらした。そして臣民の道義心、古来の伝統や習俗、法の権威、これらを回復することなしには、ローマの偉大さをとりもどすことは不可能であることを、ただちに明視したのであった。

　では、この大業の完遂に必要なものは何か？　それは、久しく忘れ去られていた、あの監察官制度を復活させること以外にない。おもえば、当初その厳正さゆえに国家の安泰に大きく寄与していたこの職位は、諸皇帝が独占するところとなり、その後しだいに無視されるに到っていたのである。

　そこでかれは、監察官の選出を元老院の公正な採決にゆだねた。しかるべき権威はひとえに臣民全体の尊敬があってこそ、との思いによるものであった。

　元老院は協議の結果、満場一致で、いや熱狂的歓呼をもって、この至高の名誉にもっともふさわしい人物として――後に皇帝となる、当時軍の要職にあった――ウァレリアヌスに白羽の矢を立てた。二五一年十月二十七日のことである。

　元老院から決定の報がとどくや、皇帝はただちに陣中で一大会議をひらき、任官式のまえに、この大任の困難さについて、選ばれたウァレリアヌスに向かって次のように説いた。

「あっぱれである、ウァレリアヌス。元老院はじめ、全国民がこぞって貴下をたたえている。されば、人類の監察官、われらが習俗の判定官としてこの職務をうけられよ。そしてその職権をもって、在職にふさわしい元老院議員を再任し、騎士階級に往時の栄光を回復せしめ、歳入を増やし、かつ民の負担を軽減されたい。また、雑多な市民をしかるべく各層に分け、さらにはローマの軍事力、財政、道徳、資源などについても、これを再検討せられよ。貴下の決定には、法の拘束力がともない、軍隊、皇宮、裁判官、政務高官、すべて貴下の裁断に服しよう。執政官、首都長官、供犠祭長(くぎさいちょう)、それに聖巫女(みこ)団の筆頭、これらを除き、だれひとりとして例外はない。しかし、そうした例外者にしても、監察官のきびしさを恐れる必要こそないにせよ、その尊敬と評価とは、これを強く望むことであろう」、と。

●——デキウス帝の敗死

ところが偶然、まもなくして戦雲がたち込め、この一大改革案は実行には移されなかった。そのため、ウァレリアヌスとしては、懸念された先の危険をまぬがれ、一方、デキウス帝としては、ほぼ必然とおもわれた失望から救われることになった。

そもそも、ひとりの監察官が国家の良俗を維持することはできるにしても、これを回復することなど、はたして実際にできることだろうか？

回復となると、人民の側に強い名誉心や徳義心、監察官の側に民の声に耳をかたむける態度や正義のために闘う不屈の執念、これらの徳操がなければ、その成就は期待できない。したがって、そうした徳操が失われた時代にあっては、監察官職も名前だけの空疎な顕職となるか、あるいは圧政の具となるほかはない。

たしかに、弊風の是正よりゴート族の制圧の方がむしろ容易とおもわれた。ところが、皇帝デキウスはゴート族との戦いで、しかも緒戦において、軍隊ばかりか、みずからの命までも失うことになるのである。

いまやゴート軍は四面をかこまれ、ローマ軍の追撃にさらされる立場となっていた。精鋭は長期にわたるフィリポポリスの攻囲ですでに果てていた。また、疲弊しきったこの地には、もはや残存部隊にさえ食糧を供給する力もなかった。

おそらく、かれらとしては、妨害されることなく退却できれば、奪っていた戦利品や捕虜をよろこんで差し出していたことだろう。ところが、勝利を確信していた皇帝は、いかなる妥協も、これを拒んだ。かれは、侵略者を懲罰することで北方の国々を威嚇しようと考えていた。

たいする蛮族の方は、追いつめられていたものの、士気は衰えておらず、隷属するよりむしろいさぎよい死を望んだ。かくしてフォルム・テレブロニイというモエシア属州の小邑で、戦闘の火ぶたが切られる。

ゴート軍の戦列は、三段構成であった。このときは、意図的か、あるいは偶然か、いずれにせよ、第三陣の前方が湿地帯にまもられたかたちとなっていた。戦闘がはじまるや、将来を嘱望され、すでに副帝の地位にあったデキウス帝の息男が、すぐさま敵の矢にかかって斃れた。

おのれの面前でわが子の死をみた皇帝は、みずからも負傷の身でありながら、渾身の勇をふるい起こし、動揺している兵士らを叱咤した。「一介の兵士の死など、共和国にとって、とるに足らぬ！」、と。

戦闘は激烈をきわめ、悲鳴と怒号が飛びかう凄絶な死闘となった。
やがて、ゴート軍の第一陣が潰乱。救援に馳せ参じた第二陣もこれにつづいた。ただ、第三陣だけが無傷で、敵が無謀にもくわだてた湿地帯の渡渉を阻止すべく、その機をうかがっていた。

「ここで形勢が逆転する。すべてがローマ軍に災いしたのだ。湿地の泥濘は深く、踏み込めば身体ごと沈み、進むたびに足をとられた。軍装が重いうえ、水も深く、こうした不安定な状態では、重量のある投槍はおもうにまかせなかった。これにたいし蛮族は、沼沢地での戦闘に慣れていたうえ、背丈も高く、加えて手槍も長かったため、距離をおいての攻撃ができた」

ローマ軍はその苦闘もむなしく、この湿地帯において壊滅的な打撃をうけた。皇帝の死体さえ見つからなかったほどである。

デキウス帝、享年五十。戦時においては勇敢、平時においては温厚であったこの皇帝は、長子とともに、生死そのいずれにおいても、道徳の鑑ともいうべき明君であった。

●――入れ替わる帝座の主たち

この大打撃のため、わずかの期間ではあったが、軍の専横は影をひそめた。たしかに、かれらは皇位継承問題では元老院に決定を一任し、その決定にもよくしたがった。

新帝には、デキウス帝の遺徳にたいする配慮から、息男のホスティリアヌスが選ばれた。そしてそれと同時に、君主の年齢と帝国の疲弊を考え、経験と能力、ともに十分なガルスが守護者に任命され、新帝より大きな実権があたえられた。

ホスティリアヌス帝の最初の事業は、勝ちほこるゴート族の重圧からイリュリクム諸属州を解放することであった。そのため、屈辱的ではあったが、うばわれていた膨大な戦利品のほか、有能なローマ人捕虜を多数、敵の手に残すことに合意せざるを得なかった。

いや、そればかりか、かれらが強く希望していた出立のためにさまざまな便宜を供したほか、さらには、帝国領内には以後けっして侵入しないとの条件で、大量の金を貢納することまで約束することになった。そのため、蛮族からそうした不平等な条件を強要されたことなどかつてなかったローマ人は、これ以降、この皇帝を軽蔑と憎悪の目でみるようになっていった。

しかし、やがて疫病が猛威をふるうなかで、ホスティリアヌス帝も他界する。

これは、ガルスの仕業ではないのか？　いや、このことだけでなく、先の敗北さえ、かれの背信的な進言によるものでは？——疑い深い人々は、そう考えていた。ガルスの即位後、帝国全土は一年ほど平穏につつまれたが、この間、民衆の不満はしずまるどころか、むしろ高まりをみせた。戦争の懸念が去るや、平和の代償となった不名誉が、以前にもまして強く感じられたからである。

ところが、それほどまでに名誉を犠牲にしたにもかかわらず、肝心の安全がなお確保されていないことを知って、ローマ人はいっそう驚きなげいた。最近まで隠されていた秘密、すなわち帝国の富と弱体とは、いまや周辺諸国にとって周知の事実となっていた。

このため、同族の成功によって刺激された新手の蛮族が、他部族の間の取決めにしばられる義理はないとして、イリュリクム属州を蹂躙。さらには、そこからローマ市城門までを恐怖におとしいれた。

これにたいし、おびえた皇帝はみずから帝国の防衛に立つことをためらったのか、パンノニアとモエシアの属州知事であったアエミリアヌスにその任務を託した。そこでアエミリアヌスは、四散していた軍隊をあつめ、かれらを鼓舞して蛮族を急襲し、逃げる敵をドナウ河彼岸まで追撃した。そして戦いに勝利するや、貢納すべく徴収していた金を賞与金として自軍に配った。ところが、いや案の定というべきか、これに狂喜した兵士たちが戦場でかれを皇帝にまつり上げることになったのである。

臣民の幸福など念頭になく、イタリアでひたすら享楽の日々をむさぼる皇帝ガルスのもとに、ほとんどそれと時を同じくして、この将領の謀反と急迫の報がつたえられた。

おもわぬ事態である。ガルス帝は、ただちにスポレト平原まで駒を進めた。

しかし、両軍が互いに視認できる距離に近づくと、皇帝軍の兵士たちの間には、それまで抑えていた主君にたいする軽蔑の念がふつふつと高まっていった。これにたいし、敵将にたいする崇敬の念は、しだいに深まりをみせた。加えて、その気前のよさが大きな魅力にもおもわれた。というのも、敵の逃亡兵には全員、多額の俸給を出すことを、アエミリアヌスは触れ出していたからである。

かくしてガルス帝とその子ウォルシアヌスは殺害され、内乱は終息する。

元老院は、アエミリアヌスの戦勝権を正式にみとめた。これにたいしかれは、謙虚さと自負にあふれた書簡をかれらに送った。その内容とは、すなわち、内政は議会に一任すること、また、自分としては将帥の地位で満足していること、そして、いま決意していることは、北と東の蛮族をすみやかに討ち、帝国の栄光を回復すること、というものであった。

この書簡には元老院も気をよくしたとみえ、アエミリアヌスの誇りをくすぐる答礼をしたようだ。ヘラクレスや軍神マルスなどの名前や標章が入ったかれのメダルがいまも残っているのが、その証左である。

●――ウァレリアヌスの登位

この新帝アエミリアヌスに能力があったとすれば、欠けていたのは、その勇壮な誓いをはたすに必要な時間であったといえよう。なぜなら、凱旋から没落まで、わずか四カ月も経過していないからである。ガルス帝は倒したものの、もうひとりのおそるべき相手に屈したのだ。

その相手こそ、ガリアとゲルマニアの駐屯軍にたいする救援要請のためガルス帝の急使として当地へ派遣されていた、先のウァレリアヌスにほかならない。かれは任務を立派に全うしたものの、帰還が遅れて主君の救出に間に合わず、そのため復讐を誓っていたのである。

このときアエミリアヌス帝の軍隊はまだスポレト平原に陣を張っていたが、兵士たちは、尊厳さの化身ともいうべきこの敵将をおそれ、またそれ以上に、敵軍の精強さに内心おびえていた。

けっきょく、国法はもとより、最後には個人への忠誠もこれを守り得なかった自軍兵士たちによって、アエミリアヌスはあえなく葬り去られる。二五三年のことである。

罪は兵士たちにあり、利はウァレリアヌスにあった。アエミリアヌスには恩義もなく、またかれとの間に盟約などもなかった。したがってウァレリアヌスとしては、内戦という手段で帝位をものにしたにもかかわらず、当時の事件にしては珍しいほど、みずからの手を汚していなかった。

●──息男ガリエヌスを共治帝に

大衆の気まぐれや兵士らの要求によってではなく、ローマ世界全体の推挙によってウァレリアヌスが紫衣をまとったとき、かれは齢すでに六十に達していた。

何人もの有徳な皇帝に目をかけられ、国の要職を歴任するかたちで頭角をあらわし、みずから暴君の敵をもって任じていたウァレリアヌスは、その高貴な出自、温厚にして高潔な人柄、さらには教養、智慮、履歴などについても、元老院、人民の双方から尊敬をうけていた。

たしかに、ある古代史家によれば、もしかりに主君を自由に選択できていたとしたならば、かならずやウァレリアヌスが皇帝に選ばれていたに相違なかった、という。

だが、はたしてそうだったのだろうか？　その威徳は名声ほどではなかったのではないだろうか？　なぜなら、このときすでに、高齢による無気力や冷淡さがしばしば見られるようになっていたからである。

じっさい、ウァレリアヌス帝自身も老衰をおぼえていたとみえ、若くて行動的な共治帝の指名を考えていたらしい。それになにより、風雲急をつげ、すぐれた将帥がぜひとも必要であった。したがって、同じ職位の経験をもつ者として、本来なら、監察官の選定には武勲を基準に考えてもよかったものとおもわれる。ところが、かれは帝国の安定や後世の評価を軽視して、人もあろうに、軟弱な悪徳に染まっていた息男のガリエヌスに紫衣をさずけたのだ。この若者の悪徳が公の目にふれることがなかったのは、それまで一私人であったからにすぎない。

両帝の共同統治は約七年つづき、その後のガリエヌス帝単独の統治も約八年（二六〇年～二六八年）つづいたが、ふたりの治世は終始、混乱と災厄の連続であった。まさにかれらの時代は、時を同じくして四方面から蛮族の侵寇をうけ、加えて国内では逆臣による帝位簒奪の危機にさらされた時期であった。

(当時ローマの難敵であったフランク人、アレマンニ人、ゴート人、ペルシャ人のうち、最後のペルシャ人について以下ご紹介してみたい)

●――ペルシャ人

ペルシャではすでに、アルダシル(アルタクセルクセス)とその息子シャプールによる新王朝がアルサケス王朝にとって代わっていた。

旧い王家の多くの諸侯中、独立をも維持していたのは、アルメニア王コスロエスただひとりであった。かれが例外的存在であり得たのは、自然の要害、逃亡兵や不満分子のたえざる流入、ローマとの盟約、そしてなによりもみずからの勇気によるものであった。しかし、三十年にわたって常勝であったさすがのコスロエスも、ペルシャ王シャプールが放った密使の手にかかってついには斃れた。

そこで愛国的なアルメニアの諸侯は、王位の独立と威厳をまもるべく、幼い嫡子ティリダテスを擁してローマに保護をもとめた。

盟邦は遠く、かたやペルシャ軍は破竹の勢いで国境へとせまる――。だが、あわやとおもわれたとき、王子は運よくひとりの忠臣によって救われた。しかし、この国自体は、それから二十七年間にわたってペルシャの一属州として苦しむことになるのである。

かくして意気をあげたペルシャ王シャプールは、さらにローマの衰勢に乗じ、カルラエ、ニシビスの強力な守備隊をくだし、ユーフラテス河両岸を蹂躙する。

重要な辺境州の喪失、忠実な盟邦の没落、覇権に燃えるペルシャ王の圧勝、これらはローマ側に危機感だけでなく、耐えがたい屈辱感をもおぼえさせた。

皇帝ウァレリアヌスは、ライン、ドナウ両流域については十分な警戒をもってすれば当地の安全は確保できるとみていたが、一方のユーフラテス河の防衛については、大いに憂慮していた。そのため、高齢にもかかわらず、ついに親征を決意する。

●――ローマ皇帝が敵の捕囚に

皇帝の小アジア進軍中は、ゴート人の海洋冒険も影をひそめ、この地方にはしばし平穏がおとずれた。しかし、ローマ軍はユーフラテス河をわたるや、エデッサ市城壁近くでペルシャ王と遭遇。合戦の末シャプールに敗れ、ウァレリアヌス帝は囚われの身となった。二六〇年のことである。

この重大な事件の詳細は明らかではなく、また史述にも不完全なところが多い。しかし、一縷(いちる)の微光をたよりに調べてみると、ローマ側の敗因は皇帝の愚策や錯誤に因るものであったことがわかる。

なによりまず、近衛隊長官マクリヌスに絶大な信をおいていたことが、誤りであった。というのも、かれは愚劣きわまる人物だったからである。すなわち、主君を臣下にとっては恐怖の存在とし、かたや敵にとっては侮蔑(ぶべつ)の対象とすべく立ちまわっていたといってよい。

この近衛隊長官の助言によって武勇も軍事技術も役に立たない状況に追いこまれた皇帝軍は、勇敢にもペルシャ陣営の突破を試みたものの、ぎゃくに大量虐殺をもって撃退され、つづいて圧倒的兵力で周囲をかこまれ、飢餓と疫病の猛威がなすままとなった。

勝利が完全なものとなるまで待つシャプールの戦術のまえに追いつめられたローマ軍。陣営では、災難の元凶として皇帝を非難する声が高まり、兵士たちは即時降伏を強く迫った。そのため、不名誉なことではあったが、退却許可を条件に、ローマ側からペルシャ側へ膨大な量の金を差し出す申し出がなされた。

だが、自軍の圧倒的優位を知るシャプールは、この申し出をあざけって拒否。のみならず、軍使たちを拘束したのち、戦闘隊形を組んでローマ軍塁壁の直下までせまり、皇帝との会談を強くもとめた。

ウァレリアヌス帝としては、自己の命運と威厳とを敵の信義にゆだねるほかはなかった。そこでやむなく会見に臨んだが、案の定、それは危惧（きぐ）された通りの結末となった。皇帝が捕虜となったのだ――。

動転したローマ軍は、即座に武器をおいた。

凱旋式においてシャプールは、空位となったローマ皇帝の玉座にキリアデスという傀儡（かいらい）の後継者をすえた。この人物は出自の低い、また数々の悪徳に染まった、アンティオキア出身の亡命ローマ人であった。ローマ皇帝の紫衣までも汚されたのである。

だが、戦勝者ペルシャ王の意思とあっては、拒絶できない。投降したローマ軍は、不承不承にも、これを歓呼のかたちでもってみとめざるを得なかった。

帝座にのせられたこの奴隷皇帝ともいうべき男は、じつに卑小きわまりなく、シャプールの寵（ちょう）を得ようと、ペルシャ軍を先導してユーフラテス河をわたり、カルキスを経て東方の都アンティオキアまで案内するという、祖国への裏切り行為にまでおよんだ。

ペルシャ軍騎兵部隊の行動は、きわめて迅速であった。ある冷静な歴史家の言によれば、アンティオキア全体が観劇にうち興じているさなかに、急襲をうけた。そしてこの急襲で、市内の豪壮な建物は公私をとわず、ことごとく略奪、破壊され、敵の大量虐殺で命を落とした市民や捕虜として拉致（らち）された市民の数は多数に上った。

しかし、この蹂躙をしばしの間食い止めた者がいた。それはエメサ神殿の大神官であった。この聖職者は、武器としては投石器しかもたない、狂信的な農民の大集団をひきいてゾロアスター教徒と戦い、その神殿をまもったのである。

タルススほか多くの都市が破壊された惨状からすると、右の快挙は例外であり、これを除けば、シリアやキリキアにおけるペルシャ軍の進軍を阻止し得たものは、ほとんどない。

最後には、タウルス山脈の隘路（あいろ）も放棄された。おもうに、本来ならば、ここで騎兵を主力とするペルシャ軍を相手に有利に戦えたはずである。がしかし、現実にはそうはならなかった。

かくしてついに、四十万人の人口を擁していたとおもわれる（同地方で第二位にあたる）カパドキアの首都カエサリアも、シャプールに攻められる。

この城府は、皇帝の命というよりむしろみずから率先して防衛の任にあたったデモステネスの指揮下、長期間持ちこたえたが、やがてひとりの医師の裏切りにあって窮地におちた。

デモステネスはペルシャ軍――かれを生け捕ることが全軍に命じられていたという――の真っ只中を突破し、かろうじて難を逃れた。しかし、その代償として、何千人という同胞市民が虐殺された。

捕虜にたいして気まぐれに残忍さをみせたシャプールには、以来そのことで非難が集中している。もちろん、この背景には民族的憎悪、誇りを傷つけられた屈辱感、報復できない無力さなどがローマ側にあったことだろう。

しかしながら、たしかに全体としてみれば、アルメニアでは寛大な立法者として振舞ったかれも、ローマ人にたいしては過酷な征服者であった。このことは否めない。それは、ローマ帝国領内に領地を持つことなど一笑に付し、代わりにローマ諸属州の人民や財宝をペルシャへ運び去り、そのあとにただ荒野を残すに終始した事実からしても明らかである。

東方がシャプールの名に震えていたとき、このペルシャ王にたいして豪華な贈物をした者がいた。その贈り主とは、パルミュラ市でもっとも高貴かつもっとも富裕な元老院身分のひとり、セプティミウス・オダエナッスなる人物であった。

かれは陸続たる駱駝（らくだ）の背に珍奇、高価な品々を積ませて、これをペルシャへ送り、この途方もない貢納に、鄭重（ていちょう）ながらも追従（ついしょう）のない書簡をそえていた。

「大王たる者に、このような無礼な書をよせるオダエナッスとは、いったい何者ぞ？　もしこの者が余の恩赦を望むなら、両手をうしろに縛った体（てい）で引き出し、余の足下（そっか）に平伏させよ。躊躇（ちゅうちょ）でもしようものなら、奴のみならず、その民族、その国まで、徹底して破壊せん」

勝利におごるシャプールは、書簡を読み終わるやこう言い放ち、贈物をユーフラテス河へなげ込むよう命じた。

追いつめられたオダエナッス。かれは全身全霊をふり絞って行動に出る——。ペルシャ軍との会戦である。

かれはただちにシリアの村々や砂漠の天幕から住民をあつめて軍隊を編成し、その少数の軍隊にみずからの気迫をふき込むや、ペルシャ軍の周辺にたくみに出没してかれらを攻撃した。そしてその退却をも煩わせて財宝の一部をかすめたほか、シャプールの愛妾（あいしょう）数人をも拉致するという戦果をあげた。

ペルシャ王は、思わぬ打撃をうけ、ユーフラテス河をふたたび越えて遁走（とんそう）せざるを得なかった。

かくしてオダエナッスは、その後名声と富財とを享受する。一方、ひとりのペルシャ王にたえず脅かされていたローマの帝威も、ひとりのシリア人、すなわち、このパルミュラの一アラブ人によってまもられたかたちとなった。

およそ歴史というものは、憎悪と阿諛(あゆ)の叙述に終始することが少なくない。それにしても、征服者の権利を乱用したシャプールへの非難については、至極もっともなこととおもわれる。紫衣の上に鎖をかけられたウァレリアヌス帝を、ローマ凋落(ちょうらく)の見せしめとして大衆のまえにさらしたばかりか、騎乗の際には、その首に足をかけて上ったなどの言い伝えからすれば、たしかに当然である。

盛者必衰を忘れず、ローマの再起を心し、高貴な捕虜には平和のための人質としてしかるべき処遇をあたえるべきである、とさとす盟邦の忠告にもかかわらず、シャプールの態度は少しも変わらなかった。

ウァレリアヌス帝が恥辱と悲嘆のなかで没するや、遺体には藁(わら)がつめられ、人形としてこの国でもっとも有名な神殿におさめられた。爾来ペルシャでは、長い間、それはローマ人が建てた真鍮(しんちゅう)や大理石の巨大な戦勝碑のごとき虚栄の産物ではなく、真に勝利の象徴であるとされていたという。

この悲話は、まことに哀感せまってやまない。しかし、これははたして真実だろうか？　その信憑性となると、大いに疑問がある。なぜなら、東方の諸王からシャプールにあてた現存の書簡は、明らかにすべてが贋物であり、また、たとえ相手を嫉視していたとはいえ、一国の君主が他国の君主であった人物を公にかくも侮辱するなど、通常ではとうてい考えられないからである。

ただ、ウァレリアヌス帝にたいする処遇がいかなるものであったにせよ、敵の手におちた史上ただ一人のローマ皇帝として、この老帝が絶望的な捕囚のなかで衰死していったことだけは、少なくとも疑えないところだろう。

●——息帝の冷血と浮薄

共治帝でもあった父の厳格さに耐えていたガリエヌス帝にとって、その死はむしろ吉報であった。かれは父の訃報に接するや、胸中ひそかに喜んだ。そして冷淡にもこう言い放ったのである。「父上が人間であることは承知していた。したがって、余としては、父上の振舞いが勇者のそれであったことで、十分満足である」、と。

ローマ世界全体が君主の非業をなげいているさなか、この息男の冷酷さは、むしろ宮廷の奸臣どもから、英雄や哲人がみせる毅然さの鑑としてたたえられた。

ガリエヌス帝は、帝国でただひとりの主権者となって以降、軽薄、複雑な性格を露わに見せはじめる。そうしたかれの人格的な面については、なかなか容易には説明しがたいものがある。

　判断力を欠いていたためか、肝心の軍事や政治には手を染めなかったが、試みた技芸には才能を示し、すべてをものにしている。すなわち、いくつかの珍奇、無用の学問に通じ、即興で演説もうち、優雅な詩もつくり、料理にも腕をみせていた。しかし、肝心の皇帝としては失格であった。国難にもかかわらず、かれは放蕩に時を費やしたり、哲学者プロティヌスとの談論にふけったりしていた。あるいはまた、ギリシア秘儀の奥義をさずかろうと努力したり、アテネ市の最高法廷の座に執心したりもしていた。いや、そうしたことだけではない。また、湯水をすてるような浪費や豪勢のなかで日を送り、さらには、再三にわたり大仰な凱旋式を行ない、貧窮のうちにある大衆の心を傷つけてもいた。

　蛮族の来寇、ローマ軍の敗北や反乱、こうしたあいつぐ飛報にも、場違いの微笑をもってし、失った属州についても、さも軽蔑しているがごとき口調でその特産物を挙げ、たとえば、エジプトの亜麻やガリアのアラス綴織がなければ、ローマが滅ぶのかなどと不謹慎なことを口にしていた。

もっとも、自尊心を傷つけられてか、一時的ではあったが、突如、武人や暴君に変身したことも、あるにはあった。しかし、相手の抵抗に疲れたのか、血に飽いたのか、けっきょく、ふたたび生来の優柔と怠惰にもどっていった。

●——三十人僭帝

統治の手綱がこうした人品（じんぴん）の手のなかにあれば、帝国いたるところで帝位簒奪の狼煙（のろし）が上がったとて、べつに不思議はない。おもうに、あのローマ帝国の三十人僭帝（せんてい）とアテネ市の三十人僭主（せんしゅ）との比較は、ひじょうに興味ぶかい着想ではある。おそらく、そのために、ローマ皇帝史を著した歴史家たちがこの数の人物を挙げ、それがやがて一般的呼称となったのだろう。

だが、いずれの点からみても、この対比は不当なばかりか、また不完全でもある。そもそも、たんなる一都市の圧政者集団にすぎないアテネの三十人会議と、広大な帝国の全土でつぎつぎと興っては亡んだ、その数も不確かな僭帝らとの間に、いったいどのような類似性があるというのだろうか？

三十人という数にしても、帝号をうけた婦女子まで入れないかぎり、そこまで多いとはおもわれない。ガリエヌス帝の治世をとっても、混乱をきわめていたとはいえ、帝号を僭称したのは、わずかに十九人にすぎないからである。

すなわち、東の属州では、キリアデス、マクリアヌス、バリスタ、オダエナッツス、ゼノビア。ガリアも含めた西の属州では、ポスツムス、ロリアヌス、ウィクトリヌス、その母のウィクトリア、さらにマリウス、テトリクス。イリュリクムとドナウ河流域ではインゲヌウス、レギリアヌス、アウレオルス。そのほかポントゥスのサトゥルニヌス、イサウリアのトレベリアヌス、テッサリアのピソ、アカイアのウァレンス、エジプトのアエミリアヌス、アフリカのケルスス、以上のみである。

ただ、かれらの経歴や最期となると、模糊としていて、それを忠実に記すのは容易でない。また、かりにもし辿ることができたにしても、そこには教訓も興趣も見いだせないだろう。であってみれば、各人物の性情、野心、動機、運命のほか、その時代背景、簒奪による破壊的影響を特徴づける全体的な現象など、こうしたことを考察するだけで十分ではないだろうか。

あらためて指摘するまでもないが、古代人がいう僭主とは、最高権力の不法な奪取を意味し、その乱用とは関係がない。

皇帝ガリエヌスに反旗をひるがえした者たちのなかには、高徳の士が何人もいる。かれらは、胆力や才幹の点でも、大方がかなりのものを有していた。

そもそも、こうした美点があったればこそ、ウァレリアヌス帝の眷顧を得、帝国の要職を累進していたのである。じっさい、兵士たちの間でも、ある者はすぐれた統率力ときびしい軍律のゆえに尊敬され、ある者は戦場における武勇と勝利のゆえに賞賛され、ある者は率直さと寛容さのゆえに敬愛されるなど、大半が高く評価されていた者たちであった。

かれらのばあい、勝利の戦場が登位の舞台となることが少なくなかった。たとえば、一見紫衣にはもっともふさわしくなかった、あのマリウスにしてもそうである。もとは一介の甲冑鍛冶であったこの男は、豪胆さ、無類の怪力、朴直さ、これらの資質によって首領として異彩を放っていた。

マリウスが帝座にすわったことについては、それまでの職業からすると、いささか滑稽なところもあったに相違ない。だが、競争者にしても、そのほとんどがもとは農夫であり、しかも私兵として入隊した者ばかりであった。そうした状況からすれば、出自の点ではまだましな方であったといえよう。

乱世では、あらゆる活動的な天才が、それぞれ自然によってさだめられた場を占める。すなわち、戦雲のただようところ、武勲は立身出世の途となる。じじつ、前出十九人の僭帝の出自をみると、元老院議員はテトリクスだけで、貴族にしてもピソひとりにすぎない。

後者のカルプルニウス・ピソは、ヌマ王の二十八代目の末裔であり、また母系からいえば、自邸にクラッススや大ポンペイウスの肖像をかざる資格を有した人物である。祖先のなかには共和国のさまざまな栄誉に輝いた者たちも多く、ローマ旧家のうち、このカルプルニウス家だけが、歴代皇帝の暴手をかいくぐり、生き延びてきた家系であった。

加えて、ピソ自身の人となりも、こうした門地の高さに光彩を添えていた。最後は、簒奪者ウァレンスの命によって殺害されたものの、そのウァレンスみずからが、敵といえどもピソの高潔さはこれをたたえるべきであると、深い哀悼の念をもって語っている。いや元老院にしても、かれの遺徳にたいして栄誉の記念物を贈ることかかわらず、その決議をみとめたほどである。

をガリエヌス帝に奏上し、これにたいし皇帝も、自分にとっては逆臣であったにも

●――帝座の心地

これらウァレリアヌス帝時代からの将領たちは、この父帝をうやまい、またかれにはは恩義を感じていたが、子息帝ガリエヌスの遊惰に奉仕することには、抵抗をみせていた。かくしてローマ世界の王座を支える忠誠の士は、もはやひとりもなかった。いやむしろ、不肖な君主に反逆することこそ、愛国心の発露であると考えられるまでにいたっていた。

先に挙げた簒奪者の行動をよく調べてみると、多くが野心からではなく、むしろ恐怖心に追いつめられて謀反に走ったことがわかる。冷酷なガリエヌス帝の疑り深い性格は恐怖の的であったし、軍隊の気まぐれな暴状も、同様だったからである。軍の軽挙によって帝位に推された者には、かならず破滅が待っていた。そのため、いかに深慮な人物であれ、皇帝となってしまった以上、束の間(つかま)といえども帝座の心地を味わおうとしたし、また死刑執行人の手にかかるより、むしろ一戦に命運を賭

けようとした。

心ならずも帝権の標章をまとわされた、これら犠牲者ともいうべき者たちのばあい、迫りくる非業の最期をひそかに嘆いた日も少なくなかったにちがいない。たしかに、そのひとりサトゥルニヌスなどは、あたかも登位の日にこう語っている。すなわち、「諸君らは、有能な司令官を廃し、代わりに、みじめな皇帝を創ったのだ」、と。

サトゥルニヌスのこの危惧は的中し、その後、革命騒ぎが頻発している。皇帝ガリエヌスの治世中に皇帝を僭称した十九人のうち、平和な生涯を送った者や天寿を全うした者は、ひとりもいない。

いずれもが、血を流して得た紫衣をまとうや、おのれの謀反の動機であった恐怖心や野心を側近にも植えつけ、宮廷内の陰謀や軍の造反、あるいは内戦などにみまわれ、「断崖絶壁の上でうち震え、そして早晩、そこから転落している」。

かれらは数々の栄誉をあたえられたが、それは各自の軍隊や属州の追従によるものであり、また反逆によって獲得されたものでもあった。したがって、法や歴史がみとめるところとはならなかった。これにたいしガリエヌス帝のばあいは、元老院ばかりか、ローマ市民も含めたイタリア全土の臣民からも支持され、唯一帝国の主権者とみなされていた。

ひとり、忠臣オデエナッスについては、やや例外的なところがあった。皇帝自身、かれの武勲を率直にみとめていたからである。また後年には、元老院もこの勇敢なパルミュラ人にたいしては、全ローマ市民の歓呼とガリエヌス帝の同意のもとに、正帝の称号をさずけただけでなく、東方の統治まで実質一任していたからである。

それは、かれがこの地の統治権を、すでに独立した君主として掌中に収めていたことにも因る。またそれゆえにこそ、死に臨むや、その広大な領土を私的継承物であるかのように、かの有名な未亡人ゼノビアに譲ることができたのである。

陋屋（ろうおく）から帝座へ、そして帝座から墓場へと、支持者や臣民を巻き込んで、めまぐるしく展開される僭帝たちの興亡——。もしかりに、世の災厄の渦中にあって冷静であることができた者がいたとすれば、その者にとっては、そうした惨状も一種の見せ物であったかもしれない。

　簒奪者は登位するや、その見返りとして、兵士たちに莫大な賞与金をあたえたが、それはもともと疲弊した人民からの搾取物であった。そのため、いかに高潔な人物であろうと、あるいはいかに崇高な意図からであろうと、うばった地位をたもつには、収奪や暴虐に頼らざるを得なかった。また没落に際しては、自分の軍隊も属州も、ともに巻添えにしていた。

　イリュリクムで帝位を僭していたインゲヌウスが鎮圧された直後、ガリエヌス帝が高官のひとりにあたえた残酷きわまる命令書がいまも残っているが、この柔弱、冷血な皇帝は、そのなかで次のように述べている。

「武器を手にした者全員の虐殺だけでは不十分である。その程度のことであれば、戦場においてもできたであろう。よいか、男は皆、老若をとわず、根絶やしにするのだ。ただし、子供と老人の処刑については、余の名をはずかしめぬ手段を講ぜよ。皇帝ウァレリアヌスの嫡子にして、かくも多くの君主の父であり兄である、この余にたいし、悪声を放つ者や敵意をもつ者には、すべて死をもって報いよ。ことにあのインゲヌウスについては、奴が皇帝に推されたことを忘れてはならぬ。八つ裂きにして、切り刻め！ 以上、余の怒りを汝に伝えんとして、みずからこれを認めた」、と。

かくて国家の精力が私闘についやされ、しだいに尽きている間、無防備の属州はいたるところ蛮族の来襲にさらされるようになった。

そして窮余の果てには、もっとも勇敢な帝位簒奪者たちまでが、あるいはローマ共通の敵との間に屈辱的な条約をむすび、あるいは法外な貢納金をもって蛮族に中立や協力をもとめ、あるいはかれらをローマ世界の中枢にまでまねき入れる、こうした状況へと追い込まれていった。

●――世相の断面

人は天変地異を世の行く末と関係づけたがる。それが世の習いである。このことは当時も変わらなかった。たしかに、この陰惨な時代の記録には、誇張や創り話もふくめて、洪水、地震、流星、天地晦冥、その他多くの異象があふれている。

なかでも、とくに深刻だったのは、長期におよぶ大飢饉であった。なぜなら、それは掠奪（りゃくだつ）と圧政の当然の帰結であり、この災厄こそ、目前の農産と将来の収穫とを同時に消費し尽くしていたからである。しかも飢饉にはほとんど常に、その影響による食糧不足や悪食（あくじき）に起因する疫病がつづいていた。

しかしながら、二五〇年から二六五年にかけて帝国のすべての属州、すべての都市、そしてほとんどすべての家庭であれ狂った猛烈な悪疫については、以上のほかにも、他にいくつかの原因があったにちがいない。なぜなら、ある時期など、ローマ市だけでも一日五千人が亡くなっており、また、蛮族の暴手からはまぬがれたものの、完全に人口が絶えた都市も少なくなかったからである。

このときの災厄の規模を推測するうえで若干有用とおもわれる、きわめて珍しい例がある。それは、当時アレクサンドリアで作成された、全市民に関する正確な穀物配給名簿が、いまもなお残っていることである。

この名簿によると、四十歳から七十歳までの老齢者数が、ガリエヌス帝の死後まで生き残った十四歳から八十歳までの受給者数と一致している。この信頼すべき数字を、もっとも正確な死亡者登録表と照合すると、あきらかにアレクサンドリアの人口の半分以上が死亡していることが分かる。

そこで、こうした計算を他の諸属州にも適用してみると、戦禍や疫病、それに飢饉などのために、わずか数年のうちに、人類の半分が死に絶えていたということになる。もちろん、あくまで推算によるものであるが。

ヴァレリアヌス帝がペルシャ王の捕囚となり（二六〇年）、幽閉の状態で他界するという悲劇にまで直面したローマ帝国。父帝亡きあとのガリエヌス帝（在位二五三〜二六八年）は、もはや東方の属州を掌握することはできませんでした。

そのため、元来ローマの同盟国たる性格を有していたパルミュラが、実質独立国家のかたちを呈するようになり、また、西方の属州もローマの支配をはねつけ、独立した「ガリア帝国」を形成していたほか、軍の横暴や内政の混乱も続いていました。

しかし、ガリエヌス帝の死以降、辺境属州出身のすぐれた軍人皇帝たちの活躍によって、この瀕死の帝国は活力をとりもどすことになるのです。

内憂外患のなかガリエヌス帝が軍の手で殺害されるや、新帝に推されたのは、武名の誉れ高い将軍クラウディウスでした。クラウディウス帝（在位二六八〜二七〇年）の最大の功績は、帝国領内に侵寇してきたゴート族の大軍を各地で撃破し、敗走へと追い込むという大勝利をあげたことです。その功績で、かれは「ゴート征服者クラウディウス」（クラウディウス・ゴティクス）という称号で呼ばれるようになります。

このとき帝国領内に侵入してきたゴート族の規模として、ギボンは「三十二万人」という数字を挙げています。この大きな数字は、遠征に家族まで引き連れていたことに因るものです。したがって、蛮族の敗走の際にローマ側が得た戦利品——その大部分は捕虜と家畜——もまた、膨大なものでした。捕虜は女性も含め奴隷としてローマ兵一人にたいし二、三人ずつ分配されました。

退却の途次、追いつめられて籠城の状態におちいったゴート軍は、飢えと寒さに苦しみ、そして最後には疫病によって大半が命を落としました。

しかし同時に、蛮族の大軍を絶滅させた疫病は、勝利者であるクラウディウス帝の命までも奪うことになりました。この「ゴート人征服者」は、二年間の輝かしい治世のあと、パンノニア属州のシルミウム市で、臣下たちの涙と賞賛にかこまれつつ、疫病がもとで没したのです。

クラウディウス帝の後を継いだのは、おなじく属州出身の将軍であったアウレリアヌスでした。かれの帝位継承は、クラウディウス帝が他界まえに指名していた正統なものでした。

アウレリアヌスは農民の子でしたが、軍隊に入り、一兵卒から将軍にまで昇進していたのでした。たしかに、かれはすぐれた軍人でした。また、先の皇帝ウァレリアヌスによって最後には執政官職にまで引き上げられていたことをおもえば、相応の人格者でもあったといってよいでしょう。

アウレリアヌス帝は、右のゴート戦に完全に終止符をうち、次に、イタリア侵寇をはかったゲルマン軍の撃退にも成功し、それから、先に述べた、ローマ帝国の両端を事実上、独立国家として支配していたガリア帝国（僭帝テトリクス）とパルミュラ王国（女王ゼノビア）を滅ぼします。

アウレリアヌス帝の治世四年九カ月の間に、右のような戦果によって、ローマは強大な帝国として立ち直ったのでした。

かれは正義感が強く、それだけに軍政にも民政にも厳しい態度で臨んでいました。しかし、そうした性格がぎゃくに災いしてか、不当な収奪にたいする厳罰をおそれた秘書官の一人とその共謀者によって、命をうばわれたのです。

厳酷であったとはいえ、帝国を救った人物であり、また兵士たちにとっては武人として賛美の対象でしたから、多くの帝国臣民がこの皇帝を心から悼んだといわれています。

このようなアウレリアヌス帝の横死に、当然、軍が黙っていませんでした。かれらは真相を知るや、亡き帝の復讐をはたします。

しかし、そのあとは、直接新帝を推戴するという、これまで何度もみられてきた行動には及びませんでした。代わりに、皇帝選任に関する元老院の法的権限を尊重したのです。

一方、元老院の方には、それまで約八十年間にわたって続いてきた軍の造反行為が念頭にありました。そのため、ぎゃくに軍にたいして、新帝指名をもとめたのでした。

ところが、今度は軍がこれを固辞します。こうして何度か譲り合いが行なわれ、この間、八カ月という月日が経過します。

この空位期間ののち、正式な手続きにしたがって皇帝に推されたのが、タキトゥスという元老院議員でした。かれは、かの歴史家タキトゥスの後裔にあたります。そのとき、すでに七十五歳。高潔なこの老人の長い生涯は、富と栄誉で飾られていました。みずからは、登位を固辞したものの、元老院議員全員に支持され、それにかれ自身の責任感もあって、けっきょく、皇帝という大任を引きうけざるを得ませんでした。

しかし、やはり、すでに常習となっていた軍の放恣は、一時的な自己反省では長く抑えることはできなかったのです。そのため新帝は、即位からわずか「六カ月と約二十日」後、軍の扱い方をめぐる心労から息を引きとったのでした。

タキトゥス帝の病没後、ただちにその弟フロリアヌスが皇帝を僭称します。元老院の承認がない登位には、当然、最初から反対の声が予想されました。案の定このときも、東方軍の司令官であったプロブスという人物が反旗をひるがえしました。そしてこの蜂起に、形勢不利とみたフロリアヌス側の兵士たちが、即位の年には早くもかれを葬り去ったのでした。

帝座についたときのプロブスは四十代半ば。すでに幾多の輝かしい戦績により、臣民間の名声、軍の敬愛、ともに得ていました。

皇帝となってからのかれは、ゲルマン人やヴァンダル人の侵寇を撃退しています。

とくに、プロブス帝（在位二七六～二八二年）の最大の功績は、ガリア属州の奪回でした。そこには当時、繁栄していた都市が七十もありましたが、アウレリアヌス帝の死後、それらの都市はゲルマン人の略奪にさらされていたのでした。

その後プロブス帝は、エジプトにおける反乱の鎮圧にも成功しています。

かれは生っ粋（きっすい）の軍人でしたが、性格的には温厚な人物でした。したがって、現代でなら、すぐれた君主として慕われ、長い在位を享受できたかもしれません。

しかし、当時の状況では、そうした名君の地位も不安定なものでした。かれは、臣民のための公共事業をめざしていたにもかかわらず、そのやり方に政治的配慮が欠けていたため、おもわぬ凶刃に斃れたのです。干拓事業に兵士を使ったことから、かれらが反感をいだき、工事現場巡幸のときに、衝動的に皇帝を殺害したのでした。

暴動の潮がひくや、過去にも何度かあった、同じような状況がみられました。すなわち、四年にわたるかれの善政と戦功があらためて痛感され、その治世が強く惜しまれたのでした。

善帝プロブスの跡を継いだのは、近衛隊長官のカルスでした。かれは帝座につくや、ペルシャへ親征し、その地の首都クテシフォンを占領し、さらにはティグリス河東岸まで兵を進めました。

ところが、快進撃していたカルス帝（在位二八二〜二八三年）が、ある日突然、遠征先で他界したのです。秘書官のひとりの報告によると、「帝は病床についておられたが、稲妻がきらめく猛烈な嵐の日、ひときわ激しい雷鳴がなったかとおもうと、そのとき、皇帝崩御、との叫びが聞かれた」、といいます。

真実であったかどうか、はっきりしたことは分かっていません。いずれにせよ、内々では、落雷による死という噂(うわさ)が流れました。当時、落雷による死は、迷信的に、神々の怒りにふれたことに因るものと解釈されていました。そのため、ローマ軍は即座にペルシャから撤退したのです。

この不運な出来事のあと、帝座についたのは、カルス帝のふたりの息男、カリヌスとヌメリアヌスでした。

兄のカリヌス帝（在位二八三〜二八五年）の方は、ペルシャ遠征には参加せず、西方の属州と西方軍団を統括していたため、父帝の死と同時に、西方の君主となりました。しかし、かれは暴帝でした。

一方、父の親征に参加していたヌメリアヌス帝（在位二八三〜二八四年）の方は、ただちに帝位をついで東方の皇帝となったものの、虚弱であったため、政務はこれをすべて側近にまかせていました。また、兵士たちのまえに姿をあらわすことも、ほとんどありませんでした。

前線を去ってから八カ月経った頃のことです。ティグリス河畔からの撤退行を続けていたローマ軍の間に、帝はすでに死亡しているのだ、という噂が流れ、そしてまもなくして、それが真実であることが全軍に明らかとなったのです。

怒った兵士たちは、そのことを長く伏せ、皇帝の名のもとにあらゆることに指示を発していた近衛隊長官のアペルを捕らえます。

そしてこのときの正式な軍法会議において皇帝に推戴されたのが、後代明君とたたえられることになる、そのとき軍司令官であった、かのディオクレティアヌスにほかなりません。

さて、兵士たちが見まもるなか、新帝として登壇したかれは、軍法裁判の決議にもとづき、その前に引きださせた近衛隊長官をみずからの手でただちに葬り去ります。

全軍承認のもとに権威ある皇帝を得たローマ軍は、いまや本土めざして道を急ぎます。これにたいし、カリヌス帝は西方軍をもって迎撃に出ます。

両軍の対決は、ペルシャからの撤退行で疲労していた東方軍に不利に推移しました。最後には、ディオクレティアヌス帝の命さえも危うい状況となっていたほどです。

ところが、ここで、おもわぬことが起こります。暴帝カリヌスに妻を寝取られていた軍団幕僚のひとりが、これを復讐の機会と、かれを一撃のもとに殺害してしまったのです。これによって、内戦はただちに終息しました。

かくしてディオクレティアヌス帝の輝かしい治世が幕をあけ、そして長期にわたって展開していくのです。

第V章

《285〜313年》

✦ディオクレティアヌス帝とその三僚帝（マクシミアヌス、ガレリウスおよびコンスタンティウス）の治世

✦帝国全土における平和と秩序の回復

✦ペルシャ戦役とその勝利および凱旋

✦新たな統治体制

✦ディオクレティアヌス、マクシミアヌス両帝の退位

●――帝国の再建者ディオクレティアヌス

皇帝ディオクレティアヌスの治世は、歴代先任帝の治世にくらべ、ひときわ光彩を放っている。しかし一方、出自となると、かれほど低く、かれほど模糊（もこ）としている者も、またいない。

この時代は武力や才幹がものを言い、貴族の特権が踏みにじられることが往々にしてあったが、それでも自由民と奴隷階級との間には、なお明確な一線が画されていた。

ディオクレティアヌス帝の素性をみると、両親は元老院議員アナリヌスの家内奴隷である。そのためかれは、母の出身地であるダルマティア属州の一小邑（しょうゆう）に由来する名前でよばれていた。しかし、父親がやがて解放されて一家の自由を得、その後ほどなくして、当時同じような境遇の者たちの多くが生業（なりわい）としていた書記という職についたようだ。

そうした解放奴隷の子であるディオクレティアヌスが軍人としての立身出世の途

を選んだことについては、数々の幸運な託宣と、またそれ以上に、みずからの才幹にたいする自信が大きくこれに与っていた。たしかに、かれの生涯をみると、術策と事件がつぎつぎと相まってそうした託宣をなし遂げている。そしてその過程で、すぐれた資質を世にあらわしている。それはまことに興趣に富んだ生路である。ディオクレティアヌスは、モエシア属州の総督、執政官、近衛隊長官といった顕職を歴任し、ペルシャ戦役ではとくに名を揚げていた。そのため、ヌメリアヌス帝が没するや、僚友らにより、帝座にもっともふさわしい人物として皇帝に推されたのであった。

人々のなかには、宗教的怨念から、僚帝マクシミアヌスの激烈さを非難する者たちがいるが、かれらはディオクレティアヌス帝の個人的資質についても、少なからず疑問を呈している。すなわち、この皇帝には勇気が乏しかったのではないか、と。だが、われわれには、それまで多くの武人皇帝の寵を得たばかりか、全ローマ軍団の尊敬をも集め得た風雲児が、臆病であったなどとは考えられない。とはいえ、およそ中傷にも、人の弱点をするどく衝く賢明さがあることは否めない。その意味でかえりみれば、ディオクレティアヌス帝の勇気は、かれが閲した任務や場面に不適切であったことは一度たりともないものの、危険や名声をもとめ、権謀術数をしりぞけ、あるいは競合者らの同盟にも敢然と挑戦するといった、いわゆる英雄特有の豪放さについては、たしかにかれは欠けていたようにもおもわれる。

つまり、ディオクレティアヌス帝の才能は、卓絶していたというよりむしろ有用であったと言うことができよう。すなわち、経験や人間知の成果である不抜の精神、実務的才能と勤勉さ、気前のよさと倹しさ、穏健さと厳格さ、そしてこれらのほどよい使い分け、目的達成まで動じない恒心、手段選択の柔軟性、それにとりわけ、他人の情動はもちろんのこと、みずからの情動も自己の野心にしたがわせ、しかもその野心を正義や公益といった口実でつくろう巧妙な術策、こうした資質にこそ秀でていたということである。

アウグストゥス帝同様、ディオクレティアヌス帝も、新たな帝国の創建者であった。そしてかれもまた、このカエサルの養子と同様、計略でもって意図を達成できるときには、けっして武力をもちいなかった。そうした意味で、戦士としてよりむしろ政治家として光彩を放っていた。

要するに、ディオクレティアヌス帝の勝利の大きな特徴は、かれ独特の融和策の成果であったということである。

当時は、征服者が死刑や流刑、あるいは財産没収といった処罰を科すにあたり、いくらかでも公正さや温情をみせると、そうしたことでも人々は感激して賞賛を惜しまなかった。したがって、このとき、戦場において内戦の火種が消されたことには、人々も驚きと喜びを禁じ得なかった。

ディオクレティアヌス帝は、カルス帝家の宮宰(きゅうさい)アリストブルスを側近として迎え入れ、敵陣営の者たちの生命や財産ばかりか、体面までも尊重し、またカリヌス帝に仕えた多数の家臣にたいしても、ひき続きそのままの地位に留まることをゆるした。

動機にたち入れば、その裏には深謀遠慮がはたらいていたと言えなくもない。なぜなら、そうした家臣たちの間には、味方を裏切ることによってかれの寵をもとめた者が多くいたからである。

アウレリアヌス帝からプロブス帝、さらにはカルス帝の時代にいたるまで、文武の要職に有能の士が配されたのは、この三帝の慧眼（けいがん）によるものであった。ひるがえっていえば、もしこれらの能吏を除いていたとしたならば、それは国家に損失をまねいたと同時に、ディオクレティアヌス帝自身の利益をも損なっていたにちがいない。

ところが、前帝の旧臣を引き続きもちいるというこの方策は、ローマ臣民の目に、新治世のすばらしさと映った。また、かれ自身もそれに応えるかのように、英邁（えいまい）な先帝らのなかでも、とりわけマルクス・アントニヌス帝の人道主義の範にならうことを公言し、そしてその言葉通りに振舞った。

●――僚帝マクシミアヌス

ディオクレティアヌス帝の最初の施策は、人々の目に、その人柄が穏健なだけでなく、誠実でもあることをも示しているようにみえた。マルクス帝のように、かれもまた共同統治者を立て、マクシミアヌスというこの者に、まず副帝（カエサル）の称号を、後に正帝（アウグストゥス）の称号を、それぞれさずけたからである。

しかしながら、行為は同じであっても、その目的や動機となると、マルクス帝とディオクレティアヌス帝との間には大きな違いがみられる。それは、前者が私情から放蕩息子に紫衣を譲ったことによって、国民の幸福を損ねたのにたいし、後者は個人的友人でもあり戦友でもあった人物を共同統治者としたことによって、東西両帝国の防衛をなし遂げたということである。

アウレリアヌス帝と同様、シルミウムの出身であったマクシミアヌス帝は、もと農夫であった。しかも、字が読めなかったばかりか、無法な振舞いなども多く、社会的最高位の地位についたあとも、野卑な風采や言動のため、卑賤な出自をかくし切れなかった。

マクシミアヌスが唯一誇りとしていたことは戦争であった。たしかに、この点では卓越した才能をみせ、当時すでに長く軍籍にあって帝国の各辺境において華々しい武勲を立てていた。その武人としての才は、指揮用兵というよりむしろ、いかに困難な作戦でも、すべてこれを確実になし遂げるといった、命令遂行の点ですぐれていた。

マクシミアヌス帝には数々の悪徳があったが、ディオクレティアヌス帝にとって、それはかならずしも厄介であったわけではない。いやむしろ、慈悲心など微塵もなく、結果を恐れぬこの僚帝は、ディオクレティアヌス帝にとって、無関係を装いたい、残酷な行為を即座に実行させる道具であったといってよい。たとえば、国家のためとしてマクシミアヌス帝が血祭りの挙に出たとせんか。すると、頃合いを見計らって仲裁に入り、もともと懲罰の対象ではなかった、残りわずかな者たちを救って温情をみせつけ、かたや僚帝にたいしては、その過酷さをやおら諫めた。そしてこの両者の対照的な統治方法を黄金時代と鉄の時代になぞらえる世評に、内心満足をおぼえていたのである。

こうした正反対の性格にもかかわらず、ふたりはともに皇帝となってからも、兵士の頃に育てた友情を損なうことはなかった。マクシミアヌス帝の傲岸、激越な性向が自身にも国家にも致命的となるのは後のことである。ディオクレティアヌス帝の存命中には、かれはこの恩人のゆたかな才能に心服し、暴力にたいする理性の優位性を心からみとめていた。

それは、次の事実にも如実にあらわれている。

すなわち、自負心からか、迷信からか、いずれにせよ両帝はそれぞれ美称として、一方がユピテル大神にちなむヨウィウスという名を、他方が英雄ヘラクレスにちなむヘルクリウスという名をそれぞれ名乗っていた。ユピテル大神が世界の運行——御用史家がこの表現をもちいていた——をつかさどり、豪腕ヘラクレスが地上の怪獣や暴君を退治するという構図を模していた、という具合である。

●——帝国の四分統治

だが、統治の重圧は大きく、そうしたヨウィウスやヘルクリウスの全能をもってしても、それを支えきるには不十分であった。いまや帝国の各方面が蛮族の侵寇(しんこう)にさらされている。賢明なディオクレティアヌス帝の目には、そのいずれにも大軍の存在と皇帝の親征が必要なことが明らかであった。

そこでかれは、巨大な帝権をさらに分割し、ふたりの有能な将軍に副帝として、それぞれ同等の主権をあたえることを決意した。そしてその相手のうちのひとりが、かつて牧夫であったことからアルメンタリウスと呼ばれていたガレリウスであり、もうひとりが、色白であったことからクロルスとも呼ばれていたコンスタンティウス（一世）であった。

副帝ガレリウスの生地、出自および行状については、先にヘルクリウスについて述べた際に、同時に紹介したといってもよい。なぜなら、ガレリウスは小マクシミアヌスと呼ばれていて、その綽名（あだな）の通りであったからである。もっとも、厳密には、大マクシミアヌスにくらべ、才幹、徳性ともすぐれていたようだ。

かたやコンスタンティウスの方は、他の三僚帝ほど低い家門の出ではなく、父エウトロピウスにしてもダルダニア（上モエシア属州の一地方）の名門貴族、母ともなるとクラウディウス帝の姪（めい）にあたる。コンスタンティウスは青年期を兵士として過ごしてはいたが、性格的にはきわめて温厚、じつに愛すべき人柄であった。そのため、早くから紫衣にふさわしい人物であるとの声が人々の間であがっていた。

さて、副帝指名にともない、政治的結束を強化すべく、両帝はそれぞれひとりの副帝を——ディオクレティアヌス帝がガレリウスを、マクシミアヌス帝がコンスタンティウスを——養子とし、それまでの妻を離縁させて、代わりに自分の娘を妻（め）あわせた。

かくして広大なローマ帝国は、これら四人の君主の間で分割された。これによって、コンスタンティウス帝にはガリア、ヒスパニアおよびブリタニアの防衛が託され、かたやガレリウス帝はイリュリクム諸属州の防衛が託された。一方、両皇帝のうち、マクシミアヌス帝はイタリアとアフリカをひきうけ、ディオクレティアヌス帝はトラキア、エジプト、それに豊饒(ほうじょう)なアシアの諸州を領土とすることになった。そして四人の連帯は帝国全土におよび、助言もしくは親征によってたがいに助けあう仕組みとなった。

両副帝は両正帝を至高の権威として敬意を表した。とくにディオクレティアヌス帝にたいしては、若き三僚帝とも、共通の恩人として報恩と臣従を惜しまなかった。かれらの間には権力をめぐる嫉視(しっし)や疑念は微塵もなく、その結束は世にも珍しいほどで、これを音楽に喩(たと)えていえば、リーダーのたくみなリードによって妙(たえ)なる和声を響かせる四重唱さながらであった。

しかしながら、このようなディオクレティアヌス帝の政策的努力をもってしても、二十年という長い期間、数百マイルにもおよぶ広大な辺境全体に、まったき平穏さをたもつのは不可能であった。じじつ、蛮族はときおり国内の対立を中断し、辺境の駐屯部隊が警戒をゆるめた隙をついて、あるいは力で、あるいは術策で、帝国領内へと押し入っていた。

これにたいしディオクレティアヌス帝は、内心はともかく、少なくとも表向きは毅然たる態度をくずさず冷静に対処していた。いたずらに自己の生命や名声を危険にさらすことなく、可能なかぎりの手段を尽くし、そして成功をものにするや、その成果をはなばなしく誇示するのが常であった。

要するに、困難な戦争や戦果がうたがわしい戦争にはマクシミアヌス帝の蛮勇をもちい、かたやこの忠実な武人皇帝も、その勝利を恩人たる僚帝の智謀と威徳に帰して満足していたのである。

しかしそれぞれ副帝を養子としてからは、両正帝とも戦闘の場面からは身をひき、ドナウ、ライン両流域の防衛はふたりの副帝にゆだねたかたちとなった。

ガレリウス帝のばあい、蛮族軍をローマ帝国領内で討伐する必要に追い込まれたことは一度もなかったのにたいし、コンスタンティウス帝のばあいは、アレマンニ族にガリア侵寇をゆるしている。最後はこれを果敢に撃退したものの、ラングル（現在の東フランス）やウィンドニッサ（現在の北スイス）における戦勝のごときは、相当な危険と勲功がともなった戦闘だったようだ。

すなわち、以下の話が伝えられている。少ない護衛で平原を通過中、突然敵の大軍に囲まれたときのことである。コンスタンティウス帝は、かろうじてラングル市まで逃れたものの、恐慌状態におちいった市民が開門を拒否。そのため、負傷の身ながら、綱で城壁をつり上げられるというありさまであった。しかしその後、皇帝危殆の報にローマ軍が四方から馳せ参じ、夕闇が迫るころまでにはアレマンニ軍兵六千人を殺戮して報復をはたしたという。

サルマタエ人やゲルマン人にたいする戦勝は、他にもいくつかあり、当時の記念碑からその跡をおぼろげながら辿ることができる。だが、そのような詮索は退屈きわまりなく、また興趣や教訓にしても、乏しいとおもわれる。したがって、そうした試みはひかえたい。

●――ローマ領内に定住する蛮族

かつてプロブス帝が討伐した相手にみせた処遇は、ディオクレティアヌス帝やその共治帝がならうところとなった。敗れて捕虜となった蛮族は、生命とひき換えに奴隷にされ、戦禍で荒廃した各地、たとえばガリアでは、アミアン、ボーヴェ、カンブレエ、トリエル、ラングル、トロアイエなどへ送られ、そこで牧夫や農夫として使われたのである。

兵役がもとめられるとき以外、かれらには武器の訓練はゆるされなかった。だが、土地の所有については、ローマの保護を願い出た者には、比較的おだやかな隷従条件でこれがみとめられた。

かくしてサルマタエ族やカルピ族、それにバスタルナエ族には定住地があたえられたほか、さらにある程度の自治と自国の習俗を保つこともゆるされた。

おもうに、属州民にとって、つい最近まで恐怖の対象であった蛮族が、いま自分たちのために土地を耕し、近隣の市へと家畜を駆り、あるいは懸命に属州の殖産に力を尽くしているさまは、思いもよらぬことであったにちがいない。

そのため、どこの属州でも、人々はこうした状況をもたらした主君の功績をたたえた。しかし、帝国の内部深くにまねき入れた大集団が、じつは好意を示せば不遜になり、抑圧すれば自棄的になって、いつ反抗に転じるかもしれない危険性をひめた異民族であるということについては、皆目これを忘れていた。

●――苦難のアルメニア

すでにわれわれは、ウァレリアヌス帝のところで、アルメニアがペルシャの姦計と武力によって征服されたことや、アルメニア王コスロエス暗殺後、幼君ティリダテスが忠臣たちによって救われ、ローマ皇帝の庇護のもとに育てられたことをみてきた。

さて、このティリダテスについてであるが、かれはその亡命生活のなかで、アルメニアの王座にいれば無縁であったとおもわれる多くの教訓、すなわち逆境、人間、ローマ式訓練などに関する実際の知識を早くから十分学んでいた。

青年時代のティリダテスは、勇武の誉れ高く、軍事教練においてはもとより、世俗的なオリンピア競技においても、絶倫の強力と卓越した技量をみせていた。それは、あるとき恩人リキニウスの救出にも大いに発揮された。

プロブス帝が横死(おうし)した反乱の際、激した兵士たちがリキニウスの天幕に押し入ろうとしていたところを、その豪腕ひとつで食い止めたのだ。そしてこのときの功により、その後まもなくしてアルメニア王への復位をはたすことになるのである。

軍職における昇進のあらゆる段階でつねにリキニウスの僚友であったガレリウスは、副帝になる久しい以前から、その武勲がディオクレティアヌス帝の目にとまり、高い評価をうけていた。

こうした繋(つな)がりから、ディオクレティアヌスが登位して三年目、ティリダテスにはアルメニア王国があたえられた。ローマ側にとって、この処遇は当然の配慮であると同時に、帝国のための便法(べんぽう)でもあった。

なぜなら、ネロ帝以来、ローマ皇帝の保護のもとにアルサケス家の公子がアルメニアを継ぐ習わしがあったのもさることながら、それ以上にローマとしては、この重要な領土をいまこそペルシャ王から奪取、解放する好機とみていたからである。

テイリダテスがアルメニア辺境に姿をみせるや、二十六年間異国の支配下にあって陰に陽に辛酸をなめていた国民は、熱烈な歓呼をもってかれを迎える。

ペルシャ王たちは、この支配地に豪壮な建築物を数多く建てていたが、それはアルメニア草民の血税によって建てられたものであった。そのため、そうした建物は、隷従の象徴として忌み嫌われていた。

蜂起にたいする危惧から過酷な防止策がとられ、たいする民衆がこれに抵抗し、それがまた一段ときびしい圧政をまねいていた。憎悪の的であるとの自覚がさらにあらたな弾圧を生んで、その憎悪をいっそう激しいものにしていたのである。ゾロアスター教の非寛容性については、すでに見てきた（本書では割愛）。このときも状況は同じであった。神格化されたアルメニア諸王の彫像や日月を表した聖図などが、征服者によって徹底的に破壊されていた。そして代わりに、バガヴァン山頂に建立された祭壇にはアフラ・マズダ神の聖火がともされ、日夜燃えつづけていた。

したがって、かくも屈辱を強いられた国民が、自国の独立や宗教、あるいは世襲君主のために武装蜂起したことは、当然なことである――。宿怨はいまや行動の奔流となってあらゆる障害を押しのけ、その猛烈さのまえにペルシャ軍守備隊は撤退する。

アルメニアの貴族はティリダテスのもとにつぎつぎと馳せ参じ、過去の功績や勲功をあげ、将来の忠勤を約束して、異国人の支配下で叶わなかった名誉や報酬をかれにもとめた。

そのため、ティリダテスが幼君のとき父親がその危ないところを救い、そしてそれが理由で一家全員が虐殺されたアルタヴァデスには軍隊の指揮権があたえられ、またアルタヴァデスの弟にも州太守の地位があたえられた。

さらにまた、こうした事情を背景に、オタスなる太守も軍の要職についた。ちなみに、剛毅実直であったこの太守は、これにたいし、ペルシャに支配されていた間、人里はなれた山砦に隠していた自分の妹を、莫大な財宝とともに、この新王に献上している。

さて、こうした辺境の混乱のなか、その数奇な運命ゆえに見過ごしがたい、ティリダテスの盟友となったアルメニアの貴族がいた。その名をマムゴというスキタイ人のことである。

当時スキタイ族は、ソグディアナ近くまで版図(はんと)をひろげていた支那帝国の辺境地帯に幕営を張っていたが、かれはその部族の首長であった。

しかしマムゴはあるとき、支那の皇帝の逆鱗(げきりん)にふれ、そのためその支配下から逃れざるを得なかった。そこで配下とともにオクサス河畔へと移動し、ペルシャ王シャプールに保護をもとめた。

支那の皇帝は主権を主張したが、王は亡命者保護の慣例を楯(たて)に、逃亡者の引渡し要求には応じなかった。だが、支那との戦争はこれを回避すべく、マムゴを西方の最辺境へ追放すること——王の表現によれば、それは死刑も同様な懲罰であった——を約束した。そしてその流刑地にアルメニアを充て、スキタイ族にこの広大な地域における放牧や季節に応じた幕営の移動をゆるしたのであった。

要するに、スキタイ族は、ほかでもなく、ティリダテス撃退のために利用されたのである。このことに気づいたマムゴは、ペルシャ王からうけた恩義と屈辱とを天秤(てんびん)にかけ、行く末を思案した結果、同族仲間を去ってひとりとなることを決意した。

そこで頼ったのが、先のティリダテスであった。マムゴがいたるや、このアルメニア王は、その才能をよく知っていたこともあって、かれを温かく迎え、側近としてとり入れた。そしてそのことによって、王位奪還に大きく貢献する勇敢、忠実な臣下を得ることになった。

ティリダテスはまたたく間に公私にわたるあらゆる敵をアルメニア全土から追い出し、さらに報復としてアッシリア中心部まで駒をすすめた。それはさながら昇竜をおもわせる快挙であった。

このアルメニア王の名を世の忘却から救っている、ある歴史家は、愛国的熱情からか、かれの荒武者ぶりをたたえ、東洋風の寓話(ぐうわ)調で、その豪腕に巨人たちや巨像群がつぎつぎと倒されていくさまを描いている。

もっとも、別の資料によると、当時ペルシャは、国内が内部対立で混乱状態にあった。したがって、ティリダテスの優位も、一部そうした敵の国情ゆえであった公算が大きい。すなわち、ペルシャ王家の兄弟間に王座をめぐっての争いがおき、弟ホルムズが自軍をひきいて敗れると、危険なことに、カスピ海沿岸にすむ蛮族に支援をあおいだのであった。

しかし、この内戦は――決戦によるものか、交渉によるものか、その点は定かではないが――間もなく収まり、ペルシャ王として広く支持された兄ナルセスが全軍の先頭に立って外敵にあたることになった。

このため、戦力的に大きな差がうまれ、ティリダテスの勇武もペルシャ王の大軍のまえにはいかんともしがたく、またしてもローマ皇帝の宮廷に難を逃れざるを得なかった。

かくしてふたたびアルメニア全土を支配下においたペルシャ王ナルセスは、叛徒（はんと）や逃亡者をローマが保護していることにたいし、これを非難するとともに、東方の征服を期した。

●――ペルシャ戦役とローマ軍の大敗

ローマ側としては、政策上も体面上も、アルメニア王の大義を無視することはできず、ローマ軍のペルシャ戦投入を決定する。

ディオクレティアヌス帝は、例によって威厳ある冷静さを失わなかった。かれはアンティオキア市に本営をさだめ、そこから戦線の指揮をとる一方、戦場における直接の指揮は猛将ガレリウス帝に託すこととし、ドナウ河畔にいた副帝に、急遽ユーフラテス河畔への移動を命じた。

戦いは、ローマ、ペルシャの両軍がメソポタミア平原で対峙。二度の交戦ではいずれとも雌雄が明らかでなかった。しかし、三度目の合戦では、ついにそれが決せられた。ローマ側の大敗である。敗因は、寡兵でみずから大軍に向かったガレリウス帝の軽挙に因るものであった。

あるいは、戦場の地勢を考えると、この敗北には別の要因がないわけではない。というのは、思い起こせば、そこはかつて、あの将軍クラッススひきいるローマ軍十個軍団がペルシャ軍によって殲滅させられた場所にほかならなかったからである。カルラエ丘陵からユーフラテス河にかけて広がる約六十マイル余のこの平原には、小丘のひとつ、樹木の一本も、湧泉の一湧きもなく、ただ不毛、平坦な砂漠がつづいている。

おもうに、さすがに剛毅なローマ軍歩兵部隊といえども、炎天下、喉の渇きで意識朦朧となっていたにちがいない。こうした状況下では、たとえ隊伍を維持することができたにしても勝算はなく、あるいは隊伍をくずせば、たちまち危険にさらされる。

じじつ、ローマ軍はこの荒野で敵にかこまれ、その迅速な展開になやまされたあげく、最後にペルシャ軍騎兵部隊の弓射にあい、兵士がつぎつぎと斃れていった。この大敗のなかにあって、ひとり奮戦し、その名を馳せたのは、ほかならぬティリダテスであった。かれはユーフラテス河まで追跡され、乗っている馬もついには傷を負い、もはやこれまでかにおもわれたそのとき、眼前に大河をみとめ、馬をすてて、流れに身を投じた。そして甲冑は重く、川幅は少なくとも半マイルはあったにもかかわらず、並はずれた体力と巧みな泳ぎで無事対岸へと泳ぎ着いたのだ。

かたやガレリウス帝については、どのようにして逃げ帰ったのか知る由もない。だが、いずれにせよ、かろうじてアンティオキア市へたどり着くや、ディオクレティアヌス帝から、友人や僚帝としての同情ではなく、主君としての怒りをもって迎えられた。

そのため、平素は傲岸をきわめた男が、はげしい屈辱をおぼえながら、馬車に乗ったディオクレティアヌス帝について一マイル以上の道を、紫衣のまま歩いてしたがい、不名誉の身を衆人にさらさなければならなかった。

●――雪辱をはたすガレリウス

こうして私憤をはらし、自己の権威をあらためてみせつけたディオクレティアヌス帝は、ただちにガレリウス帝の哀願を容れ、ローマ軍の名誉はもとより、副帝自身の名誉をも回復する機会をあたえた。そして今度は――察するに、敗北を喫した先の遠征軍の主力であった――アジアの軟弱な部隊に代わり、イリュリクム辺境出身の古参、新兵、両種の兵士からなる軍隊を編成し、これに相当数の蛮族補助軍を加えた。

かくして約二万五千の兵からなる精鋭軍をひきいてユーフラテス河をふたたび渡ったガレリウス帝は、メソポタミア平原を避け、アルメニア山岳地帯の路をえらび、進軍した。そして途中、住民の協力を得、この国がペルシャ軍騎兵部隊の展開には不利な地勢であり、ローマ軍歩兵部隊にとっては好都合な地勢であることを知った。しかも、逆境によって軍紀をひき締めていたローマ側にたいし、ペルシャ側は勝利に酔って警戒を怠っていた。そうしたなか、ガレリウス帝はわずかふたりの騎兵を従えただけでみずから敵情を視察したあと、敵がもっとも油断していた機会をとらえて奇襲をかけた。

奇襲、とりわけ夜の奇襲は、ペルシャ軍にとってほとんど致命的であった。「ペルシャ軍の軍馬は、逃げないようにつながれていたうえ、多くが足枷まではめられていた。そのため、すわ騎乗といっても、そのまえにまず馬衣を着せ、面繋をはませ、ペルシャ兵自身も胸甲を着けなければならなかった」。ローマ軍の突然の猛攻に、ペルシャ軍陣営は混乱し、わずかな抵抗もたちまち凄惨な殺戮にあい、全軍が総崩れとなった。王ナルセスは傷を負い、メディア砂漠の方へ逃走。後にはかれや太守たちが使用していた豪奢な天幕が残され、多大な戦利品としてローマ側の手におちた。

このときみられた、あるひとつの出来事が伝わっている。それは、優雅な奢侈の品々にたいするローマ兵の無骨と無知を物語って余りある。真珠が詰まった見事な皮袋を手に入れた一兵卒が、その皮袋だけは便利だとして大事にしまい込んだものの、中身については価値がわからず、なげ棄てたというのだ。

だが、この敗戦でペルシャ王がこうむった深刻な打撃は、そうしたものよりはるかに痛ましかった。軍に同行していた、かれの妻数名と姉妹、それに子供たちが捕囚となったのだ。

ところが、総じて性格的にアレキサンダー大王とは共通するところがなかったガレリウス帝が、このときには、かつて大王がペルシャ軍を撃ち破ったあとダリウス家にたいしてみせたと同じ処遇をみせた。すなわち、王妃や王子たちをローマ軍兵士の暴力や凌辱からまもり、ただちに安全な場所へ移させ、そこでしかるべく敬意をもってかれらを遇したのである。

一日も早く戦争の終結をのぞむペルシャ側にたいし、ディオクレティアヌス帝は大軍をシリアに集め、遠方からローマの武威をみせつけた。さらに、あらたな交戦にたいしても、かれ自身万全の備えをしていた。

戦勝の報に接し、ただちに辺境までおもむいたディオクレティアヌス帝の意図は、ガレリウス帝の慢心を抑えることに在った。だが実のところ、ニシビス（ティグリス河上流の市邑）における両皇帝の会見をみると、一方に心からの敬意があり、他方にもまた心からの評価があって、それはまことに和やかなものであった。

ところで、ふたりがその後すぐにペルシャ王の特使を引見したのは、ほかでもない、この町においてのことである。

ペルシャ王の力、あるいは少なくとも気力は、今回の敗戦ですでに潰えていた。ナルセスにとって、ローマの進撃を阻止できる途としては、もはや即時講和以外考えられなかった。

そこで、条約について交渉させるというより、むしろローマ側が提示する条件を即刻うけ入れる用意があることを伝えようと、ナルセスは腹心のアファルバンを特使として敵陣営に送った。

交渉に臨んだアファルバンは、開口一番、ペルシャ王の家族にたいするローマ側の寛大な処遇について、主君の深謝を伝えるとともに、かれらの釈放を願い出、つづいて、主君の名声を落とすことなく、ガレリウス帝の勇武をほめたたえた。歴代ペルシャ帝国第一の偉大な君主にうち勝ったこのローマの副帝の卓越さをみとめても、不名誉とはならないと考えたのだろう。

そして、ローマとペルシャが世界の両眼であり、どちらが欠けても世界は不自由になるという、東洋風の喩えをあげて口上を締めくくった。ペルシャ側の正当性はさておき、権勢絶頂にあるローマといえども、盛者必衰の理を忘れてはいないだろうとの思いからである。

「まさにペルシャ人らしい言い草ではないか！」——ガレリウス帝は、怒髪天をつく形相で、これに応えた。「まさにペルシャ人らしい言い草ではないか！　盛衰の理を長々と説き、寛大さについて平然とわれわれローマ人に教訓をたれるとは」。「あの皇帝ウァレリアヌスにたいする、汝らのいう寛大さとやらを覚えていよう。卑怯な術策で破り、その権威をはずかしめ、死の間際まで屈辱的な幽囚を強い、はては、死してのちにも遺体を辱めたではなかったか！」

こう言い終えると、いくらか怒りがおさまったのか、副帝はやや声を和らげ、ひれ伏す敵を踏みつけるようなことはローマ人の流儀ではないが、ただ今回はペルシャ側の言い分よりローマ側の威信を優先する、と語った。そして最後に、いかなる条件で恒久的平和をゆるし、また囚われの王族の身の安全を保証するかについては、追って通知するとして会見を閉じた。

われわれはこの会議のなかに、ガレリウス帝の激しい気性とディオクレティアヌス帝にたいするかれの敬意とをみとめることができる。

すなわち、ガレリウス帝は野心から東方の支配を望み、ペルシャの属州化を提案した。これにたいし、ディオクレティアヌス帝は慎重さから、アウグストゥス帝や両アントニヌス帝がとった穏健な方針を堅持し、この征戦を名誉ある有利な講和で終結させる機会を歓迎したのである。

●──最終講和とその後の東方辺境

ローマ側は約束をはたすべく、その伝達のため、秘書官のひとりスコリウス・プロブスをペルシャ宮廷に送った。

当地に着したプロブスは、平和使節として最大級の礼遇をもって迎えられたものの、長途の疲れもあろうとの口実から、謁見は延び延びにされた。ようやく謁見がゆるされたのは、メディア砂漠を流れるアスプルドゥス河畔において、王の遅々たる移動に久しく伴ったすえのことであった。

講和を心底のぞんでいたナルセス王がこのように引見をひき延ばしたのは、その間にできるだけ軍勢をあつめて勢威を示し、交渉をわずかでも有利に転じたいとの思惑があったからにほかならない。

この会議には、ペルシャ側特使のアファルバンと近衛隊長官、それにアルメニア辺境軍司令官、この三名だけが陪席した。

大使プロブスが提示した最初の条件は、両帝国間の主要交易地としてニシビスはどうか、というものであった。だが、この条件については、どういう理由でそうした条件を出したのか、今日その真意のほどは明らかではない。ローマ側が交易に一定の制限をもうけて収入増を図ろうとしたとも考えられる。しかし、もともとニシビス市は、帝国領内の都市であった。しかも、輸出入とも、すでにローマ人の管理下にあった。であれば、そうした制限は、国際条約の対象というよりむしろ国内法の対象ではなかったか。

いずれにせよ、それら制限事項の実効を図るため、ペルシャ側にたいしてある種の要求が出されたが、ナルセス王にとって、それは利害の点からも威信の点からも受け入れ難かったとみえ、この一点については執拗に承服しなかった。そのためローマ側は、それ以上迫ることをせず、交易を自然の流れにゆだねるか、あるいは自国の裁量によって可能な範囲の制限を課すことで手をうった。

かくて障害が除かれるや、和約がおごそかに調印され、両国間で批准がなった。この条約は、その後ティリダテスが没するまでよく遵守され、これによって東方世界は四十年の長きにわたって太平を享受する。

しかし、やがて時代が移り、世界観や心情が異なる世代が統治者となると、あらたに、歴史に名高いペルシャ・ローマ間の長期の戦いがはじまるようになる。

●──沈みゆくローマ市の地位

さて、疲弊した帝国を暴君や蛮族の猛手から救う仕事は、困難ではあったが、いまやイリュリクム農民出身の皇帝らによって完全に達成された。そこでディオクレティアヌス帝は、即位二十年目に入るや、ローマ流の凱旋式を盛大に催し、みずからの輝かしい治世を祝うことになった。

このとき挙行された凱旋式の栄誉に浴したのは、対等な共治帝としてのマクシミアヌス帝ただひとりであった。もちろん、ふたりの副帝にも武勲があったことは言うまでもないが、かれらの功業は、厳格な古来の習わしにより、すべて父なる正帝の威光によるものとされていたからである。

この式典はアウレリアヌス帝やプロブス帝のそれと比べ、盛大さの点でこそ劣ってはいたものの、幸運や名声の点ではあきらかに優っていた。

行列では、アフリカやブリタニア、それにライン、ドナウ、ナイルなどの大河地方からの戦勝記念碑がみられた。

なかでもとくに衆目をあつめたのは、ペルシャ戦の勝利とそれにつづく征服を物語る見世物であった。すなわち、捕囚となったペルシャ王の妻子や姉妹に似せた像ほど、式典を飾り、久しぶりにローマ市民の虚栄心を満足させたものはなかった。

もっとも、後世の目からすれば、この凱旋式はそれほど名誉にはあたらないという点でこそ、特筆されてよい。なぜなら、ローマ人がみた凱旋式としては、これが最後のものであったからである。じじつ、この時代が過ぎ去るや、諸皇帝の征戦は頓に止み、ローマ市もまた帝国の首都たる地位を失っていく。

それまでローマ建国の地は、数々の儀典や奇跡物語によって神聖視されていた。

町のいたるところが守護神や英雄と関係づけられ、ことにカピトリヌス丘のユピテル神殿にいたっては、帝国の中心であると考えられていた。生っ粋のローマ人が、こうした心をくすぐる想いをいだき、それを事実と信じていたのは、かれらが長い伝統として人生の早い時期からそうした雰囲気のなかで育っていたためだけではない。

それは、政策的な面からも、そうした環境が醸成されていたことにも因る。政治の形態と施政の場所とはたがいに密接に関係し合い、一方を破壊せずして他方を移すことなど不可能な空気があったのである。

しかし、征服地の拡大にともない、帝都の主権はしだいにすたれ、それに代わって、諸属州が同等の地位を占めるようになっていく。かれら征服された民族は、ローマ人の愛国的心情を吸収することはなかった。ただ、ローマ人の呼称や特権を享受するだけであった。

だがそれでも、古来の法制や慣習の影響により、ローマ市の威信はかなり長く保たれていた。おもうに、それはアフリカやイリュリクム出身の皇帝らが、同市を帝権の座として、また広大な領土の中心として、これに敬意を表していたことが大いに与っている。

蛮族撃退のため頻繁に辺境へおもむかざるを得なかったとはいえ、平時においても常住地を属州に定めたのは、ディオクレティアヌス帝やマクシミアヌス帝が最初である。このことについては、私的理由があったのではないかとも察せられるが、ともかく、かれらは一応もっともらしい政策的理由をあげて、その行動を正当化しようとした。

●――ディオクレティアヌス帝の統治手法

ディオクレティアヌス帝はきわめて分別に富み、公私いずれの生活においても、自分自身についても世間一般についても、正しい評価ができる人物であった。したがって、そのことからすれば、かれがローマ式流儀をペルシャ式流儀に変えたことについては、それがたんに虚栄からであったとは考えられない。

ただ、豪華絢爛(けんらん)さを示すことで人民を圧倒、操縦できるとの思いがあったことは確かである。加えて、公に姿をみせることが少なければ、それだけ民衆や兵士の放(ほう)

縦(じゅう)さにさらされる度合いも少なくなり、また、いったん臣民に隷従の習慣ができれば、これがしだいに君主にたいする尊敬の念を生じさせることだろうとの思惑もあったにちがいない。

要するに、アウグストゥス帝が謙抑をよそおったと同様、ディオクレティアヌス帝もひとつの芝居をうっていたといえよう。ただし、このふたりが演じた喜劇のうち、前者は後者にくらべ、はるかに鷹揚(おうよう)であり、また男性的であったことを指摘しておくべきかとおもわれる。つまり、アウグストゥス帝のばあいは、その意図が絶対的権力をかくす偽装であったのにたいし、ディオクレティアヌス帝のばあいは、虚栄心を満たすための誇示であったということである。

権勢の「誇示」。まさにこれこそ、あらたなディオクレティアヌス体制の第一の原則にほかならなかった。

では、第二は何であったか？　それは、分権であった。帝国、属州、いや文武双方の各機構までも、ことごとく分割するという、この政策によって、統治機関の歯車は増え、その動きを複雑かつ遅くしたとはいえ、機能全体としてはいっそう安定性を得ることができた。

すでにみてきたように、かれはその至上権を行使するうえで三人の共治帝を置いていた。しかし、いまや従来の体制では帝国の防衛は不可能と確信するにいたり、ローマ世界の四帝分割による共同統治制を採るにいたったのである。これは、一時的な便法としてではなく、恒久的原則として、であった。

そしてそれは、年長のふたりが正帝として、それぞれひとりの副帝を任命し、後にこのふたりを正帝へと昇進させることによって、とどこおりなく帝位継承をはたそうというものであった。

かくして帝国全土が四つに分けられ、その四区のなかで、東方とイタリアは名誉ある所領として正帝の管轄とされ、かたやドナウとラインの両大河地方は統治困難な所領のゆえに副帝の管轄とされた。

また、帝国の軍事力については、全帝が連帯してこれを把持することになった。いかに野心家の将軍といえども、四人の競争している敵を連破することの至難さをおもえば、そうした暴挙に走ることは躊躇（ちゅうちょ）されるにちがいないとの思惑からだろうか。

民政では、かれらが一体となって絶対君主の至上権を行使するものとされた。勅令には全員の連署が入り、四帝の合議と権威によって公布されたものとして全属州にうけ入れられた。

しかしこうした政策にもかかわらず、ローマ世界の政治的統一、すなわち一体性はしだいに失われ、数年後にはこの分割原則が、東西両帝国の恒久的分離へとつながっていくのである――。

このディオクレティアヌス体制には、現代のわれわれも身につまされる、ひとつ大きな欠点が存在した。それは体制の維持に多大の出費を要し、そのため必然、増税と圧政につながったということである。

奴隷や奴隷身分から解放された者たちによる倹(つま)しい身辺の奉仕だけで満足していたアウグストゥス帝やトラヤヌス帝のばあいと違い、この時代には、複数の皇帝が帝国の各地にそれぞれ豪奢な宮殿を建て、たがいに、またペルシャ王とも、それぞれ富贅(ふぜい)を競い合うという愚行がみられた。

このため大臣も行政官も、一般官吏も召使いも、すべてが慣例の範囲をはるかに超えて増員され、その結果——同時代人の表現をかりるならば——「うける者の数があたえる者の数を上回るにいたり、諸属州は貢納義務のために疲弊した」。したがって、このときから帝国の終焉にいたるまで、民衆の間で声高な非難や苦情の声がたえず聞かれ続けたことには、容易にうなずける。

●——自らの意思による退位

ディオクレティアヌス帝が帝権を移譲するというあの歴史的な決断を実行したのは、在位二十一年目のことである。本来なら、こうした行為は、哲学的内省などとはまったく無縁であったこの皇帝より、むしろ賢帝として知られる両アントニヌス帝にこそ、それにふさわしい性格のものである。

しかしながら、退位という、誉むべき範例を最初に世に示したのは——もっとも、この範例が後の時代、それほどしばしば踏襲されたわけではないが——このディオクレティアヌス帝にほかならない。

ディオクレティアヌス帝は凱旋式を終えるや、雨ふる厳寒のさなか、急ぎイタリアを去り、イリュリクムの諸属州を巡幸して東方へと旅を進めた。ところが、天候の不順や旅の疲れから、ある慢性の病にかかり、それからはほとんど籠に乗ってのゆるりとした道行きであったにもかかわらず、夏の終わりにニコメディアへたどり着いたときには、すでに容体が急変して危篤状態におちいっていた。

その後は、死にこそいたらなかったものの、とくに病状の好転もなく、来る冬はその間中、宮廷にこもり切りとなった。人々は、皇帝の側近くに仕える廷臣たちの表情や挙動から、帝の容体をいろいろと推測するよりほかはなかった。そのため、一時は皇帝崩御のうわさも流れ、民衆の間では、ガレリウス副帝が不在の間に問題がおこらないよう、そのことが伏せられているだけだとも考えられた。

しかし、三月の一日、ディオクレティアヌス帝はふたたび公に姿をみせた。だが、そのときの帝の顔は死人のように蒼白で、近しかった者たちでさえ、たしかに帝本人かどうかよく分からないほど、ひどくやつれた姿であった。

健康への配慮と帝威の維持、このふたつの間でなされていた一年以上の長きにわたる痛ましい苦闘の生活に、終焉のときがきていたのだ。

健康の回復には、あきらかに自適の生活が必要であった。しかし、威信をおもえば、病床からさえ政務の指揮が欠かせない。——かれは思案の末、世界の舞台を僚帝たちにゆずって、みずからは余生を名誉な休息のうちに送り、自分の栄光を不滅のものとすることを決意したのであった。

●——僚帝もまた、忠告にしたがって

退位式は、ニコメディアから約三マイルはなれた平原のなかで執り行なわれた。式典では、高く設けられた玉座に皇帝が上がり、集まった人民ならびに兵士らをまえに、威厳と思慮にみちた演説でもって退位の意向を公にした。

そして紫衣を脱ぎ、帝権の移譲を示すや、即座に聴衆のまえから姿を消し、覆い付きの馬車でニコメディアの市街を走りぬけ、あらかじめ定めておいた故郷ダルマティアの隠棲(いんせい)地へと目指していった。

同日、すなわち五月一日、マクシミアヌス帝も、かねての打ち合わせ通り、ミラノにおいて退位した。

ディオクレティアヌス帝はみずからの退位を考えていたばかりか、マクシミアヌス帝にたいしても同様なことを願っていた。そのため、進退を自分にゆだねるか、もしくは自分の範にならって退位するか、いずれかを迫っていたのである。カピトリヌス丘のユピテル神殿において宣誓のうえ述べられたこととはいえ、この約束事は、性格激越なマクシミアヌス帝にとって、真の意味では、ほとんど拘束力のないものであった。なぜなら、マクシミアヌス帝は未来の名声や現在の平安より、ひとえに権力の方を愛していたからである。

ところが、不承不承ながらも、かれはディオクレティアヌス帝の権威に屈服したかたちで帝位からしりぞき、ただちにルカニアの別荘へひき籠(こ)もった。性急短慮なこの人物に隠棲といった平穏を期待すること自体、所詮(しょせん)、無理なことであったが。

●——退位後の日々

卑しい身分から帝座まで昇りつめたディオクレティアヌス帝が、ふたたび私人としての生活を享受することができたのは、亡くなるまえの最後の九年間のことである。

熟慮のすえの引退について、かれに後悔はなかったようにおもわれる。自己の支配圏を継いだ諸皇帝から、退位後も多大の敬意を示されていたためでもあろう。およそ長年俗務に忙殺されていた者が、それから隠遁生活に入ったからといって自省にふけることは希れであり、大方が権力の喪失とともに営為の対象をなくして、むしろ引退を後悔するものである。

たしかにディオクレティアヌス帝も、一般に独居のときの慰めや悦びとなる文芸や信仰だけでは、とうてい満足できなかった。しかし、かれは建築や園芸のなかに楽しみを見出し、そのために日々、長時間を費やしたのであった。

当時マクシミアヌスに宛てた返書をみると、この辺の消息を物語っていて、興味深い。まだ覇気旺盛であった老マクシミアヌスにふたたび登位をもとめられたときのことである。そのときディオクレティアヌス帝は、かつての僚帝を憐れむかのように、ひとり微笑を浮かべ、そして、このサロナ（アドリア海に臨む港町）において自分が手ずから作ったキャベツをみせることができたなら、御身もこれには感嘆し、権力のためにこうした幸福を手放す気には、もはやなれないであろう、と語っている。

友人との会話のなかでディオクレティアヌス帝がしばしば指摘していたことは、統治の難しさであった。かれは統治を至難な技術といい、いつもこの話題になると身をのり出して語っていたといわれる。その熱心さは、ひとえに体験から発していたものに違いない。それは、かれがよく次のようなことを口にしていたことからも察せられる。

すなわち、「複数の高官が共謀して君主を欺こうとすることの、いかに多いことか。その権威ゆえに臣民から隔離された皇帝にとって、真実は分かろうはずがない。何事も臣下の目でみざるを得ず、また耳にすることといえば、それは虚言だけである。そのため、国家の重職まで悪徳、惰弱な輩にあたえてしまい、かたやそれに価する高徳、有為の士には恥辱をあたえるはめとなる。まさに、最高の賢帝たちまでが、そうした姦計の餌食になっているのだ」、と。

およそ皇帝にとって引退生活というものは、「偉大さ」の意味をよく理解し、「不朽の名声」にたいする確信があってはじめて、大きな楽しみとなり得るものだろう。しかしディオクレティアヌス帝のばあいは、その存在の余りの大きさゆえに、私人としての慰楽や安全を存分に享受することはできなかった。退位後におこった帝国の混乱に関知しない、などということは不可能だったからである。

すなわち、この老帝はサロナの閑居にあっても、不安、悲しみ、不満、こうした感情に襲われることが少なくなかった。かれの優しい心情、あるいは少なくとも、誇りは、妻や娘の不幸によっていたく傷つき、さらに余命いくばくもない最後の日々も、リキニウス帝やコンスタンティヌス帝の無礼によって苦渋に満ちたものとなったのである。

ちなみに、後者の事件については、ディオクレティアヌスが右の両帝の恩人でもあり、また多くの後継帝にとって父帝たる存在であったことをおもえば、あるいは回避できていたことかもしれない。

信憑性は薄いが、ひとつの資料によれば、ディオクレティアヌス帝の死は、リキニウス帝やコンスタンティヌス帝の毒手から逃れるための自殺であったともいわれている。

●——文芸、学問は顧みられず

この時代には、内戦の頻発や軍の横暴、蛮族の侵入や専制の拡大、こうした事態によって偉大な才能ばかりか、通常の学芸までもが、深刻な影響をこうむった。

イリュリクム出身の皇帝たちによって帝国の再建はみられたものの、学問の復興は成らなかった。かれら諸皇帝がうけた軍事教育には、文学にたいする嗜好を育むことなど、微塵も意図されておらず、ディオクレティアヌス帝でさえ、俗務に長けていたものの、学問や思索にはまったく無縁であった。

医学と法律とは、いつの世にももちいられ、また、ある程度実利をもたらすこともあって、こうした分野の専門家には事欠かなかった。しかしながら、かれらがこの時代の碩学の関心を引いたようにはおもわれない。

当時、詩人は筆をおいて黙し、歴史家は無味乾燥な断片的史述に堕していた。いくらか気を吐いていた帝室御用の雄弁家にしても、皇帝の弁護や賞賛に終始したにすぎなかった。

総じて学問や人間精神の衰退期には、つねに新プラトン派の隆盛がみられる。じじつ、この時代も、アレクサンドリア学派がアテネ学派を沈黙させ、最新学説という旗幟のもとに、旧学派の人々をしだいに集め、内容の斬新さと生活態度の厳格さによって、この学問体系の名を大いに高めていた。

同学派の著名な師、たとえばアンモニウスやプロティヌス、あるいはアメリウスやポルフィリウスなどは、たしかにいずれも深い思索の人々ではあったが、哲学の真の目的をはき違え、そのため悟性の改善に貢献したというより、むしろその堕落に寄与する結果となった。

人間の状況や能力に適した知識、すなわち倫理学、自然科学、数学等々の諸学問を軽視した新プラトン派は、形而上学的論争に熱を入れ、不可視の世界の秘密をさぐろうと、一般人はもとより、みずからもまったく理解していない主題について、アリストテレス派とプラトン派の両立に努めた。

言いかえれば、深遠とはいえ、意味のない思索に理性を費やし、空想、いや妄想にふけっていたといってよい。そして最後には、肉体の束縛から魂をとき放つ奥義をみつけたとおもい込み、悪霊や聖霊と親しく交わることができるなどと主張して、哲学的考究を魔術的探究へと変じてしまったのである。一種の奇妙な回帰といおうか。

古代の賢者たちは、民衆の迷信にたいして嘲笑（ちょうしょう）を隠さなかった。ところが、プロティヌスやポルフィリウスの弟子たちとなると、寓話という薄いベールでその放縦さを覆うにいたり、やがてはその熱烈な弁護者となった。また、信仰についても、いくつかの不可解な点でキリスト教徒と折り合い、内戦同様の猛烈さで他の神学説を攻撃するようになった。

おもうに、今後、新プラトン派が科学史において重きをなすことは、ほとんどないだろう。しかし、教会史においては、それはなおしばしば言及されるのではないだろうか。

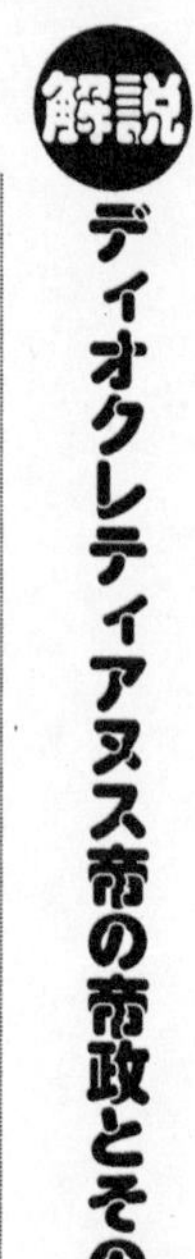

三世紀は、ローマ史において「混乱の世紀」といわれる時代で、この時代には、北方や東方の辺境で外敵の侵入があり、国内的には、新たな皇帝がつぎつぎと現われ、その多くがほどなくして消えていきました。

しかし、ディオクレティアヌス帝の登場によってそうした混乱の時代は終わりを告げ、その長い治世において、ローマ帝国は統一された強大な国家としての存在をとり戻したのでした。そのため、かれは後期ローマ皇帝のなかで偉大な統治者として筆頭に挙げられています。たしかに、ディオクレティアヌス帝の施政や行動をみると、統治者として、歴史的に異彩を放っている点が少なくありません。

そうした中で、とくにローマ史を画したものとしては、帝国の分割統治が最大のものでしょう。この画期的政策によって、東西ローマという領土区分がうまれ、以来、独立的な国家として双方がそれぞれの歩みをすることになっていくからです。そしてその結果、比較的安定した東方領土の方が余命を大きく延ばすことができたのでした。その意味で、帝国の分割統治という政策は、内外の情勢にせまられた窮余の策であったとはいえ、たしかにかれの優れた業績として評価されてよいでしょう。

ディオクレティアヌス帝の治世中は、それぞれの僚帝が各地域で内乱の鎮圧や蛮族の討伐を行ない、ローマの権威と領土をまもり抜きました。そうした外患の沈静ということで同時代の最たる事件としては、副帝ガレリウスのササン朝ペルシャにたいする大勝利（二九八年）を挙げることができます。ローマはこれによりメソポタミア北部を奪回。以後、この強大な隣国との間に、四十年の長きにわたり、平穏な時期を享受したのでした。

ディオクレティアヌス帝の施政の代表的なものとして、もうひとつは、皇帝の地位を絶対化したことです。三世紀の半ばに及ぶ危機の時代にみられた皇帝と軍との癒着（ゆちゃく）は、かえって帝座を不安定なものにしていました。

強い皇帝をめざしたディオクレティアヌス帝は、そうした観察から、臣民にとって自分を近寄りがたい存在とすることによって、帝座の安定を図ります。そのためにかれが採った方策が、宮廷儀礼の複雑化と皇帝の神聖化でした。

そこでまず、宮廷儀礼についてですが、公に姿をみせるばあい、皇帝は宝石がちりばめられた帝冠をいただき、宝飾の靴をはき、金糸その他の刺繍（ししゅう）をほどこした衣服をまとうなど、帝室としての富と豪華絢爛さを誇示したのでした。さらに、皇帝に拝謁（はいえつ）するばあい、臣下にはあらかじめ複雑な手続きのほかに、跪（ひざまず）いてその前に進み出、紫衣の裾（すそ）に接吻（せっぷん）することが求められるようになりました。高位の臣民たちとの間に親しい交流がみられていた頃とは、大きな違いです。

ディオクレティアヌス帝以前まで、皇帝は、少なくとも形式上では、ローマ市民の筆頭者たる「国家元首」としての存在でした。この国家元首が元老院の意向をあおぎながら国政を担当するという建前だったのです。

それにたいしかれ以降は、皇帝がみずからを絶対君主とみなすようになりました。そして元老院をほとんど顧みず、自分が任命した顧問団の意見を参考にして政治を行なうようになったのです。

このため、ローマ史では、前者の「元首制」（プリーンキパートゥス）にたいし、ディオクレティアヌス帝以降の帝政を「君主制」(ドミナートゥス)として区別しています。

次に、皇帝の神聖化ですが、これはローマ伝統の多神教崇拝を強化し、あわせて、皇帝を神の子とみなすことでした。皇帝が神々からまもられているという観念を臣民に植えつけることによって、みずからを一段と侵しがたい存在に仕立て上げたのです。ディオクレティアヌス帝が神々の父ユピテルの子、マクシミアヌス帝がヘラクレスの子、とそれぞれ称したのも、そうした意図の代表的な表れにほかなりません。

この時代も周辺蛮族の潜在的脅威はたかまる一方でしたから、人々の間には不安感がありました。そうした背景から、人々は超人的な支配者の存在に安心感をおぼえていたのでした。

一方、伝統宗教の奨励は、それを否定する新興宗教の抑圧におよぶことは必然です。こうしてローマ史でもっとも大規模な「キリスト教徒の大迫害」がはじまります。ディオクレティアヌス帝によるこのキリスト教徒弾圧については、後章とその解説にゆずります。

皇帝ディオクレティアヌスは、鋭い政治感覚の持ち主でした。軍との間に距離をおいたとはいえ、軍の力や利用価値をけっして軽視したわけではありません。いや、安定した統治にかれらが必須であることは、だれよりよく承知していました。

そのため、ローマ軍の規模を従来にくらべ三分の一ほど大きくし、兵員を五十万(あるいは一説には四十万)に増員しています。そして大軍隊を支えるために税制の改革を行ない、増収を図っています。

また、一般的な経済政策としては、インフレの抑制や金銀貨の良質化も進めています。こうした一連の政策には失敗もありましたが、総じて成功をみたといってよいでしょう。

行政の点では、帝権を強化するため、領土を細区分化するなど属州総督の力を殺ぐ政策をうち出しています。管轄する地域が小さくなれば、属州総督の力や資源は相対的に低下するからです。この細分化により属州の数は百になり、それが十二の管区に区分されるようになりました。

次に、皇帝やその直属の役人の指示による統治、つまり中央支配体制を敷いたのです。

さらに、管区の統括者も属州の総督も、民政権だけで、軍事権は持たないものとなりました。それまでの属州総督による反乱は、右のふたつの権力が合体していたことに起因していたからです。こうして支配者としての皇帝の力が相対的に大いに強化されたのでした。

行政に関連して、伝統的な状況と変わったことは、ディオクレティアヌス帝の時代、皇帝のローマ市不在が恒久化したことです。

後期の皇帝たちは、蛮族の侵寇に敏速に対応できるよう、みずからの常駐地を辺境近くの都市におくようになっていましたが、かれの時代、その傾向が一段と進んだといえましょう。帝がローマ市を訪れたのは、登位から二十年後の記念式典に際してであり、それ以外のときは、主に東方のニコメディアに宮廷をおいていました。

ただ、ローマ市は依然、帝国領内の都市のなかで特別な地位にありましたから、ディオクレティアヌス帝も同市を無視できたわけではありません。ローマ皇帝として、新しい元老院議事堂や公共浴場を建設するなど同市には配慮しています。とはいえ、かれの時代から皇帝のローマ市不在が公然のものとなったことは明らかです。人々はこのことを痛感していました。時代が変わったのです。

後章に出てくるコンスタンティノポリス遷都も、この皇帝の治世にこうしたあらたな動きがなかったなら、あるいは起こり得なかったことかもしれません。

最後に、ディオクレティアヌス帝の治世のもうひとつの歴史的出来事として、みずからの意思で退位したことが挙げられます。三〇五年、かれは退位を表明するや、その通り帝座から降りたのです。そして以後、約十年間の余生を故郷ダルマティアで送り、三一六年、病のため息を引きとったのです。

以上のように、ディオクレティアヌス帝はローマ史を画した偉大な統治者でした。

かれは自分の死後も、みずからが築いた共同統治体制によって、僚帝たちが一致協力して帝国全土を守っていくことを期待していました。しかし、かれが逝くや、あるいはその前から、僚帝たちの間に覇権争いが生じます。皮肉にも、それは複数支配体制であったがゆえの災いでした。

かくしてコンスタンティヌス帝が最終的に単独支配者となるまで、約二十年、ふたたび内戦がうち続く事態へとなっていきます。

第VI章

《305〜330年》

✳ディオクレティアヌス帝退位後の混乱

✳コンスタンティウス(一世)帝の死

✳コンスタンティヌスとマクセンティウスの登位

✳同時六皇帝の在位

✳マクシミアヌス帝とガレリウス帝の死

✳マクセンティウス、リキニウス両帝にたいするコンスタンティヌス帝の勝利

✳コンスタンティヌス帝による帝国の統一

✳新帝都コンスタンティノポリスの建設

●――ディオクレティアヌス帝退位後の混乱

老獪(ろうかい)なディオクレティアヌス帝が強大な権力を背景にうち立てた勢力の均衡体制は、かれが退くや、もろくも崩れさった。この体制をしかるべく維持していくには、類まれな条件が不可欠だったからである。そしてその条件とは、嫉妬(しっと)心のないふたりの正帝(アウグストゥス)が、野心のないふたりの副帝(カエサル)の補佐をうけて、共通の目標を追求することであった。すなわち、気質と能力の絶妙な組合せを意味していた。

たしかにディオクレティアヌス、マクシミアヌスの両帝が退位したあとの状況をみると、それからの十八年間、帝国は不和と混乱にみまわれている。たとえば内戦は、五つを数える。表立った争いがみられなかった期間にしても、静穏というよりむしろ休戦というべきである。数人の君主がおたがいに恐怖や憎悪の目で相手をながめながら、臣民の犠牲のうえに軍隊の増強を図っていたからである。

右の両正帝が退位すると、あらたな典範に則し、コンスタンティウス（一世）とガレリウスの両副帝がただちにその跡を継いで正帝となった。

そしてこのふたりのうち、コンスタンティウスが上位の格を占め、ガリア、ヒスパニア、ブリタニアなど、従来の西部の属州を新しい呼称のもとにひきつづき治めた。これら豊かな属州の統治は、かれにとって、才能を発揮し、野心を満足させるに申し分のないところであった。

慈悲ぶかく、節度があり、人に接する態度もおだやかであったコンスタンティウス帝を、その統治下の人々は、性格が苛烈(かれつ)であったマクシミアヌス帝や狡知(こうち)を弄(ろう)したディオクレティアヌス帝と比較して、臣下たる身の幸いをおぼえていた。しかしそれだけにまた、かれの健康の衰えと、かれが後妻として娶(めと)ったマクシミアヌス帝の娘との間にもうけた、いまだ幼い子供たちのことをひじょうに憂えた。

コンスタンティウス帝が温和であったのにたいし、ガレリウス帝はきわめて激烈であった。また、臣下の尊敬は得ていたものの、自分の方からかれらに近づいて情(じょう)誼(ぎ)を深めようとすることなど、ほとんどなかった。ことにペルシャ戦役後は、その勝利もあって、態度すこぶる傲岸(ごうがん)、自分をしのぐ者にたいしてはもちろんのこと、対等者の存在にさえ苛立ちをおぼえていた。

さて、コンスタンティウスとガレリウスがともに正帝となるや、あらたにふたりの副帝が残りの空位をうめて、帝政全体を補完する必要があった。ガレリウス帝が副帝に推したふたりをみると、その人選はかれの野心にはすこぶる好都合であったようだ。おそらく、美徳のひとつもないことが、むしろ推挙の動機だったのではないだろうか。

この両名のうちのひとりがダザ、すなわち後年のマクシミヌスである。かれはガレリウス帝の甥にあたり、当時はまだ世間を知らない若輩であった。ディオクレティアヌス帝によって副帝に推され、エジプトとシリアの統治を託されたとき、世間はもちろんのこと、本人みずからがその指名に驚いた。その言葉といい挙止といい、帝室の一員となるにふさわしい、洗練されたところが一片もない人品だったからである。

これと同時に、快楽的な忠臣セウェルスをミラノへ送り、渋るマクシミアヌス帝から副帝の標章とともに、イタリアとアフリカの統治権をゆずり受けさせた。

察するに、コンスタンティウス帝の死期も近く、その死後はみずからが帝国全土の主権者となるものと考えていたガレリウス帝の胸には、さまざまなことが交錯していたことだろう。来る輝かしい治世とその後のしかるべき帝位相続や公務からの引退などが。

ところが、わずか十八カ月も経たない間に、不測の事態がふたつも起きて、ガレリウス帝の思惑は頓座する。コンスタンティヌスの登場により、西方属州を併合しようとしていた考えが水泡に帰し、さらにはマクセンティウス（旧正帝マクシミアヌスの一子）の蜂起によりイタリア、アフリカまで失われたのである。

●――コンスタンティヌスの登場

後年、大帝とまでたたえられるようになったコンスタンティヌスについては、その生涯や業績に関し、こと細かな点まで幾多の歴史家がこれを記している。

爾来、母后ヘレナの出自はもちろん、かれの出生地までが文学的議論の対象であったばかりでなく、国民的論争の種にまでなってきた。近年、ヘレナの父をブリタニアの王であったとする説まで出ている。しかし、われわれとしては、彼女はある宿屋の主の娘であったと告白せざるを得ない。一方、彼女のことをコンスタンティウス帝の愛妾であったと主張する者たちにたいしても、その婚姻の合法性については、これを擁護することができる。

コンスタンティヌス帝が生まれたのは、おそらく、ダキア属州のアイススにおいてであったとおもわれる。環境的には、家系にしても土地柄にしても、武勇以外とくに名を馳せたものはない。そうした意味では、この若者に学問的知識を得ておのれを陶冶する思いなど、皆無に等しかったとしても驚くに足らない。

父コンスタンティウスが副帝に任ぜられたのは、かれが十八歳前後の頃である。しかし、この吉事にともない母ヘレナは離縁され、そのことで、父が紫衣の輝きにつつまれるなか、屈辱を味わっている。

その後コンスタンティヌスは、西征におもむくコンスタンティウス帝にはしたがわず、ディオクレティアヌス帝の指揮下にとどまり、エジプトおよびペルシャの戦役で勇名をあげ、しだいに昇進して第一指揮官となった。

　コンスタンティヌスは堂々たる偉丈夫であった。と同時に、また、あらゆる修練にもたくみな技量をみせていた。戦時においては果敢であり、平時においては温厚であった。進取の気性にも富む一方、絶妙に配された思慮深さもあった。そしてその慎重さのために、心のなかでは野心がみなぎりながらも、傍目(はため)には冷静にみえ、快楽にも無関心であるかにみえた。

　人民や兵士たちは、このコンスタンティヌスを副帝に推した。これにたいし、ガレリウス帝はそうしたかれの人気に嫉妬心をつのらせていた。

　およそ絶対的君主であれば、分別心から、公然たる武力の行使は、これを控えざるを得ないこともあるだろう。だが、ひそかな復讐(ふくしゅう)については、それをおしとどめることは難しく、また、その手段に事欠くこともない。

　いまやコンスタンティヌスにとって、身の危険はいよいよ高まっていた。事態を憂えた父帝は、ガレリウス帝にたいし、息子を呼び寄せたいという願いを、何度も書簡でつたえた。

　ガレリウス帝は、しばらくの間、さまざまな口実をもうけて回答を遅らせていたが、僚帝の懇請を長く拒みつづけることは不可能であった。

かくて、ついにはその旅行許可を下ろさざるを得なかった。だが、コンスタンティヌスの帰国はガレリウス帝がもっともおそれた事態だっただけに、おそらく、これを阻止すべくあらゆる手がひそかに打たれていたものとおもわれる。しかしこの若者は、驚くほどの機敏さで、そうした謀略をだし抜いた。すなわち、ニコメディアの宮殿を夜間に発ち、ビテュニア、トラキア、ダキア、パンノニア、イタリアを疾風のごとく通りぬけ、父帝がブリタニアへ向け出帆しようとしていた折も折、民衆歓呼のなか、ブローニュ港に着いたのであった。

コンスタンティウス帝の偉業としては、ブリタニア遠征とカレドニア制圧が最後のものとなった。というのも、正帝の称号を得てから約十五カ月後、副帝に昇進してから約十四年と半年ののち、かれはヨークの宮殿で没したからである。

西方ローマ軍の精鋭はすべて、コンスタンティウス帝にしたがってブリタニアへ来ていた。しかも、アレマンニの世襲族長のひとり、クロクスなる者を大将とする蛮族の大軍が、いまやこれに加わることになった。

ガレリウス帝の性格をよく知る者として、もし生きながらえることを望むなら、正帝として君臨するほかはないことを、コンスタンティヌス帝はよく承知していた。表向き穏やかながら、その実きわめて頑固に抵抗したのも、自分が帝位についた行為を正当化する術策にほかならない。

そのため、東の皇帝へ急送しようとしていた書簡にたいする実質的な裏付けを得るまで、軍の歓呼をしりぞけていたのだ。

しかし、いまやそれが得られたのである。そこでかれはガレリウス帝にたいし、まず、父の訃報をつたえ、つづいて、みずからの帝位継承権をひかえ目な口調でかたり、最後に、兵士たちの行動ゆえに典範に即した正規の帝位請願にはおもむくことができなかった旨、うやうやしく述べたのであった。

これにたいしてガレリウス帝は、驚き、失望、怒り、と情動の激しい変化をみせた。そしていつものように、感情を抑制することができず、使者も書簡も火中に投げ入れんと、声を荒らげた。

しかし、そのうち憤怒もしだいにおさまり、戦の可能性がふたたび脳裏を駆けめぐるにいたるや、相手の性格や実力を考えるにおよび、コンスタンティヌスが提案していた妥協案をとることで落ち着いた。それは、ガレリウス帝にとって体面を保つことのできる案であった。

ブリタニア軍の今回の選択を否認も承認もすることなしに、コンスタンティヌスをアルプス以遠の諸属州の主権者としてみとめたのである。ただし、称号については副帝だけとし、位格については帝国第四位におく一方、空位であった正帝の地位については、これを寵臣(ちょうしん)のセウェルスにあたえるというものであった。

かくして四帝間における帝国統治の協力体制は、表面上かろうじて維持された。しかし、すでに実権をにぎっていたコンスタンティヌスとしては、この状態はみとめられない。かれはこの間、最高権力を手にする機会をうかがっていた。

●——皇帝が去って久しいローマ市

ガリア諸属州に関する思惑が外れただけでなく、イタリアをも失うという事態にまでいたったことは、野心満々たるガレリウス帝にとって、重要このうえもない地方における自己の勢力後退を意味していたばかりか、体面まで深く傷つけられるものであった。

ローマ市から皇帝が去って久しく、市民の間にはそのことにたいする不満と怒りとがすでに高まっていた。人々はニコメディアやミラノにたいする特別の処遇を、たんにディオクレティアヌス帝の個人的贔屓（ひいき）によるものではなく、むしろかれがうち立てた統治体制によるものであることを、しだいに見抜くようになっていた。

帝の退位から数カ月後、後継者たちは、ディオクレティアヌス帝の名を冠した豪壮な浴場をつぎつぎと建てた。今日、その廃墟跡には、当時のそうした建造物の資材を利用して建てられた教会や修道院が数多くみられる。

そうした浴場そのものは、優雅で快適なものであったが、市民がささやく苦情のため、そこに平穏さはなかった。むしろ、そこでは、まもなくすると建設に要した出費が税金のかたちで要求されるのだ、との風聞がひろまる始末であった。

しかも、貪欲（どんよく）さからか、あるいは国庫の事情からか、いずれにせよ、ガレリウス帝の命令で、ちょうどその頃、すべての臣民について、地租と人頭税に関するきびしい財産調査が行なわれていた。

不動産についての調査は、とくに徹底していた。正直な申告がきびしくもとめられ、隠匿の疑いがわずかでもあれば、容赦なく拷問が科されていた。

また、それまでイタリアの諸属州だけにゆるされていた数々の特典も、いまや無視されるにいたり、その一方で、収税官らによるローマ市の人口調査や新税率の検討作業がすでにはじまっていた。

およそ自分の土地に侵入する所行(しょぎょう)にたいしては、いかに従順な臣民でさえ、抗議の声をあげることだろう。ましてやこのときには、私有財産の侵害のうえに、ローマ市民にたいする侮辱まで加わっていたのである。私憤と公憤が手をたずさえる事態になったとしても、なんら不思議はない。

マケドニアの征服（前一六七年）以来、ローマ市の住民は人頭税をまぬがれていた。暴政は幾度もあったが、この免税だけは約五百年の長きにわたる慣行となっていた。

したがって、遠くはなれたアシアの宮廷にあって、ほかでもなくこのローマ市を帝国全土の多数の下級都市と同じように扱おうとしている、イリュリクムの農民上がりの皇帝の傲慢(ごうまん)さを、由緒あるこの都の市民としては、ただ座視しているわけにはいかなかった。

　元老院の支持あるいは少なくとも黙認もあって、人々の心火はいまやいっそう煽られるかたちとなった。さらに、残りわずかとなり、解隊を危惧していた近衛隊も、この機をとらえ、圧政下にある母国のために剣を抜く用意があることを表明した。

　全市民の願いは、イタリアから異国の暴君を追放し、これに代わって、ここを本拠として帝国全体を統治する人物を選ぶことであった。はたしてこうした人物がいないものか？

　この願いは、ほどなくして可能性のある期待へと発展していく。マクセンティウスが衆望をあつめることになるのである——。

●——マクセンティウスの蜂起

　マクセンティウスはマクシミアヌス帝の息男であり、ガレリウス帝の女婿でもあった。したがって、出自や縁故からすれば、本来なら、帝位継承権の第一候補とみなされてよかった。ところが、かれは副帝の座から遠ざけられていた。無能であったばかりか、数々の悪徳にも染まっていたからである。この点では、コンスタンテイヌスがその非凡な才幹を危険視され、同じくこの地位から遠ざけられていたことと、著しい対照をなしている。

ガレリウス帝の狙(ねら)いは、自分の指示や命令を忠実に履行する人物を僚帝にすえることであった。その思惑から、素性のいやしい異邦人をイタリアの君主とし、かたや亡き西の皇帝の一子については、公職をあたえず、帝都から数マイルのところにある別荘地で豪奢(ごうしゃ)な私的生活を享受するだけの境遇においていた。

ひるがえって、こうした境遇を余儀なくされていたマクセンティウスとしては、心中晴れぬものがあった。その一方で、コンスタンティヌスのはなばなしい活躍には、屈辱や苛立ち、ひいては憤怒さえおぼえていた。

だが、いまや人々の不満のなかにおのれの希望を見いだすにいたり、自己の野心とローマ市の大義とを結びつけることを思い立った。

陰謀の画策には、ふたりの近衛隊将校とひとりの兵站(へいたん)部将校があたった。かれらの連帯心は強く、事の遂行に逡巡(しゅんじゅん)や支障はなかった。

かくしてセウェルス帝の忠臣であった帝都長官はじめ高官数名が近衛兵の手で殺

されると、元老院や民衆はマクセンティウスに副帝の標章をあたえ、かれをローマ市の自由と権威の擁護者として歓呼のうちに迎えたのであった。マクシミアヌス帝がこの謀議をあらかじめ知っていたかどうか、それは知る由もない。が、いずれにせよ、ディオクレティアヌス帝に強いられて引退生活を余儀なくされていたこの老先帝は、帝都に反旗がひるがえるや、隠棲からつと立ち上がり、よみがえる野心を父性愛の仮面のもとに隠しながら、息子と元老院の要請にこたえるかたちで、ふたたび紫衣をまとった。

一方、セウェルス帝は僚帝の忠告、いやむしろ命令をうけて、ローマへとあわただしく軍を進めた。かれの胸には、電光石火の行動によって、放蕩児ごときが指揮する民衆の蜂起など、たやすく鎮圧できるとの思いがあったにちがいない。

ところが、着いてみると、城門はかたく閉じられ、城壁には兵士や兵器が鉄壁然と並んでいるではないか。しかも、反徒の先頭には歴戦の勇士が立ち、かたや自軍兵士には士気も忠誠もみられない。

とこうするうち、法外な賞与金の約束にうごかされて、ムーア人兵士が大挙して敵側へ寝返った。かれらだけでなく、近衛隊長官のアヌリヌスまでもが、マクセンティウスにたいする支持を表明。かねてより自分の指揮下にあった近衛隊の大半をひきつれて、マクセンティウスのもとに馳せ参じた。ある雄弁家の言葉をかりれば、「ローマ市はいまや往時の武威を回復した」のである。あわれ、セウェルス帝。かれは兵力を失い、戦略も立たず、ラウエンナへと退却した。いや、むしろ遁走したといってよい。

おもうに、短い間なら、セウェルス帝はこの処で、あるいは持ちこたえていたかもしれない。ラウエンナの城砦はイタリア軍の攻撃に耐えるには十分堅牢であったし、そのうえ、周囲をかこむ沼沢地が敵の接近を阻んでいたからである。また、かれには強力な艦隊があり、これによって制海権をにぎっていたから、兵站が尽きる心配もなかった。そのうえ、春の到来とともにイリュリクム属州や東方から援軍も期待できた。

みずから陣頭指揮に当たっていたマクシミアヌスは、この状況をすばやく察知した。すなわち、攻囲作戦は時や兵をいたずらに消費するだけで、猛攻も糧断もけっきょく非力である、と。

そこでマクシミアヌスは、自己の流儀というよりむしろディオクレティアヌス帝の術策よろしく、攻撃の鉾先をラウェンナの城壁ではなくセウェルス帝の心に向けた。心理作戦である。先の裏切りのため、誠実な友人や忠実な側近にさえ不信感をいだくようになっていた、この不運な皇帝の弱点をついたのである。

マクシミアヌスの特使は、ラウェンナ城内には寝返りを画策しているやからがいるとして、セウェルス帝を難なく丸め込んだ。すなわち、驚愕する帝にたいして、市の陥落は確実であり、そのときになって激した相手の制裁に服するより、いまむしろ名誉ある降伏をうけ入れた方がよい、との弁法で説得したのである。

セウェルス帝は最初、寛大に迎えられ、敬意をもって遇された。つづいて、マクシミアヌス帝にともないローマへ行き、ここで退位とひきかえに身の安全を約束された。ところが、最後にセウェルス帝が得たものはといえば、それは安楽死と帝葬だけであった。

死刑が宣告されるや、執行方法は帝自身の選択にゆだねられた。かれが選んだのは、昔よく行なわれていた血管の切開による死であった。かくして自害し、息絶えるや、遺体は皇帝ガリエヌス一族のために造られていた墓所へ埋葬された。

コンスタンティヌスとマクセンティウスとの間に性格的類似点などほとんどなかったものの、両者は境遇と利害の一致から、協力して目前の敵に当たることとなった。

疲れを知らないマクシミアヌス帝は、その年齢や権威にもかかわらず、コンスタンティヌス帝との会見のために、自分の方からアルプスを越えた。そしてこれには、あらたな盟約の証として、皇女のファウスタをともなった。

結婚の式典がアルルにおいて盛大に行なわれ、ここにおいて、西の帝国の主権をふたたび要求するマクシミアヌス帝から、女婿にして盟友であるコンスタンティヌスに、正帝の称号がさずけられた。

副帝コンスタンティヌスが正帝マクシミアヌスからその栄誉をうけたことについては、この大帝国と元老院の大義を擁護するためであるかのようにおもわれた。だが、かれの言葉は不明瞭であり、支援は遅れがちで、しかも実のあるものとはいえなかった。コンスタンティヌスはイタリアの君主たちと東の皇帝が近く戦いをはじめることを予測し、その際の身の安全、あるいは宿望のために、ひそかに準備を進めていたのである。

事の重大さからして、いまやガレリウス帝の親征が必要となった。そこでこの皇帝は、イリュリクムや東方からあつめた大軍をひきい、セウエルス帝の仇をうつべく、反逆したローマ市民に罰を加えんと――いや、激した蛮人の言葉でいえば、元老院と民衆をひとり残らず切り刻まんと――イタリアへ入った。

しかし、マクシミアヌスも巧者である。すでにしかるべき防戦態勢を敷いていたのだ。ガレリウス帝にとっては、予期に反し、まさに四面楚歌、攻めるも退くも動きがとれなかった。

そのうちローマから六十マイルの圏内にあるナルニまでかろうじて駒を進めたものの、イタリアにおける支配域は、陣営の周囲わずかな範囲にかぎられた。危険はつのる一方であった。さすがに傲慢な皇帝ガレリウスも、事ここに到っては、ついに融和策を講じざるを得なかった。そこで、ふたりの高官を敵側へ派遣し、会見の提案とマクセンティウスにたいする義父としての配慮を示すことをつたえて、敵の君主らを誘った。おもうに、相手方としても、勝敗の見通しが不明な戦いに期待するより、東の皇帝の鷹揚さに期待した方がはるかに利口であったかもしれない。だが、この提案は冷笑をもって一蹴された。

いまや思惑がはずれたガレリウス帝にとって、退却の時を誤れば、セウェルス帝の二の舞になりかねない、ゆゆしい事態となった。かたやローマ市民が貪欲な暴君から隠していた財産を、その打倒のために出そうとするさまには、微塵の惜しげもみられなかった。マクシミアヌス帝の威名、その一子の民衆操作、隠密裏の巨額の分与、さらには、それよりはるかに多額の賞与の約束、これらによってイリュリクム軍団の士気はくじかれ、忠誠はついにほころびをみせた。

かくなっては、さしものガレリウス帝も、ついに退却の合図を出さざるを得なかった。しかもこのときすでに、かつて幾度も勝利や名誉をともにしてきた古参兵たちの間にさえ、戦線離脱の気配が濃厚となり、その阻止に苦労する状況となっていた。

●――ガレリウス帝の友人リキニウスを共治帝に

皇帝ガレリウスはきわめて激しやすい性であった。しかし、かといって永続的な真の友情にまったく無縁であったわけではない。性格や振舞いの点で、自分ときわめて類似点があったリキニウスにたいしては、情誼だけでなく、尊敬さえ示していた。

ふたりの交友は、かれらがひじょうに幸福であった――おそらく、まだ名もない若輩のころの――時代にはじまっている。そしてその後は軍隊生活のなかで、ほぼ同時に各位階を昇進しながら、自由や危険をともにすることによって固い友情を育んでいったようにおもわれる。

ガレリウスは帝衣をまとったとき、この同僚をやがては自分と同じ地位に引き上げようと決めていたものらしい。

皇帝としてのガレリウスの盛時は短いものであったが、この間、副帝の地位をリキニウスの年齢や業績には不十分と考え、コンスタンティウス帝の位と西の帝国とを僚友のために用意していたといわれる。

ガレリウス帝は、イタリア戦役に忙殺されている間、ドナウ河流域の防衛をリキニウスに託していた。そして親征から逃げてもどるや、空位となっていたセウェルス帝の地位をついにこの友人にあたえ、イリュリクム諸属州をかれの直轄下においたのであった。

●──同時に六人の皇帝が在位

リキニウス登位の報が東の帝国につたわるや、その知らせは、エジプト、シリアを治めていたマクシミヌスの嫉妬と不満をあおった。すでに副帝の称号など潔しとしなくなっていたマクシミヌスは、ガレリウス帝の反対や懇願にもかかわらず、新帝リキニウスと同じ正帝の称号を強くもとめた。それは、ほとんど力ずくであったといってよい。

かくしてローマ世界には、これより後にも先にも二度とみられない、六皇帝同時在位という状況が出現する。

すなわち、西がコンスタンティヌス、マクセンティウス、それにマクシミアヌスの三帝。そして前者ふたりが表向き、マクシミアヌスへ父帝にたいする敬意を表していた。かたや東がリキニウス、マクシミヌス、それにガレリウスの同じく三帝。こちらは前者ふたりが、ガレリウスを真の後援者として仰いでいた。利害の対立と先の交戦の記憶から、かれらは二大陣営に分かれ、帝国を二分した。だが、おたがい相手方にたいする恐れから、表面上は静穏さがたもたれ、ときには融和さえみられた。

だがそれも、マクシミアヌスとガレリウスの両帝が存命した一時のこと。とくに後者が逝(い)くや、残る四君主はそれぞれが、他の僚帝の思惑や行動にあらたな展開をもたらすことになった。

かつてマクシミアヌス帝が心ならずも退位したとき、当時の御用雄弁家たちはかれの哲学者的謙抑(けんよく)を絶賛していた。ところが、その同じ帝が野心から内戦を誘発、あるいは少なくともこれを支持するにいたるや、今度はそれを愛国心のためだとして感謝の意を表明。それまでの悠々自適の引退を、ぎゃくに婉曲ながら非難するという豹変(ひょうへん)ぶりであった。

しかしながら、マクシミアヌス帝とその子マクセンティウス、このふたりが対立もなく共同で帝国を治めることは、かれらの性格からしてとうてい望めることではなかった。

マクセンティウスにしてみれば、自分こそローマの元老院と民衆によって選ばれたイタリアの正当な君主であるとの自負があった。そのうえ、尊大な父親の監督も、我慢のならないものとなっていた。たしかにマクシミアヌス帝の尊大さは、はなはだしかった。若輩である息子が登位できたのは、父たる自分の威名と手腕とに因るものであるなどと、あからさまに公言していたからである。

そこで問題を近衛隊の裁断にゆだねたところ、マクシミアヌス帝の苛烈さを恐れていた兵士たちは、マクセンティウスを支持する側に立った。

かくしてマクシミアヌス帝は、生命と自由だけを保証され、イタリアからイリュリクムへと引退を余儀なくされる。

だが、過去の行ないを悔いる様子をみせながら、その実、ひそかにあらたな術策をねっていた。そうしたかれの性格を百も承知のガレリウス帝は、すぐさま立ち退きを命じた。

失意のマクシミアヌス——。かれは最後の避難所として、女婿であるコンスタンティヌス帝の宮廷へと向かった。策謀家のコンスタンティヌスは、頼ってきた義父をうやうやしく迎え、皇妃のファウスタは、自然の情から、肉親にたいする娘としてのいたわりをみせた。

これにたいしマクシミアヌス帝は、周囲の疑念をはらうべく、野心や栄光の空しさが分かったとして、ふたたび帝座から降りたのであった。

もしかれがこの決意をかたく守っていたなら、最初の隠退時より威厳の点では多少の喪失こそあれ、少なくとも安逸と名声だけは、これを確保できていたことだろう。ところが、帝座の可能性がちらつき、過去の栄光が心にきざすや、かれは、勝つか滅ぶか、最後の賭けにでたのだ。

このときコンスタンティヌス帝は、侵入していたフランク族撃退のため、軍の一部をひきいてライン河畔へ出征していて不在。残る部隊もガリアの南部属州に駐留していた。したがって、イタリアの君主にたいする防備はまったく不十分であった。またそのうえ、アルル市には莫大(ばくだい)な資金が貯えられていたから、状況としては攻撃軍をみずから引きつけているようなものであった。

マクシミアヌス帝は帝位につくや、ただちにこの資金をおさえ、往年の流儀でこれを兵士の間にばらまいて、かれらの歓心を買い、おのれの過去の威名と武勲を思い出させようと苦心した。

だが、その権威を確立する間もなく、また、すでにわが子マクセンティウスとの間で進めていたとおもわれる交渉を妥結させる間もなく、コンスタンティヌス帝の電光石火の行動に、かれの望みは粉砕される。

たしかに、コンスタンティヌス帝の行動は素早かった。マクシミアヌス帝背信の報に接するや、ただちにライン河畔からソーヌ河畔へと兵を返し、シャロン市で乗船。リヨンに着くとそこからローヌ河の急流に乗じて、おそるべき速さでアルル市の城門に達したのである。

マクシミアヌス帝は、敵の圧倒的軍勢に防戦は不可能とみて、近くの都市マルセイユへ難をのがれた。この都市は大陸とつながる地峡地帯が要塞化されており、かたや海の方も逃げるにはなんら支障はなかった。また、かりにマクセンティウス帝が救援に駆けつけるとしたばあいでも、これをうけ入れることさえ可能であった。

●――マクシミアヌス、ガレリウス両帝の死

一刻の遅れが大事をもたらすことを懸念したコンスタンティヌス帝は、ただちに急襲の命をくだす。だが、攻城梯子が短すぎて、城壁の頂上へはとどかない。ところが、このとき予期せぬことがおこる。守備隊がみずからの過ちに気づいてか、あるいは身の危険を察してか、いずれにせよ、同市とマクシミアヌスの身柄を引渡すことを条件に、赦免をもとめてきたのである。おそらく、このことがなければ、マルセイユは以前と同様、かなり長期間攻囲に耐えていたことだろう。

帝位簒奪者には、隠密裏に死刑が宣告された。それは、かつてかれ自身がセウェルス帝にみとめたのと同じ処遇であった。公表された話では、マクシミアヌスは過去の度重なる罪を悔い、みずから首をくくって果てたという。

ディオクレティアヌス帝の後ろ盾を失ったあとのマクシミアヌス帝の後半生は、公人としては災難つづき、私人としては屈辱の連続であった。しかも最後には、自業自得とはいえ、あわれ、不名誉な死で生を終えた。

コンスタンティヌス帝が、父帝の恩人にして自分の義父でもあったこの老帝を、

命だけでも助けていたならば、帝徳にたいする賞賛の声がもう少し聞かれていただろうにとおもわれる。ファウスタについていえば、この痛ましい事件の間中、肉親にたいする娘の情を犠牲にして、妻としての義務に努めていたようだ。

一方、ガレリウス帝の最晩年は、それほど不運なものではなかった。栄光の点では正帝のときよりも副帝のときの方が優っていたが、それでも死の間際まで、ローマ世界の筆頭君主たる威格をまもり通した。

先のイタリア親征における撤退から四年間、帝国統一の宿望をすて、悠々自適の生活を送りつつ、余生を民のための幸福にささげている。かれが行なった公共事業のなかでも、ペルソ湖の余水をドナウ河へ放水した治水事業や、この湖周辺の広大な森林を伐採した開墾事業などは、特筆に価（あたい）する。とくに後者は、パンノニアの広範囲にわたって農耕地が確保されたという意味で、君主の事業というにふさわしい。

ガレリウス帝は、激痛をともなう長患いのすえに亡くなっている。不摂生な生活のため異常に肥満したその体は、膿瘍（のうよう）でおおわれ、最後にはこれにおびただしい数の蛆（うじ）がわいた。業病（ごうびょう）といわれた所以（ゆえん）である。しかし、キリスト教徒を迫害していたことから、人々の同情を引くこともなく、その病苦はむしろ天罰とみなされたのであった。

ニコメディアの宮殿でガレリウス帝が息を引きとるや、かれの眷顧でその地位を得たふたりの皇帝――リキニウスとマクシミヌス――は、主権者を特定せずに遺された領土をめぐって対立。相手との戦いにそなえ、たがいに兵をあつめた。

しかし、やがて両者の間に、分割することで合意が成立し、アシアの諸属州はマクシミヌスが、かたやヨーロッパの諸属州はリキニウスが領有することになった。そしてヘレスポントゥスとトラキア・ボスポルスをつなぐ線をその境界とし、ローマ世界を二分するこの海峡ぞいの両岸に、それぞれ要塞がつくられ、軍隊が配備された。

●――四皇帝による覇権争い

マクシミアヌスとガレリウス、両帝の死去により、皇帝は四人となった。

この四人のうち、リキニウスとコンスタンティヌスが、予想される利害の一致から手を組み、これにたいしマクシミヌスとマクセンティウスとの間にも、ひそかに盟約がむすばれた。

かくしてガレリウス帝にたいする畏敬の念からそれまで抑えられていた対立がいまや表面化し、すべての臣民に流血の事態が迫っていることをおもわせた。イタリアやアフリカが圧政下で苦しんでいた一方、ガリアでは諸属州が当時としては至福ともいえる治世を享受していた。そのため、人々の間では、君主コンスタンティヌスの美質がマクセンティウスの悪徳と対比されるかたちで輝きを増していた。

いつの時代にも、世間は党派心や追従から、勝者の栄光をたたえるために敗者の名声をあまりにもおとしめている。しかしながら、マクセンティウスについては、このことはあてはまらない。コンスタンティヌスの欠点を嬉々として摘発している歴史家たちでさえ、マクセンティウスの残忍さや貪欲さ、あるいは不品行については、すべてがこれを一様に指摘している。

かれには一度、アフリカでおきた些々たる反乱を鎮圧した経験がある。事件の首謀者は総督とその取巻き連であったが、難儀したのは当の属州であった。繁栄していたキルタやカルタゴをはじめ、ゆたかなこの地方全体が、戦禍のためだけでなく、その後の勝者の横暴やさらには法や正義の乱用もあって、完全に荒廃に帰していたからである。

アフリカの地へ大挙しておしよせてきた、追従や密告を食いぶちとするやからのため、富裕層や貴族階級の人士が叛徒（はんと）とのつながりを理由につぎつぎと告発され、いとも簡単に有罪となった。なかには特赦を得た者もあったが、そうした者たちでも財産の没収はまぬがれなかった。

かくして皇帝自称の、この戦勝は、盛大な凱旋（がいせん）式をもって祝われ、当地で獲得された戦利品や捕虜が民衆のまえに、これみよがしに顕示された。

帝都の状況も、同情に価する点では、アフリカと変わらなかった。マクセンティウス帝の浪費のためにローマ市の富が際限もなくつぎ込まれた。そしてその背景では、歳入担当の高官たちが民衆からの収奪に腕を競うありさまであった。

たとえば、元老院から「自由寄進」なるものを強要する手が考え出されたのも、かれの治世においてである。しかもその額は年毎に増え、また戦勝や執政官就任、結婚や誕生など、その口実や機会もまた同じく増えていった。

過去の暴君と同様、もともとマクセンティウス帝も、心底では元老院をはげしく憎悪していた。皇帝に推戴されていたことだけでなく、登位後もあらゆる場面で支持されていたにもかかわらず、感謝どころか、反対に、かれらの忠誠にはつねに疑いの目を向けていたのである。

そのため、やがて多くの議員が命をうばわれ、さらには、そうした議員たちの妻女が辱めをうけた。後者のばあい、おそらく皇帝の言い寄りが拒絶されることは希れであったに違いない。いずれにせよ、誘惑が功を奏さないとなれば、この暴君はきまって権力にうったえていた。有名な話であるが、こうした君主にたいして、貞節をまもろうと、自害した高貴な婦人もいたといわれる。

●——コンスタンティヌスとマクセンティウスの対決

コンスタンティヌスがマクセンティウスの言動を忌みきらい、一方でローマ市民の状況に同情を寄せていたとしても、武器をとってこの暴君を懲らしめ、民衆を救おうとしていたなどとは考えがたい。むしろ、コンスタンティヌスは正義というより慎重さから野心をおさえていた、とみる方が的を射ていよう。

ところが、マクセンティウスはまもなくして、この強敵にたいし、軽率にも自分の方から挑発行動にでる。

マクシミアヌス帝は死後、慣行により、生前の称号をすべて剝奪（はくだつ）され、彫像などもとり壊しにあっていた。それが意外にも、生存中にすでに父帝を迫害していたマクセンティウスが、いまや反対にかれを追慕する装いをみせ、それにたいしイタリアやアフリカに建立（こんりゅう）されていたコンスタンティヌス帝の彫像については、それらをことごとく即刻処分せよとの命を出すにいたったのである。

衷心（ちゅうしん）から戦争を避けたいと願っていたコンスタンティヌスとしては、軍事行動の困難さや影響の重大さを十分承知し、当初は屈辱に耐え、交渉という穏健な手段で補償をひき出そうとした。だが、その思いもむなしく、ついに相手の野心のまえには武器をとっての自己防衛以外に途（みち）がないことを悟るにいたった。

西の帝国全土にわたる主権の要求を隠さなくなったマクセンティウスは、ラエティア側ガリアへの進攻にむけて、大軍の編成をすでに完了していた。リキニウスの支援は期待できなかった。だが、マクセンティウスは慢心から、イリュリクム軍団が特別賞与や諸種の約束に引かれて、そのうち味方につくだろうと考えていた。

事を決するまでには慎重に慎重を期すコンスタンティヌス帝であったが、行動となれば、いささかの躊躇（ちゅうちょ）もない。かれは元老院と市民の名で派遣されてきた使節を内々に引見し、帝都解放の嘆願を聞くや、小心な重臣会議の諫止（かんし）をしりぞけ、イタリア中原（ちゅうげん）へ向けて進撃することを決意した。

この企図はたしかに壮挙ではあった。しかし、またそれだけにひじょうな冒険でもあった。先のふたつの進攻が失敗に帰したことをおもえば、当然ゆゆしい事態におちいる危険性が予想されたからである。

マクシミアヌス帝の遺名を慕い、先の二度の合戦でもその一子側について戦った古参兵たちが、利害上はもちろんのこと、名誉の上からも、ふたたび寝返るなどあり得ない。

マクセンティウスは近衛隊を帝座防衛の主柱とみなし、すでに軍役についているイタリア人兵士以外の同国人壮丁も含めて、八万という往時の規模にまで増強していた。加えて、あのアフリカにおける戦勝を契機に創設したムーア人とカルタゴ人の部隊が計四万。さらにはシシリーからも応分の兵力が供出されていた。

したがって、マクセンティウス軍は十七万の歩兵と一万八千の騎兵からなる大軍となっていた。そのうえ、戦費はイタリアの富で十分これをまかない、穀物その他の食糧は近隣諸州からの徴発によって膨大な量が備蓄されていた。

たいするコンスタンティヌス軍の方は、歩兵九万に騎兵八千。しかもこのときには、ライン防衛に特別の配慮が必要であったことから、国家の安全を私的抗争の犠牲にする覚悟がなければ、イタリア戦役に軍の半数以上を割くことはできなかった。そのためコンスタンティヌスがひきいた軍勢は、約四万にすぎなかった。

だが、ローマの軍隊に覇気はなかった。それまで危険から遠くはなれ、湯浴(ゆよく)や観劇などの贅沢(ぜいたく)や遊惰(ゆうだ)で柔弱(にゅうじゃく)になっていたのだ。兵士たちの戦場へ向かう足取りは重く、しかもその主力は、武器の使用や戦闘の方法をほとんど忘れてしまっている古参兵と、そうしたことをまったく知らない新兵から構成されていた。

一方、ガリア軍の方は、長年北方の蛮族から帝国の辺境をまもり抜くなかで武勇を練り、軍紀を強固なものとしていた精鋭軍であった。

軍をひきいるふたりの領袖にも、同様な違いがみられた。マクセンティウスが征服欲に駆られたのは、気まぐれか、あるいは周囲の追従ゆえにほかならなかった。そうした衝動が長続きするはずはない。案の定、それはやがて快楽に道をゆずり、さらには未経験という意識にうち負かされて萎縮してしまった。

これとは対照的に、コンスタンティヌスの方は果敢な性格に加え、早くよりあらゆる行動、あらゆる戦闘を経験していた。したがって、指揮官としても、これに習熟し、いずれにも満々たる自信にあふれていた。

かくてコンスタンティヌスは、コティアン・アルプス、すなわち今日いうところのモン・スニ山をとおる街道を進路にとり、ピエモンテ平原へとなだれ込んだ。その進撃たるや、まさに疾風迅雷の速さであった。そのため、このときですらマクセンティウス側には、敵のライン進発が確かな情報としては伝わっていなかった。

モン・スニ山麓に位置するスサは城壁でかこまれ、侵略者の前進を阻止するには十分な数の守備隊でまもられていた。はやるコンスタンティヌス軍としては、攻囲作戦など時間がかかりすぎて、いらだたしさ極まりないことであった。

そこでかれらは、スサに達したあたかもその日に、城門へ火をはなち、城壁に攻城梯子をかけ、矢や石が雨のように降るなかを白刃をふるって突入。守備隊の大半を葬った。そして戦闘が終わるや、火災はコンスタンティヌスの配慮で消され、市中は全壊をまぬがれた。

だが、激戦はそれからであった。そこから約四十マイルのところにあるトリノ平原にマクセンティウス側の諸将ひきいる大軍が集結していたのである。

このときイタリア軍は、先頭を突出させ、両翼を左右にひろげた、いわゆる楔形の密集隊形をとっていた。この戦法で敵陣を難なく突き破り、蹄鉄下に圧殺できるとの算段からである。

これにたいし、コンスタンティヌス帝はかつてアウレリアヌスが似たような場面で採用したのと同じ手をもちいた。そうでなかったなら、あるいはイタリア側の思惑通りに事が運んでいたことだろう。

かくしてコンスタンティヌス軍のたくみな展開のまえに、動きが鈍重なこの騎兵部隊は翻弄され、分断される。マクセンティウス軍は混乱におちいり潰走。やがてトリノまでたどり着いたものの、市民が開門を拒否。そのため、ごく少数を除き、他はすべてが追撃してきた敵の白刃にかかって斃(たお)れた。トリノ市は勝利者からこのときの尽力を評価され、寛大な処遇ばかりか、恩典さえあたえられた。

こうしてコンスタンティヌス帝がミラノの宮廷に入るや、北はアルプスから南はポー河まで、ほとんどすべての都市がかれの権威をみとめ、その軍隊を熱列に歓迎した。

コンスタンティヌスが戦場においてその雄姿をみせていたとき、一方のマクセンティウスは、自領内の戦禍やあらたな危険にまったく無関心であるかのように、なおも快楽にあけくれていた。おそらく自軍の敗戦を隠して、あるいは少なくとも隠そうとして、妄念に流れ、そのため迫る危険に対応できなかったのではないだろうか。

コンスタンティヌスの電撃的進軍のまえに、マクセンティウスは身の危険をおぼえる間もほとんどなかった。この暗君の胸には、過去二度の来襲をはねのけたローマの威名とすでによく知られていたおのれの気前のよさとでもって、今回もまた同様に、ガリア軍を撃退できるものとの過信があったようだ。

しかし事ここにいたっては、将軍たち――かつてマクシミアヌス帝の指揮下で戦った有能な歴戦の諸将――も、ついにこの軟弱な息男に事態を率直にうったえざるを得なかった。かくして、残存勢力を結集して破滅を食い止めるべきである、と進言されるにおよび、マクセンティウスの妄念は完全に吹き払われた。

マクセンティウス側には、自己の利益と安全とを君主の主張と結びつけていた近衛隊がいた。それに加えて、大規模な軍隊が急遽編成されてもいた。その新兵力は、さきのトリノとヴェロナにおける敗戦でなくした兵士数より一回り大きいものであった。さらには、資金にもまだ相当の余力があった。

にもかかわらず、戦いの経験がないこの皇帝に、軍の先頭に立ってこれを指揮する気持ちなど毛頭なかった。それどころか、存亡をかけた合戦をまえに、将たる身でありながら、ただうち震えていたのだ。そして、恐怖は迷信を生むという事例にたがわず、自己の命運や帝国のよからぬ予言に悄然として耳をかたむける有様であった。

だが、大競技場で轟々と怒り叫んでいた民衆が宮殿の門前へと押しかけ、いまだ戦場に出ない主君の小心をなじり、かたやコンスタンティヌスの勇武をたたえる声を聞くにおよび、ついにかれは屈辱感から出陣を決意する。

このときのコンスタンティヌスの快進撃は、かつてあのカエサル（シーザー）がイタリアを征服したときにみせた迅速さとよく比較される。たしかに、ヴェロナ陥落から戦争終結までわずか五十八日しか経っていないことからしても、そこに誇張はない。

コンスタンティヌスが懸念したのは、恐怖心、いやむしろ慎重さから、マクセンティウスが決戦を避け、籠城に入ることであった。ローマ市の豊富な備蓄をおもえば、飢餓の可能性などあり得なかった。コンスタンティヌスにとって、事態は一刻の猶予もゆるされない状況となっていた。したがって、勝利の最高の栄誉ともいえる帝都を、あるいは兵火にさらさなければならないかにもおもわれた。

ところが意外にも、ローマから約九マイルの地点にあったサクサ・ルブラまで来るや、マクセンティウス軍が一戦を期して待ちかまえていることが分かった。みれば、イタリア軍は前線が広大な平原をうめ尽くし、縦陣が背後遠くティベル河畔まで達していた。退却の可能性を断った布陣である。

●――マクセンティウスの敗走と溺死

この合戦でみせたコンスタンティヌスの見事な指揮や、みずから名誉ある困難な部署を引きうけたことなど、いまに伝えられている。たしかにかれは、ひときわ華やかな武具に身をかため、身を挺して敵の騎兵部隊へ突撃した。おもうに、豪胆なその獅子奮迅ぶりには、戦いの判定者たる鬼神の心も大いに動かされたに相違ない。いずれにせよ、イタリア軍は、ガリア軍騎兵部隊の敵ではなく、たちまち両翼がくずれ、そのためつづく歩兵部隊の側面も無防備となった。

内心嫌悪していた暴君がもはや恐怖の対象ではなくなったいま、軍紀も訓練もないイタリア兵は、逃亡になんらの躊躇もみせなかった。ただ近衛部隊だけがみずからの失態のゆゆしさを自覚し、それがすでに恩赦の域を超えていることをおもってか、必死の反撃を試みた。だが、戦況の立て直しを図ろうとする再三の努力もむなしく、最後は全員が名誉の死をとげた。

かくして先刻までこの近衛部隊が占めていた陣地も、いまやかれらの屍（しかばね）によっておおわれてしまった。

混乱はマクセンティウス軍全体にひろがり、狼狽（ろうばい）した何千という兵士が容赦ない敵の追撃をうけてティベリス河の方へ殺到しはじめる。

ティベリス河は深く、流れも速い。橋はひとつしかない。マクセンティウスも市中へ逃げ帰ろうとしてこの橋を渡ろうとしていたが、狭い通路でもみあう多勢に押され、瞬間、河へ転落。武具の重みで沈み、そのままおぼれ死んだ。遺体は泥中ふかく沈んでいたため、容易にはみつからず、翌日になってようやく発見された。

かくて首級が公にさらされるや、身の解放をおぼえた民衆は、神に嘉（よみ）されたコンスタンティヌスにたいして歓呼し、忠誠と感謝の意を表した。

イタリア進撃に先立ち、コンスタンティヌス帝はリキニウス帝にたいして妹のコンスタンティアをあたえることを約束し、この皇帝の友好あるいは少なくとも中立の保証をとりつけていた。

だが、結婚の式典は内戦のため延期されていたため、両帝のミラノにおける会見は、その内戦の終結後のことであった。

ところが、祝賀の途中で、ふたりは突然それぞれ暇乞い（いとまご）を余儀なくされた。コンスタンティヌスはフランク族の入寇（にゅうこう）を撃退すべくラインへ向かわざるを得ず、一方のリキニウスはマクシミヌスの来襲に対処しなければならなかったからである。それまでマクセンティウスとひそかに通じていたこの東の君主が、同盟者の悲運におじけづくことなく、いまや自分の命運を一戦に賭けたのであった。

きびしい寒さのなか、マクシミヌスはシリアを発ってビテュニア辺境をめざす――。

途中、酷寒と荒天に人馬とも多数が雪中にたおれ、うちつづく雨による道路の決壊によって相当数の輜重（しちょう）がやむなく後方に残った。

しかし、このような難儀にもかかわらず、マクシミヌスの大軍はめざましい速さで進軍し、リキニウス側にその意図を察知させる間をあたえることなく、トラキア・ボスポルスに達した。

マクシミヌスは、攻囲から十一日後にビザンティウムをおとし、つづいてその数日後には、堅牢な城壁を誇っていたヘラクレアをおとした。

だがこのとき、リキニウス軍がわずか十八マイルの地点まで迫ったとの報に接し、かれは動揺する。そこで両軍はただちに交渉に入り、一方でたがいに相手方の諸将をいざなおうとしたが、けっきょく談判は決裂。ついには戦端を開かざるを得なかった。

●——リキニウス帝の勝利

マクシミヌス軍が精鋭約七万であったのにたいし、かたやリキニウスがイリュリクムで徴募した軍勢は約三万にすぎなかった。数のうえでは相当の差である。にもかかわらず、リキニウスはその軍事的才幹とその将兵の精強とによって、この劣勢をはねのけて勝利をものにした。

さて、それから二十四時間後のこと。敗残の皇帝は戦場から百六十マイル離れたニコメディアにいた。顔面は蒼白(そうはく)となってうち震え、その身に帝権の標章はなかった。

だが、精鋭の最たる部隊こそ失ってはいたものの、アジアの富や資源が尽きていたわけではない。時間さえ稼ぐことができていたなら、かれにはシリアやエジプトであらたに徴兵して、大軍を組織する余力が残されていた。

ところがマクシミヌスは、それからわずか四、五カ月も経たぬ間にタルススで他界する。死因については、絶望、毒殺、天誅（てんちゅう）など、さまざまにいわれており、定かではない。しかしいずれにせよ、君主としての能力や徳望に欠けていたため、その死が悼（いた）まれることはなかった。

かくして東の諸属州は内戦の恐怖から解放され、リキニウスの主権を歓呼のうちに承認したのであった。

ローマ世界がコンスタンティヌスとリキニウス、東西両君主の間で二分されるところとなったいま、双方ともこれ以上の野心的企図はすて去るか、あるいは少なくとも当分の間ひかえるものと、だれしもが考えたのではないだろうか。ともに内戦に倦（う）み、しかも公私にわたる同盟関係にあったからである。

しかし、状況はそうした予想に反し、おもわぬ方向に展開する。マクシミヌスの死から一年と経過せぬ間に両皇帝の武力対決へと発展したのである。

事は、裕福な名家出身のバッシアヌスなる人物に端を発する。

それより少しまえ、この人士に妹のアナスタシアを嫁がせていたコンスタンティヌスは、つづいてかれを副帝の地位に任じていた。ディオクレティアヌス帝が創設した統治形態によれば、副帝となったバッシアヌスにはイタリアが、いやおそらくアフリカまでが、その統治領としてゆずられるはずであった。

ところが、この約束の履行が遅々としていたばかりか、ようやく果たされたときの条件がきわめて不満足であったことから、バッシアヌスは義父にたいして忠誠を固くするどころか、かえって恨みをいだくようになっていた。

狡猾なリキニウスは、そこに目をつけた。そして先にバッシアヌスの副帝登位を承認していたこともあって、ただちにこれを好機とばかりに、この副帝のもとに密使をつかわして謀略を吹き込み、不満をかき立て、決起をうながしたのである。得られてしかるべきものが得られないとなれば、武力でもってこれを奪いとるほかはない、と。

しかし、コンスタンティヌスは両者の謀議を事前に見抜き、即刻バッシアヌスとの縁組を解消したうえで紫衣を剥奪。その忘恩と謀反にたいしてしかるべき刑罰を科した。

これにたいし、バッシアヌスとその側近は、リキニウスのもとに難をのがれた。そこでコンスタンティヌスはかれらの引渡しを要求したが、東の皇帝はこれを傲然と拒否した。

こうしたリキニウスの態度は、そうでなくともかけられていた背信の疑惑をいっそう強める結果となった。加えて折も折、イタリア辺境のアエモナにおいてコンスタンティヌスの彫像にたいする侮辱事件がおこり、ここにおいて両君主間の決裂はついに決定的なものとなった。

●――コンスタンティヌス帝の最終勝利

いまや勢威頂点に達したコンスタンティヌスにとって、僚帝の存在など、もはやみとめ難いことであった。また、みずからの天資と精強な軍隊にたいする揺るぎない自信は、老齢と悪徳ゆえに不人気なリキニウスとの戦いをいとも簡単なものにおもわせた。

そのためだろう、コンスタンティヌスは自分の方から兵を挙げることを決意する。

攻囲はただちに開始された。しかし、作戦の困難さは尋常ではなく、成功の見通しに確かなところはなかった。先の内戦の過程で城壁が修復、補強されていたのに加え、制海権はリキニウスの方にあり、そのかぎりでは、攻囲軍が飢えても籠城軍が飢えることなど、まずあり得なかったからである。

そこでコンスタンティヌスは艦隊の司令官を本営にあつめ、ヘレスポントゥスの強行突破を厳命する。この間リキニウスの艦隊は、貧弱な敵艦隊を積極的に攻撃することもせず、数の優位など無意味な狭い海峡のなかに、依然としてとどまっていた。

この突破作戦の指揮は、皇帝の長子クリスプスにゆだねられたが、かれはこれを、父帝もねたむほどの見事さでやってのける。

海戦は二日間におよび、初日は双方とも甚大な損害をこうむり、夕刻にいたってヨーロッパとアシア、それぞれの港に引きあげた。しかし二日目の正午になって、南から強風がおこり、これに乗ってクリスプスひきいる艦隊が敵艦隊へ突入。おもわぬ順風に巧みさと果敢さとが加わって、コンスタンティヌス帝側はたちまち大勝した。

破壊した敵船、百三十隻。戮(りく)した敵の兵員、五千人。リキニウス艦隊の提督アマンドゥスは、かろうじてカルケドン海岸へと逃れた。

ヘレスポントゥス海峡が開かれるや、攻囲に着手していたコンスタンティヌスの陣営には大量の軍事物資がながれ込んだ。そしてこれによって勢いを得た攻城軍は、防壁と同じ高さに塚をきずき、その上に高い塔を建て、そこから発射器で籠城軍めがけて巨石や石弓の矢を雨とふらせる一方、破城槌(はじょうつい)でくり返し打撃をあたえ、やがて城壁のところどころを崩れさせた。

これ以上籠城を続ければ、リキニウス自身も近づく落城と運命をともにする恐れがあった。そこでこの老帝は、包囲網で動きがとれなくなるまえに、財宝とわが身をカルケドンへ移した。加えて、この間に、いつもの流儀で、重鎮のひとりマルティニアヌスに副帝の称号をさずけた。

コンスタンティヌスがビザンティウム攻略に手を焼いていたとき、リキニウスは、先のあいつぐ敗退にもかかわらず、ビテュニアであらたに五万、いや六万の兵をあつめていた。驚くべきことに、侮るべからざる底力がまだ残っていたのだ。また、そうしたところがリキニウスの才能でもあった。

しかし、コンスタンティヌスの方に油断はない。かれはかなりの軍勢を小船でアシア側へわたし、全軍がクリソプリス高地（現スクタリ高地）に揃うのを待って決戦にのぞんだ。

最近編成したばかりのリキニウス軍は訓練も行きとどかず、装備も拙劣であったが、最後まで必死に戦った。だが、所詮むなしい努力にすぎず、ついには一敗地にまみれ、二万五千名の戦死者を出した。

――命運は決せられた。リキニウスはニコメディアへと退却する。それは真の防衛のためではなく、むしろ交渉を考えた時間稼ぎのためであった。

しかしここで、リキニウスの妻でありコンスタンティヌスの妹でもあったコンスタンティアが、夫のために仲裁に入り、兄からひとつの約束をとりつける。その約束はコンスタンティヌスの同情心よりむしろ政略から出たものであった。それは、リキニウスがマルティニアヌスを葬り去ったうえで退位すれば、安楽な余生をゆるすというものであった。

リキニウスはおのれの過ちについて赦しを乞うた。そしてその願いが容れられるや、コンスタンティヌスのまえにひれ伏したのであった。ひれ伏したままのリキニウスは、しばらくして軽蔑と憐憫の情をもって起こされ、その日に皇帝主催の祝賀会に招待された。

だが、その宴が終わるや、ただちにテサロニカへと送られ、そこに幽閉され、その幽囚にはまもなくして幕が下ろされた。風聞によれば、処刑の理由は、兵士の騒擾とか、元老院の命令とか、いわれているが、はたしてそうであったのかどうか？

蛮族と通じ、陰謀を画策したというのが、専制者が下した断罪の理由であったが、かれ自身の行動からしても、また法的証拠の点でも、その形跡はなく、むしろその弱い性格から察するに、おそらく身におぼえのない冤罪だったのではないだろうか。

いずれにせよ、リキニウスの遺名には不名誉の烙印がおされ、かれの彫像はことごとく破壊され、また、その治世に出された法律や裁判手続きも、布告により無効とされた。もっとも、この布告の方は、そのあまりの性急さゆえに、間もなくするとまたすぐに撤回されているが。

かくてディオクレティアヌス帝が僚帝マクシミアヌスとの間で帝国の権力と支配圏を二分してから三十七年の後、コンスタンティヌス帝の最終的勝利によって、ローマ世界はふたたびひとりの皇帝のもとに統一されることになった。

この頂点にいたるまでのコンスタンティヌスの隆盛、すなわちヨークにおける副帝登位からニコメディアにおけるリキニウスの退位にいたるまでの各段階については、その一つひとつがくわしく伝えられている。それはたんに、そうした事件そのものが興趣に富み、また重要であったという理由からだけでない。いやむしろ、それよりはるかに、それにともなった人命や財貨の消失、さらには、常備軍や課税の恒常的増加などによって、帝国の衰亡が加速されたとの理由からである。

そして、いまこの衰亡という点からするならば、とりわけコンスタンティノポリスの建設とキリスト教の公認こそ、その直接の産物であったということができよう。

●——新帝都コンスタンティノポリスの建設

リキニウス帝が敗戦により退位するや、コンスタンティヌス帝は自己の帝国と宗教の永続を願い、あらたな帝都の建設に着手した。かつてあのディオクレティアヌス帝が隠居のために導入した諸制度は、その後かれの跡をついだ歴代の皇帝がならうところとなり、四十年を経た当時、それは軽視できない慣例となっていた。

ローマ市の状況は、往時とはちがい、いまやかつての属国さながらであった。コンスタンティヌス帝にしても、ドナウ河流域で生まれ、アジアの宮廷や軍隊で教育をうけ、また、ブリタニア駐留のローマ軍団によって紫衣をさずけられていたこともあって、この旧都にたいしては冷ややかな態度をみせていた。

イタリア本土のローマ人は、かれを解放者として迎え、勅令には少しの反感をみせることもなく従っていた。だが、人々のそうした恭順さにもかかわらず、かれがこの地を訪れるのは、きわめて希れであった。

コンスタンティヌス帝はその活動期、あるときには威厳ある泰然さをもって、あるときには疾風迅雷の速さでもって、広大な領土を辺境から辺境へと移動し、つねに内外の敵にたいして臨戦態勢をとっていた。

しかし、そのかれも、いまや権勢の頂点に達し、身に衰えをおぼえるにいたり、帝座を据えるのにふさわしい恒久的な場所について思案しはじめた。帝都の立地としては、ヨーロッパとアシアの境界が良いようにおもわれた。ここであれば、ドナウとタナイス（現ドン河）両河の間にすむ蛮族の牽制も、また、屈辱的条約に憤りつつもこれを守っているペルシャ王の動向の監視も、双方とも容易にできたからである。

先のディオクレティアヌス帝のばあいも、同じような思惑からかつてニコメディアを居住地とし、その皇宮を飾りにかざり立てた。だが、キリスト教の保護者たるコンスタンティヌス帝にとって、この先帝の記憶はいまわしいものであった。それになにより、かれの胸には、新都建設をもって自分の名を後世に伝えたいとの願いが沸き上がっていた。

リキニウスとの一連の戦いの後半、かれは兵士として、あるいは政治家として、ビザンティウムの比類ない立地にすでに気づいていた。ここは天然の要害によってまもられている一方、交易のためには、どの側からも接近が可能なところであった。

またしかに、それより何世代もまえに、すぐれた歴史家のひとりが、この小さなギリシアの植民市がその地利のゆえに海を制して繁栄した共和国であったことを、すでに指摘していた。

同市の地理的要衝性については、今日われわれもこれを容易にみとめることができる。ここは、位置的には北緯四一度にあり、その七つの丘からは欧亜の両海岸が眼下にみとめられる。しかも、気候は温暖にして快適、土壌は肥沃(ひよく)である。また、港湾も安全かつ広大であり、さらには、大陸につながる通路にしても、そこは狭く、防衛の点でもまったく難がない。

ボスポロスとヘレスポントゥスの両海峡は、いわば同市の両門である。この重要な海上の交通路を押さえさえすれば、敵の艦隊を容易に阻止できる一方、商船隊による物資の補給は、これを自在にうけ入れることができる。

そもそも東方の諸属州を維持することについては、ある程度当初からコンスタンティヌスの計画に入っていたものとおもわれる。というのは、すぐ前の時代に地中海へなだれ込んでいた黒海沿岸の蛮族が、その城壁の堅牢(けんろう)さのまえに略奪行為を早々とあきらめていたことや、また、都の両門を閉じても住民の生活必需品から贅沢品まで、その中ですべて自給自足できる能力があったことなど、かれはこうしたことをよく知っていたのだ。

当時はこの海峡が交易のために開かれると、ありとあらゆる品が方々から流れ込んでいた。タナイス河やボリュステネス河（現ドニエプル河）の水源にまでひろがるゲルマニアやスキタイの森林地帯で集められた天然物、それにアシアやヨーロッパの技術による生産物などは言うまでもない。さらには、エジプトからは穀物が、最遠の地インドからは宝石や香料が、それぞれ季節風に乗ってコンスタンティノポリスの港へと運び込まれていた。まさに、この都は何世紀にもわたって古代世界の商業の中心地だったのである。

ここには、風光の美、富、安全という三つの条件がそろっている。したがって、コンスタンティヌス帝の選択は、しごく当然であった。

もっとも、偉大な都市のばあい、その起源についてはいつの時代も、なにがしかの霊験や伝説をもち出してこれを権威づけることが行なわれていたらしい。かれにしても、この壮図を、人知によるものではなく、不変、無謬の神意にもとづくものとすることを望んでいた。

後代の説によれば、コンスタンティヌス帝がここに新都の建設を思いついたのは、ビザンティウムの城壁内で眠っていたときにみた夢によるものであったといわれている。

夢のなかで、同市の守護霊がいまにも倒れそうな老婆の姿をしてあらわれ、そしてしばらくしてその老婆が突然うら若き乙女に変身すると、皇帝がその乙女にたいし、ありとあらゆる帝権の標章を手ずからまとわせた、というのだ。そしてこの夢からさめた皇帝が、これを大いなる瑞兆と解釈し、ためらうことなく実行した、と。

ちなみに当時ローマ人には、都市や植民地の創設記念日がくると、俗信にもとづくさまざまな儀式を執り行なってこれを祝う習慣があった。そのため、コンスタンティヌス帝としても、異教臭がはなはだ強いものは別として、それ以外は、この種の式典を催して市民に希望と尊敬の念を植えつけたいと願っていた。

そこで、皇帝みずから片手に槍をたずさえ、行列の先頭を歩いておごそかにこれを先導し、新帝都の境界とされる線引きを指示してまわった。

そのうち境界が大きく広がりゆくのに驚いた同行の臣下が、大都市の限界をさえすでに超えていることを、勇をふるって進言すると、コンスタンティヌス帝はこう答えたといわれる。すなわち、「余の前を歩いておられる神が、適当とおぼし召されるところまで進む」、と。じつに希有な先導者であったといえよう。

自分の治世の栄光を後世につたえる記念碑の建設をめざした皇帝コンスタンティヌス。かれはその偉大な事業の遂行にあたって、数百万をかぞえる従順な臣民の財富や労力のほか、なお残っていた才能まで、ことごとく駆使したのであった。ある計算によれば、この建設にたいする帝室からの拠出も約二百五十万ポンドと、すこぶる気前よく、城壁、柱廊、それに水道などの建設も、すべてこれによってまかなわれた。

建築資材は、黒海沿岸の深い森林や有名なプロコンネソス島の白大理石採石場から無尽蔵に供給され、短い水運を介して容易にビザンティウムへと運ばれた。

職人や人夫も多数に上り、かれらはしばしの休息さえ惜しんで働いた。しかし、偉業達成にはやる皇帝の目に、まもなくして、職人の数ばかりか、その技術の点でも、帝の期待にこたえることができる状況ではないことが明らかとなる。それは、この時期、工芸が衰退していたことによるものであった。

そこでかれは、辺境の諸属州もふくめ、各属州の役人たちにたいし、勅令をして学校の創設を命じた。そして学舎が完成するや、教授を任命し、高等教育をうけた才能豊かな若者を多数あつめ、褒賞や特典をもうけて、建築学の研究と実習にはげませた。

新都の建築物自体は、すべてコンスタンティヌス帝時代の最高の職人の手になるものであった。しかし、それを飾ったのは、ペリクレスやアレキサンダー大王の時代の著名な工匠(こうしょう)の作品にほかならない。さすがにローマ皇帝の力をもってしても、かつてのフェイディアスやリュシッポスの天才的作品に匹敵(ひってき)する作品をつくらせることはできず、代わりに、古代の名品を各都市から剝奪してこざるを得なかったのだ。

かくして、ギリシアやアシアの諸都市に建てられていた戦勝記念碑、宗教的崇敬の対象物、神や英雄、聖者や詩人らの見事な彫像、これら至宝ともいえる都市の装飾品が、勅令により供出を余儀なくされた。当時の史家ケトゥレヌスは、その様子について一種の感慨をもってこう語っている。すなわち、この新帝都には、これら歴史的建造物が象徴する偉大な人々の魂以外、他に欠けているものは何ひとつない、と。

新都建設から百年ばかり後に記された文献によると、カピトルと呼ばれた学問の府が一つ、大競技場が一つ、劇場が二つ、公衆浴場が八つと個人の浴場が百五十三、柱廊が五十二、倉庫が五棟、水道あるいは貯水池が計八つ、元老院や法廷のための大ホールが四つ、教会が十四、同じく宮殿が十四、また、規模や美観の点で大衆の住居とは際立った違いをみせていた邸宅が四千三百八十八戸、を数えていた。

およそ都が遷(うつ)るばあい、これには君主や高官、裁判官や宮廷侍従、こうした人々による国家歳入の多大な消費がともなう。属州民にしても、富裕層は義務からだけでなく利益の点からも、また好奇や享楽の点からも、新都には魅かれてやまない。また、かれらのほかに、上流階級の必需や贅沢に仕えることによって生活の資を得る召使、職人、商人などからなる第三種の人種がおり、その数は多数に上る。新帝都には衛生や利便への配慮を欠いた家屋がひしめき合い、その間の路地はたえまない人馬や荷車の往来で喧騒をきわめていた。また、あらたな人々のたえざる流入によって、当初割り当てられた面積では、全人口をしかるべく収容することは困難な状況となっていた。したがって、もしそうした理由から、市街地のいずれか一方が海の方へ発展していたとしたならば、その部分だけで、あるいは巨大な都市ができていたのではないかとおもわれる。

コンスタンティヌス帝は、若者が恋人を待つ焦慮にも似た性急さで工事を督励した。そのため、城壁、柱廊その他おもなる建造物は、数年、いや別説によれば、わずか数カ月で完成をみた。ところが、次の世代になると、そのうちの多くの建物が早くも崩れそうになっていたという。であれば、工事の際の多大な努力も、残念ながら、それほど賞賛に価するものであったとは言いがたい。

さて、コンスタンティヌス帝は創建者として、この都が新生の息吹と力強さを呈している間に、新都の竣工を記念する献都式を挙行しようと、その準備を進める。

この記念すべき祭典には、当然、さまざまな競技や特別の祝儀がともなっていた。そうした事柄のなかで注目すべきものとしては、恒久的意味合いをもつ、次のような行事があった。

すなわち、毎年建都の記念日ごとに、金箔で飾られた木像のコンスタンティヌス帝像が、右手に土地の守護神像をにぎったかたちで凱旋用の戦車のうえに立ち、これが行列に引かれていく。そのあとに、華美な礼服に身をかためた近衛兵が白い蠟燭をかかげて続き、大競技場をおごそかに進む。そしてやがて玉座の前にさしかかるや、皇帝がやおら立ち上がってうやうやしく先帝の威徳に敬意を表する、といったものである。

献都式では、この新帝都にたいして、「第二のローマ」あるいは「新ローマ」という呼び名をあたえることが勅令として出され、その勅令が大理石柱に刻まれた。

しかし、実のところは、そうした名誉ある称号よりむしろコンスタンティノポリスという言い方が爾来一般にもちいられていたらしく、十四世紀という年月を経た今日においても、そのために創建者の偉業が不滅のものとなっている。

キリスト教の発展と神学論争の論点

次の章では、ローマ帝国におけるキリスト教の発展とその影響について語られています。

ギボンも述べているように、この新興宗教に関する史的考察は、ローマ史の重要な部分をなしていて、原著ではキリスト教をめぐるさまざまなテーマが論じられています。しかし本書では、残念ながら、紙数の関係で、そのごく一部しかとり上げることができません。そこで、次章に入るまえに、キリスト教発展の流れを簡単にご紹介します。

◉帝政のはじまり

ローマの人々は、共和制の時代、ユピテル神を頂点に、多くの神々を崇拝していました。それは国家的祭儀のかたちをとり、国政とも強く結びついていました。

すなわち、ローマは国をあげて多神教の世界だったのです。

それに加えて、版図が広がるにつれ、かつて他国であった地方から新たな神々が入ってきて、ローマ帝国内でともに共存あるいは融合するようになりました。その模様については、すでに前の章に述べられている通りです。皇帝の神格化も、それには入っていました。

そうしたなか、東方の属州の小さな村あるいは町において、イエスという人物によって唱えられ実践された教えが、帝国内で静かに広がっていきました。

通説として、キリスト教が注目をあびた最初の事件は、ローマ市の大火（六四年）を機にかのネロ帝が行なった迫害です。この火災はかれが命じて起こさせたとされています。その放火犯としての嫌疑をそらすため、キリスト教徒に濡れ衣をきせたのです。

伝えられているところによると、残酷なことに、犠牲者は体に油をぬられ、夜、松明代わりにされたといいます。

しかし、この迫害は暴帝ネロの個人的な理由による一時的なものであり、また規模的にも、それはローマ市の市壁内にかぎられたものでした。

一世紀の後半まで、総じてキリスト教は為政者にとくに懸念をいだかせるほどの勢力にはなっていなかったといってよいでしょう。しかし、イエスの誕生からほぼ百年が経過していたトラヤヌス帝のころになると、その存在は統治の議題にまで上る重要さをおびてきたのか、皇帝宛ての書簡にこの信徒の問題が出てきます。それは、ビテュニア属州の総督であった(小)プリニウスが、この新興異教の扱い方に関して、皇帝の意見をもとめたものでした。

これにたいしトラヤヌス帝は、明らかな証拠がない不当な告発には耳をかさないよう強調しながらも、国家の神々への供犠をこばむ者たちにたいしては処罰をもって臨むことを命じています。言いかえれば、キリスト教徒であることは有罪である、という判断でした。

三世紀にいたると、キリスト教はさらに発展し、皇宮内にも信者となる者がでてきます。

先のコンモドゥス帝の愛妾マルキアもそうです。セプティミウス・セウェルス帝も、この宗教に好意的でした。それは、重病の折、奴隷に塗油してもらったのを機に、その病から回復したことによるものでした。また、カラカラ帝の養母も信者でした。さらに、フィリップス帝なども、個人的にはひじょうに好意をもっていたといわれています。

政策として全国規模でキリスト教徒迫害を最初に行なったのは、フィリップス帝の跡を継いだデキウス帝（在位二四九〜二五一年）でした。帝国の臣民すべてにたいして出された国家の神々にたいする供犠を、キリスト教徒たちが拒否したことが原因です。

前の章ですでに、この皇帝が帝国の建て直しを真剣に考えていた様子が描かれていますが、そうしたかれの努力には、国家宗教の再興と統合も入っていたのです。多神教を否定し、唯一神をあがめるキリスト教が、それまでの伝統的宗教観としての帝政と衝突する運命にあったことは、必然であったといってよいでしょう。

反キリスト教政策としてもっとも有名なものは、ディオクレティアヌス帝が行なった迫害でした(三〇三年)。これは世に「キリスト教徒の大迫害」として知られています。この弾圧では、教会の破壊、聖書の没収、キリスト教徒公職者の追放、異教祭儀の強制などが命じられたのでした。

皇帝という地位の不安定さを痛感していた天性の統治者ディオクレティアヌス帝は、帝権の強化を図ります。その方策のひとつが、皇帝たる存在の神聖化でした。そのためかれは、絶対君主としての謁見儀礼の採用とともに、帝権の授与者であるローマ伝統の神々への祭儀を強化しようとしたのでした。

しかし、こうした勅令は、かならずしも厳密に実行されたわけではありません。東方の属州では、三一二年まで弾圧がつづきましたが、キリスト教徒の抵抗は強く、しだいに国策としての一貫性と勢いが薄らいでいったようです。ギボンによれば、処刑者は十年間で約二千人でした。西の方では、長期にわたる厳しい弾圧はなかったといわれています。

ところが、右の「大迫害」からわずか数年後に、事態は一変します。ディオクレティアヌス帝の没後、内戦を経てローマ帝国の単独支配者となったコンスタンティヌス帝の登場によるものです。かれはキリスト教を認めただけでなく、最後には、ローマ帝国の皇帝としては初めてキリスト教徒となったのです。

コンスタンティヌス帝がキリスト教を支持するにいたったことについては、次のようなことがその主たる理由に挙げられています。

対抗勢力が反キリスト教的態度を鮮明にしていた状況下で、コンスタンティヌス帝は不思議な現象を体験したのです。帝自身による晩年の回想によると、マクセンティウス打倒に向けてローマへ進軍中、自分を導くキリストの声を聞き、十字架が太陽の上に浮かび上がったというのです。また、それに続いての勝利も、同じような合戦前夜の夢の結果であるということでした。

このことが事実とすれば、キリスト教にたいする態度を決定する点で、それが大きく与（あずか）っていたことは明らかです。

だが、なんといっても、皇帝は政治家です。世情の肯定なしには、大胆な政策をうち出すことはできません。したがって、コンスタンティヌス帝がこの宗教を擁護したことについては、その勢力がすでに無視できないものとなっていたことが最大の要因だったのではないかとおもわれます。

帝国の領内にはいまや、以前にもまして多くの異民族がおり、精神的にも、国家としての統制が必要でした。それまでのように多数の神々が共存できる環境であれば、さほど問題はなかったことでしょう。しかし、多神教をみとめない新興宗教があらわれ、それが大きな勢力となり、しかも将来ますますその勢力が拡大することが予想されたとなれば、事情が違います。

こうした背景から、右の個人的体験も加わって、コンスタンティヌス帝はキリスト教を公認したのです。もちろん、この政策は皇帝の神聖化による帝権強化のための政策でもありました。要するに、目的においては先帝ディオクレティアヌスが意図したことと変わらなかったのですが、時代の趨勢（すうせい）により反対の方法を選択したのです。

　かくしてキリスト教は、誕生から約三百年後に、当時の人々にとって世界も同然のローマ帝国という巨大な組織体のなかに、はじめてその「勝利の御旗（みはた）」をうち立てたのでした。

　以後、唯一神をあがめる信仰を採用したことは、伝統の神々であふれていたローマ市に親しみをおぼえていなかったこの皇帝の新帝都構想に、後年拍車をかけることになります。

◉アリウス派論争

　コンスタンティヌス帝とその子息帝たち（コンスタンティヌス二世、コンスタンティウス二世、コンスタンス）の時代にローマ社会全体をゆるがせたのは、キリスト教会の問題、とくにキリストの本性に関する、いわゆるアリウス派論争でした。この問題をめぐる諸皇帝と聖職者たちの間の事件については、次章でも紹介されています。

　キリスト教聖職者のすべてが、神を全能の存在としてみとめることには、なんら異論がありませんでした。問題は、神とキリストとの関係についてでした。

アレクサンドリアの司祭であったアリウスは、キリストの本性について次のように主張しました。すなわち、キリストは神の子であり、神によって創造されたのであるから、神に従属するものである、と。これは「同類論」（ホモイウシオン）と呼ばれています。

それにたいし、同じくアレクサンドリアで当時若い執事であったアタナシウスは、これに反論しました。キリストは完全な神性を有し、神の一部であると主張したのです。原始キリスト教徒が体験していた聖霊についても、それは同じように神の一部であるというものでした。つまり、神とキリストと聖霊とは、同じ本質が三体として顕現したものにほかならないという見解でした。アリウス派にたいしてニカイア派が主張したこの説は、「同質論」（ホモウシオン）と呼ばれています。これは、後に確立される「三位一体説」の根幹となるものでした。

そこでコンスタンティヌス帝は、教義の統一を図るため、ニカイア市に東西の聖職者を召集します（三二五年のニカイア公会議）。その会議の結果、父なる神と子なるキリストは同じ本質であるとする教義（「同質論」）が正統とみなされることになりました。

とはいえ、ニカイア公会議以降、アリウス派がすぐに勢いをなくしたわけではありません。異端とされた同派にたいする大帝の態度も、一定したものではなく、さまざまに変化しました。

東方の聖職者たちの間では、アリウス派が強い勢力をほこっていました。そうした状況もあってか、アリウス派はこの新帝の支持を得ます。ニカイア派（次章では「正統派」）とアリウス派の立場が逆転したわけです。

そのため、帝国内では、ニカイア派とアリウス派によるはげしい宗教的内戦がつづき、大いに国政に影響をあたえたのでした。

◉異教信仰の一時的復活

コンスタンティウス（二世）帝の没後、帝座についたユリアヌス帝は、コンスタンティヌス帝時代にあたえられていたキリスト教聖職者の免税特権を廃止し、多神教の祭祀(さいし)を復活させます。

もっとも、異教の国策的復活によって、キリスト教徒が以前みられていたような迫害をうけるというようなことはありませんでした。弾圧すれば殉教者が続出し、いっそうかれらの勢力拡大をまねくことが懸念されたからです。そこでユリアヌスは、ペンをもって攻撃します。皇帝のそうした行為は、圧政というより抵抗というほうが適切かもしれません。

しかしながら、この異教復活の期間は短いものでした。登位からわずか二年あまりで、ユリアヌス帝がペルシャ戦役において命を落としたからです。かれは新プラトン派の哲学を学んだ教養人でもあり、また優れた為政者でもありました。その人道的人柄については、第Ⅷ章に描かれています。

◉キリスト教の完全な国教化

ユリアヌス帝の死後、後継皇帝たちはふたたびキリスト教を支持します。と同時に、それまで存在していた異教(多神教)を撲滅する方向へと向かいます。

そしてそうした流れの結果、異教を完全に廃し、キリスト教を唯一公認宗教としたのが、帝国最後の独裁者テオドシウス帝でした。このときにはアリウス派も追放されています。したがって、キリスト教ニカイア派が、排他的意味でも、国教と定められたのです（三九一年）。

◉キリスト教会の東西分離

この皇帝の死後、ローマ帝国は完全に東西に分かれ、それにともなって分かれたキリスト教世界も、それぞれに異なった発展の仕方をしていきます。東方の教会はみずからをオーソドックス（正）と称し、国家と密接に結びつきます。すなわち、皇帝が教会を支配します。それにたいし西方の教会はカトリック（公）と称し、教皇が各君主に命令するようになっていきます。すなわち、西ローマ帝国の滅亡後は、教皇自体がそうして世俗的支配をも獲得するようになっていくのです。

第Ⅶ章

《キリスト教の発展》

- 原始キリスト教徒の信仰、習慣等
- 異端迫害
- アリウス派論争
- アタナシウス
- コンスタンティヌス帝およびその子息帝治世下における帝国とキリスト教会の混乱
- 異教に対する寛容

キリスト教の発展に関する考究は、ローマ帝国史の枢要な一部をなしている。ローマという巨大な組織体が内外の諸問題によって疲弊するなか、この純粋で慎ましい信仰は人々の心をとらえてひそかに広がり、迫害からあらたな活力を得て、ついにはカピトリーヌ宮殿の廃墟に勝利の十字架をうち立てた。しかもその影響たるや、ローマ帝国の時代や領内だけにとどまらず、十三世紀あるいは十四世紀を経た今日、軍事、文芸ともに人類史上最高の地域である欧州において、全人民がこれを信奉している。

それればかりではない。かれらの熱情あふれる努力によって、アジアやアフリカの最遠の地にまで広く伝わり、さらには植民地の形成によって、古代未知であったカナダからチリにいたる広域でも、土地の信仰として根づいている。

キリスト教に関する考究は貴重であり、また興趣にも富む。だが、これには一方で、次のような問題がつきまとう。

教会史の資料不足に加え、現存する資料にも信憑性の点でうたがわしいものが多く、そのため原始キリスト教会の姿が正確につかめないこと。客観的であろうとすれば、往々にして教職者や一般信者の完全ならざるところを白日(はくじつ)の下にさらさなければならないこと。このふたつである。しかも後者においては、不注意な観察者の目に、キリスト教徒の信仰告白に疑念をいだかせるものが少なくない。

この宗教について研究することは、それが純粋な啓示と考える神学者にとっては、あるいは快い仕事かもしれない。だが、歴史家にとってはきわめて憂鬱(ゆううつ)な仕事とならざるを得ない。なぜなら、退廃した人類の長い営みのなかで、その啓示に当然混入しているとおもわれる誤謬(ごびゅう)や変造の発見に大いに苦労することが予想されるからである。

キリスト教がなぜ既存の各宗教にかくも華々しい勝利をおさめ得たのか？　この問いは、おそらくだれしもが発したくなる問いだろう。そしてそれにたいする得心のゆく、しかも判然とした答えをもとめるとすれば、それはおよそ次の通りではないだろうか。すなわち、教義そのものの確たる実証性と偉大な「創造主」の摂理のためである、と。

だが、真実や理性がこの世で歓迎をうけることは希れであり、神もまた、目的達成のためには人間の激情や人類の状況をよく利用し給う。であれば、キリスト教会の急速な発展について考えるばあい、不敬に流れないかぎり、第一義的原因ではなく、むしろ第二義的原因に目を向けてもよいのではないかとおもわれる。

とすれば、この宗教がみせた発展の重要な要因として、次の五つを挙げることができよう。すなわち、

①キリスト教徒の確固不抜の精神と、そしてもしこう表現してよければ、狭量な宗教的熱情（それはユダヤ教に由来する。しかし、キリスト教のばあいは、異教徒によるモーゼ律法の信奉をうけ入れなかったユダヤ教とは違い、非社会性はとり除かれている）。

②「来世」の観念（この一大真理を支持するものは、何であれ、ことごとく利用された）。

③原始キリスト教会がみせた奇跡の力。

④キリスト教徒の道徳的に謹厳な行状。

⑤キリスト教徒集団の結束と規律（かれらは独特の結束と規律によってローマ帝国の心奥部でしだいに数を増し、あたかもひとつの独立した新興国民のようになっていった）。

以上のような要因である。

●――信徒の熱情

古代世界でみられた宗教的多彩性のほか、さまざまな民族が相互の神々にたいして示していた寛容性については、すでに前のところで概観した。

しかし、ここにそうした諸民族間の一般的交流に加わらなかった人種がいる。ユダヤ人である。アッシリアやペルシャの支配下で長い間苦しんでいたこの民族は、アレキサンダー大王の後継者たちの時代に頭角をあらわし、まず東の方で、その後西の方で、それぞれ急速に数を増し、たちまち他民族の好奇心と驚嘆の的となった。

奇妙な儀式。非社交的な習慣。その特異性にたいする固執。これらによって、ユダヤ人は特殊な民族の観を呈し、他民族にたいしては、陰に陽にはげしい憎悪をみせていた。

皇帝カリグラなどはおろかにも、イエルサレムの神殿に自分の像を置こうとしたが、偶像崇拝を死よりおそれたこの民族の不抜の結束力のまえに、その試みは挫折（ざせつ）している。

モーゼの十戒にたいするユダヤ人の篤い信奉こそ、翻っていえば、異国の宗教にたいする憎悪にほかならない。それはあたかも、宗教的熱狂という水流が狭い水路にみちびかれると、激流と化し、御しがたい猛威をみせる、そのさまに似ていたといえよう。

だが、キリスト教徒の信仰には、つねに恐怖がともなっていた。というのは、たとえわずかであれ、異教崇拝の徴があれば、それは悪魔への恭順であるとされていたからである。

そのため、キリスト者としての第一の義務は、偶像崇拝から徹底して身をまもることであった。しかし、これがなかなか容易なことではなかった。

およそいかなる民族のばあいも、宗教はたんに学園における講義や教会における説法のための思弁的教義に終始するものではない。ましてや、無数の神々、無数の儀式が、公私をとわず、すべてに密接に係わっていた当時の状況をおもえば、人間の交流も社会的な義務や娯楽も、ことごとく一切をしりぞけないかぎり、こうした神々や儀式を避けることは不可能だったことだろう。

重要な和戦の決議には、その前後いずれかに、行政長官、元老院議員、将軍らの参列あるいは主宰のもとに、厳粛な供犠（くぎ）が執り行なわれていた。また、陽気な異教信仰の欠かせない部分であった公共の祝祭ともなると、神々への最たる感謝の奉納として、皇帝や人民によって競技会が催されていた。

しかし、キリスト教徒にとって、サーカスや劇場は忌むべきところであった。かれらは震え上がる思いで、そうした場所をつとめて避けた。

だが、地獄の罠（わな）はそこだけではなく、いたるところに見出（みいだ）された。たとえば、友人同士がつどう宴会でさえ例外ではなかった。というのも、そうした席では、神々にたいし、おたがいの幸福を願って、よく神酒注ぎが行なわれていたからである。

また、婚礼の盛装をこらした花嫁がたくみに恥じらいをみせながら、新居のなかに送りこまれていく光景や、葬儀の列が粛々として火葬場へむかう光景など、特別な折にも、キリスト教徒はこの種の不敬虔（ふけいけん）な儀式に内在する罪に触れるより、たとえそれが最愛の人たちであろうとも、そこから離れざるを得なかった。

偶像の装飾や造形にいささかでも係わりのある技術や職業は、例外なく邪神崇拝の罪ありとされた。自由人の仕事であれ、職工の仕事であれ、そうした係わりによって社会の大半が永遠の惨禍にまき込まれるという理由からであった。

いま目を転じて、その数たるやおびただしい古代の遺跡をみるならば、そこには異教の神々をあらわした形象やその礼拝のためにもちいられた聖器類だけでなく、ギリシア人の想像力がつくり出した美しい造型や快い虚構が、家宅にも家具にも衣装にも、すなわち異教徒の生活にくまなく、それこそ最高の装飾品としてとり入れられていたことを発見することだろう。

いや事物にとどまらず、音楽や絵画、雄弁や詩作などの芸術までが、その同じ邪宗に源を発していることを見出すにちがいない。

異教徒たちは、教育や習慣から、公私の祭事を迷信的にまもった。それにたいしキリスト教徒は、そうした祭事の度ごとに、徹底した反抗心を露（あら）わにし、これを確認した。すなわち、度（たび）かさなる抗議行動を通して信仰の火をもえ立たせ、その激しさに比例して悪魔にたいする聖戦の意気をたかめたのであった。

●――不死にたいする信仰

キリスト教徒によれば、福音(ふくいん)の信仰をうけ入れ、その教えをまもる者には、永遠の幸福が約束されていた。したがって、宗派、階級、属州のいかんをとわず、多くの人々がこの魅力的な申し出を歓迎したことは言うまでもない。

初期のキリスト教徒は、現世の存在をさげすみ、霊魂の不滅を信じることによって励まされた。もっとも、信仰心が微温的あるいは表面的な近代人が、この辺の心理を理解することはなかなか困難なことだろう。

いわゆる原始キリスト教徒の間にこの真理がひろがったのは、あるひとつの思想によるところが大きい。それは伝統や便宜の点では尊重に価(あたい)する考え方かもしれないが、経験としてはけっして快いものではない。すなわち、世界の終末と天国の到来が迫っている、と万民が思っていたということである。

たしかに、使徒たちが確信していたこの「終末思想」は、初期の弟子たちにもうけ継がれ、さらに次代へと伝えられていた。

キリストの言葉をすべて文字通りに解していた信徒たちとしては、雲と光につつまれた「人の子」の再臨が早期にみられるものと信じていた。つまり、かれがこの世でうけた辱めを目撃し、またウェスパシアヌス帝やハドリアヌス帝治世下でユダヤ民族が経験した災難の数々を証言できる世代が死に絶えるまえに、実現するものと考えていたのである。

異教徒の賢者や有徳の士を、聖なる真理にたいする無知や不信心が理由で罰するということは、現代人の理性や人間愛からすると、なかなか認めがたい。だが、原始キリスト教会は、その強烈な信仰のために、人類の大半を永劫の業苦の中につき落とすことになんの躊躇もなかった。

福音以前に理性を導き手としたソクラテスをはじめとする古代の賢者については、いくらか酌量が期待されないこともない。しかし、キリスト生誕後になおも悪魔信仰をかたくなに守った者たちについては、神の怒りをまぬがれることも、まぬがれる資格も、いずれもあり得ないというのが、キリスト教徒に共通した認識であった。

原始キリスト教徒のなかには、信仰告白が謳う慈悲の精神を体現した人々が数多くいたことは言うまでもない。たしかに、同胞に迫っている危険をおもい、心から同情し、あわれな同胞を破滅から救おうと熱心に努力した者たちが少なくなかった。

これにたいし、異教徒のなかには予期せぬあらたな恐怖におそわれ、祭司からも哲学者からもなんら確実な保護も得られず、永遠の業苦という言葉に戦慄(せんりつ)し、これに圧倒される者が多数みられた。

しかしながら、恐怖は往々にして信仰や理性の発展に寄与し得る。すなわち、「キリスト教こそ真の宗教ではないだろうか？」という思いが胸にきざした者にたいしては、「まさに理に叶(かな)った、安全な宗教である」と説得することは容易なわざであった。

●原始キリスト教会の奇跡

キリスト教徒には、この世においてさえ数々の超自然的恩恵が特別にあたえられているとされていた。このことは、かれらの慰みとなったと同時に、異教徒説得に大きな力を発揮したにちがいない。

じじつ、神の直接介入によってしばしばひき起こされた可能性がある異象のほかに、キリスト教会には、使徒やその最初の弟子たちの時代から、奇跡、弁舌の才、幻視、預言、悪魔祓い、治療、蘇生など、数多くの不思議な現象がつねに伴ってきた。

現にみる幻であれ夢にみる幻であれ、神からの霊感は、司教をはじめ老若男女、あらゆる階層の信徒に、しかも溢れんばかりに恩恵であるといわれていた。たしかに、祈禱、断食、不寝行といった一連の行によって敬虔な想いが高まると、あたかも中空の竹か笛のように、精霊を通す器官と化して恍惚となる現象がみられていた。そしてこうした幻視の大部分は、教会の将来の発展を予見したり、教会の司政を先導したりするものであった。

悪魔どもが人々の身体から追い出される、いわゆる悪魔祓いは、宗教的効験のなかで最たるものとされていた。

爾来、今日でもこのことが真の宗教の証として、キリスト教擁護論者にくり返し唱えられている。

当時この儀式は、通常、衆人環視のなかでおごそかに行なわれていた。そこでは、祓魔師が病人をいやすと、その瞬間、自分が人々の信仰心をうばっていた偽りの神々のひとりである、と告白する悪魔の声が聞かれたという。

●――純粋、峻厳な道徳

原始キリスト教徒は徳行をもって信仰の証としたが、また当然、そうした聖なる信念が悟性を啓発したり抑制したりすると同時に、心を清め、行ないを導くべきであるとも考えていた。

たしかに世界の習俗は、福音の宣教によって大きく改善された。その模様については、同胞の無知を正当化している初期のキリスト教護教論者や、祖先の尊厳ある生をたたえている歴史家が、これをじつにいきいきと描写している。

そこで、啓示の影響を強めた人間の側の要因について紹介したい著者としては、原始キリスト教徒がその生活態度を清らかでかつ厳しいものとせざるを得なかったふたつの動機、すなわち、過去の罪業(ざいごう)にたいする悔悛(かいしゅん)と自分が属している集団の評判に貢献しようとした心情とについて、以下、簡単にふれてみたい。

相当昔のことであるが、不信心者の悪意や無知から出た非難の言葉に、次のようなものがある。すなわち、キリスト教徒は、いささかでも悔悛の思いがある者をみつけると、異教の教会ではみとめられない贖罪が自分たちの教会では洗礼によって即座に可能であるとして、極悪人にまで入信を勧誘している、と。

しかしながら、この種の非難は、虚偽の主張さえ除くなら、キリスト教の発展にたいしてだけでなく、名誉にも大きく寄与している。じじつ、代表的聖者のなかには、洗礼をうけるまでは非道無頼の徒であった者たちが少なくなかった。キリスト教の味方といえども、このことは率直にみとめることだろう。

善行正道の途だけを歩んできた者たちのばあい、たとえそれが不完全なものであったにせよ、みずからの廉直にはひそかに満足をおぼえていた。しかし翻っていえば、それゆえにこそ、かれらは後悔、悲嘆、恐怖といった感情がもたらしていた、あの奇跡的な突然の回心を経験することがなかったともいえる。

主イエスの例にならう福音の伝道者たちは、罪の意識やその応報に悩む者たち、とりわけそうした女たちをみて、これを軽蔑するようなことはなかった。

こうして罪や迷信から救われ、輝かしい永遠の生にたいする望みをあたえられた者たちは、徳行の生活だけにとどまらず、さらにきびしい、懺悔の生涯へと決意をかためたのであった。いまや完全さを渇望する心が、支配感情となったのである。理性が冷静な中庸をもとめるのにたいし、熱情は人を駆り、反極端の彼方へと一気に飛翔させる、あの周知の現象にほかならない。

男女の交わりに関する教父たちの厳格な態度も、霊性をそこなうおそれのある愉楽はこれをことごとく避けるべきであるとする、同じ考え方からきている。

「アダムにあの背徳がなかったならば、かれは無垢（むく）の童貞のまま永遠の生を享受していたことであろう。また、天国にしても、無害な植物と純真な不死の人類とで溢れていたことであろう」というのが、かれらの口ぐせであった。

結婚は人類という種を絶やさない便宜として、また、奔放な自然の欲望にたいする抑制策として、堕落したアダムの子孫にゆるされているものだ、と考えられた。

この興味ぶかい問題にたいして正統派決疑論者たちがみせた躊躇は、みとめたくない制度をみとめざるを得ない困惑を物語っている。

おそらく、新婚夫婦の契り（ちぎ）の床についてかれらが細々と課した奇妙な規則の数々には、新郎なら苦笑を、また新婦なら赤面を、それぞれ禁じ得なかったことだろう。

最初の結婚は自然や社会の目的にそっているというのが、教父たちの一致した見解であった。肉体的結合はキリストと教会との秘教的一体化であるとする「相似」にまで昇華された。そしてこの結びつきは、離婚や死亡などで解き放つことができるものではないとされていた。

これにたいし、再婚には合法的姦淫という烙印がおされ、純粋であるべきキリスト者にあるまじき言語道断な罪とされていた。したがって、これを犯した者たちは、教会の顕職から、いやそればかりか軍隊からも、即座に追放されていた。

情欲は犯罪とみなされ、婚姻は欠陥として容認されていた。独身生活が神の完全性にもっとも近い途であるとみられていたのも、同様な考えにもとづいている。

この辺の事情を物語るものとして、熱心なキリスト教徒の間には、肉欲に無感覚な者やその攻撃にうち負かされなかった者たちの話が伝わっている。たとえば、アフリカでは、逃亡を潔しとせず、敵に真っ向から霊的白兵戦をいどんだ処女たちの例がある。彼女らは司祭や助祭を寝床にまねき入れ、燃えさかる情火のなかで、ひとつの汚点もないほど完全に純潔をまもったといわれる。

キリスト教徒はこの世の快楽にたいして背を向けたが、俗業にたいしても、その姿勢は変わらなかった。

かれらは純朴さから、宣誓語の乱用や政府高官職の虚栄、あるいは公的生活にみられる熾烈な競争などを忌みきらった。また、そのやさしい心情のゆえに、たとえ犯罪行為や敵性行為で社会の治安が脅威にさらされようと、司法や戦争で人間たる同類の血を流すことをみとめることはできなかった。

怠惰、いや犯罪とさえいえる、社会の安寧にたいする等閑視。このため、キリスト教徒は異教徒からの侮辱や非難にさらされた。「すべての民が、この新興宗教の信徒たちのように、臆病な考えを持ったとしてみよ。四辺から蛮族の侵攻をうけたばあい、帝国の命運はいったいどうなるのだ」と異教徒はよくこう口にしていた。

この屈辱的な問いにたいするキリスト教擁護論者の答えは曖昧であった。それには、ひそかな理由があり、その理由を明かすことを望まなかったからにほかならない。すなわち擁護論者たちは、全人類が改宗するまえに、戦争も政府もローマ帝国も、いやこの世界でさえ、消滅しているはずだと考えていたのである。

●――団結と規律

およそ人の心はときに高揚し、ときに消沈する。だがやがて、おもむろにではあるにしても、自然な定位置へともどり、そのときの実情に最適とおもわれる情緒に落ち着くものである。

キリスト教徒のばあいも同様であった。かれらは現世の実業や快楽にたいして不感症であったが、活動欲が完全に絶たれていたわけではなかった。それは間もなくしてよみがえり、そして教会政治という分野に活躍の場をみつけたのであった。帝国の国教ともいうべき異教に抵抗する特異な集団として、なんらかの内部制度が必要であったからである。つまり、キリスト教共同体において、宗教的職務だけでなく、現世的指導をも任せうる役職者がしかるべき数をもとめられたのである。

自分たちが属する教団の安全や名誉をもとめる思いは、信仰篤き者たちにさえ、初期のローマ人の愛国心にも似た心情を植えつけた。またときには、目的完遂のためには手段をえらばない冷淡さをももたらした。己なり友人なりを教会の顕職につけようとする野心は、聞こえのよい口実で偽装された。つまり、それはひとえに公益のためであり、それゆえにこそ、そうした職権が必要なのだ、という主張である。したがって、職務の遂行にあたり、しばしばかれらに求められたことは、異端の誤謬や各党派の策謀の摘発、あるいは教友仲間の背信的陰謀にたいする反対、あるいはまた、共同体の安寧を乱そうとした者たちの追放、こうしたことを行なうことであった。

「蛇のごとく賢く、鳩のごとく純真であれ」というのが、教会政治を託された信徒にたいする教示であった。だが、執務の経験にともない、「蛇のごとき賢明さ」はしだいに洗練されていったものの、かたや「鳩のごとき純真さ」はしだいに汚れていった。

公職を占めた者たちは、俗世においては言うまでもなくキリスト教社会においても、さまざまな資質によって一般信徒から傑出した。そして、行為の裏にひそむ真の動機については、他人にたいしてだけでなく、おそらくは自分自身にもこれを隠して、忙殺的な活動の日々を送るようになり、やがてその生活に、宗教的熱情からくる刻苦、頑迷な雰囲気を加えていった。

いつの時代も、少数の者が富や知識によって特権を享受し、大半の人々は卑賤、無知、貧窮のなかで生をいき、生を終える。これが人間社会の実情である。キリスト教にしても、本来は全人類を対象としていたが、やがて上層階級より下層階級から、はるかに多くの入信者を集めなければならなくなった。

ところが、このごく自然の成り行きとおもわれることが、それ以来、教敵に猛烈な非難の余地をあたえてしまった。すなわち、キリスト教への入信者の大半が、当時社会の屑といわれていた人種、すなわち農民や職人、女や子供、物乞いや奴隷から構成されていたというのだ。

ちなみに、最後に挙げた奴隷の役割を見過ごしてはならない。なぜなら、宣教師がかれらを介して富裕階級を訪れるといったことも、おそらく、ときにはあったにちがいないからである。

「これら見下げた教師らは、公の場でこそ無口だが、仲間うちでは饒舌で、しかも独尊的である。哲学者にたいしては戦々恐々としてこれを避けながら、かたや無学な大衆とは喜んで交わり、言葉たくみにかれらを騙している。それは、俗衆こそ迷信的な恐怖にもっとも影響されやすい人種であるからにほかならない」、とその中傷は言う。

使徒たち自身、神の摂理によってガリラヤ湖畔の漁夫のなかから選ばれたことをおもうとき、その出自が低いものであればあるほど、ますますかれらの美点や成功を賞賛せずにはいられない。

たしかにわれわれは、心貧しき者たちには天国が約束されていたことを、心にしかと銘記しておく必要がある。また、不幸な者たちが来世の幸福を約束する神の言葉に熱心に耳をかたむけるのにたいし、好運な者たちはこの世の所有に満足している。さらに、いわゆる賢者らにしても、理性や知識をうたがう一方でこれを乱用し、はてはその優位性を競い合うといった空しい競争まで行なっている。こうしたことも、ゆめ忘れてはならない。

では、こうした反省がなぜ必要なのだろうか？　それは、もっとも天恵に価するとおもわれる、すぐれた人物が神の救いに与(あずか)っていないことに、われわれとしていくばくかの慰めを見いださんがためである。

セネカ、大小両プリニウス、タキトゥス、プルタルコス、ガレノス、奴隷のエピクテトス、皇帝マルクス・アウレリウス、かれらはそれぞれ、あるいは活動的生活において、あるいは思索的生活において、おのれが生きた時代を飾り、人間性の尊厳を高め、そして各自がその地位身分に栄光をもたらした。元来すぐれていた悟性を学問によってさらに磨き、哲学によって偏見にみちた俗信から精神をまもり、真理の探求と徳行の実践とに生涯をささげた人士たちである。

しかし、こうした賢哲のすべてがキリスト教の完全性に気づかなかったか、もしくはこれを拒否した事実は、遺憾であると同時に、驚きではないだろうか。まことに、その言辞にしても沈黙にしても、当時すでに帝国全土で教勢を増していたこの新興宗教を、ただ侮蔑(ぶべつ)するだけのものであった。

もちろん、かれらのなかには、記録としてキリスト教徒に言及した者がまったくいなかったわけではない。たしかに、幾人かは言及している。が、それとても、この新派信徒のことを、有識者にとって一顧だに価しない、ひたすら絶対的信従を強(し)

いる頑迷な狂信徒の集団であるとみなしていたにすぎない。

●――異端にたいする迫害

キリスト教会にたいして寛容な精神をもって臨み、その利権を擁護した皇帝コンスタンティヌス。この皇帝は死後聖職者たちの感謝の念から神聖化され、今日にいたっている。

たしかに、コンスタンティヌス帝の時代にかれらが浴した恩恵のなかには、富や名誉だけでなく、復讐の機会までもあり、そのため当時は、民政官にとっても、「正統派」という宗派への支援がもっとも重要な役務となっていた。いわゆる宗教的寛容の大憲章、すなわち「ミラノの勅令」で保証されていた「信教の自由」という基本的権利が、その後まもなくして侵されるようになっていったのである。それは、コンスタンティヌス帝みずからが、真理の認識にともない迫害の理をも学んだとみえ、キリスト教の勝利を境に、異端分派にたいする弾圧をはじめたことに因る。

カトリック教会からはなれた諸教派にたいする帝の考え方は、直情的であった。すなわち、自分の意見や命令にさからう愚直頑迷なやからは犯罪人も同然であり、したがって、むしろ適時適切な厳罰を科すことにより、来るべき「永劫の罪」の宣告から救ってやるべきである、と。

こう確信するや大帝は、それまで正統派の聖職者に気前よくみとめていた数々の特権から、分離諸教派の宣教者や教師らをただちに除外した。だが、それでもなお生存の可能性ありとおもわれたのか、まもなくして東方の征服がなるや、今度はかれらの完全な根絶を指示する勅令を発した。それは、激越な糾弾文につづいて、かれらの集会を禁止するとともに、その公的資産を没収して国庫へおさめるか、もしくはカトリック教会に寄進することを伝えた布告であった。

このとき帝が意図した禁止の対象としては、確かなところでは、サモサタのパウルスを信奉する一派、予言の継続性を主張したフリュギアのモンタヌス派、悔悛の現世的効験を否定したノウァティアヌス派、それにアシアやエジプトのグノーシス諸派をしだいにまとめていたマルキオン派とウァレンティニアヌス派の各派があった。だが、そのほかに、ペルシャから少しまえに伝わっていた東方の神学とキリスト教神学をたくみに折衷したマニ教も、おそらくはこれに入っていたのではないかとおもわれる。

かくて異端各派の撲滅、あるいは少なくとも規制をめざす政策が、鋭意進められ、成果をあげた。罰則については、ディオクレティアヌス帝の勅令から借用された条項さえあった。いや、そればかりか、改宗をせまる方法が、かつて同じような弾圧下でさかんに人権を主張していた当のキリスト教の司教たちによって賞賛されるありさまであった。

●神学論争

コンスタンティヌス帝の弁舌や聡明さについては、古来一貫して賞賛が浴びせられてきた。しかし、こと宗教については、その知識に少なからず疑問がある。たしかに、この点にかぎれば、かれはあくまで一介のローマの将軍あるいは君主にすぎず、学問からも霊感からも高遠な明智を得ていたとはおもわれない。したがって、形而上学（けいじじょうがく）的問題や信仰箇条について、これをギリシア語で論じる資格があったかどうか、はなはだ疑わしい。

ニカイア公会議で議長を務めていたとおもわれる寵臣（ちょうしん）オシウスへの信頼から、正統派支持へとかたむいていたとも考えられる。また、異端派の保護者であるニコメディアの司教エウセビウスがあの僭帝マクセンティウスを支援していたという話を聞いて、宗敵にたいする心証をいっそう悪化させた可能性もある。

いずれにせよ、コンスタンティヌス帝はニカイア信経をみとめ、公会議の判断にさからう者については、即刻流刑に処することを断固宣言した。

これによって、当初抵抗していた十七名の司教のうち十五名が脱落。残るふたりのか細い反対の声も、やがてまったく聞かれなくなった。そしてついには、そのひとり、カエサリアの司教エウセビウスまでが、本質説を不承不承にうけ入れ、かたやニコメディアの司教エウセビウスも、態度を明確にしないなか、三カ月ばかりのちに流刑となった。

アリウス自身もイリュリクム辺境州のひとつに追放され、アリウス派全体にポルフィリウス派という、いまわしい烙印が押された。さらには、その著作もことごとくが火に投じられ、一部でも隠し持っていた者には重刑が科された。

ところが、コンスタンティヌス帝は、先の自分の行動が一時的な激情によるものであったかのように、それから三年も経つか経たないうちに、アリウス派にたいして慈悲、いや寛容の態度さえみせはじめた。

追放されていた者たちが、すべて呼びもどされたのである。かのエウセビウスも、帝の最愛の妹がひそかに保護者となっていたこともあって、皇帝にたいするかつての影響力をしだいにとり戻し、最後には、司教の座にふたたび返り咲いた。

アリウス自身もまた、冤罪（えんざい）に苦しんでいた者にたいするがごとき丁重さをもって宮廷人に遇され、その信仰もイエルサレム公会議によってみとめられた。

皇帝はといえば、過去の不正をつぐなうためか、コンスタンティノポリス大聖堂における聖体拝領にこの司祭を参加させよ、と勅命を出したりもした。

だが、運命の戯れというべきか、司祭アリウスは、自分の勝利が確定した、まさにその日にこの世を去ったのである。それも、奇怪な死に方で。

そうした事情から、正統派の聖者たちが教会をまもるために祈禱以上の、なにか効験あらたかな手段をもちいたのではないかとの憶測もある。かならずしも否定できない憶測といえよう。

いずれにせよ、このあとカトリック教会のおもなる指導者の三人――アレクサンドリアのアタナシウス、アンティオキアのエウスタティウス、それにコンスタンティノポリスのパウルス――は、一連の公会議の結果、さまざまな罪状により、それぞれ降格され、その後辺境州へと追放された。

そして、その命を下した皇帝コンスタンティヌスは、臨終まぎわになって、ニコメディアのアリウス派司教から洗礼をうけた。

この皇帝の教会政策については、それが軽率、非力であったことからして、ただちに正当化することはできない。神学論争など不慣れで、しかも軽信であったことからみれば、異端派のまことしやかな教理にあざむかれた可能性がなかったともいえない。

たしかに、そのことを暗示するように、異端派となった司祭アリウスを保護し、正統派とされた司教アタナシウスを迫害している。しかもその一方で、ニカイア公会議をキリスト教信仰の砦（とりで）とみなし、自分の偉業であるとさえ考えていたのである。

コンスタンティヌス帝の跡を継いだ子息たちは、その幼少時より洗礼志願者であったとおもわれるが、実際には、洗礼は遅れている。秘儀についても、事情は父帝と同じである。しかるべき儀式を経ていなかったにもかかわらず、それぞれがみずからの見解を堂々と述べている。

こうした状況であったから、三位一体説をめぐる論争の行方は、後継帝コンスタンティウス（二世）の考え方に大きくかかっていた。かれは東方の諸属州を継承し、これによって帝国全土を掌中にしていた。

だが、新帝の国務にかかわる判断はすべてが側近の意見に左右されていた。そのため、亡き大帝の遺言書をひそかに入手していたアリウス派が、かれに巧みに近づいて、この好機を大いに利用したのであった。

かくして問題の霊的害毒は、まず宦官や奴隷たちによって宮廷中にまき散らされ、その感染は女官群から近衛兵へ、そしてついには皇妃から夫帝へとひろがっていった。

●――アリウス派を擁護した後継帝

コンスタンティウス（二世）帝には理性による抑制もなく、といって、信仰による不動心もみられなかった。ただ、極端な反対派への恐れから、暗く空虚な深淵の両岸をいたずらに行き来したにすぎない。すなわち、アリウス派や準アリウス派を支持したかとおもえば、たちまちこれを排斥し、あるいは流刑に処したかとおもえば、たちまちこれを呼びもどした。

国務の折も祝祭のさなかも、終日、いやときには夜を徹して、自己の信条をあらわす用語の選定に心をくだき、本来なら心地よい惰眠のときさえ、この問題から解放されることがなかった。

あげくには、とりとめもない連日の夢を、天の啓示であるかのように解釈する始末。また、帝の歓心を買おうと、自派の主張もわすれて聖職者たちが贈った「司教の中の司教」という称号に、満悦この上ないありさまであった。

しかし、教理統一のため、ガリア、イタリア、イリュリクム、アシアと、各地で数多くの公会議を召集したものの、みずからの軽率な言動やアリウス派の内部対立、さらにはカトリック派の抵抗などのため、当初の意図を達することはできなかった。そこで、ついには最後の手段として勅令による公会議の召集を決意せざるを得なかった。

ところが、ニコメディアで地震が突発。その被害のため、場所の確保が困難となり、加えて政策上の内密な理由もあったのだろう、いずれにせよ、召集について一部変更を余儀なくされた。

かくて東方の司教はイサウリアのセレウコス（セレウキア）市で、かたや西方の司教はアドリア海沿岸のアリミヌス（リミニ）市で、それぞれ会議を開くことになり、そしてこれについては、各属州から全司教がこぞって参集せよとの命が発せられた。

●――収まらない神学論争

東方の公会議では四日間にわたって激論がたたかわされたものの、確たる結論が出ないまま散会となった。かたや西方の公会議は、延々と七カ月目までつづいた。というのも西側では、民政総督のタウルスにたいして、意見の一致をみるまで散会を許してはならない、との勅命が下っていたからである。しかもこの勅命には、もっとも頑迷な司教十五名を追放しうる権限と、さらにはこの難事を成功させた暁には、かれを執政官職に就任させるとの帝の約束が添えられていた。となれば、命の遂行に勢いがつかないわけがない。

民政総督の懇願や威嚇、君主の権威、ウァレンスやウルサシウスの詭弁、飢えと寒さ、さては流刑のような、いつ終わるともしれない暗鬱な日々、こうしたことのまえに、西方のリミニ公会議はついに全会一致の議決を強いられて幕を閉じた。

かくして、コンスタンティノポリスの宮廷に東西の代表を迎えた皇帝は、「神の子」について、「ホモウシオン」（同質性）なる語をもちいず、類質性を主張した信仰告白を全世界にたいして押しつけることができたことに満足した。

とはいえ、正統派の司教たちを追放することによってアリウス派を勝利させたことや、また偉大なアタナシウスを不正に迫害してもなお所期の目的を達せられなかったこと、これらはコンスタンティウス（二世）帝の治世にとって大きな汚点となった。

●――「正統派」の闘士アタナシウス

活動的生活であれ思索的生活であれ、一点に集中し、これを継続すれば、およそ成し遂げられないものはない。こうした事例が希れであることは否めないが、しかしともかく、そうした事例があることは確かである。

カトリック教会の三位一体説とは切り離せない、あの不滅の名を遺したアタナシウス、然りである。かれもまた、その生涯と才能をことごとくこの教理のためにさげたのであった。

アレクサンドリア市の司教アレクサンドロスの薫陶をうけ、アリウス派の興隆時、徹底してこれに反対したかれは、その後この老司教の書記官という重要な職務にはげんだ。そして、まもなくしてその学徳がニカイア公会議に出席した司教らの目にとまるや、かれらのうちに驚嘆と尊敬の念をおこさせた。

いつの世でも、危急存亡のときには、即応性に欠ける老いた顕官の主張など、往々にして無視される。このことは当時も同じである。助祭であったアタナシウスもその例にもれず、ニカイアからもどるや、五カ月後にはエジプトの首座司教に任じられている。

かれはこの重職を四十六年余にわたって勤め上げたが、その長い在位の年月は、一貫してアリウス派との闘いにささげられた。

首座司教の座から追われること五回、流刑者あるいは逃亡者として年月を送ること二十年。この間、帝国のほとんどすべての属州に足跡を残し、本質説のために苦難の数々を耐え忍ぶみずからの姿を、人々に強く印象づけた。

迫害の嵐のさなか、身の危険などかえりみず、刻苦するアタナシウス。なるほど、かれに狂信のおもむきがなかったわけではない。がしかし、かれがこの間にみせた豪胆さと偉才とには、並々ならぬものがあった。

それは、かりにもしその対象が大帝国の統治であったにしても、コンスタンティヌス大帝不肖の後継帝たちより、この司教の方がはるかにその適任者であったに相違ないとおもわれるほど非凡なものであった。

学識については、カエサリアの司教エウセビウスとくらべ格段に劣り、また弁舌についても、グレゴリウスやバシリウスほどの流暢さはないが、説得力の点では優れていた。たしかにかれは、自己の見解や行動の正当性について釈明をもとめられたとなると、筆舌いずれであっても、思うところを明瞭かつとうとうと述べて、人々を信服させていた。

アタナシウスは、カトリック教界では、キリスト教神学の一泰斗とされている。しかし同時にかれは、聖職者に似つかわしくない、ふたつの俗学、すなわち法学と占卜（せんぼく）にも通じていたといわれる。じじつ、アタナシウスの予見はしばしば的中していたらしく、公平な理性人ならかれの経験と判断力に帰したことであろうそうした技量を、味方の者たちは天来の霊感によるものだとし、一方、敵対する者たちは悪魔の魔法によるものだとしていた。

だが、アタナシウスの資源はそうしたことだけにとどまらない。むしろ、托鉢僧（たくはつそう）から皇帝にいたるまで、あらゆる階層の人々について、その挙動をたえず観察していたことをおもえば、人間性に関する知識こそ、かれの最高の学問だったのではないだろうか。

さらに、変転してやまないこの世の事柄についても、本質を即座に見抜き、あらゆる好機をのがさず、これを常に活かすことができた。

どのていど大胆に命令し、どこで巧妙にほのめかすべきか、どのていど迫害に立ち向かい、どこで身を隠すべきか、こうした判断には誤りがなかった。また、異端、造反の徒にたいして教会の雷火を浴びせながらも、自派の中においては、賢明な指導者としての柔軟さと寛容さとをみせていた。

アタナシウスの首座司教叙任については、違法や軽挙といった非難の声も、たしかに一部にはあった。しかし、その人となりを見た聖職者や人々はだれしもが、やがてかれに好意を寄せるようになっていった。それは、アレクサンドリア市全体が、この人物のためなら武器をとって立ち上がることも辞さないほどであったといわれる。

逆境のときに、アタナシウスが管区内の聖職者たちから支持、あるいは少なくとも慰めを得られなかったことは一度もない。まことにエジプト属州百名の司教がかれを強く支持した。

ひとつには誇りから、またひとつには政治的配慮から、アタナシウスは少数の供まわりでナイル河口からエチオピア辺境まで、管区内の全属州をたびたびおとずれ、最卑賤の民衆にまで親しく声をかけ、ときには砂漠の聖者や隠者のもとにまで足をはこんだ。

その希有（けう）な天資は、もっぱらかれと同じような教養や習慣をもつ人種、すなわち聖職者が集まった会議において披瀝（ひれき）されただけではない。皇宮にあっても、アタナシウスは、毅然たる態度のなかに、きわめてうやうやしく、しかもくつろいだ風であった。

そのためかれは、順境と逆境がめまぐるしく交替した生涯にあって、最後まで、味方の信頼も敵の尊敬も一度としてこれを失うことがなかった。

●——「アタナシウスを捕らえよ」

以下は、この非凡な人物が閲した劇的な冒険の物語である。

あの夜、シリアヌスの軍隊によって聖テオナス教会が包囲されたとき、アタナシウスは大司教座にあって威儀をくずさず、従容として死を覚悟した。そして怒号と悲鳴に礼拝が中断されるなか、詩篇のひとつを唱和して神への信頼をあらわすよう、おののく会衆をはげました。傲岸、不敬なエジプトの暴君にたいするイスラエルの神の勝利をたたえた、あのダビデの詩篇である。

だが、ついに扉は破られ、次の瞬間、会衆にむけて矢が雨のように放たれた。とおもうと、つづいて兵士たちが剣を手に至聖所へとなだれ込んだ。

祭壇のまわりで燃える聖燭に甲冑や武具が映じ、閃光を放つ——。

この間、アタナシウスはたじろぐことなくその座にあった。周囲の退避要請にも耳をかさず、会衆が最後のひとりまで無事脱出するまで、かれは毅然として司教座をはなれようとしなかった。

しかし、ついに脱出となるや、暗闇と喧騒がアタナシウスらに味方した。かれは混乱する人々にもまれ、途中おし倒されたあと、気絶したのか、動けなかったが、しばらくしてふたたび雄々しく立ち上がり、兵士らの執拗な追及をふり切って逃走に成功した。

かくしてアタナシウスは敵のまえから姿を消し、以来六年以上にわたって、為政者の目がとどかぬ世界に身を潜めることとなった。

ただちにエチオピアのキリスト教徒王侯らにたいし勅書がとどけられ、アタナシウスをその領内のいかなる辺地にも住まわせず、遠く追放せよとの命がつたえられるなど、いまや皇帝の専制権はローマ世界全土におよんだ。

ひとりの司教、ひとりの逃亡者を捕らえるために、督軍、総督、軍団司令官以下、文字通り全軍がつぎつぎと投入され、文武両官挙げてこの勅令の遂行に腐心した。

生死をとわず、かれの身柄をさし出した者には多額の褒賞が約束され、一方、かくまった者には極刑が予告された。

●――荒野の修道院

アタナシウスがのがれたテーベの原野は、君主の命よりむしろ修道院長の命に服する熱狂的な信徒たちがすむ処であった。そうした信徒たちの間では、アントニウス（聖アントニウス・エレミタと呼ばれたエジプトの修道士）やパコミウス（ナイルの奥地スーダンに修道院を創設した聖隠修士）が師とあおがれていた。

エジプトの修道院は、総じて人里はなれた荒涼の地か、山々の頂（いただき）、あるいはナイル河中の島々に建てられていた。そうしたところにアタナシウスは隠れたのである。

そこには、タベンニシ島からひびく聖なる角笛の音を合図に数千人の修道士たちが四方から集（つど）ったが、かれらのほとんどは、近隣の農村の出であり、いずれもが頑健であった。また、その不屈の精神たるや、じつに徹底していた。

たとえば、修道院が軍隊に攻められ、抵抗が不可能と悟ったときのことである。

このとき、かれらはみずから首を出して処刑に応じ、エジプト人は拷問にも口を割らないという国民性を立証していたといわれる。

アタナシウスは、統制と訓練がいきとどいた、こうした修道士たちの献身によって身をまもられていた。そして、危険が迫るごとに、ひとつの隠れ家から別の隠れ家へと転々と移された。最後には、そのようにして、悪霊や怪物が棲（す）まうとされた奥地の砂漠にまでいたっている。

このアレクサンドリア大司教の雌伏はコンスタンティウス（二世）帝の死までつづき、その間の大部分を、以上のように、修道士たちの間で過ごし、かれらのさまざまな奉仕をうけたのであった。

ただ、といって、アタナシウスはかならずしも常に砂漠に身を隠していたわけではない。カトリック教会との緊密な連絡もきわめて重要であったから、探索の手がゆるむごとに、砂漠を出てアレクサンドリア市へと潜入し、友人や弟子の配慮に身をゆだねたりもしていた。

アタナシウスが閲（けみ）した数々の冒険のなかには、伝奇物語の格好の主題となり得るものが少なくない。ある時など、空の水槽に身を潜めていたところを、女奴隷の裏切りにあい窮地におちいったが、すんでのことに難を逃れている。また、ある時など、その絶世の美貌(びぼう)が全市にきこえた妙齢の女性の家にかくまわれている。後者については、彼女がのちに語ったところによると、深夜大司教がしどけない平服で駆けつけ、保護をもとめたらしい。天からこの親切な家に身をかくせとの啓示があったからだという。

この突然の懇請にたいし、敬虔な彼女は、人に気づかれることなく、アタナシウスを奥の私室にかくまった。そして危険がつづいている間、本や食事をさし入れ、その足を洗い、また、かれのために外部との交信にあたるなど、教友としての心遣いと召使いとしての奉仕を尽くしたのであった。

厳格に貞潔がもとめられる聖者と危険な情炎をもえ立たせかねない美女とが、このように隔離された環境で近しい生活をしていることに、だれひとりとして気づく者はなかった。

迫害と追放の六年間、アタナシウスは何度も彼女の家をおとずれているし、さらには、リミニ公会議やセレウキア公会議を目(ま)のあたりにみた、と公式に述べていることからしても、かれ自身その場にひそかに臨んでいたと考えざるを得ない。

●——抵抗はつづく

味方と親しく協議し、一方で敵の分裂はすかさずこれを利用する。およそしかるべき政治家なら、こうした手腕さえあれば、いかに危険きわまる大胆な試みであろうと、正当化できないものはない。

アタナシウスのばあいも、そうであった。地中海のあらゆる海港と貿易や航海でつながれていたアレクサンドリアを通して、人里はなれた奥地のかくれ家から、アリウス派を庇護する皇帝にたいして執拗に攻撃をつづけたのだ。

かれの論文は争って回読され、正統派を鼓舞し、その結束に寄与した。コンスタンティウス（二世）帝自身にあてた公開の弁明文では、ときに帝の穏健な政策をたたえる態度をみせているが、ひそかに回覧された弾劾文書においては、帝を暗愚、卑劣な君主、親族の殺害者、帝国の暴君、反キリスト者などと呼ばわっている。

たいするコンスタンティウス（二世）帝の方は哀れであった。ガルスの軽挙に懲拳を加え、シルウァヌスの反乱をしずめ、ウェトゥラニオから帝冠をもうばい、さらにはマグネンティウスの軍団をも粉砕した皇帝が、その戦勝後の勢いの高みにあって、みえない相手から和解も報復もままならない打撃をうけていたのである。信仰のためにはいかなる権力にも屈しない強力な存在を経験させられたキリスト教君主としては、かれが最初の皇帝であった。

●―異教徒のうえに希望の光が

キリスト教世界の分裂は、異教の崩壊をおくらせた。それは教会内部の反乱にたいする危機感から、異教徒にたいする聖戦の士気がゆるんだことに帰せられる。問題がたんに偶像崇拝の撲滅だけであったならば、それまでの悲寛容な原則によって、すべてを正当化することができたかもしれない。しかし現実には、皇宮内で対立があり、その対立する両派が交互に覇権をにぎっていた。一方が劣勢になったとはいえ、いまだなお強力であった。したがって、その相手にたいして人心の離反策をとることなど、おたがい憚(はばか)られた。

権威にせよ趨勢(すうせい)にせよ、あるいは利害にせよ道理にせよ、あらゆる動機が、いまやキリスト教徒側に有利にはたらいていたものの、といって、帝国全土がたちまちこの宗教に感化されたわけではなかった。完全にそうなるまでには、二、三世代の歳月を要していたのである。

多神教は、ローマ帝国においてかくも久しく、かくも最近まで国教とされていた宗教だけに、多数の人民にとってそれはいまだに深い尊崇の対象であった。かれらは、思弁的な教説より古来の慣習の方に親しみをおぼえていた。

かえりみれば、コンスタンティヌス帝の治世下においても、あるいはその息男のコンスタンティウス（二世）帝の治世下においても、政治的と軍事的とをとわず、栄光の機会はすべての臣下に差別なくあたえられていた。また、知識、富、勇気といった資源も、その相当部分が多神教をまもるために捧げられていた。そしてそうした状況であったればこそ、元老院議員も農夫も、詩人も哲学者も、その迷信の根拠に違いはあれ、すべてが一様に、敬虔な気持ちからともに教会に集っていたのである。

だがいまや、かつて禁止されていた、ひとつの宗派（キリスト教）が勝利をものにするにいたっている。異教徒の間には屈辱感がつのっていた。

　ところがそのような折、思わぬ風聞が伝わった。ガリアを蛮族の武力から解放した若き英雄、すなわち、帝位の継承者と目されているユリアヌス副帝(カエサル)が、祖先伝来の宗教をひそかに信奉しているというのだ。これを知ったかれらの胸には、ふたたび希望の火が燃え立ったのであった——。

コンスタンティヌス帝および子息帝らの治世とユリアヌスの登場

コンスタンティヌス大帝（在位三〇八〜三三七年）は、すでに前章で紹介された通り、新帝都の建設とキリスト教の国教化によって、ローマ史に画期的転換点をもたらしました。かれの治世以降、帝国の重心は決定的に東方へ移り、西ローマ帝国が滅亡したあとも、東ローマ帝国はさらに約一千年の長きにわたって存続することになるのです。

このコンスタンティヌス帝の在位期間は、約三十年にも及びます。これは初代皇帝アウグストゥス以来のことです。内外にわたる数々の戦いを戦いぬき、かくも長く帝位をたもち、さらには帝国の将来の基盤までかため得たことは、まさに大帝の尊称に価する大偉業でした。

かれはその長期にわたる独裁政権のもとで、右の二大施政のほか、多くの有意義な改革事業を行なっています。行政組織および軍事組織の改編、公共施設の建設などです。

まず、行政組織については、ディオクレティアヌス帝によってはじめられた整備・増員を進めています。もっとも、後年、それは肥大化をまねき、かえって失政につながった部分もありました。

軍事の面では、従来の軍隊を「辺境部隊」と「機動部隊」とに分け、前者を辺境に駐屯（ちゅうとん）させて蛮族にたいする抑止とする一方、後者をかれらの侵入や反乱に即応する移動部隊としたのでした。

コンスタンティヌス帝の時代も、ライン・ドナウの辺境や東方の辺境は依然敵の脅威にさらされていました。帝自身、ゲルマン、ゴート、サルマタエの諸族の討伐にでかけています。

公共事業としては、数々の建築事業があげられます。トーリアに最初の首都、ローマに浴場、聖ペテロ聖堂、マクセンティウス戦勝利を記念した凱旋門（がいせんもん）などを建てたことです。

以上のように、じつに大いなる治世でした。

ところで、そうした活動や改革あるいは事業を支えた財源については、どうだったのでしょうか？　端的に申し上げれば、残念ながら、最後には財源が枯渇しています。そのため、過酷な税を課さなければならない事態となったようです。

　言うまでもなく、コンスタンティヌス帝は賢明な皇帝でしたが、それでも、生涯のうち、治世の面だけでなく個人的な面でも、大きな過ちをおかしています。疑念から有為の長子クリスプスを処刑し、それからわずかの間に妻ファウスタを死に追いやったのも、その例です。

　父帝コンスタンティウス一世がマクシミアヌス帝の義理の娘と二度目の結婚をしていたことから、コンスタンティヌス帝には多くの異母兄弟や甥（おい）がいました。後に出てくる子息帝コンスタンティウス二世とその副帝ユリアヌスとの間の事情も、そうした血縁関係に因るものです。

　帝には、クリスプスのほかに、三人の息子がいました。コンスタンティヌス二世、コンスタンティウス二世、そしてコンスタンスです。しかし、残念ながら、いずれも巨大な帝国の皇帝としては芳しい人品（じんぴん）ではなかったようです。そのことを痛感していたのでしょう、帝はこの三人の実子とそれに異母弟の息子ダルマティウスをそれぞれ後継共治帝に指名しました。

こうして長い波瀾万丈（はらんばんじょう）の生涯のすえ、大きな太陽が沈むように、三三七年、ペルシャ大遠征へむけて準備していたさなか、この偉大な皇帝は他界したのでした。

ところが、大帝が逝（い）くや、後継帝たちの間でたちまち不和が生じ、まずダルマティウスが殺害されます。

こうして残ったコンスタンティヌス家の三兄弟が、次のような領土区分で、しばらく帝国を分割統治しました。

- コンスタンティヌス二世（在位三三七～三四〇年）――ヒスパニア、ブリタニア、ガリア
- コンスタンティウス二世（在位三三七～三六一年）――東ローマ領
- コンスタンス（在位三三七～三五〇年）――イタリア、イリュリクム、アフリカ

ダルマティウス抹殺のあとは、少なくとも身内の団結が期待されてもよかったのですが、かれらにはそうしたところは微塵もありませんでした。三四〇年、コンスタンティヌス二世はコンスタンスに鉾先を向けます。末弟の所領を奪おうと、北イタリアへ侵入したのです。ところが、覇権をめざしたはずの前者が、逆に反撃をうけ、敗死します。この結果、コンスタンス帝は、西方領全体を支配する皇帝となりました。

しかし、それから十年後、今度はコンスタンス西方帝が、ゲルマン族出身の将軍マグネンティウスの造反に遭い、敗走中、ガリアで命を落としたのでした。

残ったのが、コンスタンティウス(二世)帝です。かれはただちに僭帝マグネンティウスを撃ち破ります。かくして父帝以降、かれがローマ帝国全体の単独皇帝となったのです。

コンスタンティウス(二世)帝については、次章でも多く語られています。この皇帝は二十数年にわたり政権を維持したものの、歴史的にはむしろ猜疑心の強い策謀家であったという評価をうけています。じじつ、正帝となるや、血族の大量虐殺を行なっています。後年かれと対立することになる甥のユリアヌスの一族も、この不幸な事件の犠牲者でした。ユリアヌス自身は、そのとき幼かったため、運よく殺害をまぬがれたのでした。

コンスタンティウス（二世）帝は、父帝の影響で熱心なキリスト教徒でしたが、父帝とは反対にアリウス派を支持し、「正統派」の司教アタナシウスを迫害しました。この辺の事情は、すでに前章でみてきた通りです。

かれは東に帝座を据えていたこともあって、東洋風の虚飾を好み、宮廷儀礼その他を華美なものとしていました。また、かれの治世には、側近宦官が大きな勢力をふるいました。これもこの皇帝の汚点とされています。

コンスタンティウス（二世）帝は、ペルシャに親征していた三六一年、ガリア軍団が正帝に推したユリアヌス副帝を討つため、急遽駒を返して帰還中、病により小アジアで没したのでした。

かくしてギボンのペンは、後期ローマ皇帝のなかでひときわ異彩を放っている皇帝ユリアヌスの治世へと移っていきます。

第VIII章

《360〜363年》

✴ガリア軍団によるユリアヌスの皇帝推戴

✴ユリアヌスの進撃と勝利

✴コンスタンティウス（二世）帝の死

✴ユリアヌス帝の民政

✴ペルシャ戦役におけるユリアヌスの死

✴後継者ヨウィアヌスの屈辱的和議によるローマ軍救出

●――高まるユリアヌスの名声

ローマ人が聖職者や宦官の暴政にあえぐなか、帝国のいたるところでユリアヌス賛美の声が上がっていた。

この若き副帝は、かつてその武力のまえに屈したゲルマニアの蛮族にとって、いぜん恐怖の対象であったが、ローマ軍兵士にとっては、勝利のいわば僚友であり、また属州民にとっては、慈悲ぶかい施政者であった。帝国内では、ただユリアヌスの昇進に反対したコンスタンティウス（二世）帝の寵臣たちだけが、その勲功に心おだやかならず、かれを宮廷の敵とみなしていた。

ユリアヌスの名声がまだ確たるものではなかったころ、悪意ある風刺に長けていた宮廷の道化どもは、かれについてもさまざまに中傷していた。たとえば、その純朴さには衒いがあるとし、人となりや服装については、むく毛の蛮人、あるいは紫衣をまとった猿などとあざけっていた。また、書簡についても、謙虚な文面であったにもかかわらず、アテネの学園で軍事技術を学んだだけの若い将軍がとなえる机上の空論にすぎないとして、これを一蹴（いっしゅう）していた。

だが、そうした悪意にみちた酷評も、フランク族やアレマンニ族を征服した実績のまえに、ついには沈黙を余儀なくされた。

いや、そればかりか、皇帝までがいまやかれの名誉をねたみ、それをわがものにしたいとの想いを抱くまでになったのである。

そのためだろう、古来の慣例にのっとり月桂樹を冠して出された各属州宛ての書簡には、真の功労者ユリアヌスの名はどこにもみられなかった。しかも、書簡のある行には、今回の蛮族討伐はひとえに、みずから最前線にあって勇をふるったコンスタンティウス（二世）帝自身の戦功によるものであり、捕囚（ほしゅう）となった蛮族の王も、まさにその戦場において帝のまえに引き出されたのだ、と書かれている。

ところが実際には、そのときコンスタンティウス（二世）帝は、行程にして、戦場からはるか四十日以上も離れたところにいたのだ。

●——奸臣たちの策略

いかに軽信な民衆とはいえ、こうした作りごとに欺（あざむ）かれるわけがなく、また帝自身にしても、これによってその誇りを満足させ得たわけではなかった。

かくして、ローマ世界全体がユリアヌスの偉業をたたえ、この副帝を支持していることに苛立ちをおぼえていたコンスタンティウス（二世）帝の心は、追従者の巧妙な進言をしだいに真にうけるようになっていった。

奸臣どもの策略たるや、いかにももっともらしく、その粉飾たるや、じつに巧みであった。かれらはユリアヌスを貶めるのではなく、ぎゃくにその美徳や衆望、才幹や勲功をさかんに誇張した。そしてそれから、おもむろに、ゆゆしい可能性をほのめかせた。すなわち、万一兵士たちが節義をすててこの将のもとへ走るか、あるいはかれ自身が独立への野心や復讐の念から本来の忠誠心を失うことにでもなれば、たちまち帝に深刻な事態をもたらすことにもなりかねない、と。

御前会議の出席者たちは、コンスタンティウス帝の個人的な危惧を、国家の安全をおもう君主としてのしかるべき憂慮であると考えていた。だが、当の帝自身は、比類ないユリアヌスの美質にたいして日頃いだいていた憎悪や嫉妬の感情を、危惧という、まだいくらか聞こえのよい呼び方をして、みずからを欺いていたにすぎなかった。

しかし、ユリアヌスの働きによってガリア地方に平穏さがもどったとおもわれた矢先、今度は東部諸属州の方に危機がせまった。そしてそのことが、皇帝側近の策謀にまことしやかな口実をあたえる結果となった。

ユリアヌスの武装解除である。宮廷側が、これまでライン河畔でゲルマン人を幾度となく制圧してきた副帝の精鋭軍を召還し、これをはるか遠方の対ペルシャ戦に投入するという挙に出たのである。

パリの冬営地（とうえいち）において公務——かれのばあいは善政の遂行——をしていたユリアヌスのもとに、ふたりの政府高官が到着。皇帝からの厳命をもってかれを驚かせた。

この両名が遂行を下命されたという、その勅命によれば、ユリアヌス麾下（きか）で勇名をはせていたケルト、ペトゥラント、ヘルリ、バタウィの諸部族からなる四個軍団を指揮下からはずし、残りの各部隊から勇敢な兵士を三百名ずつ選んで、ペルシャ辺境へむけてただちに進発させ、強行軍でもって戦端がひらかれる前までに到着させよ、というものであった。

ユリアヌスは、この勅命がまねく重大な結果を予見して、これを憂えた。なぜなら、蛮族からなる、これら補助軍の兵士たちは、その大部分がアルプス以遠には決して派遣されないことを条件として自発的に入隊した者たちであったからである。したがって、ローマへの信頼もユリアヌス自身の名誉も、これまでこの条件を守ることにかかっていたのだ。それが、対ペルシャ戦への派遣などとは——。

信義を重んじ、自由を何よりの宝としている不羈独立の戦士団にたいする背信行為は、かならずやローマにたいする信頼を失墜させ、憤激をかうことは火をみるより明らかであった。

ローマ市民という呼称や特権を享受している正規軍の兵士ならばともかく、補助軍の兵士は傭兵にすぎず、「共和国」あるいは「ローマ」などという名には、なんら関心がなかった。

かれらは、出生あるいは長年の滞在から、ガリアの気候や習俗に愛着をおぼえていた。また、ユリアヌスにたいしても愛情と尊敬の念をいだいていた。しかし、コンスタンティウス（二世）帝にたいしては、そうではなかった。かれらにとって、この皇帝は軽蔑の対象、いやおそらくは、憎悪の対象ですらあった。また、困難な行軍、ペルシャ軍の弓矢、アジアの焼けつく砂漠、これらは想うだにいとわしかった。兵士たちは、勅命に反発した。みずからの手で解放したこの国がいまや祖国であり、ここで家族や同胞をまもることこそ神聖かつ最も重要な義務である、と。

ガリア人には、戦争が不可避であることがわかっていた。そしてそれが迫っていることに不安をおぼえていた。

ゲルマン人にとって強要された条約であってみれば、ガリア地方の軍事力が尽きるや、かれらが条約を破ることは必至である。一方、ユリアヌスの方も、勇気や才幹がいかにすぐれていようと、名ばかりの将軍では、国の災厄すべてがその責任とされるに相違ない。また、かれ自身もむなしい抵抗のすえ、蛮族の捕囚となるか、さもなくば犯罪人として皇宮に引き立てられることだろう。

といって、勅命をそのまま受諾すれば、それはみずからの破滅、いや、かれが愛するガリア人全体の破滅をも意味する。だが、拒絶は反逆行為、すなわち宣戦布告にほかならない。帝の嫉妬ははげしく、勅命については釈明の余地などない。また、副帝という従属的地位では、躊躇（ちゅうちょ）や猶予などもゆるされることではなかった。

かれは孤独であった。そのことがまた、当惑をつのらせた。盟友サルスティウスは、すでに宦官どもの策謀によってその職から外されていて、もはやこの友に忠告をもとめることはできなかった。閣僚らの支持を得て自分の主張を通す、といったことも不可能であった。ガリアの崩壊を是認することなど、かれらには期待できなかった。

折も折、騎兵隊司令官のルピキウスはスコット族やピクト族撃退のためブリタニアへ急派されていて不在。さらには、民政総督のフロレンティウスの方も、貢納金査定のためラウエンナへおもむいていた。

右のふたりのうち、フロレンティウスは、老猾(ろうかい)であった。この危急の事態に責任ある役割は避けようと、再三再四つたえるユリアヌスの帰還要請をたくみに躱(かわ)していた。

この間、宮廷からは矢つぎばやに使節が到着。副帝にたいして命令の遂行をさかんに迫った。使節たちがいうよう、閣僚の帰還を待つことは履行遅延の罪をまねく態度にほかならない、もし即履行できなければ、かれら自身が代行してもよいのだ、と。

拒絶は不可能。さりとて受諾はしがたい。ついにユリアヌスは、切々と退位の希望、いやその決心さえ口にした。もはや順当には保ちえない地位であった。とはいえ、退位となれば危険な事態をともなうことが予測された。

●——臣下としての忍従

そうした葛藤（かっとう）のすえユリアヌスは、服従こそ臣下としての最たる美徳であり、国事の決定権はひとえに君主にあるのだとの結論を引き出さざるを得なかった。そしてこう決意するや、コンスタンティウス（二世）帝の命を実行すべく、必要な指令をつぎつぎと発したのであった。

かくて部隊の一部はアルプスへ向けて進発。いくつかの守備隊から選抜された分遣隊（ぶんけんたい）は、それぞれの集合地へと移動を開始する。

兵士たちが足どり重く行進しはじめると、これを視る人々の間に戦慄（せんりつ）が走り、ある者は絶望のあまり黙し、ある者は悲痛の叫びをあげた。なかでも、幼児をかかえた兵士の妻たちは、怒りと哀しみの言葉で、家族を棄てていく夫たちを強く責めたてた。兵士たちも無念やるかたない思いであった。

この痛ましい光景に胸を衝かれた副帝は、兵士たちに多数の駅馬車を用意させ、これで家族を運ぶことをゆるした。自分がやむを得ずして課すにいたった苦難をやわらげることに努めたのだ。

しかし、そのことがまた、かれの声望をいっそう高め、兵士たちの不満を一段とあおる。

武装集団の悲しみは、たちまち怒りと化した。兵営から兵営へと怨声がつたわるにつれ、その内容はますます大胆となり、いまやいかなる造反も辞さない事態となってきた。

折しも、副帝がうけた屈辱、ガリア軍にたいする強圧、小心なコンスタンティウス(二世)帝の悪徳、これらをたくみに記した檄文が、あきらかに隊長らの黙認下、兵士らの間にひそかに配布されていた。

宮廷の使節は、造反の空気がひろがっていることに危機感をつのらせ、副帝に軍の進発を迫るばかりで、かれの誠実、賢明な忠告には、耳をかそうともしなかった。ユリアヌス帝としては、軍をパリ市へは入れないよう提案し、自分が兵士たちと会することによって起こりうる危険な事態をしきりに仄(ほの)めかせていたのだが――。

●――「親愛なる兵士諸君よ!」

軍の来着が報じられるや、ユリアヌスは兵士たちを出迎えた。そして城門前の広場にもうけられた壇上に上がり、階級や軍功ゆえに特別の配慮に価(あたい)する将兵らの名をあげ、そのあと、周囲をとり巻く全軍の兵士にむかい、用意していた一場の演説をうった。

副帝はまず、感謝と絶賛の言をもってかれらの偉業をたたえ、つづいて、コンスタンティウス(二世)帝を偉大な皇帝と称して、この正帝(アウグストゥス)のもとでの兵役を進んでうけ入れるよう求め、最後に、勅命には即座にしかも嬉々としてしたがうべきである、とかれらを諭したのであった。

これにたいし兵士たちは、野卑な叫びを発して将軍をいらだたせたり、あるいは、歓呼の声を挙げてみずからを欺いたりしないよう、散会までひたすら沈黙をまもらざるを得なかった。

宴席にまねかれた主だった将校らは、その席で副帝から、いまとなっては働きに報いることができないことを、親しい言葉で切々とつたえられた。そして悲嘆と困惑のなか宴席を去るや、かれらは愛する将軍と祖国から切りはなされる、みずからのきびしい運命にはげしく哭（こく）した。

●――あらがえない奔流のなかで

いまやこの別離をまぬがれる唯一の方途について、兵舎内で大胆にも意見があがり、その承認をみた。

かくて兵士たちの憤怒は、しだいに造反謀議へと発展し、無理からぬ苦情は激情によってたかまり、さらに、その激情は進発前夜にもうけられた無礼講の祝宴の酒によって、いっそう煽（あお）られるかたちとなった。

そして深夜、たけり狂った兵士たちは剣をぬき、松明（たいまつ）をかざして城下へなだれ込み、宮殿をとり囲むや、ついに、「正帝（アウグストゥス）ユリアヌス万歳！」、を叫んだのであった。

不安を胸に微睡のなかにあった副帝は、外の騒ぎに眠りを破られたが、即座に事態を察知するや、宮殿の門をかたく閉じさせ、兵士らの乱入を防いだ。そのため、その身には事なきを得た。しかし、夜が明けるや、抵抗に苛立った兵士たちは宮殿へ突入、敬意をはらいながらも力ずくでユリアヌスを捕らえ、そして、抜剣の垣でかれを守りながらパリの街をねり歩き、最後に壇上へとのぼらせ、そのかれにたいして「皇帝万歳」を連呼したのであった。

ユリアヌスとしては、保身の上からも、造反に抵抗したすえやむなく節を曲げざるを得なかったとする、弁明の口実を確保しておくべきであるとおもわれた。そのため、全軍の将兵一同に、またあるときは将校一人ひとりに、それぞれ理解を乞い、折にふれては義憤を発して、これまでの不滅の偉業に汚点を残すことのないよう訴えた。つづいて、ただちにコンスタンティウス（二世）帝にたいする以前の忠誠にもどるならば、帝から特別の恩赦だけでなく、勅命の撤回をもとりつけることまで約束した。

だが、すでにみずから犯した罪状の重大さを自覚していた将兵たちは、コンスタンティウス（二世）帝の慈悲よりユリアヌスの報恩の方に期待した。そのため、かれらの熱情はしだいに焦慮へと変じ、その焦りは怒りへと変わったが、ユリアヌスの態度になお変化はなかった。

しかし、第三時にいたり、登位か死かの選択を迫られるにおよび、かれはついに折れざるを得ず、全軍の歓呼と注視のなか、盾にのせられ、帝冠の代わりにと差し出された軍装用の襟輪（カラー）を帯びたのであった。

即位礼はなにがしかの特別賞与金を公約することで終わり、新皇帝は降壇するや、沈痛な面もちで足ばやに宮殿へともどり、最奥の私室へひきこもった。

ユリアヌスは将兵らの謀議を知ると、短い眠りをとった。のちに側近の友人らに語ったところによると、夢のなかで、帝国の守護霊が寝室の扉のそとに立たれ、しきりに入室を迫ったばかりか、勇気や野心の不足を責められたのだ、という。そしてさらには、このことに驚き当惑しながらもユピテル大神に祈りをささげたところ、大神は即座に、天の意思すなわち軍の意思にしたがうよう、はっきりと託宣されたのだ、と。

通常の理性則に反するこの言動は、われわれの疑念をふかめると同時に、またわれわれの詮索（せんさく）をもさえぎる。いったい、かくも軽信かくも巧妙な宗教的熱情が高貴な心情にやどるや、重要な倫理原則、すなわち徳や真実までが、しだいに蝕（むしば）まれていくものなのだろうか。

味方の熱狂をおさえ、敵側の人身をまもり、かつ自己の生命と威信にたいして企てられた策謀をうち砕くこと、これが新皇帝最初の急務であった。そのためユリアヌスは、勝ちえた地位をまもることを堅く決意しながらも、帝国を内戦の災禍からまぬがれしめるべく、コンスタンティウス（二世）帝との合戦を避け、忠臣としてのみずからの名誉を回復したいとの願いを、いまだ棄ててはいなかった。

そこで、マルス広場に集まった兵士たちのまえに姿をみせ、これまでの数々の勝利について述べ、つづいて、直面しているかれらの不幸に同情し、その決意をたたえ、希望をもたせることに努めた。と同時に、激情に走ることを戒めた。そして、もし東の皇帝がしかるべき協定に応じたばあいは、討伐などという考えはすて、ただガリア諸属州の領有と安泰だけで満足するよう説得し、その誓約をとりつけてようやく散会をゆるしたのであった。

●――せまる内戦に向けて

和平交渉が進むなか、同時に会戦にむけての準備が孜々として進められ、軍隊は即応態勢におかれた。そしてそれにともない、時局の不穏を利用して、あらたな増員が行なわれた。

先のマグネンティウス派にたいする虐待によってガリアにあふれていた放浪者や盗賊たちも、信頼できる君主の大赦をありがたくうけ入れるや、厳しい軍紀にも服し、コンスタンティウス（二世）帝とその政府への怨念を燃やしつづけた。

かくして季節がうつり、出陣が可能となった。ユリアヌスは軍の先頭にたち、クレーヴェ近郊でライン河に橋をかけ、これを渡河。帝国の内紛を利用して辺境を略奪しようとする動きをみせていたフランク族の一支族、アットゥアリ族の討伐準備にとりかかった。

征戦は成功裏に終わった。そこでユリアヌスは、フレーヴェからバーゼルにいたるライン河沿いの防塞を視察し、アレマンニ族から回復していた地域をことに入念に調べ、その後かつてかれらに蹂躙されていたブザンソンを通ってウィエンナへ入り、ここに来る冬営のための本営をおいた。

必要な個所が何箇所か補強され、ガリア全体の防備が強化された。これで、ゲルマン人が自分の留守中に不穏な動きをみせることはないだろう——かれはそう考えた。それには、今回の防備強化だけでなく、かつて幾度もみずからが懲罰を加えてきた過去の経緯も与っていた。

ただ、手ごわいアレマンニ族にかぎっては合戦の可能性が予見された。なぜなら、かれらは条約を遵守するとみせかけて、一方で軍備の増強に努めていたからである。

そこでユリアヌスは思案のすえ、奇策をもってその首長ウァドマリウスを驚かせた。

ローマの地方長官から宴席への招待をうけた王は、なんの警戒心もなく友人としてこれに応じ、宴たけなわのときに捕らえられ、ただちに捕囚としてヒスパニアの深奥部に送られたのである。

懸念を一掃したユリアヌスは、動転する蛮族どもが混乱から立ち直るまえに、すかさず軍をひきいてライン河畔にあらわれ、ふたたびこの大河をわたり、かつて四度の遠征で示していたその武威をあらためて強くおもわしめた。

●――一方における和解工作

ユリアヌスの使節は、全力をあげて任務を達成するよう訓令をうけていたが、イタリアからイリュリクムへいたる途次、属州長官たちの遅延工作に足止めされた。そのため、コンスタンティノポリスからカパドキアのカエサリアへいたるかれらの旅は、きわめて遅々としたものとなった。

しかも、ようやく帝都入りをはたし、コンスタンティウス（二世）帝への謁見がゆるされたとおもうや、そのときにはすでに帝の胸には怒りが根ざしていた。複数の部下から入っていた続けざまの急報によって、ユリアヌスやガリア軍の動きは、すでに帝の耳にとどいていたからである。

使節が読みあげるユリアヌスからの親書に、コンスタンティウス（二世）帝はいらだち、ついには怒った。そして、ふるえる使節団に侮蔑（ぶべつ）の言葉をあびせて追い払った。

このときの帝の相貌、動作、激語、これらはいずれも乱心を物語っていた。もしヘレナ妃の存命中であったなら、それぞれ夫と弟にあたる両者の間をとりもったであろう。だが、彼女はなんどか流産に苦しんだすえ、それがもとですでに亡くなっていた。

故皇妃エウセビアにしても、生前は、臨終まぎわまでユリアヌスにたいして異常に強い愛情を示していたから、もし彼女でも生きていたならば、帝の怒りはなだめられていたに相違ない。というのも、コンスタンティウス（二世）帝がこのようにみずからの激情と側近宦官の術策に翻弄されるようになったのは、この皇妃の死後であったからである。

しかし、いまや蛮族の来襲が憂慮される事態となり、私敵への懲罰はこれを思いとどまらざるを得なかった。そのためかれは、ペルシャ辺境へむけて進軍中の道すがら、ユリアヌスとその軍隊には特赦をあたえることで十分だろうと考えた。

そこで副帝にたいし、次のように要請した。反乱軍よりうけた正帝の称号と地位とを手放して、その文武の両権限を宮廷が任命した高官の手にゆずり、身の安全については、アリウス派のひとり、ガリアの司教エピクテトゥスがつたえる特赦にゆだねよ、と。

パリとアンティオキア、この間三千マイル。この遠大な距離を介して行なわれる条約の交渉で数カ月が空費された。かれの恭順な態度も、頑迷（がんめい）な相手の心を逆なでしたにすぎなかった。このことを悟ったユリアヌスは、ついに内戦もやむを得ないとの結論にいたった。

かれはただちに民衆や兵士らに召集をかけ、集まった全員のまえで帝からの使者、財務官のレオナスを引見する——。

コンスタンティウス（二世）帝の勅書が読み上げられ、一同がこれに注意ぶかく耳をかたむけた。朗読が終わると、ユリアヌスは阿諛（あゆ）ともいえる慇懃（いんぎん）さで、自分を推戴した兵士たちの同意があれば、即座に正帝の称号を放棄する意向であることを明らかにした。

しかし、この発言はたちまち怒号の渦にかき消された。そして、「正帝（アウグストゥス）ユリアヌスよ、軍と人民、ならびに汝（なんじ）が救った共和国の権威において、ひきつづき統治されよ！」との声が上がるや、広場ぜんたいがこれに唱和し、すでに顔面蒼白となっていた帝の使者をいっそう震えさせた。

その後ふたたび勅書の一部が読み上げられたが、その内容はユリアヌスの忘恩をせめる言辞であふれていた。孤児であったところを救い、心を尽くして育て上げたばかりか、紫衣までさずけたのは、いったいだれであったか、と。

●――忍従の終わり

「なに、孤児だと！」。ユリアヌスは激情を抑えかね、行動の正当性を主張した。「わが一家を滅ぼした男が、余のことを孤児であったというのか？　長年忘れようと努めてきた数々の仕打ちにたいし、なんと暗殺者自身がその報復をせまるとは！」。

集会はうち切られ、かろうじて大衆の怒りからまもられたレオナスは、ユリアヌスの返書をそえて、帝のもとへと送り返された。その返書には、二十年間の隠忍で鬱積していた侮蔑や憎悪がはげしい言葉でつづられていた。

それより少しまえにキリスト教の公現祭を祝っていた矢先のユリアヌスであったが、宣戦布告ともいえるこの意思表示のあと、かれはついに一身の安全を不滅の神々にかける決意を表明。コンスタンティウス（二世）帝の友誼はもとより、その宗教まで公に否定したのであった。

事態は一刻の猶予もゆるされない。即、断固たる行動が必要であった。コンスタンティウス（二世）帝が蛮族に宛てた親書を押収したところ、皇帝みずからが国家の利益を犠牲にして蛮族をあおり、西方へふたたび侵攻させようとしていたことが分かったのである。

コンスタンス湖畔とコティアン・アルプスの麓に兵站倉庫が置かれていることから、ふたつの軍隊が動いていることがみとめられた。しかも、その規模――それぞれに小麦、いや小麦粉六十万クウォーターが収蔵されていた――は、包囲網を築こうとしている敵兵力の強大さを物語っていた。

だが、皇帝軍はまだ遠くアシアの地にあり、ドナウ河一帯の防備は薄い。いまただちにイリュリクムを占領すれば、多数の兵士が自分のもとへ馳せ参じるにちがいなく、また、軍資金もこの地が産する豊富な金銀でまかなうことができるようにおもわれた。

そこでユリアヌスは即座に兵士たちをあつめ、この大胆な作戦計画を明らかにした。そしてかれらにたいし、各将とみずからに信をおくべきことを力説し、最後に、敵には脅威、同胞市民には謙虚、上官には従順であるという、これまでの名声を損なわないよう警告して演説をしめくくった。

熱意あふれる演説に、兵士たちは一斉に歓呼し、ヨーロッパであれアシアであれ、最果ての地まで従軍することを、だれもがわれ先にと口にした。そして忠誠をちかう宣誓式では盾を鳴らし、剣先を喉にあて、ガリアの解放者にしてゲルマン人の征服者とあおぐユリアヌス帝への忠節を、呪詛の言葉すら交えて誓い合った。

だがひとり、コンスタンティウス（二世）帝によって民政総督に任命されていたネブリディウスだけは、孤立無援のなか、帝の権利を主張してこの誓いに反意を示した。そのため、とり囲んだ武装兵たちを激怒させ、あやうく無用な死をまねくところであった。

一刀のもと片手を切り落とされ、かろうじておのれの膝にすがりつくこの民政総督を、着ているマントでかばったユリアヌスは、かれを兵士たちからまもり、あっぱれな敵にたいする取扱いとしてはいささか敬意を欠いていたものの、無事その自邸へ帰してやった。

●――ガリア軍の快進撃

ユリアヌスの希望は、軍隊の規模よりみずからの行動にかかっていた。そこでかれは大胆な作戦をねり上げ、これについて思慮の及ぶかぎりあらゆる手をうち、それより先はみずからの勇気と幸運とにゆだねた。

すなわち、バーゼル近郊でいったん兵を集めて、これをほぼ二分し、騎兵隊司令官ネウィイッタ指揮下の一隊には、ラエティア、ノリクムの中央部を抜けるよう、他方ヨウィウスとその指揮下の部隊には、アルプスとイタリア北境を通る国道の斜行進路を進むよう、それぞれ命を発した。

各将軍にあたえられたユリアヌスの訓令は、鋭意綿密にねられた計画であった。それは、つねにいかなる戦闘隊形をも採れるよう、地形に応じた密集隊形で行軍し、前哨隊と警備隊をおいて敵の夜襲にそなえるとともに、不意の出現で抵抗を封じ、突然の進発で敵の査察をのがれよ、というものであった。そして一方で、進軍中、自軍が恐るべき軍隊であるとの風評をひろめながら、目的地シルミウム城壁下で全軍合流すべし、と。

ユリアヌス自身はといえば、勇敢な志願兵三千人をえらび、背水の作戦であることを説いてかれらの決意をうながすや、隊の先頭にたってドナウ河の源流地マルキアヌス大森林（今日の「黒い森」）の奥深くへと突入した。外部との消息を絶ったその後の数十日間、ユリアヌス部隊は山をこえ沢をわたり、橋あればこれを占拠し、河あればこれを泳ぎわたって、ローマ人の土地と蛮族の土地とをとわず、ひたすら一直線に進んだ。そしてラティスボンとウィエンナとの中間、すなわちかねてよりドナウ河下航のための乗船場所にさだめていた地点に、突如としてその姿をあらわした。

加えて、折しも停泊中の軽帆船団を拿捕(だほ)し、これによって大食漢のガリア軍兵士を満足させるのに十分な糧食物資を確保するや、ただちにドナウ河を下航した。

水兵は昼夜をわかたず力漕(りきそう)し、しかも順風が間断なくこれを助けた。そのため、十一日で七百マイル余を下るにいたり、ユリアヌスがライン河畔を出たとの確たる情報を敵が入手したときには、シルミウム市からわずか十九マイルの距離にあるボノーニャへの上陸を完了していた。

この長い急下航の間、目指す目的一点に思いをさだめていたユリアヌスは、いち早く臣従の礼を示そうとあせる近隣市邑の代表団を引見しただけで、河沿いの敵駐屯所のまえをつぎつぎと通り過ぎていった。

ドナウ河両岸に林立した群衆は、ユリアヌス軍の威容をながめ、事の重大さをおもい、西方の大軍を疾風の速さでひきいてゆくこの若き英傑の令名を近隣につたえた。

――騎兵隊司令官としてイリュリクム軍団を指揮していたルキリアヌスのもとへ伝令がとどく。しかし、かれはその真偽を測りかね、狼狽するだけであった。そのため、全軍召集が遅れていたところへ、ユリアヌス側の勇将ダガライフスの急襲をうけた。ボノーニャ上陸をはたしたユリアヌスが、若干の歩兵をつけて送っていたのである。

一敗地にまみれて捕囚となったルキリアヌスは、身の安全もわからぬまま馬に乗せられ、やがてユリアヌスのまえに引き出された。副帝は、地に伏しておののくこの敗将を、手をかして立たせ、つとめて安心させようとした。

ところが、恐怖と驚きで呆然自失の体であったルキリアヌスは、正気をとりもどすや、寡兵で敵のただ中にとび込んだユリアヌスの行動を暴挙だとして、軽率にも諫言を呈したのであった。

これにたいしユリアヌスは、侮蔑の微笑をたたえて次のように答えた。「そのような臆病者の諫告など、汝の主君コンスタンティウスにこそ申せ。余が汝に紫衣への接吻をゆるしたのは、忠告者としてではなく、哀願者としてにほかならぬ」、と。

勝利のみが企図を正当化し、勇断のみが成就をもたらす。こう確信するや、つづいてユリアヌスは三千の兵をひきいてイリュリクム地方で最大最強の都市シルミウムの攻略を目指して進撃を開始する。

ところが、その城市に近づくと、意外にも、花輪をかぶり蠟燭をかざした民衆や兵士たちの歓呼にむかえられ、宮殿へと先導された。そして新君主をむかえたこの町では、それから二日間にわたって祝祭がひらかれ、大競技場では競技が盛大に催された。

三日目の早朝、ユリアヌスはシルミウムを発ち、ハイモス山の隘路(あいろ)に位置したスッキ峠の占領へと向かった。この峠はシルミウムとコンスタンティノポリスの中間に在って、トラキアとダキアの分水嶺をなし、前者の方へは急な、後者の方へは緩やかな、下り坂となっている。

このスッキ峠の占領がなるや、ここの防衛は勇将のネウィッタにゆだねられたが、かれもまたイタリア兵団の各将領におとらず、指示された進軍合流計画を成功裏にはたして主君の期待にこたえた。

恐怖心によるものか、はたまた気質によるものか、いずれにせよ、ユリアヌスにたいする民衆の鑽仰(さんぎょう)は、ガリア軍が示した武威の影響をはるかに超えてひろがった。

このときイタリアとイリュリクムを治めていたのは、総督職のほかに名ばかりの執政官職(しっせいかん)を兼任していたタウルスとフロレンティウスであったが、敵軍接近の報に接するや、かれらは慌ててアシアの宮廷へと逃れた。

このことについてユリアヌスは、いつもの謹厳さを忘れたのか、年次法令集のなかでふたりの名をあげ、これに「逃亡者」という言葉をそえて、両執政官の逃げ足の速さを揶揄（やゆ）している。

いまや最高の施政官からも見放された各属州では、ドナウ河畔の軍営でもギリシアの諸都市でも、ひとしく尊敬され慕われているこの新帝の権威がみとめられることになった。

ユリアヌスは、宮殿から――正確には、シルミウムとナイススの本営から――各主要都市宛てにみずからの行動にたいする弁明文をおくり、蛮族をまねき入れたコンスタンティウス（二世）帝の秘密文書まで公表して、これを撃退した自分の功績にたいするしかるべき評価をもとめたのであった。

●――コンスタンティウス帝の急死

ユリアヌスの胸にはなお人道的精神が脈打っていた。かれとしては、滅ぼす、あるいは滅ぼされる、といった惨事は、極力これを避けたいと願っていた。

ところがなんと、このときコンスタンティウス（二世）帝が突然他界する――。

これによってローマ世界は思いがけなく内戦の惨禍からまぬがれた。

冬の到来が間近にせまり、アンティオキア市にそれ以上滞留ができず、また側近寵臣らには報復をあせる帝にさからうほどの勇気もなかったのだが、おそらく心底の苦悩がもとで微熱を生じ、それが旅の疲れで昂じたのだろう。コンスタンティウス（二世）帝はタルソ市から十二マイルばかり離れたモプスクレネという小さな町でやむなく歩を止め、そしてこの地で病の床に臥すや、間もなくして息を引きとったのである。在位二十四年、享年四十五であった。

自負と小心、迷信と残忍さ、こうしたコンスタンティウス（二世）帝の性格については、すでに民政および教会政治のところで述べた通りである。長期間にわたる権力の独占によって、かれは同時代の人々の眼に相当な人物とみられていたが、後世の評価ではそうではない。個人的資質の点では注目を引くところがあるにせよ、かのコンスタンティヌス大帝の子息でありながら、父帝の英資はゆずりうけず、ただ欠点だけをさずかったとされている。致し方ない評価かもしれない。

皇帝は臨終の床で、ユリアヌスを後継者に指名したといわれる。おそらく、憎悪や復讐といった激しい怨念も、懐妊していた若き皇妃の行く末を案じる切なる思いのまえには沈黙せざるを得なかったのだろう。

侍従長エウセビウスとその一派による別の皇帝を擁立する企てもあった。宦官政治の延命である。しかしその画策は、内戦にうみ疲れていた軍によって一蹴された。それればかりか、高級将校二名がただちにユリアヌスのもとへ派遣され、帝国全土の軍隊の臣従が伝えられた。また、幸いなことに、これより先、トラキア地方へむけて準備されていた三段攻撃の作戦も中止となった。

かくてユリアヌスは、同胞市民の血を流すことなく、勝敗の予測が困難であった戦いをまぬがれ、いわば完全勝利の実を掌中(しょうちゅう)にすることになったのである。

いまや故郷と新帝都にたいするはやる心を抑えきれないユリアヌス。かれはナイスス市を発ち、ハイモス山嶺を越え、トラキアの諸都市を通過。コンスタンティノポリスまで六十マイルのところにあるヘラクレイア市にいたるや、新帝都の全市民による出迎えをうけ、兵士、民衆、元老院議員総出による大歓呼のなか、市城へと凱旋（がいせん）する——。群衆はわれ先に敬意を表さんと、新帝を囲んで押しひしめき合った。

しかしながら、察するに、かれを目にした人々にとっては、粗服をまとった小さな、かくも若い皇帝が、ゲルマニアの蛮族を制圧し、そしていま大西洋の沿岸からボスポロス海峡の沿岸まで、全欧州大陸を揚々として駆け抜けてきたとは、おそらく信じがたいことであったに違いない。

●——ユリアヌス帝の人間模様

数日後、先帝コンスタンティウス（二世）の遺骸（いがい）が港に着き、陸揚げされたが、真情からであったか否かはともかく、このあとユリアヌスが公でみせた人間的態度は、人々に深い感動をおぼえさせた。遺体が安置される聖使徒教会まで、喪服姿のかれは帝冠もいただかず、しかも徒歩で葬列にしたがったのである。

もちろん、こうした敬意の表明を、帝室一族の出生と威厳にたいする利己的臣従と解することもできよう。だが、ユリアヌスの眼にみられた涙は、かれが先帝からうけた数々の不当な処遇をわすれ、いまや感謝の念だけをいだいていたことを示すものであったと考えてよいのではないだろうか。

アクィレイア市の籠城軍も、皇帝の死を確認するや、市の城門をひらき、謀反の首謀者たちを差し出すことで、新帝から特赦を得た。この処遇が深慮によるものか慈悲から出たものか、それは明らかではない。いずれにせよ、いまやかれは三十二歳でもってローマ帝国の統治権を完全に手にすることになったのである。

活動か隠棲か、哲学はユリアヌスに双方の利点を比較すべきことを教えていた。だが、いかんせん、その高貴な出自とその後その身におこった一連の事件とは、かれに選択の自由をゆるさなかった。

ユリアヌスは心からアテネの学園や社会の方を慕っていたものとおもわれる。それが、最初はコンスタンティウス（二世）帝の意向によって、そして後には帝の不正ゆえに、みずからを帝位の危険にさらし、人民の幸福のために同時代および後世にたいして責任をとらざるを得ない立場に追いこまれたのだといってよい。

プラトンによれば、家畜群の管理はつねに高級種の生物がこれを行なうべきであり、同様に、諸国民の指導も神々もしくは諸霊の天資にこそふさわしく、またそれが必要でもある。ユリアヌスはこの師の言葉をおもい起こして震怖した。

そしてまたその一方で、同じ原則から、統治者たらんとする者は、聖なる資質の陶冶をめざし、一切の人間的、地上的なるものを除いてその魂をきよめ、肉欲を消し、知力をみがき、さらには、アリストテレスがいみじくもいう、およそ独裁者へとつながる性向、すなわち獣性を克服すべきである、との結論にいたったのであった。

ユリアヌスの食卓によく招かれていた親友の一人によれば、かれは粗食——通常、菜食であった——で、しかもわずかの量しか食しなかった。そのため、いつ如何なるときも心身に障りがなく、帝務のほか、著作者や祭司長、行政官や将軍、といったさまざまの役割をこなすことができたといわれる。

一日に数人の使節を引見し、将軍、民政官、友人宛てにじつに何通もの書簡を口述し、ときにはみずから認めていた。また、請願にもよく耳をかたむけ、内容を入念に検討し、その検討を終えるや、書記官らの懸命の速記もおよばない速さで指示をあたえていた。かれは、手では文を草しつつ、耳では報告を聴き、口では口述を進めるといった、三つのことを同時に、しかも躊躇も錯誤もなく考えることができた。その思考の柔軟さ、その注意力の堅確さたるや、まさに驚嘆に価するものであった。

側近の高官らが休息にある間も、ユリアヌスは次から次へと政務をこなし、午餐にいたればこれをそそくさと済まし、そしてその後は、ただちに書斎にこもるや、夕刻にと充てていた仕事のために中断を余儀なくされるまで学問に没頭した。夕べの食事ともなれば、昼よりはるかに少なく、そのため眠りが不消化の悪気でさまたげられることなど、たえてなかった。また、愛情よりむしろ政略から結婚した直後の一時期を除いて、一度も女性と床を共にすることがなかった。かれは十分に睡眠をとった書記官らの入室で目をさますや、こうした侍臣たちが何度も交代するなか、営々と働きつづけた。疲れもみせず、また、仕事をとり替えることのほかは、何ら気晴らしをもとめることもなく。

短期間であったかれの治世が意外に長くおもわれるのは、時間にたいするこの貪欲さゆえにほかならない。日付についてそれほど正確さを期すことがなければ、コンスタンティウス（二世）帝の死去からペルシャ戦役への出立までの間、わずか十六カ月しか経過していなかったとは、とうてい信じ難いほどである。

ユリアヌス帝の事績については、歴史家の筆にたよるほかはないが、この皇帝が著した膨大な著作のうち、現存するものからだけでも、その天稟と精励がうかがわれて余りある。

「メソポゴン」（髭嫌いの意）、「皇帝饗宴」、演説集、それにキリスト教を非難した長論文「ガリラヤ人駁説」などの労作、これらは二冬、すなわち、ひとつはコンスタンティノポリス、もうひとつはアンティオキア、それぞれの地における冬の長夜に著されたものである。

●──「背教者」ユリアヌスについての評価

およそ君主の大半は、かれらがもし紫衣をはぎ取られ、裸同然の姿で世間になげ出されたとしたならば、たちまち社会の最底辺にころげ落ち、ふたたび陽の目をみることはないだろう。

これにたいしユリアヌスのばあい、その資質はかならずしも運命に左右されるものではなかった。どのような道を選んだにせよ、聡明さと勤勉さとによってその道の最高の栄誉をものにするか、少なくともそれに価したことは間違いない。かりにもし一市民としての生をうけていたならば、おそらく、その国の大臣か将軍の位にまで昇りつめていたことだろう。

またもし、気まぐれな権力者の嫉妬によって宿望がくだかれたり、あるいは賢明にもみずから栄達の途を断っていたとしても、その同じ才能を孤独な学究生活にささげることによって、王侯さえ羨望するような現世的幸福と不朽の名声とを手に入れていたことだろう。

いま、ユリアヌスの人物像をつぶさに、いや、いくぶん悪意ともいえる観点からみるとき、そこには王者の風格や完全性の点で、やや欠けたところがあることを思わないではない。

すなわち、才能においては大カエサルほどの強烈さも高遠さもなく、深慮においてはアウグストゥス帝のあの徹底さに欠けている。また、徳性の点では、トラヤヌス帝ほどの自然さも堅確さもみられず、質朴さの点でも、マルクス・アウレリウス帝の一貫性にはおよばない。

しかしながら、ユリアヌス帝は、逆境にあっては毅然（きぜん）としてこれに耐え、隆盛にあっては抑制をもってこれに処している。まさに、アレクサンデル・セウェルス帝没後から百二十年の後、ローマ人はユリアヌス帝のなかに、義務と娯楽を分かたず、臣民の生活を心にかけ、かれらを助け、励まし、そしてつねに権威と美質、幸福と廉潔、こうした要素をともに兼ね備えたいとねがう皇帝をはじめてみとめたのである。

じじつ、戦時においてはもちろんのこと、平時においても、かれが発揮したすぐれた才能については、政治的と宗教的とをとわず、敵対者たちですら、すべてが一様にこれをみとめていた。そしてこの背教者が真に愛国者であり、かつまた世界帝国ローマの長たるにふさわしい人物であることを、だれもが告白せざるを得なかったのであった。

解説 ウァレンティニアヌス帝とウァレンス帝

ユリアヌス帝の治世は、惜しいことに、きわめて短いものでした。即位から間もないペルシャ遠征で命を落とすことになったからです。コンスタンティウス（二世）帝の突然の死によって正式に正帝となったユリアヌスは、登位から一年半後、六万五千の大軍をひきいて、ローマにとり長年の懸案であったペルシャ征伐に向かい、当初は快進撃をみせ、一時は敵の首都クテシフォンまで迫ったものの、以後、形勢が逆転。やがて撤退を余儀なくされます。そしてその退却行の途上、ひとつの激戦において、ユリアヌス帝は敵兵が放った投槍をうけ、負傷したのです。「敵兵の投槍が、かれの肋骨をつらぬき、肝臓の奥深くまで達した」のでした。

落馬にいたった帝は、親衛隊によってただちに戦場近くの幕舎に移されましたが、残念なことに、この負傷がもとで数日後に他界します。その臨終の床で、集った諸将にたいしてこの皇帝が述べた言葉は、かれの人柄をあらわして荘厳なものでした。

全軍の慟哭（どうこく）をさそってユリアヌス帝が逝（い）くや、ペルシャ軍によって周囲をかこまれた陣営において新帝に推されたのは、将軍のひとり、ヨウィアヌスでした。敵の追撃になやまされ、食糧も底を尽きつつあり、兵士たちの疲労は限界に達していて、多くの兵士たちの胸には、希望の火が絶えかけていました。新帝はただちに進発を指示し、窮地からの脱出を図ります。

ところが、このとき、ペルシャ側から和議の申し出があったのです。シャプール王の方でも、それ以上の戦闘がもたらすあらたな損害の甚大（じんだい）さが予想されたからでした。

しかし、ローマ側が敵の真意をしかと知る由もありません。そのため、長い交渉のすえ、屈辱的条約を押しつけられることになりました。ローマはこれによって東方の広範囲の領土、すなわちメソポタミアとアルメニアの要塞（ようさい）を含む、ティグリス河以遠の五つの属州を失ったのです。

ヨウィアヌス帝は、信仰心あついキリスト教徒でした。したがって、前帝がとった異教崇拝の政策をあらため、ふたたびキリスト教を国教に定めたことは言うまでもありません。

退却の途上、アンティオキア市をめざしていたヨウィアヌス帝のもとに、キリスト教各派の聖職者が、帝寵を得ようと続々と駆けつけ、第Ⅶ章でも出てきた不屈の司教アタナシウスも、このときその隠棲地から姿をあらわし、新帝と会見しています。

しかし、ヨウィアヌス帝の在位（三六三〜三六四年）も、また束の間でした。帝はコンスタンティノポリスへ帰り着くことなく、それよりはるか後方のビテュニア属州の小さな町で急死したのです。

ヨウィアヌス帝の死後――ローマ皇帝の帝座は十日間空位――文武の高官をあつめた会議がひらかれ、長い闇議のあと、やっと全員の賛同のもとに玉座に推されたのが、将軍ウァレンティニアヌスでした。

かれは登位のとき四十三歳。精悍な風貌をみせ、軍紀にもきびしく、いかにも将軍然たる人物でした。瀕死の帝国をすくう人物として、政府重鎮たちの期待は大きかったものとおもわれます。

ウァレンティニアヌス帝は即位式の壇上から、尋常ならざる帝国の状況と一個の人間としての限界をうったえ、早期に共治帝を任命することを宣言します。そしてそれから三十日後、その共治帝に弟のウァレンスを選ぶと同時に、帝国も東西に二分します。これ以降、ローマ帝国は東と西に分かれることが恒久化していきます。

このふたりの治世、ローマ帝国は激しい蛮族の侵入にさらされます。それは未曽有の規模でした。時代はついに、いわゆる「ゲルマン民族の大移動」の時代へと移ったのです。

◉西

ウァレンティニアヌス帝（在位三六四〜三七五年）は、ブリタニア、上ドナウ、アフリカなど、各辺境で蛮族の攻勢にさらされながらも、その治世の間、よく帝国をまもり抜きました。帝自身なんども出征して蛮族を撃退しています。ちなみに、そうした蛮族の侵入や反乱にたいし、当時将軍として大きな働きをしたのが、のちに皇帝となるテオドシウスでした。

ヴァレンティニアヌス帝の厳格な軍人気質は、すでに述べた通りですが、そうした性格は施政にも現れていて、処罰は厳酷。生活も簡素なもので、宮廷の奢侈（しゃし）を廃し、倹約に努力しています。

宗教に関しても、そうでした。当時すでに蓄財にまで走るようになっていたキリスト教聖職者のそうした行為を阻止する勅令を出しています。

神学論争には深入りせず、できるだけ中立を保とうと心がけたようです。キリスト教はユリアヌス帝の死後ふたたび公認されていましたが、そのことによって、異教やユダヤ教が迫害されるというようなことはありませんでした。

ただ、この時代ひそかな民間信仰として盛んに行なわれていた魔術にたいしてだけは、きびしく取り締まっています。

ヴァレンティニアヌス帝の内政についてさらに特記すべきことのひとつは、「かれ自身は無学な武人でありながら、青少年の教育と学問の再興のため、実学や教養をおしえる学府の創設に力を尽くした」ことです。

しかし、その登位から十一年目、この武人皇帝は突然他界します。和を乞いにやってきた蛮族の使節を引見している最中、怒りの発作から脳の血管がやぶれ、口がきけなくなり、側近の腕のなかにたおれて、そのまま息を引きとったのでした。

ウァレンティニアヌス帝の急死により、西の帝権はただちにその長子グラティアヌス（このとき弱冠十七歳）に移りました。

グラティアヌス帝（在位三七五〜三八三年）はその後、軍隊の一部が推したウァレンティニアヌス二世を共治帝とします。しかし、この異母弟は、即位時わずか四歳にすぎず、もとより施政に関与できる状況ではありませんでしたので、ローマ史の流れを追うばあいは、実質、グラティアヌスだけを先帝の後継帝と考えてよいでしょう。

◉東

ウァレンス帝（在位三六四〜三七八年）は、それほど期待された人物ではありませんでしたが、兄ウァレンティニアヌス（一世）帝の忠告と支援を得つつ、帝位をよく維持しました。

一時内乱の危機で、その地位がおびやかされたものの、これをかろうじて鎮め、そして十年以上にわたり、保身の本能に支えられ、さまざまな困難を切りぬけています。

ウァレンス帝の治世は、以前にもまして、辺境が騒然となった時代でした。まず、東方からの攻勢がありました。「ヨウィアヌス帝軍を救った先の屈辱的条約をローマ側が忠実にまもったことにより、それまでの同盟国であったアルメニアとイベリアの二王国が、ペルシャの武力にさらされることになった」のです。

しかし、この皇帝ともっとも密接に関係して語られる歴史的な事件は、やはり、「ゲルマン民族の大移動」にほかなりません。そしてそれに勢いをつけたのが、西ゴート族に敗れたハドリアノポリスの戦いでした。この戦いでローマ軍は大敗を喫したばかりか、帝自身も戦死。これを機に、蛮族の間に残っていたローマにたいする軍事的劣等感が、完全に払拭（ふっしょく）されたのでした。そのハドリアノポリスの戦いの前後の状況については、次の章でも紹介されています。

ヴァレンス帝の死後、東の帝権は将軍テオドシウスが継ぐことになりますが、これは西の皇帝グラティアヌスの推挙によるものでした。このローマ帝国最後の明君テオドシウスの勲功や人柄等については、同じく次章にみられる通りです。

第IX章

《365～398年》

✴ゴート族のドナウ渡河
✴ゴート戦争
✴ヴァレンス帝の敗死
✴グラティアヌス帝、東の帝国をテオドシウスへ譲る
✴テオドシウス帝の人物と勝利
✴ゴート族の平和と定住
✴正統派の勝利と異端派の消滅
✴テオドシウス帝の二子間における帝国の最終分割

●――「ゲルマン民族大移動」のはじまり

ウァレンティニアヌス、ウァレンス両帝の共治世二年目の七月二十一日朝、ローマ帝国の大部分がすさまじい激震にみまわれた。振動はただちに海につたわり、地中海沿岸では海水が突然ひいて、おびただしい数の魚が手でつかめる状態となり、干潟には大型船が多数とり残された。前代未聞のことである。人々はこの驚天動地の光景に目をこらし、地球誕生以来、陽光にさらされることがなかった谷底や山肌の出現に空想をかき立てられた。

が、事はそれで収まったわけではない。いったん退いた海水はおそるべき津波となっておし寄せ、港につながれていたすべての船をおし流して近くの民家の屋根上や、なかには岸から二マイルもはなれた地点にまでおき去りにし、その一方で、多くの人々や家屋をさらうなど、シシリー、ダルマティア、ギリシア、エジプト、各地の沿岸部に甚大(じんだい)な被害をあたえた。

爾来、この大洪水で五万人という死者を出したアレクサンドリアでは、毎年めぐりくるその日に、犠牲者追悼の儀式がひらかれていたといわれる。

大地震がおきたとの報は属州から属州へとつたえられたが、それにともない被害の規模もしだいに誇張され、これを聞いた人々を仰天させ、その影響をさらに途方もなく大きなものに想わせた。

そして、それより前、パレスチナやビテュニアの多くの街を壊滅させた地震の記憶が、かれらの間によみがえり、これら一連の天災が、来る、はるかに大規模な災害のほんの序曲と解され、さらには、いささか虚栄もあって、帝国衰亡のきざしが世界終焉のきざしと同一視された。

さて、ウァレンス帝はいくらか戦果をあげてゴート戦を終結させるや、自領のアシアへ入り、シリアの首都アンティオキアに腰をおちつけた。そして、当地からペルシャ王の動きをみはり、サラセン族やイサリウス族の略奪を牽制する一方、内政的にはアリウス派の教理を強引におしつけ、これに反対とみえた容疑者たちを無差別に処刑するなど、こうして五年の歳月を送った。

●――領内定住をもとめるゴート族

この間にかれがもっとも深刻に心をむけたのは、ドナウ地方の防衛を託していた文武両官からとどいた急報であった。フン族というおそるべき蛮族の出現によってゴート族の勢力が壊滅、ドナウ河沿岸は何十マイルにもわたって延々と、ローマの保護をもとめるゴート人で埋めつくされている、との報せであった。

じじつ、ゴート族は悲痛な声で、最近閲した災禍や再びさしせまる危険をうったえ、ローマ皇帝に救いをもとめた。そしてその対価として、もしトラキア荒蕪地の耕作がゆるされるならば、誓ってローマの法律にしたがい、辺境の防衛に尽くすというものであった。

ウァレンス帝のもとへ送られたゴート族の使節は、以上のことを確約し、それにたいして、皇帝の口からただちに同胞の運命を決する答えをまった。

このときウァレンス帝には、それまで頼りとしてきた兄帝ウァレンティニアヌスの教導はもはやなかった。この西の皇帝はその前年の暮れ、突然没していたからである。ゴート族の状況は、断固たる即決をせまっている。通常よく用いられる、あいまいな遅延策は、もはや使えなかった。

かくして、右の問題がウァレンス帝の側近高官らの審議に付された。そしてその審議では、最初意見が分かれたものの、まもなくして一同の間には暗黙の了解が成立した。それは、君主の虚栄や欲心をともによく満たすとおもわれる選択であった。すなわち、民政総督や将軍など、これら隷臣どもは、今回の事件がかつて帝国の最辺境地でみられた部分的あるいは偶発的な植民地の形成とはまったく異なる、危険なものであることを知りながら、これを無視、あるいはこれに気づかないふりをし、それより、武名高い異邦人の大軍がはるばる遠方からやってきたことを、幸運の女神の配慮としてたたえた。それは、あらたな属州民から、毎年兵役の代償として、莫大な黄金が帝室財庫に入るとの思惑からであった。

こうしてゴート族の願いが聞き容れられ、その奉仕の誓言がみとめられた。そしてその誓言がみとめられるや、居住地の確保はさておき、焦眉の問題として、ゴート族大集団の渡河と生活物資の確保に必要な準備をはじめよ、との勅命が下された。

だがこれには、ローマ側からすれば当然のことだろうが、ゴート族にとっては耐えがたい、ふたつの条件が付いていた。それは、ドナウ河を渡るに際しては、そのまえに武器をひき渡し、また子供も預けよ、というものであった。なお、子供たちについては、アシアの各属州へ送り、そこで開明国の教育をほどこす、また同時に、これを人質ともみなす、というものであった。

遠距離を介しての交渉が難航するなか、やがて一部のグループがローマ側の許可を得ることなく、焦心から河をわたろうとしたが、この動きは警戒を強めていた河岸沿いのローマ軍駐屯部隊にただちに発見され、先頭のゴート族一団は多数の死者を出して撃退された。

●――ローマ軍による蛮族集団の河渡し

そうした事件後、ついには勅命がおり、ゴート族全体をわたす渡河作戦が開始された。だが、その近辺のドナウ河は河幅が一マイル以上もあったうえ、しかも、このときはうちつづく雨で川嵩が増していた。そのため、急流に流される者や溺れ死ぬ者が多数続出し、河渡しは難儀をきわめた。

大小の船やカヌーからなる大船団が用意され、連日昼夜をわかたず両岸を往き来し、対岸にひとりの蛮人も残すまいと、ローマ側では超人的な努力がなされた。この蛮族がやがて帝国をくつがえすことになるとも知らず。

当初、かれらの数は正確に数えるべきだとされていたが、この任務を担当したローマ側の官吏は、すぐにその数に圧倒され、際限なくつづくこの作業を途中で中止せざるを得なかった。

ドナウを越えた蛮族民の数は、おそらく二十万人とみられる。だが、これにしかるべき随伴者として女、子供、それに奴隷を加えると、老若男女あわせて総数百万人にも上ったに相違ない。途方もない大集団である。

ゴート族の子供、少なくとも高貴な家柄の者たちは、一般の蛮族民とは区別され、ただちに遠隔地へ移され、そこで住まいと教育をあたえられることになった。こうした人質の荷車は陸続と連なって町々を通っていったが、これをみた属州民たちは、かれらの華美な衣服や頑健な風貌（ふうぼう）に驚くとともに、また、それに羨望（せんぼう）の念をおぼえたのであった。

ゴート族にとってこれ以上屈辱的なものはなく、かたやローマ人にとってこれ以上重要なものはなかった協定については、恥ずべき仕方でその実行が回避された。

蛮族にとって戦士の魂であり安全の保証でもあった武器のために、ある代償が提案されたのである。それは、武器の代わりに、妻女を一夜の御伽にさし出すというものであった。おそらく、この申し出は、ローマ軍の将校たちを喜ばせたにちがいない。

こうして美しい少女や見栄えのよい少年を提供した者たちは、目こぼしを得ることになった。だが、検査官たちはそれでは飽き足らなかったのか、しばしば総付きの絨毯や亜麻製の衣服などにも目をやり、あるいは職務違反をしてまで、自分の家宅や農場のために奴隷や家畜をうばうことまで考えるありさまであった。

かくして武器を手にしたままの乗船がゆるされた蛮族の戦士たちが対岸に結集したときには、下モエシア属州の平原や丘陵はかれらの兵営で埋めつくされ、全体が脅威的、いや敵陣営さながらの様相を呈した。

とかくするうち、東ゴート族のふたりの指導者、すなわち幼王を戴いたアラテウスとサフラクスがドナウ河北岸に姿をみせ、アンティオキアの宮廷に使節を急派して、西ゴート族にあたえられたと同じ処遇を願い出、またかれらと同じ盟約と報恩を誓った。しかし、この申し出はウァレンス帝によって斥けられた。そのため、東ゴート族の西進は一時止まったかたちとなったが、おもうに、こうした措置こそ、宮廷の後悔や危惧を如実に物語るものであった。

●――ローマ側奸臣たちの卑劣な行為

この深刻な時期、トラキア属州の軍事権を行使していたのは、ルピキヌスとマクシムスという、わずかでも私腹をこやす機会があれば、すかさず公益を無視してそうした行動に出るやからであった。ふたりの罪状をあえて軽くするとすれば、みずからの犯罪的軽挙がもたらす結果さえも予期できなかったほど愚かであったことが、その理由に挙げられるくらいのものだろう。

かれらの振舞いは、このときも同じであった。というのは、度量をみせて勅命通りゴート族の要求を満たしてやることもせず、それでなくとも窮乏している蛮族にたいして、反対に酷税を課したのである。

かくして、きわめて劣悪な食品が法外な値段で売られ、市場は犬の肉やその他病死した動物の肉であふれた。一ポンドのパンを買うのにも、蛮人たちは調法な奴隷を手放さざるを得なかった。肉ともなると、わずかな量が十ポンドの高値を呼び、それでも争って買いもとめられ、銀貨でさえ、いまや意味のない金属にすぎなかった。資産が尽きても、こうした食糧の買い入れをやめるわけにはゆかない。ついには、子供たちまでが売りに出された。ゴート人はだれもが自由を愛していたが、しかし自由であっても惨めな環境で果てるより、隷属であっても無事生きながらえる方を選んだ。

およそ腹立たしいものの中でも、えせ篤志家の横暴以上のものはないのではないだろうか。恩恵をほどこしたあと、これを帳消しにするような非道を犯しておきながら、当初の慈善にたいする報恩を強要するといった行為である。

蛮族は辛抱強く義務をはたしていることを訴えたが、聞き入れられなかった。そのため、かれらの幕舎（ばくしゃ）では不満の空気がしだいにつのり、やがて、ローマ側の冷遇にたいする苦情が声高に上がるようになっていた。

周囲には肥沃（ひよく）な属州がひろがり、そこには豊富な物資と富がある。その中心にあって、人為的飢餓という耐えがたい辛苦をなめているのだ。

ところが、救出の手段はかれらの手の内にあった。いや、報復の手段さえあったのだ。なぜなら、武器の携帯と使用だけはゆるされていたからである。

感情を隠すことを知らない蛮族の抗議は、抵抗の始まりをおもわせ、罪状を自覚していたルピキヌスとマクシムスをあわてさせた。

そこで、小心なふたりは、蛮族を帝国辺境近くの危険な場所から内奥属州の各宿営地に分散させるという手段に出た。各地から懸命に軍隊をあつめ、かれらに武威を示して、その遅々たる移動をなんとか急がせようともくろんだのである。

ところが、それはドナウ防衛の兵力を不用意にも解いてしまっていた矢先のことであった。ローマ軍将領たちの注意は、もっぱら西ゴート族だけに向けられていたのである。

この致命的な油断が、フン族の追跡からのがれる好機をうかがっていたアラテウスとサフラクスに見逃されるはずはない。案の定、この東ゴート族の両指導者は、「今こそ！」と、筏（いかだ）や船を急遽（きゅうきょ）できるかぎりよせ集めた。そして、幼王と軍隊を難なく対岸へわたし、帝国の領土内に独立した敵性陣営を出現させた。

裁く者を意味する「士師」という称号をおびていたアラウィウスとフリティゲルンは、和戦いずれのときも、西ゴート族において指導者の地位にあり、家門に由来するその権威は、部族すべての民に心からみとめられていた。

平時であれば、おそらく両者の間に、地位は言うまでもなく権限においても差はなく、たがいに同等であったこととおもわれる。だが、いまは飢餓と圧政とによって民族全体が存亡の瀕（ひん）に追いつめられている非常時である。そこで、才幹の点で一層すぐれていたフリティゲルンが軍事的統括権を一手に掌握（しょうあく）することとなり、かれには国益にそってこれを行使する権限があたえられた。

こうして単独の指導者となったフリティゲルンは、ローマ側の非道や侮辱にたいする抵抗が天下のだれの目にも正当なものと映るまで、血気にはやる同胞を抑えていた。といって、公正や穏健といった実のない賞賛のために実益を犠牲にするつもりもなかった。

そこで、全ゴート族の力を結集することの利点を十分に承知していたかれは、東ゴート族との親善をひそかに図った。そしてその一方で、ローマ軍将軍への絶対服従を誓いながら、ドナウ河の岸から約七十マイルのところにある下モエシア属州の首都、マルキアノポリスへむけてゆっくりと移動をはじめた。

ところが、この運命の町で、相互間の憎悪という炎が、突如おそるべき大火へと発展する。

そのとき東西ゴート族の首長たちはルピキヌスにまねかれて豪華な饗宴の席にあり、供回りは武装のまま宮殿の入口に残っていた。しかし、市の城門は厳重な警備でかためられていて、市場に近づくことは許されなかった。臣下あるいは同盟者としてローマ人と同じように利用できるように願い出ていたのだが、そうしたローマ側の拒絶のため、溢れんばかりの品々があるのを知りつつ、これを買い求めることができないのだ。

蛮族の哀願は嘲笑をもってなんども斥けられ、かれらの忍耐は尽きていった。こうして町民や兵士とゴート族との間で激した口論がはじまり、それが怒りの非難応酬へとうつり、次の瞬間、無思慮にも鉄拳がとぶや、たちまち剣がぬかれた。そしてこのときに流された最初の血が、長期にわたる激戦の予告となった。

騒然たるなか、密使からルピキヌスの耳に、部下の兵士が多数殺され、その武器がうばわれたとの報せが入る。ところが、このローマの奸臣は、折しも酒がまわっていて、眠気に抗しきれず、そのため軽率にも、フリティゲルンとアラウィウスの護衛を殺害して報復をはたせ、と命じたのである。

外の騒ぎと惨殺される護衛兵のうめき声に身の危険を感じたフリティゲルンは、英雄としての沈着さをうしなわず、敵に一瞬の猶予をゆるせば自分の身が破滅にいたることをみてとった。

「どうやら、両国でつまらぬ喧嘩がおきたようだ。かくなっては、われらの身の安全を示し、われらの権威でもって事態を即刻収拾せずば、最悪の結果をもたらしかねない」

毅然と、しかしおだやかな口調で、こう言うが早いか、かれはその供一同とともに、宮殿、街路、城門と、いたるところを埋めつくした群衆の間を、剣を手に、何の抵抗にあうこともなく通りぬけ、そして馬にとび乗るが早いか、驚きで唖然としているローマ人のまえから疾風のごとく走り去った。

自軍の幕営にたどり着いたフリティゲルンとゴート族の諸将は、さかんな歓呼をもって迎えられ、時をうつさず開戦の決議がなされた。いまやゴート族の陣営には多数の軍旗が古代の流儀にならって並べられ、角笛が粗野ながらも哀調をおびた旋律をあたりに響かせる事態となった。

●――ローマ軍の敗走

これにたいし、不遜にもかれらを怒らせ、その制圧を怠っていたルピキヌスは、ここに到ってもなおそうした侮蔑をやめず、可能なかぎり兵をあつめ、これをひきいてゴート軍討伐へとむかった。かたや蛮族は、マルキアノポリス市から約九マイルの地点でローマ側の来襲をまった。

この会戦では、兵士の武器や規律よりむしろ将領の才幹が勝敗を決した。フリティゲルンの見事な采配のもと、勇猛なゴート戦士が密集陣形による果敢な攻撃でローマ軍を撃破したのである。ルピキヌスは武器も軍旗も、自軍の司令官も勇敢な兵士たちも戦場に残してひとり逃走。ローマ兵の勇気も、主将の敗走を支援することだけに向けられたかたちとなった。

「この勝利によって、蛮族の苦境とローマ人の安全には終止符がうたれた。すなわち、このときを境としてゴート族は、異郷の流浪者という不安定な身分から一転して、市民としての、また主人としての性格をおび、地主にたいする絶対的支配権を主張しはじめ、ついには、ドナウ河を境界とする帝国北部属州を占領したのだ」

これは、自国民の栄光をたたえたゴート史家ヨルダネスの言である。

しかしながら、蛮族が主張した支配権は、支配そのもののためではなく、略奪や破壊のために行使される結果となった。ローマの奸臣ルピキヌスのために、トラキア属州の農村が焼き討ちにあい、農民は家族ともども虐殺され、生き残った者たちも捕囚として連れ去られたのである。それは、ローマ側高官の政策によって天然の恩恵にあずかることも、社会生活におけるしかるべき交流をもつことも、いずれも阻まれていたことにたいする報復であった。

ゴート族勝利の報はたちまち近隣地方につたわり、これにおびえ困惑したローマ側の性急、無思慮な対応が、さらにフリティゲルンの軍勢をふくらませ、属州の災禍を倍加させた。

●──武勲にはやるヴァレンス帝

西の皇帝グラティアヌスが全臣民の賞賛をあびていたころ、他方、東の皇帝ヴァレンスは軍、宮廷ともアンティオキアからコンスタンティノポリスへと移していた。しかし、皇帝をむかえた市民の間には、かれを国難招来の張本人とする非難の声が上がっていた。そしてこうした事情から、同市の大競技場で市民の抗議がおこった。そのためヴァレンス帝は、入部して十日も経っていなかったにもかかわらず、蛮族の討伐に向かわなければならなかった。

およそ市民というものは、現実の危険から離れているときにはきわめて勇敢なものである。じつはこのときもそうであった。かれらは武器さえあれば、自分たちだけで蛮族を駆逐できると豪語した。

おもうに、無知からくるこうした市民の非難こそ、ローマ帝国の瓦解を早めた原因にほかならない。なぜなら、そうした市民の侮蔑がウァレンス帝をして自棄的な軽挙に走らせてしまったからである。

それから間もなくして部下の戦勝をみたウァレンス帝は、ハドリアノポリス市近郊に集結していたゴート軍の力を軽視することになる。

その理由はふたつある。ひとつは、勇将フリゲリドゥスが勝利を得たことに因る。かれの働きによってタイファリ族の進軍が阻止され、その王はこのときの合戦で戦死。捕虜となった蛮人たちも遠くイタリアの地へ移され、定住地としてあたえられたモデナやパルマの開墾に従事させられることになったのである。

また、もうひとつは、セバスティアヌスが歩兵隊総司令として華々しく活躍し、国家へ多大の貢献をするという快挙をみせたことに因る。ウァレンス帝に仕えて間もないこの将軍は、各軍隊からおのおの三百名の兵士を選んで別働隊を編成する許可を得るや、これをただちに実行した。そしてウァレンス帝治世下ではほとんど忘れ去られていた規律や武器の扱い方を新隊に叩き込み、かれらをひきいてゴート族大軍の陣営を急襲。戦利品としてうばわれていた膨大な量の品々をとりもどし、それでもってハドリアノポリス市とその近郊の平原を埋め尽くしたのである。

ところが、みずからの壮挙をつたえるセバスティアヌスの報告に、宮廷側は偉材が出現したとして、ぎゃくに危機感をいだいた。このため、ゴート戦の難しさについて言葉を選んで慎重に説明したセバスティアヌスであったが、かれの勇武はたたえられたものの、その忠告は斥けられた。

側近宦官どもの追従的進言もあって、たやすくおもわれた目前の征戦を果たして栄光を手にしたい思いにはやるウァレンス帝。かれは多数の古参兵を加えて軍勢を大幅に増強し、ハドリアノポリスへむけて出立した。進軍は兵学的にきわめて見事なものであったらしく、中間地帯の隘路をおさえることによって輜重部隊の通過をはばもうとしていた蛮族軍の行動は、未然に阻止された。

ハドリアノポリスに到着し、その城壁下に陣を張ったローマ軍は、古来の戦法通り、壕や堡塁による周囲の防塞化に着手。そしてその作業が一段落つくや、軍議をひらいて皇帝と帝国の今後について審議した。

この軍議において慎重論を強く支持したのは、将軍ウィクトルであった。かれは長年の教訓からサルマタエ人特有の矯激さや猪突さを反省していた。かたや将軍セバスティアヌスは、常勝の君主にたいして勝利を疑わせるがごとき進言はひかえよ、と阿諛的言辞を硬軟たくみに交えて主張した。

しかしいずれにせよ、ウァレンス帝は西ゴート王の術策や西方皇帝の諫告によって、けっきょく、破滅の道を急ぐことになる。


そもそもフリティゲルンは、戦争を遂行しつつ一方で交渉することの利をよく知っていた。そこで、キリスト教の聖職者を和睦の使節としてローマ軍陣営におくり、軍議にまで近づかせ、会議を混乱させる策にでた。

かくして使節がローマ側にたいし、ゴート民族の不幸と義憤を熱心に説き、指導者フリティゲルンの名において、さまよえる同国民のために、定住地のほか、十分な穀物と家畜の配給をもとめた。そして、その見返りとして、すぐにでも武器をおくか、あるいは帝国の防衛に尽くすつもりであることを申し出た。

しかし、これに添えて、友人として内密に次のようにつけ加えた。すなわち、蛮族の怒りはきわめて大きく、こうした穏当な条件が満たされたにしてもなお不満足であり、フリティゲルンにしても、ローマ軍の実際の後ろ盾がなければ、条約の締結そのものさえできるかどうか疑問である、と。

ちょうどそのころ、督軍リコメレスが西方からもどり、アレマン二族の敗北と臣従とをつたえた。また、それと同時に、甥グラティアヌス帝の来援をも知らせ、西方帝の名において、両帝が合流してゴート戦の勝利を確実なものとするまで単独の決戦をひかえることを要請した。

だが、このウァレンス帝に聞く耳はなかった。ひとえに嫉妬と自負とに動かされていたかれは、リコメレスの切なる忠告をさげすみ、グラティアヌス帝の加勢を屈辱的として拒否。輝かしい業績に欠けたおのれの治世と青二才のごとき西方帝の名声とをくらべて、これをひそかにねたみ、凱旋の機会をさらわれるまえに、勝利を独占しようとしたのであった。かくしてウァレンス帝は、あわただしく出陣する――。

●――帝国の命運を決したハドリアノポリスの戦い

ローマ暦のなかで最悪の日となる八月九日（三七八年）、この日ウァレンス帝は、ハドリアノポリス市から約十二マイルの地点に陣を敷いていたゴート軍攻撃のため、輜重や財宝だけを後に残し、同市を発った。

ところが、命令の誤りからか、あるいは地形の誤認からか、騎兵部隊の右翼が敵をみとめる地点に達したとき、左翼はずっと遅れて、はるか後方にあった。そのうえ、夏の炎天下での強行軍であったため、戦列に大きな混乱が生じていた。

一方、ゴート軍の方でも、このとき騎兵部隊が食糧徴発のため近在へ派遣されていて留守であった。そこでフリティゲルンはここでも例のごとく、敵陣に使節をおくって和睦を提案し、人質を要求するなどして時をかせいだ。日陰もなく炎暑にさらされているローマ軍が、飢えと渇きで疲労するのを待つ作戦である。

これにたいしウァレンス帝も、説得におされてゴート陣営に使節を送ることになったが、この危険な任務をひきうけることができたのは、ひとりリコメレスだけであった。もちろん、その勇気が全軍に大いに賞賛されたことは言うまでもない。

ところが、使節としての権威を示す華麗な標章を身につけたリコメレスが、ゴート陣営を目指してローマ陣営からいくらか離れたとき、かれは突然、開戦の警報に呼びもどされた。

射手隊と楯隊をひきいていたイベリア人のパクリウスという指揮官が、不覚にも早まって攻撃を仕掛けたのだ。この性急な攻撃は、たちまちはね返され、ローマ側に損害と屈辱をまねいた。

これと時を同じくして、ゴート側では、待ちに待たれたアラテウスとサフラクスが別働騎兵部隊をひきいて帰還。丘陵地帯から旋風のごとくローマ軍に襲いかかり、平原をつき切って蛮族軍の攻勢を倍加させた。

ウァレンス帝にとってだけでなくローマ帝国全体にとっても致命的となったこのハドリアノポリスの戦いについては、これを一言でいえば次のようにいうことができよう。すなわち、ローマ軍騎兵部隊の敗走によって、後にとり残された歩兵部隊が敵軍に包囲され、徹底的に切り刻まれたのだ、と。

およそ歩兵部隊が平原において数のうえで優勢な敵の騎兵部隊にかこまれたとなれば、いかに見事に展開しようと、いかに豪胆沈着であろうと、その救出は至難である。

じじつ、ローマ軍は敵の攻撃とみずからの恐怖心におされて、展開はおろか、手にした剣や長槍も有効に使えない狭隘部に殺到するかたちとなった。

こうして混乱、殺戮、狼狽が支配し、その只中で皇帝は近衛兵にみすてられ、おそらく矢傷であろうが、重傷を負った。頼みの綱は、戦列をくずさず奮戦していたランケアリ隊とマッティアリ族だけであった。ウァレンス帝は、かれらに助けをもとめた。

君主の絶体絶命の危機——。この光景をみとめたトラヤヌスとウィクトルは、声を張り上げ、皇帝が倒れれば一切が無に帰すると呼ばわって、近くの兵を帝の救援に向かわせた。だが、兵士たちが目的の場所にいたるや、そこには破壊された兵器や切り刻まれた屍体の山しかなく、帝の姿は死者のなかにも生存者のなかにも皆目みあたらなかった。

ウァレンス帝の死については、何人かの歴史家がこれを一様に記しているが、もしそれがいささかでも真実であったとすれば、捜索が成功する可能性は最初からまったくなかったといってよい。

というのも、皇帝は近侍たちによって戦場から近くの農家に移され、そこで傷の手当てをうけていたからである。ところが、応急手当てが終わって、今後の身の安全について進言をうけていた矢先、この隠れ家も敵に発見され、周囲をかこまれる。

扉を破ろうとする蛮族兵。これにたいし屋根から、かれらめがけて矢が一斉に放たれた。これに激しく怒ったゴート兵は、焦りもあって藁束(わらたば)に火をつけた。炎はたちまちこの茅屋(ぼうおく)をなめ、近侍もろともローマ皇帝を焼きつくした。

敵が放った火で皇帝が焼死したとの報は、窓から逃れたひとりの若い兵士によってつたえられ、このことは同時にゴート側の耳にも入った。蛮族側としては、性急さのために、この上ない戦果を逸したかたちとなった。

ハドリアノポリスの戦いでは、多数の勇敢なローマ軍高級将校が命を落としている。数でみると、それはかつてローマがカンナエの平原で喫したときの打撃（紀元前二一六年、カルタゴの名将ハンニバルに敗れた戦い）と同じである。しかし、影響の点になると、その比ではない。

戦死者のなかには、騎兵部隊と歩兵部隊の総司令が二名、宮廷の大官がこれも二名、それに司令官級ともなると三十五名が含まれていた。例のセバスティアヌスもこの合戦で露と消えた。

要するに、ローマ軍の約三分の二がこの戦いで壊滅したのだ。敗残軍は夜陰に助けられ、かろうじて敗走。ただウィクトルとリコメレスの軍隊だけが、ローマ軍全体が混乱にあるなか、沈着さをうしなわず、整然と退却したのであった。

●——東の帝国もまたグラティアヌス帝の肩に

ローマ軍敗北の報が西の皇帝グラティアヌスの耳に入ったのは、かれがハドリアノポリス平原を目指していた最中のことである。その報は錯綜（さくそう）した風聞のかたちで伝えられ、その後まもなくしてウィクトルとリコメレスから正確な報告があった。

グラティアヌス帝としては、ローマ軍三分の二の壊滅とみずからにも死をまねいた叔父ウァレンス帝の愚行を聞いて、怒り心頭に発すべきところであったこととおもわれるが、寛容な精神の持ち主であったかれは、この悲報を聞くや、むしろ悲嘆と憐憫(れんびん)にうち沈んだ。だが、国家存亡の危機をまえにしては、そうした憐(あわ)れみの情すら、たちまち心から消えていった。

共治帝を救援するには遅きに失し、その復讐(ふくしゅう)を期すには非力であった。グラティアヌス帝の胸には、この沈みゆく帝国をおのれひとりで支えることの困難さ、不可能さがひしひしと感じられた。

おそるべき蛮族の大軍は、いまにもガリア地方へとなだれ込むのではないだろうか？　こうおもうや、西方帝国の守りに関する問題が帝の脳裏を支配した。

いまこのとき、東方帝国の統治とゴート戦の遂行には、英雄にして政治家たり得る逸材が必須である。といって、そうした大権を付与された臣下が、それを付与した恩人にたいしていつまでも忠節を尽くすことはあり得まい。ましてや遠く離れていれば、なおさらのこと。

そこで帝の意向をうけて閣議がひらかれ、出席者全員が次の意見で一致した。すなわち、そうした侮辱に甘んじるよりむしろ責務を課すべきである、と。

人物の選定にあたっては、勲功にたいする恩賞として帝位をさずけるというのがグラティアヌス帝の希望であった。しかし、かれはこのときまだ十九歳。しかも、君主としての教育をうけた身。高官や将軍たちの真の性格を見抜くのは、容易ではなかった。

だが、かれは野心家の過剰な自信をしりぞけるとともに、国家の前途を絶望視している慎重派の意見にも信をおくことなく、みずから候補者の公正な評価につとめた。時は一刻一刻と過ぎてゆく。だれであれ、新しく選ばれる東の皇帝にとって、その権力や資源はしだいに失われつつあった。もはや延々たる評議はゆるされなかった。

●――テオドシウス、東の皇帝に

そこでグラティアヌス帝は、ただちにかつての追放者のひとりに白羽の矢を立てた。その実父がわずか三年まえに、帝自身の命によって不当にも屈辱的な死に追いやられていた人物である。

かくしてローマ史において名高く、またカトリック教会にとっても忘れがたい、あの偉大なテオドシウス（父子同名）が、当時安全のためトラキア辺境からシルミウムへとしだいに後退していた宮廷へと召還されたのである。

ウァレンス帝の死から五カ月後、グラティアヌス帝は全軍をまえに、新しい共治帝にしてかれらの主君となる人物の名を明らかにした。指名された本人は、おそらく衷心（ちゅうしん）からであろう、最初これを辞退したが、兵士らすべての歓呼、賛同もあって、ついに正帝（アウグストゥス）の称号をうけ入れざるを得なかった。

新帝には、ウァレンス帝が治めていたトラキア、アシア、エジプトの各属州がゆずられ、さらには、ゴート戦指揮の関係でイリュリクム行政区が分割されたほか、ダキアとマケドニアの二大管区も東の帝国に編入された。

そもそも実際の災禍が恐怖心によって誇大視されないかぎり、幾世代にもわたって営々と築かれてきた大国という構築物が、わずか一日の不運な出来事のために瓦解するといったことは、およそあり得ない。

このことは、ハドリアノポリスの戦いで敗れたローマ帝国のばあいも同様である。

四万人の兵士が果てたとはいえ、本来なら、何百万人もの住民をかかえる人口稠密な東方の諸属州で兵をつのれば、欠員の補充は即座に可能だったからである。兵士の勇気にしても、それはどこにでもみられる、人間のごく一般的な資質にすぎない。また、それほどの規律もない敵に対抗する技術などは、生き残った百人隊長がこれをすぐにもあらたな部隊に教えることができたはずである。

さらに、もし軍馬や甲冑を蛮族にうばわれたにしても、カパドキアやヒスパニアにはおびただしい数の種馬がおり、これらによって騎兵部隊の新設も可能であったことは言うまでもない。しかも、帝国の三十四の兵器庫には、攻撃、防御双方の兵器があふれていた。また戦費にしても、アジアの富をもってすれば、容易に調達できたはずである。

ところが、ハドリアノポリスの戦いの影響は、蛮族にとってもローマ人にとっても、一日の事件という枠をこえ、前者にはその勝利を、後者にはその敗北を、それぞれ実際よりはるかに大きくおもわせる結果となっていた。

あるゴートの族長など、こう語っていたといわれる。すなわち、殺戮にうみ疲れたばかりでなく、また、羊のように逃げ去っていったやからが、厚かましくも、財宝や属州の所有権をなおも主張していることに驚いている、と。

●――力をとり戻したローマ軍

かつて「フン」という名がゴート族の間に恐怖をまき散らしたと同様、今度は「ゴート」という名がローマ帝国全体を震え上がらせた。したがって、もしこのときテオドシウスが敗残軍をあつめて、性急に戦場に出ていたとすれば、ローマ軍はみずからの恐怖心によってかならずや壊滅していたにちがいない。

だが、さすがに大テオドシウスである。かれは「偉大な」という、その尊称にふさわしく、容易ならざるこの時期に、しかるべき護国者としての行動をとった。いたずらに軍の先頭に立つことをせず、マケドニア管区の首都テサロニカに本営をおき、そこから蛮族の動きをみはり、ハドリアノポリス市城壁下からアドリア海沿岸まで、その全範囲にわたって作戦を指示したのである。

こうしてテオドシウス帝の指揮のもと、ほどなくして各都市の防塞や守備隊は強化された。軍隊もふたたび規律をとりもどした。そしてやがて、身の安全にたいする確信からしだいに大胆になり、ついには、近在一帯を制していた蛮族軍をしばしば攻撃するまでになっていった。

しかし、地の利あるいは数のうえで圧倒的優勢でなければ、およそ交戦はゆるされなかった。そのため、いざ交戦となれば、その大半が勝利した。そしてこうした状況の変化により、ローマ軍兵士の間には、蛮族の撃破も、不可能ではないとの思いが広がっていった。

それにともない、分散状態にあった各守備隊もしだいにいくつかの小軍団にまとめられ、全体が統一された指揮系統のもとに、ひきつづき右の慎重策がとられた。かくして、ローマ軍には日増しに戦力と士気とが高まっていった。

また、テオドシウス帝はたくみに勝利の報をつぎつぎと流し、これによって蛮族の自負をくだく一方、ローマ人の心に希望と勇気を呼び起こすことにつとめた。

以上、まことに漠然とした説明にすぎないが、いまもしあの四つの戦役におけるこの皇帝の軍略や行動を如実に描写できたとすれば、すべての軍事専門家が賞賛を惜しまないこととおもわれる。それほど見事なものであった。

当時、帝国属州の解放と平和の回復は、勇武というよりむしろ英知の成果であった。しかし、テオドシウス帝のばあいは、英知にさらに幸運がともなっていた。そしてその幸運がもたらした機会を、かれはひとつたりとも見逃さなかった。

●——ふたたび対立する蛮族たち

フリティゲルンのすぐれた指揮のもとに結束を維持し、協調行動をとっていたかぎりでは、蛮族にとって一大帝国の征服も、あるいは夢ではなかった。だが、この指導者が亡くなり、かれの権威によるきびしい軍律がなくなったいま、蛮族はおよそ定まった方向もなく、情動のおもむくままに行動していた。かつての一大軍隊が多くの集団に分かれて盗賊と化し、みさかいもなく激情を満たすようになったのである。だが、それは敵よりむしろみずからに大きな災いをもたらす結果となった。そうしたかれらの性向は、掠(かす)めとることができない物や価値が分からない物については、これを徹底して破壊していた行為によくあらわれている。その無分別たるやはなはだしく、まもなくすればかれら自身のためにも必要となった収穫物や穀物倉庫まで、瞬時の怒りから破壊することも少なくなかった。

それまでゆるやかな団結をたもっていた各部族の間には、いまや不和の空気が流れるようになっていた。フン族やアラニ族は、ゴート族のこうした状況をみて、せっかく得た優位な立場をまもり得なかったとして非難したが、その非難はまことに当然であった。

東ゴートと西ゴート、この両民族の間には、かつての反目がふたたび頭をもたげ、以前まだドナウ河を渡るまえに交わしていた非難やその際の屈辱が、あらためて思い出された。そして対立が深まるにつれ、それまで双方の心の中にあったローマにたいする全民族的敵愾心も、急速に冷えていった。

●――戦略家テオドシウス

この機を慧眼のテオドシウス帝が見逃すはずがない。かれは部下にたいし、気前のよい贈物や約束でもって蛮族内の不満分子を撤退させるか、もしくは帝国への奉仕につかせるか、いずれかの策に努力せよ、との指示を出した。

かくしてアマリ家王族のひとりモダレスを引き込んだことは、ローマ側にとって忠実な勇士を味方戦列に加えることになった。たしかに、かれらの期待通り、この蛮族の王子はすぐに軍司令官となって重要な指揮権をにぎるや、大きな戦功をあげた。同胞民族の軍隊が酒に酔って寝入ったところを急襲して、多数を戮(りく)し、膨大な戦利品のほか、四千台に上る馬車をうばって皇帝陣営に帰還したのである。

およそ巧妙な策謀家の手にあっては、まったく正反対の手段が同じ目的のために使われ得る。このときもそうであった。先には蛮族の分裂によって確保されていた帝国の平和が、こんどは再統合によって確保された。

前述の異常ともいうべき事態の進展を慎重に静観していたアタナリックが、戦機到来とみてか、ついにカウカランドの森深くから姿をあらわしたのだ。

ドナウ河を渡ることについては、もはやこの蛮族の指導者に躊躇(ちゅうちょ)はなかった。フリティゲルンの臣下であった者たちの多くが、指導者不在からくる問題を痛感していたこともあって、出自、才幹とも異論のないアタナリックを即座にゴート族の「士師」とみとめていた。

しかし、この蛮族王はすでに高齢、往年の覇気はもはやなかった。そのため、自国民をひきいて戦場に向かうのではなく、ローマ側の提案に耳をかたむけた。それは、蛮族にとって、名誉ある有利な内容の条約の申し出であった。

一方、テオドシウス帝の方も、あらたな盟約の重要性を熟知していた。そこでコンスタンティノポリス市から七マイルのところまで出て、みずからアタナリックを出迎え、同市へ案内し、友人に対する信頼感と皇帝としての盛儀でもって歓待した。

目にするさまざまな景観や事物の素晴らしさに打たれ、好奇と驚嘆で目をみはる蛮族王。やがてかれは感きわまって、次のように告白した。

いわく、「このような光景があろうとは、これまで信じられなかった。なんという偉観であることか。この都が占める景勝絶好の位置、城壁や公共建築物の美観と堅牢さ、無数の船舶であふれる広大な港、遠国との間のたえざる交通、軍隊の武器と訓練――まさにローマ皇帝は、地上の神である。これに歯向かう不遜な者がいれば、その者はみずからの血でその罪をあがなうことになろう」、と。

だが、テオドシウス帝の豪華な饗応も、長くは続かなかった。まもなくしてアタナリックが病を得、この都で不帰の客となったからである。死因については、蛮族の間では節度など美徳ではなかったことからすると、その死は連日の歓待にともなう、さまざまな快楽に因るのではなかったかとおもわれる。

いずれにせよ、テオドシウス帝がこの盟友の死から得た利益は、その奉仕から期待された利益を大きく上回っていた。なぜなら、ローマ皇帝がアタナリックの葬儀を東の帝都で盛大に催し、また故人のために立派な記念碑まで建てるにおよび、これに感激した西ゴート全軍がすすんでローマ帝国軍の兵籍に入ったからである。

たしかに、蛮族の大部隊がローマ側に臣従した影響は大きく、武力を背景とした説得や買収までも交えた工作によって、しだいにその範囲もひろがっていった。いまや各族長が、遅れてはならじとばかり、ローマとの盟約を結ぶために駆けつけた。おのれひとりとり残されては、皇帝から裁きをうけかねない、との思惑から。

かくしてウァレンス帝の敗北と死から四年一カ月と二十五日の後に、ゴート族は最終的に降伏したかたちとなった。

●——帝国の防衛任務と引替えに

ゴート族の定住と特権をみとめ、その義務をさだめた当初の条約は、テオドシウス帝やその後継帝たちの治世史を飾るべきものである。しかしながら一連の資料からは、その内容や精神を完全に把握することはできない。

が、ともかく、農事を厭うこともあるまいとの判断から、戦争や暴政のために未耕作のまま残されていた広大な沃土が蛮族の使用に充てられることとなった。かくして西ゴート族の大集団をトラキア属州に、かたや東ゴート族の残留集団をフリュギアやリディアに、それぞれ定住させることとなり、そしてそれにともない、当座必要な穀物と家畜が配給された。そのほか、勤労意欲をかき立てるために、当分の間、貢納金も免除された。

かりにもし蛮族を各属州に分散化させていたならば、かれらとしては当然、ローマ側にたいして怨みをいだいていたことだろう。しかし実際には、そうした事態にはいたらなかった。

むしろ、定住地に指定された各村々や土地土地の独占所有権を要求して、これを得ることができたばかりか、独自の習慣や言語を維持し、さらにはこれを広めることも許された。また行政の点でも、皇帝の主権こそみとめたものの、下級的なローマの法律や行政官には服さず、和戦いずれであれ、世襲の各部族長がそれぞれの部族を治める自治もみとめられた。ただ、王族の権威は容れられず、これは廃止された。さらに、ゴート族の将軍の任免も皇帝の意ひとつにかかることになった。

こうして四万人のゴート戦士からなる軍隊が、東の帝国防衛のための恒久的軍隊となり、同盟軍の呼称のもと、金色の襟輪のほか、多額の俸給や破格の特権があたえられた。同時に、ローマ式の武器の訓練や軍紀の導入によって蛮族生来の勇武も大いに強化された。

要するに、これまでとは違い、状況が一変したのだ。いまや帝国の防衛を蛮族という諸刃の剣にたよるにいたり、ローマ人のなかにかすかに炎を残していた軍事的関心が、ここで完全に絶たれるにいたったのである。

テオドシウス帝が蛮族にたいして示した和睦の条件は、実のところ、必要にせまられた結果であった。しかし、さすがに策謀家だけあって、かれはこれをゴート族にたいする自分の友情の証であると宣言していた。

もちろん、こうした恥ずべき、また危険でもある譲歩にたいして、不満や非難の声が上がったことは言うまでもない。だがこれにたいして、戦争の被害というものが生々しく語られ、融和策こそ平和と繁栄へつながるなどとして、さまざまに弁明や陳謝がなされた。

テオドシウス帝の政策を擁護する者たちは、故国を失って自暴自棄になっている、かくも多くの部族を殲滅(せんめつ)することは不可能であり、それよりむしろ、かえって新しい兵員や農民の流入によって戦禍で疲弊した属州が活性化されるだろう、と説いた。一部には、この意見に納得する者たちもいた。

さらに、蛮族はいまだにローマにとって敵としての側面をみせているものの、過去の経験からすれば、勤勉さや従順さを身につけるにちがいなく、また、かれらの習俗にしても教育にしても、キリスト教の影響によって開明し、やがて子孫にいたっては、ローマ帝国臣民のなかにしだいに同化されていく可能性も大いにあるのではないか、との意見もきかれた。

もっともらしい論理、楽天的予測ではないだろうか。しかし、具眼(ぐがん)の士には、ゴート族がこれからも依然敵であることに変わりはなく、ことによっては、すぐにも帝国を征服しかねない危険性を秘めていることは明白であった。

蛮族の粗野で横柄な振舞いは、ローマ市民や属州民にたいする侮蔑の表れであったにもかかわらず、なんらの懲罰もうけることはなかった。

テオドシウス帝の戦勝には蛮族の勇武が大きく与(あずか)っていたが、かれらの協力は不安定で危なっかしいものであった。じじつ、その協力がもっとも必要とされるときに、帝の指揮下を離脱するといった、信頼性に欠けた行動がしばしばみられていた。たとえば、マクシムス討伐のときなど、多数が逃亡し、マケドニアの沼沢地(しょうたくち)へ逃げ込み、テオドシウス帝によって制圧されるまで近隣の諸属州を荒らしまわったこともあった。

●――危険な存在

こうした一連の事件は、たんなる一時的激情によるものではなく、あらかじめ練られた策謀によるものにちがいない――この想いがローマ人の不安をさらに強めた。ゴート族が和約にいたったのも、下心があってのことであり、表向き友誼(ゆうぎ)や忠誠の態度をみせてはいるが、じつは略奪、ひいては征服の機会をうかがっているのだ、と人々は考えていた。

しかしながら、蛮族にも感恩の心があり、帝国、いや少なくとも皇帝にたいしては、真に忠節の念をいだく族長たちもいた。ゴート族全体がしだいに相対立するふたつの陣営に分かれていたのである。両者間で最初の条約と二番目の条約に関して論議が戦わされるようになっていたことからも、そのことはうかがえる。

これら両派のうち、ローマを支持する穏健かつ公正な一派は、フラウィッタにひきいられていたが、この青年指導者は、振舞いの優雅さや人に接するときの温容さ、それに物事にたいする鷹揚さなどの点で際立っていた。これにたいし、もう一方の多数派の方は、好戦的な配下の激情をあおり、独立を主張する、激越な性格のプライウルフを長に戴いていた。

ある厳粛な祝祭日のこと、両派の各族長が皇宮にまねかれ、テオドシウス帝の歓待をうけていたときのことである。宴たけなわの頃、酒の酔いがまわったふたりの族長は、しかるべき礼儀や分別を忘れ、人もあろうに、皇帝のまえで内部対立を露わにしたのであった。

テオドシウス帝はかれらのはげしい口論の様子をしばし黙って視ていたが、内心おぼえた恐れと不快感を押し隠し、間もなくして散会を言いわたした。

ここで、プライウルフの不遜な態度におどろき怒ったフラウィッタは、このまま別れれば内戦は必至とみて、大胆にも論敵のあとを追い、剣を抜いてその場でかれを刺し殺した。

思わぬ事態に、両者の配下はとっさに武器を手にする。だが、あわやのところで皇宮親衛隊の介入があり、それ以上の大事にはいたらなかった。おそらく、もしこの介入がなければ、フラウィッタが多勢の敵に倒されていたことは、まず間違いない。

こうして血気にはやったゴート族の暴挙は、テオドシウス帝の断固たる態度によってかろうじて抑えられた。いまや帝国は不穏な空気につつまれるにいたり、その安全はひとえに皇帝の生存と才幹にかかっている感があった——。

解説 テオドシウス帝の治績と帝国の最終分裂

すでに前章でみてきましたように、この時代、ローマと蛮族との関係は、以前とくらべ、大きく変わったものとなっていました。

それまで蛮族は、帝国領内にときどき侵入してくるにしても、やがては自分たちの領地へもどっていました。それにたいし、ウァレンス帝の治世にはじまった「ゲルマン民族大移動」以降、かつての侵略者は、東方の遊牧民フン族の西進におされて帝国領内へながれ込み、あらたなローマ臣民となって、割譲された地域に住みついたのでした。このようなかたちで帝国領内に蛮族の集団をうけ入れるようになったことは、ローマ史上、画期的なことでした。

定住以前から、各部族には相互間に対立もありました。やむなく蛮族の領内うけ入れにあたって、ローマはそうした事情を利用しました。定住や自治を条件に帝国臣民となることを誓った部族に防衛の任務をゆだねたのです。すなわち、他の敵性部族の横暴や侵寇(しんこう)を食い止めるための傭兵(ようへい)の役割を課したのでした。そしてその対価として、定住地のほか、補助金などもあたえていました。

歴史的に、西の帝国の動向は、東の皇帝の治績にも大きく関係しています。そこで、テオドシウス帝の治績をたどるまえに、この西の皇帝の後半生を簡単に概観してみましょう。

グラティアヌス帝(在位三七五~三八三年)は、当初、明君のほまれ高く、臣民の間の人気にも絶大なものがありました。将軍テオドシウスを東の皇帝に抜擢(ばってき)したのも、その見識の高さを物語るものでした。

かれは熱心なカトリック教徒として、教会との関係もよく、キリスト教の国教化を前時代よりいっそう強く推し進めています。文学などへの造詣(ぞうけい)も深かったようです。

ところが、そうした明君が、どうしたことか、やがて皇帝としての政務をおろそかにするようになり、帝務を追従的側近の手にゆだね、みずからは狩猟に凝りはじめたのです。その結果、しだいに人々の信望を失い、ついには軍からも見放されるようになりました。

こうした状況下、帝に不満をいだいていたブリタニア駐留軍が蜂起（三八三年）。軍司令官のマクシムスを皇帝にまつり上げたのでした。

僭帝マクシムスは、ただちにガリアへ攻め入ります。これにたいし、グラティアヌス帝は迎撃のために出陣はしたものの、肝腎の自軍を掌握することができず、将兵に逃亡され、そのため敗走する結果となりました。そして間もなく、わずか二十四歳の若さで刺客の手によってリヨンにおいて斃れたのでした。

西の帝国の異変と恩人グラティアヌス帝の横死を知った東の皇帝テオドシウスとしては、本来なら、帝位簒奪者をただちに討伐すべく駒を進めるところでしたが、蛮族の脅威が高まっているなか、内戦に勢力をさく余裕はありませんでした。

そこで、イタリア、アフリカおよび西イリュリクムを先帝の弟ウァレンティニアヌス二世（当時十二歳）の領土とし、マクシムスにはアルプス北方以遠の地方にかぎることを条件に、この皇帝僭称者を共治帝として正式にみとめたのでした。ところが、野心満々のマクシムスは、やがてこれも無視。三八七年、アルプスを越えてイタリアへ攻め込んだのです。ヴァレンティニアヌス二世帝（在位三七五〜三九二年）は、テオドシウス帝に助けをもとめました。このとき、敵の手から逃れてきた帝の一行には、母ユスティナのほか、妹ガラもいました。テオドシウス帝は、このガラの美しさにうたれます。そして、そのときすでに妻をなくしていたこともあって、彼女を娶ったのです。以上のような状況から、テオドシウス帝は内戦を決意するや、これを迅速に遂行し、僭帝を葬り去ったのでした。

内戦が終結してテオドシウス帝が東の帝都にしりぞくと、西の帝国ではまた別の野心家があらわれます。輝かしい勲功により騎兵隊総司令となり、さらにグラティアヌス帝の死後は、テオドシウス帝のもとでマクシムス打倒にも大きな貢献があったアルボガステスというガリア軍の総司令官が、帝権をねらったのです。

かれは少年帝ヴァレンティニアヌス二世の忠実な側近をつぎつぎと帝から遠ざけ、そしてある日、口論から、帝までを絞め殺してしまったのです。こうしてウアレンティニアヌス（三世）帝は、終始、傀儡帝のまま生涯を終えることになりました。

アルボガステスは、自分がフランク族出身であったこともあって、みずからが帝座に座ることをためらったのか、ローマ人の修辞家エウゲニウスを新帝に推戴します。

「民族大移動」の折、西の帝国内における再度の混乱は、テオドシウス帝にとっても深刻な問題であったことは言うまでもありません。しかし、かれは二年の準備期間の後、敢然とイタリアへ駒を進め、苦戦しながらも、ついには傀儡僭帝エウゲニウスを倒し、首魁のアルボガステスについても、自刃へと追いこんだのでした。

惜しいことに、皇帝テオドシウスはそれから約四カ月後、病のために不帰の客となりますが、ローマ帝国はこの勝利の時点で、いったん東西が再統一されたかたちとなります。

テオドシウス帝（在位三七九〜三九五年）の功績としては、諸蛮族にたいする軍事的な勝利をあげることができます。父テオドシウスと同じく、優れた将軍だったかれは、皇帝となってからもその才能をいかんなく発揮し、民族移動期における多くの蛮族の侵寇によく対処しています。

前章で語られたハドリアノポリスにおける敗戦によって軍事的な自信をうしなっていたローマ軍を、かれはそれ以降の外敵との戦いにおいて勇気と知略でもってつぎつぎと勝利に導いたのです。

ただ、最終的には、蛮族を辺境の外まで撃退するにはいたらず、条件を課して定住を許さざるを得ませんでした。ゴート族の老王アタナリックの心をとらえ、ハドリアノポリスの戦いからわずか数年後に同族全体の臣従をかち得たのも、そうしたテオドシウス帝の政略によるものでした。

他方、内戦の処理については、すでにグラティアヌス帝やウァレンティニアヌス二世帝のところでみてきた通りです。このようにテオドシウス帝は、皇帝となってからも、内憂外患のなか、軍略家としての才幹を十分に発揮し、帝国の瓦解をよく防いだのでした。

しかし、ローマ史のなかでこの皇帝の事業としてもっとも有名なものは、なんといっても、キリスト教の完全な国教化にほかなりません。

キリスト教はコンスタンティヌス帝によってすでに国教として公認されていましたが、伝統的な多神教は依然として残っていました。またキリスト教異端派も、それまで黙認されたかたちとなっていました。テオドシウス帝は、そうした異教や異端にたいして、その存在までも徹底して否定したのです。

帝の勅令（三九一年）によって、かれらは集会をもつことが禁止され、多くの職業からも追放されたほか、遺言の権利もうばわれ、神殿は破壊されました。

また、三位一体の信仰にもとづいて受洗した最初の皇帝であったテオドシウス帝は、コンスタンティノポリスにおけるアリウス派の根絶にも力を注いでいます。

すなわち、キリスト教アタナシウス派をローマ帝国における唯一絶対の公認宗教としたのです。これは、以後中世へと続く（ローマ）カトリック教会と（ギリシア）正教会という二大体制の基盤強化と恒久化に道を開くものでした。

テオドシウス帝は東の君主という構図でした。しかしローマ帝国はすでに東西に分かれていたものの、この時代、帝国全体の命運はひとえに東の皇帝テオドシウスの双肩にかかっていました。東西とも、人々はつねにかれを頼りにし、かれの動向に期待のまなざしを向けていたのでした。

その偉大な皇帝も、アルボガステスとエウゲニウスによる帝位簒奪事件を処理した後まもなくして、国民痛惜のうちに病のため他界します。享年四十八でした。

内外多難のなか、よく落日の帝国を支えてきた皇帝テオドシウス。こうした真の統治者の生には、じつに人の心を打つものがあります。読者諸賢におかれても、かれらが担っていた重責とそのために強いられた肉体的、精神的緊張をおもえば、その耐久力にはあらためて驚きと感動と、さらには自分の人生にたいする励ましとをおぼえられるのではないでしょうか。かれらが常時直面していた困難にくらべれば、われわれが日々遭遇している問題など、まったく何でもないのだ、と。

さて、皇帝らしい最後の皇帝テオドシウスが逝くや、帝国はただちに長子アルカディウス（十八歳）と次子ホノリウス（十一歳）の間で東西に分けられました。そして以後、ローマ世界は二度と合体することなく、それぞれ終焉まで各々の道をたどることになるのです。

帝座についたふたりの兄弟は、たんに弱年であっただけでなく、いずれも無能な人品でした。そのため、指導者として国を動かすことはなく、実質、側近の傀儡として終始しました。

父帝の死後、その遺志により、東のアルカディウス帝（在位三九五～四〇八年）はルフィヌスを、また西のホノリウス帝（在位三九五～四二三年）はスティリコを、それぞれ補佐役として、かれらに政務を託したかたちで、おのおの治世を開いたのでした。この両側近のうち、ルフィヌスが奸臣だったのにたいし、一方のスティリコは有能な忠臣でした。

スティリコはテオドシウス帝の死後、統治の主柱として、政務に防衛に力を尽くします。

かれはヴァンダル族の血を引いていましたが、その優れた資質により先帝に重用され、のちに帝室とも姻戚関係になりました。すなわち、テオドシウスの姪（めい）セレナを妻とし、またその後は、娘のマリアをホノリウス帝の妃として嫁(とつ)がせています。そうした血縁関係と個人的資質により、スティリコの権勢には並ぶものがありませんでした。それは必然、この将軍を妬(ねた)む者たちを多くつくりました。帝国が東西に分かれ、たがいに疎遠になっただけでなく、やがて諸種の出来事から反目し合うようになると、スティリコをとり巻く状況も大きく変化します。アルカディウス帝はこの将軍を抹殺しようと何度も暗殺者をおくり、また、コンスタンティノポリスの元老院もかれを公敵と宣言しました。

将軍スティリコは、そうした内部の危険から身をまもりながら、蛮族の撃退に奔走します。次の章で出てくる蛮族王アラリックとの対決もそのひとつです。

それまで臣民としてローマ帝国に仕えることを望んでいたゴート族の首領アラリックは、テオドシウス帝の死後、蛮族の大軍をひきいてギリシア全土を蹂躙(じゅうりん)します。このとき、西の帝国から駆けつけ、東の帝国を救ったのがスティリコでした(三九七年)。

これにたいしアラリックは、一時北方のエペイロスへ逃れます。そしてその一方で東の宮廷との間で交渉をかさね、有利な条件をひきだし、ついには帝国重臣の地位をかち得ます。

このためスティリコは、アラリックを最終的に討伐することができませんでした。その後、五世紀に入ると、この蛮族王はイタリアに侵入してきます（四〇一年）。

こうして帝国内におけるみずからの存在を確保し、蛮族兵士からなる強力な軍隊を擁したアラリックは、その後東西の宮廷との間でさまざまな駆け引きを演じます。そしてローマ側の対応に応じて、あるときには武力に訴え、あるときには臣下としての礼をみせたりと、態度を変えていたのでした。じじつ、アラリックは右のイタリア侵入のほか、その後も二度ローマ市を攻略しており、最後の三度目にあたる四一〇年には、三日間にわたり市内を略奪しています。このときスティリコは、政争に敗れてすでに亡くなっていました。

この間、ミラノにあった宮廷は蛮族の本土来寇（らいこう）に恐怖をおぼえ、宮廷を安全な地ラウエンナへと移しています（四〇二年）。一方、皇帝が不在となって久しいローマ市は、止める者のない蛮族になされるがままの状況にうち置かれたのでした。こうして西の帝国は滅亡への道を加速していきます。

次の章では、以上のほか、ローマ文化の成熟期から頽廃(たいはい)期における社会の様相がみごとに描かれています。そこには、いつの時代も変わることのない社会や人情の通弊が浮き彫りになっているようにおもわれます。古代ローマ人となったギボンが、観てきたかのように語っているその語り口には、読者諸賢も知らず知らずのうちに引き込まれ、そうした場面を脳裏にいきいきと想い描かれることでしょう。

第X章

《398～410年》

✳ゴート族の反乱
✳ゴート族のギリシア略奪
✳将軍スティリコの活躍
✳アラリックのイタリア侵入
✳元老院や民衆の状況
✳ゴート人による三度のローマ包囲とそれに続く略奪

●――ゴート族の反乱

ローマ帝国という瓦解に瀕した建造物が大テオドシウスの力によってこれまでいかに懸命に支えられてきたか、たとえこのことに国民が万一気づいていなかったとしても、その事実を痛切に思い知らされるまでには、いくらも時を要しなかった。テオドシウス帝は一月（三九五年）に他界したが、その年の冬が終わるまえに、すでにゴート族の決起がみられたからである。

ローマ軍の一翼となっていた蛮族の部隊が、いまや独立の軍旗をかかげ、長年胸に秘めていた抵抗の意図を露わにしはじめた。また、先の条約によって静穏と労役の生活を余儀なくされていた同族の蛮人たちも、喇叭の高鳴りを聞くや、たちまち農場を後にし、かつて不承不承に手放した武器をふたたび手にするにいたった。ドナウ河の障害はすでに除かれ、スキュティアの森から剽悍な戦士たちが続々とその姿をあらわしたのだ。そのときのことを、ある詩人はこう書いている。すなわち、異常な厳冬のさなか、「重々しいかれらの荷車が、大河の分厚い氷の上を陸続として進んだ」、と。

かくして、「ゴート」の名をほこる幾多の蛮族軍が、ダルマティアの沿岸部からコンスタンティノポリス市城壁下まで、それぞれ思うままに軍馬を走らせる事態となった。この二十年来ドナウ河南方の諸属州では日常的となっていた蛮族の脅威が、不幸にも、まさに現実のものとなったのである。

それまでテオドシウス帝の思惑から気前よく出されていた補助金の中断あるいは削減が、反乱の口実とされたが、真実はそうではなかった。反乱の裏には、この大帝亡きあとのふたりの柔弱な子息帝にたいする侮蔑と、そのひとりアルカディウス帝に仕える側近の弱腰や裏切りにたいする怒りとがあった。

ゴート族はこれまでのように各族長の盲目的な激情に駆られてではなく、いまやアラリックという、勇気、才能ともに長けた首長にひきいられて行動している。この有名な指導者はアマリ王家の次に高貴な家系、バルティ家一門の出でもあった。

アラリックはそれまでローマ軍の指揮を願い出ていたのだが、おろかにもローマ側がこれを拒否したため、その後の行動でかえってその存在の重要さを印象づけることになった。ただ、大きな戦果の可能性があったコンスタンティノポリスの征服については、最終的にはこれを非現実的な試みと判断。その敢行を断念した。

宮廷内には対立があり、人々の間にも不満が漂っていたさなかであっただけに、ゴート軍の変節にアルカディウス帝は色を失った。しかし、知恵や勇気の欠如は、さいわいにも城壁の堅牢(けんろう)さによっておぎなわれ、海陸いずれの側も、蛮族軍の矢などものともしなかった。

トラキアやダキアは、すでに略奪によって疲弊していた。そこでアラリックは、この地方をこれ以上荒らすのを潔しとせず、標的をあらたな属州にむけ、その攻略をもって武名をいっそう高めることを図った。

――かくして、ギリシア全土がゴート族の蹂躙(じゅうりん)にさらされたのであった。

●――将軍スティリコの活躍

軍隊、神々、君主、いずれにももはや頼れなくなった今、ローマ人の最後の頼みはスティリコのみとなり、ついにこの西の将軍が蛮族軍の懲罰に向かうこととなった。

そのため、多数の船舶がイタリアの各港で艤装され、これが集められた。そして、この大船団がイオニア海を快調に走って軍隊をギリシア側へと渡し、廃墟となったコリントス近くの半島に無事上陸させた。

すなわち、深い森にいだかれたアルカディアの山岳地帯、いわゆる牧羊神パンや樹木の精ドリュアスの地を舞台に、ローマとゴートのふたりの名将の間で戦いがはじまったのである。

戦いの雌雄はなかなか決まらなかったが、最後はスティリコの戦略と豪胆さがものをいい、ついにはローマ側が勝利を手にした。敗れたゴート側は、病気や脱走によって多くの兵をうしない、ペネウス河の水源近く、エリス国――かつて戦果をまぬがれていた聖なる地域――の国境にあるポロエの山岳地帯へと退却する。

しかしそれも束の間、ここもたちまちローマ軍に包囲された。近くの河の流れもせき止められて、別方向に流された。ローマ側としては飢えと渇きで蛮族軍を追いつめる作戦である。さらには、逃走をはばむため、深い塹壕からなる強力な包囲網も敷かれた。

スティリコは、この作業を完了させるや、勝利を確信したのか、兵を退き、観劇や踊りで戦勝を祝った。その後兵士たちの多くが本拠をはなれて、ギリシア全土にひろがり、蛮族軍が手をつけていなかった品々をことごとく奪う乱行へと走った。

アラリックはローマ側のこうした状況を好機とみて、大胆な賭けにでる。このときかれがみせた将帥としての才能は、戦闘の只中におけるものよりはるかに光彩を放っている。

ペロポネソス半島における敵の包囲から脱出するには、その包囲網を突破し、コリントス湾までの三十マイルの危険な道を駆け抜け、さらにそのあと、半マイルほどであるが、軍隊、捕虜、戦利品を積んで海の上を渡らなければならない——。

おもうに、この作戦は慎重かつ隠密裏に、しかも迅速に行なわれたに相違ない。なぜなら、ゴート族がローマ軍の包囲策を出し抜いて、重要なエピルス属州を完全に占領したとの報に、さしものスティリコも当惑しているからである。

この当惑によってローマ側が逡巡（しゅんじゅん）している間に、アラリックはひそかに東の帝国の高官と通じ、条約を締結した。

ここにいたり、内戦の勃発をおそれたスティリコは、競合者らの威圧的な命令もあって、アルカディウス帝の領土から撤退せざるを得ず、またローマの敵である人物にたいしても、東の皇帝の同盟者にして臣下という栄誉の地位をみとめざるを得なかった。

蛮族打倒が一般市民の話題となっていた折も折、コンスタンティノポリスにおいて勅令が発せられ、アラリックは東イリュリクムの総司令に昇進した。かれはギリシアやエピルス（ギリシア北西部にあった国）の破壊者である。にもかかわらず、その相手にたいしてこのような異例の特遇とは——。ローマの諸属州や条約を遵守（じゅんしゅ）していた盟邦が憤慨したことは言うまでもない。

最近まで帝国の各都市を攻囲していたゴート族の指導者が、反対に、そうした都市を治める長官となったのだ。息子の命を奪われた父親も、妻を犯された夫も、すべての男たちがいまやアラリックの権威に服さなければならなかった。かたや外人傭兵部隊の隊長たちは、こうした蛮族首領の成功あるいは出世に、日頃の野心をあおられた。

アラリックが総司令としての指揮権を行使したやり方は、かれの深慮と確固たる態度をみせつけて余りある。マルグス、ラティアリア、ナイスス、テサロニカ、この四つの兵器庫兼工場にたいして、なんと、おのれの軍隊に楯、兜、剣、長槍などを供給するよう命じ、属州民をしてみずからを破壊させる武器を作らしめ、これまで幾度も勇武だけではいかんともなし得なかった蛮軍の欠陥を是正したのだ。

アラリックの出自や過去の偉業、また企図の有望さ、こうした理由からゴート族全体がすでにその指揮下に入り、結束を固めていたが、ここにいたり、ついに族長会議においてかれを西ゴート族の王に推戴した。このときの儀式は厳粛をきわめ、王は古式にのっとり、盾の上にのせられたという。

かくて二重の権力を掌中にしたアラリックは、東西両帝国の間にあって、アルカディウス帝とホノリウス帝の両宮廷にかわるがわる虚偽の約束をし、最後には西の帝国への侵寇を公言して、ただちにこれを実行した。

東の帝国に属していたヨーロッパの諸属州はすでに疲弊していた。一方、アシアの諸属州は攻め入るに難く、コンスタンティノポリスにいたっては、すでにその堅固な城壁のまえに攻囲が失敗していた。

だが、イタリアがある――。この地をかつて二度おとずれ、その豊かさと美しさに強く魅了されていたアラリックの胸には、ローマの城市内にゴート軍旗をうち立て、三百回におよぶ戦勝であつめられた戦利品で自軍兵士を潤したい、との想いがあった。

●――アラリックのイタリア侵入

確たる方針もなく、しきりに動揺する相手にたいして、アラリックは戦場におけるのと同様、交渉の場においても、絶対優位の立場をつらぬいた。

そしてその一方で、イタリア国境に敷いた陣営から宮廷の様子をうかがい、内部抗争や不平分子の動きを見張った。また、かつての名将スティリコももはや恐るべき存在ではなく、むしろ心からの賛嘆と遺憾の意をあらわすことができる相手となっていたこともあって、侵略者という印象を避けるためにも、この偉大な将軍の盟友であるとして、世間の好評を得ようとつとめた。

イタリア侵寇をしきりにうながす不満分子の催促のほかに、アラリックにはみずからも被害者であるとの恨みもあった。というのは、報酬としてか、あるいは怒りをなだめるためか、いずれにせよ、元老院がかれに約束していた金四千ポンドの支払いが、いまだなされていないばかりか、これが無視されようとさえしていたからである。

こうした状況にたいしてアラリックは、毅然たる態度のなかに巧みに穏和さを配し、実をとる方策に出る。

すなわち、あくまでも公平、妥当な成果をもとめたが、しかしそれが得られれば、即座に撤退することを明確に保証した。そして、誠意のあらわれとして、ふたりの高官の子息、アエティウスとラーソンをそれぞれ人質として出すよう求め、これにたいし自分の方からも、ゴート族の最高位に属する家柄の若者若干名を、ローマ側に預けることを申し出た。

だが、ホノリウス帝側は、アラリックのこの穏健な態度を弱さのあらわれだと解釈した。そのため、条約の交渉も軍隊の召集も、これを軽視して行なわず、大難の切迫も知らぬまま、和戦について決すべき大事な時をあたら逝(い)かせ、とり返しのつかない事態をまねくはめとなった。

ラウェンナ宮廷の高官らは、だれもがおし黙り、ただ、蛮族がイタリア国境から去っていくことを期待した。

ところが、アラリックはかれらの願いに反し、ただちに進軍を開始。アルプスを越え、ポー河を渡り、アクィレイア、アルティスム、コンコルディア、クレモナなどの各都市をつぎつぎと略奪。途中、三万の軍勢を加えたのにたいし、ひとりの敵に遭うこともなく、西のローマ皇帝がすまう難攻不落の居城をかこむ沼沢地(しょうたくち)のほとりにまで達した。そしてその後は、難攻不落なラウェンナの攻撃を避け、代わりにアドリア海沿岸を荒らしまわり、ついには、古代世界第一の都ローマの攻略を思いめぐらすにいたったのである。

ゴート軍は略奪の期待で勢いづき、フラミニア街道を驀進(ばくしん)。無防備なアペニン山脈の関門を占拠したあと、豊かなウンブリア平原へとなだれ込み、クリトゥムヌス河畔に陣をはると、長年ローマ陣が凱旋のために飼っていた乳白の牡牛を多数屠り、これを食らった。

小都市ナルニは、高所に位置したことや、折しもすさまじい稲妻と雷鳴をともなう嵐が吹いたことで難を逃れたが、アラリックはそうした街など歯牙にもかけず、揚々として前進をつづけた。そして、戦利品で飾り立てられた凱旋門をくぐってローマ市の城門にいたり、ついには、その前に布陣した。

●当時のローマ市と元老院議員の収入

テオドシウス帝のころに作られたローマ市の正確な都市案内には、一千七百八十軒に上る富裕層の邸宅が挙げられている。しかもそのうちの少なからざる数の屋敷が、詩人の誇張にもうなずけるほどの豪壮な構えであったという。

市内には数多くの宮殿がみられ、どの敷地内にも、市場や競馬場、寺院や噴水、浴場や柱廊、そのほか樹木が茂った小道や大規模な鳥類飼育場など、生活の資も贅沢の資も提供できる、ありとあらゆる施設が多数そろい、あたかも一つひとつの宮殿がひとつの街に匹敵していた。

また、ローマ市がゴート軍に包囲されたときの市内の様子を伝えるオリュンピオドルスによれば、裕福な元老院議員のなかには、自分の所有地から上がる毎年の収入が金四千ポンド（重量）、英貨にして十六万ポンドを上まわる者が何人もいた。これには、支給される規定量の穀物や葡萄酒は入っていない。したがって、かりにもし、いまこれを売却して現金化したと仮定するならば、それは上記の金額の三分の一に相当する追加収入が得られていたはずである。

以上のような途方もない収入に比べると、金一千ポンドや一千五百ポンドばかりの並の収入では、顕示的意味合いの公的支出が少なくない元老院議員という地位を維持するのは、なかなかの苦労であったにちがいない。

そうした支出のよい例として、ホノリウス帝の時代、法務官就任を機に英貨にして十万ポンド以上を費やして七日間にわたる祭りを開いた、虚栄心の強い、俗受けのする貴族が何人もいたという記録が残っている。

元老院議員らの所有地は、イタリアのみならず、イオニア海やエーゲ海の彼方にひろがる辺境の属州にまでおよび、現代でいう富の概念をはるかに越えていた。たとえば、アクチウムの海戦における勝利を永く後世につたえようとしてアウグストゥスが建設したニコポリスも、当時はかの信仰篤きパウラ個人の資産であった。またセネカによれば、かつていくつかの敵国を流れていた河川のなかには、かれの時代になり、個人の所有地内だけを流れるようになったものも少なくなかったという。

莫大（ばくだい）な資産を有する貴族たちにとって、武勲などなんの意味もなく、また文官職にしてもさして魅力がなかったから、かれらはごく自然にその余暇を実業や娯楽にあてた。当時、商業は賤業（せんぎょう）とみなされてはいたものの、すでにローマの草創期から、すべての元老院議員が高利貸しによって資産を増やしていたこともあり、また貸す者と借りる者との間の相互の事情もあって、法律などないにも等しいものであった。ローマ市には常時、通貨や金銀の延べ板などのかたちで、膨大な財貨が貯えられていたらしく、たとえばプリニウス（二三～七九年）の時代には、大スキピオ（前二三六～一八三年）がカルタゴから運ばせた量を上まわるほどの金銀をおさめた多くの戸棚があったといわれる。

貴族の大半は、裕福さのなかにあって散財による貧困を経験していたが、それでも浪費に歯止めがかかる様子はなかった。

そうしたかれらの欲望のために、何千という人手のほか、おびただしい数の家内奴隷が主人の怒りをおそれて懸命に働き、これに、ありとあらゆる分野の職人や商人が多数、大きな儲け口として熱心に出入りしていた。

●——富裕層の暮らしぶり

産業の発達によってわれわれが今日享受している品々の多くが、ローマ時代には存在しなかった。したがって、たとえば硝子（ガラス）や亜麻布類によって今の欧州人が味わっている快適さにくらべると、当時はローマ元老院議員の生活でさえ、いかに豪奢（ごうしゃ）なものであったにせよ、その快適さはきわめて貧弱なものであったといってよい。

かれらの生活ぶりやその他の習俗については、これまでくわしい研究がなされているが、しかしそうした事柄の詳述は本書の意図ではないので、ここでは、とくにゴート族来襲時にかぎって、帝国の実状を紹介するにとどめたい。

帝都を仕事に最適な場所として選んだという歴史家アンミアヌス・マルケリヌスは、数々の公的事件を記したその記録のなかで、みずからよく知っていた情景をみごとに活写している。

もっとも読者諸賢にとっては、かれの辛辣な非難や状況の選択、あるいは文章の表現など、かならずしも得心がいくものではないだろう。また、感情を害されたための個人的な怒りや、さらにはその胸に巣食う偏見さえ感じられるかもしれない。がしかし、かれが記したローマ市民の習俗は、じつに興味深く、読者諸賢もそれにはかならずや大いに好奇心をそそられるのではないだろうか。

「ローマの偉大さは」――とこの歴史家は語る――「きわめて希(ま)れなる、美徳と幸運の絶妙な協力による成果にほかならない。その草創期ローマは、イタリア全土の各部族、近隣都市との間の覇権争いにあけくれ、いくたの戦役を経てきた。こうしてこの半島を征服するや、山をこえ海をわたって征戦し、あらゆる国々から勝利の月桂冠をもち帰った。そして晩年に向かうころには、大方がその威名だけで、平和を維持できるほどになっていた。

凶暴な蛮族を強引にねじふせ、正義と自由を永久に確立するため、そこに法制を敷いてきたこの都市国家は、いまや老熟した裕福な父親のように、その莫大な遺産の管理を愛する息子たち、すなわち、初期の皇帝らにゆだねることで満足するようになっていた」

「しかしながら、こうした生来の光彩に影をつくるやからがいる。そのやからとは、自己の体面も自国の威厳も意に介さず、際限なく悪徳や愚行に身をひたしている、ある貴族の一部にほかならない。かれらは、レブルスやファブニウス、パゴニウスやタラシウスといった、俗衆が聞くと驚いて平身低頭しそうな仰々しい名前や敬称でおたがいを呼びあい、またそうした呼称をさかんに創り出してもいる。

そればかりか、さらには名を末代までも遺そうと、青銅や大理石で自分の彫像を造らせ、しかもそれに、かつて知謀と武力でセレウコス朝シリアの王アンティオコスを屈服させたアキリウスにしてはじめて許された名誉ある特権、そう、金箔をかぶせるということまでしている。

陽が昇るところから陽が沈むところまで、あらゆる属州に所有している地所から上がる地代を、これみよがしに公表し、ときには水増しまでしているかれらの行為は、常勝であったわれらの祖先が、衣食において、最下級の兵卒らとなんら異なるところがなかったことを知る者たちの怒りを買っていることだろう。

まことに近年の貴族は、その地位や名誉を馬車や服装で判断するのだ。裾（すそ）の長い、紫色の衣服が風になびき、これがときどき、偶然にかあるいは故意にか、めくれたりすると、さまざまな動物の刺繍（ししゅう）が入った贅沢な下着があらわとなる。あるいは都大路を通るときなど、五十人もの召使をしたがえ、伝令が馬を疾駆させるがごとく、猛烈な速さで駆け抜けていく。しかも、老若をとわず、貴婦人までもがそうした元老院議員らの所行をならい、蓋いをつけた馬車で市内や郊外をくまなく、たえず走りまわるといった始末だ。

こうしたお歴々が公共の浴場をあえて訪れるときなど、かならず入口で声高にものごとを言いつけ、中に入ると、全ローマ市民のために造られた設備を専用する。そして各層の人種が集まるこうした場で、たまたま快楽に奉仕する悪名高いやからに出会うや、親しく抱きあったりする。一方、同胞市民の好意ある挨拶などにたいしては、まったくこれを無視し、せいぜいのところ、手足への接吻（せっぷん）をゆるすくらいだ。

快適な入浴を終えて上がると、いくつもの指輪のほか、権威の標章を身につけ、その後、十人分以上もあろうかとおもわれる贅沢な亜麻布類をおさめた衣装箱から、もっとも気に入った衣をとり上げて着る。そして立ち去るまぎわまで、シラクサを陥落させたあの偉大なマルケルスだけにみとめられたような尊大な態度をとり続けるありさまである」

「だが、これらの御仁が、ときとして、より大胆な行為に及ぶときがある。イタリア各地の領地へお出ましになり、多数の下僕に汗を流させて狩りを楽しむときが、それだ。とくに暑い日には、いろどり豊かなガリー船に乗って、ルクリヌス湖からプテオリやカイエタの海岸にある優雅な別荘をおとずれたりすることも希れではない。こうした気概をおぼえたときなど、あたかも自分がカエサルかアレキサンダー大王と同じことをしているかのように想うものらしい。

ところが、そのようなときに、金刺繍もあやな絹の日傘に蠅（はえ）が一匹でも止まろうものなら、あるいは陽の光がごくわずかな裂け目からじかに射し込もうものなら、その耐えがたさをなげき、永劫の冥界であるキンメリオイ人の国に生まれなかったことを、大仰な言葉で残念がる。

しかもこうした遠出には、使用人もふくめた一族全員が主人に付きしたがう。そして騎兵と歩兵、重装と軽装、前衛と後衛など、さまざまな部隊が指揮官の統率のもとに動くように、一家の役付き連中が権威の象徴である笏を手にして、これら一行の人員の割り振りや統制をうけ持つのである。

かくして、衣装箱その他の荷物が先頭を行き、そのすぐあとに料理人や給仕係の一団がつづく。行列のなかでもっとも多勢を占めるのは男女の奴隷たちで、これに旅の途中で加わった遊び人や食客などの平民が入る。

しんがりを務めるのは、年長順にならんだ、主人お気に入りの宦官たちだ。その数は多数に上り、その奇形は見る者に、子孫継承の可能性を蕾のうちに摘みとる残酷な方法、すなわち去勢術を発明した、かのセラミスにたいする怒りと同時に、恐怖をもおぼえさせる」

「一家内における法の施行者たる主人の態度となると、個人的被害には極度に敏感なものの、他の人種がうける被害については、あまりにも無関心である。たとえば、お湯を持ってくるよう命じたとせんか。このばあい、奴隷がすこしでも遅れようものなら、すぐさま三百回にも及ぶ鞭打ちの刑を科すのだ。ところが、この同じ奴隷が他人を故意に殺害したとしても、『愚かな奴め』の一言と、『ふたたび同じ罪を犯せば、次はかならず処罰する』と、かたちだけの諫めでおわる始末。

歓待は、かつてローマ人の美徳とされ、遠来の客など、その長所なり、あるいは不運なりを申し立てさえできれば、それ相応に大いにもてなされたものだ。だが、今はそうではない。

たとえば、異国の者が——身分ある者であっても、である——誇り高い、裕福な元老院議員に紹介されると、最初の謁見では、それこそ大歓迎をうけ、あれこれと親しく質問される。こうして、豪勢な友人の優しさに魅せられ、帝都であり洗練の都であるローマを、なぜもっと早く訪れなかったのか、という後悔の念に満たされながら、客は投宿先へともどる。そして次の日、前日のような歓待をうたがわず、ふたたび訪ねる。

ところが、相手はすでに、名前や出身国はおろか、顔まで忘れているのだ！

それでも胸中の苦渋をおし殺し、訪問をくり返したとせんか。かれはそのうちしだいに扶養者のひとりに数えられるにいたり、居ようがいまいが、立ち去ろうが戻ろうが、ほとんど気にもかけない、真の感謝や友誼の情など微塵もない高慢な保護者に、ただ使われるだけの身となるのだ」

「金持ちの連中がいかにも丁重に大勢をもてなそうとするときや、あるいは浪費のかぎりを尽くして内輪の宴会を催そうとする際には、招待客の選択ほど重要な問題はない。厳格な者、節度ある者、学識を有する者、こうした人々が好まれることはめったになく、宴会の座席係がおのれの欲心から、招待者リストのなかに、下劣な手合いの名をたくみに紛れ込ませるといったことが、しばしばみうけられる。

だがなんといっても、お偉方のつねに変わらぬ取巻きは、有用この上ない術、そう、〝甘言の技術〟を心得ている伴食者の連中である。かれらは守護者の一言一語、一挙手一投足にさかんに喝采をおくり、その館にある大理石の列柱や色とりどりの床を忘我の面持ちでながめる。そして、目に入る豪華さや優雅さを主人の美徳の一部とみなすように教えられているのか、そうしたものをことごとく、しかも必死になって褒めそやす。

宴会の席に出される鳥や魚、あるいはリスなどの大きさたるや途方もなく、客はこれらをみて、さかんに目を見張る。やがて秤(はかり)が出され、品々一つひとつの重さが正確に量(はか)られることになるのだが、良識ある者にとって、これが延々とくり返される光景ほど耐えがたいものはない。だが、主催者の方は真剣そのもの。この催しの真正さをしかるべく記録に残そうとして、公証人まで呼ぶのである。

甘言のほか、いまひとつ、お歴々の屋敷や社交界にまねかれるための方法がある。それは勝負事、いま少し品よく言えば、遊び事だ。

かれら遊び仲間は、友情、いやむしろ共謀心で結ばれており、その関係にはきびしいものがある。しかし、この〝テッセラリア〟の技——賽(さい)と盤の競技とでも訳すことができようか——に秀でることは、富と名声にいたる確実な道であり、達人ともなると、宴会や集会などで高官の次に席を占める。

競技中とき折、かれらの顔には、あのカトーがかつて気まぐれな民衆の投票によって法務官就任に反対されたときのあの表情がまさにこれではなかったか、と想わされるような、苦渋の表情がうかぶ」

「こうした貴族たちが知識に関心を示すことは、ほとんどない。その獲得にともなう苦しさを忌み嫌い、勉学がもたらすものなど、軽蔑しきっているからだ。かれらが目をやるものとしては、せいぜい〃ユウェナリスの風刺〃か、あるいは冗長でしかも作り話のようなマリウス・マクシムスの歴史書ぐらいのものであろう。じっさい、代々うけ継がれている貴族たちの書庫には、気味わるい墓場か何かのように、陽の光さえ、まったく入らない。

これにたいして、観劇の設備や音楽の楽器――巨大な竪琴や水オルガンなどもある――といったものはことごとく揃えられている。市内のどの宮殿でも、こうした楽器の演奏やそれにともなう歌声が止むことはない。そこでは知性よりも音色が好まれ、精神より肉体への配慮が優先されている。

またかれらは、相手にはやり病の疑いがわずかでもあれば、親密な友人にたいする訪問でさえ見合わせる。それを健全な処世術のひとつと考えているのだ。いや、自分のことだけにとどまらず、召使いについてもそうである。たとえば、儀礼的に様子を聞きにやらせた召使いがもどっても、洗浄の儀式をすませずしては家に入るのもゆるさない」

「だが、儲け話となると、事情はちがう。このときには、貪欲（どんよく）さではげしく燃え立つ。裕福な元老院議員さえ、たとえ痛風を病んでいようが、そのためにはスポレトまでもお出掛けになる。すなわち、遺産や遺贈の期待のまえには、いつもの尊大さや威厳など、まったく影をひそめてしまうのだ。したがって、子のない資産家ほど、威勢がある者はない。

遺言書に署名をさせる、あるいはそうした行為を早めさせる、こうした術にはだれしもがよく長（た）けている。現に、同じ邸宅で、もちろん別々の部屋でだが、ある夫婦がそれぞれ相手を出し抜こうとして弁護士を呼びよせ、そしてまったく同時に、たがいに相反する主張を代弁させたという例もある」

「法外な贅沢の結果、困窮にみまわれると、さすがのお歴々も、ときに屈辱的な手段にでる。借金だ。そうなると、喜劇に登場する奴隷よろしく、卑屈な態度をとる。ところが、返済をせまられる段になると、ヘラクレスの後裔（こうえい）よろしく、威厳あふれる切々たる言辞をつらねて酌量を乞い、それでも催促が度重なると、こんどは下劣な手合いをやとい入れ、この者に命じて債権者に毒を飲ませるか、あるいは魔術をかけさせる。あるいはまた、負債を帳消しにするまで、牢から出られないようにする。

ローマ人の道徳をはなはだしく損ねているこうした悪辣な行為には、かれらの理性をおとしめている幼稚な迷信が一役買っている。生け贄の内臓をみて吉凶をうらなうと称する腸卜師の予言を信じていることが、それだ。

そのほか、占星術を信じている者も少なくない。水星の位置や月の満ち欠け、これらを詳しく調べないと、入浴も賭事も、あるいは公に姿をみせることでも、まったくしないのである。

しかもこの種の迷妄が、天の力を疑ったり否定したりしている不敬な懐疑論者の間ですら、しばしばみられる。これこそ、まことに奇異というほかはない」

——以上が、かのアンミアヌスの言である。

●——平民の生活

およそ商工業が盛んな大都市でもっともよく活躍し、その意味で、住民としてもっとも体のよい階級は、みずからの技能や労力で生活の資を得る中流階級だろう。しかし、そうした座業を軽蔑していたローマの平民は、借金に頼ることが多く、そのため高利貸しに悩まされていた。また農夫の方にしても、兵役につくと、その期間中、農事ができなかった。

イタリア各地はもともと、その土地土地の自由な民がこれを所有していたが、やがて貪欲な貴族たちによってしだいに、あるいは買いとられ、あるいは横領されていた。そのため、共和制末期になると、独自の財産をもつ市民は、推定わずか二千人にすぎない状況となっていた。

とはいえ、かれらは国家的な栄誉や軍隊の指揮権、あるいは属州の統治など、これらの決定に係わる投票権を有していたから、その自負心によって生活の苦しさがある程度やわらげられていた。またそうした困窮にしても、ローマの三十五の部族や百人組における選挙において、買収してでも当選したい立候補者の、票を意識した気前のよさによって、かなりのところ軽減されていた。

だが、道楽にふける平民は、権力の行使だけでなく、その継承までも放棄した。愚かというほかはない。そのため帝政時代に入ると、まったく哀れな俗衆になり下がり、その様たるや、もし奴隷の解放や異国人の流入がなかったならば、数世代後には、この階級は地上から抹消されていたであろうとおもわれるほどであった。

皇帝ハドリアヌスの時代にはすでに誇り高いローマ市民の間から、帝都が世界の悪徳の巣と化し、市中に異質の国々の習俗が蔓延しているとの嘆きの声があがっていた。

じじつ、帝都には、節操のないガリア人、狡猾で軽薄なギリシア人、粗野で頑迷なエジプト人やユダヤ人、奴隷根性のアシア人、惰弱で退廃的なシリア人、こうしたさまざまな人種が定住者としてあふれていた。しかも、かれらは、みずからが当の市民になったものと想い込み、はなはだ傲慢にも、この「永遠の都」から遠くはなれた故郷の人々を軽蔑したばかりか、故国の主君にたいしてさえ、そうした想いをいだいていたのである。

帝都ローマの名は、依然として敬意をもって口にされていた。民衆はその気まぐれさから、しばしば騒ぎを起こしてはいたが、とくに罰せられることもなかった。たしかに、コンスタンティヌス帝の後継者たちにしても、民主制の名残を武力でもって消し去ることもなく、むしろ、アウグストゥス帝が示した穏健な政策をうけ継ぎ、人民を貧窮から救い、さらには、かれらの怠惰な生活に興をそえる努力さえしている。

●──「パン」の配給

それまで毎月配給されていた穀物が、パンのかたちで毎日くばられるようになり、市民たちは各自が、定刻に配給券を手に自分の区域に割り当てられた階段の上に立ち、無償か、もしくはきわめて安価で、一家族につき三ポンドのパンを受けとった。ちなみに、このあらたな配給体制のために、多数のパン焼きかまどが公費で造られ、また維持されていた。

肉も安く、衛生的で、しかも量はふんだんであった。困窮している市民にたいしては、年に五カ月の間、ベーコンの支給も行なわれていた。帝都におけるその消費量は、あの隆盛時からずっと時代を下っていたにもかかわらず、それでも年間三百六十二万八千ポンド相当であったことが、皇帝ウァレンティニアヌス三世の勅令から分かっている。

油は当時、灯火や入浴に欠かせないものであった。このためにローマがアフリカに課した税金は、重量にして三百万ポンド、すなわち約三十万英ガロンであったといわれる。

帝都の住民にたいする穀物の配給は、アウグストゥス帝の意向にそい、必要量の枠内で十分に支給されていた。

葡萄酒については、あるときその不足から値段が高騰し、これを不満として民衆が騒ぎを起こしたことがあったが、このときこれに臨んだ堅物のアウグストゥス帝は、何者も喉（のど）の渇きをうったえる理由などないことを、布告をもって応えている。すなわち、アグリッパの水道から全市に健康な清水が豊富に供給されている、と。

一方、葡萄酒に関する当局のきびしい姿勢は、やがてしだいに和らぎ、アウレリアヌス帝治世になると、この皇帝の寛大な意向をうけて、大量に配給されるようになった。ちなみに、公共の地下酒蔵庫の管理は高位の役人の手にゆだねられ、めぐまれた一部のローマ市民にはカンパニア産のものが相当量まわされていた。

●――公衆浴場の模様

公共の施設としては、元老院議員も大衆も区別なく、定められた時刻ならだれもが利用できる豪華な公衆浴場が市内のいたるところにあり、そこには皇帝アウグストゥス自身が絶賛したことで知られる水道施設から水が引かれていた。

座席数は、あの有名なカラカラ帝の公衆浴場には一千六百席、またディオクレティアヌス帝が造った公衆浴場には三千席があった、といわれる。

浴場内の部屋はすべて天井が高く、四方の壁には画家の絵筆によるものかと想わされる、色彩ゆたかな、洗練された模様のモザイクがはられていた。そして、珍しいヌミディア産の緑色の大理石がみごとにちりばめられたエジプト産の花崗岩(かこうがん)から なる大きな湯舟には、まぶしく光る重厚な銀製の大きな蛇口からたえずお湯が流れていた。

すなわち、アジア諸国の王たちでさえうらやむほどの豪奢な雰囲気を、最下層の市民でも、ちいさな銅貨ひとつで享受していたのである。

人々は入浴をすますと、そこから潮のように街へくり出し、裸足のまま、マントもなく、汚い衣だけをまとい、ひねもす街角や大広場にたむろし、噂話や口論に時を過ごした。また、妻子にわずかな収入でも入ったときには、賭博にこれを費やし、夜ともなればきまって、いかがわしい居酒屋や売春宿などで官能の悦楽にふけっていた。

●――大競技場における催し物

しかしなんといっても、この怠惰な民衆にとって最大の楽しみは、しばしば開かれていた競技や見せ物などの公共の催しであった。なかでも、拳闘士の試合――キリスト教徒を奉じた皇帝らによって非人道的であるとしてしばしば禁止されていた――は、とくに人気があった。それは、大競技場こそわが家であり、わが教会であり、また共和国の中心でもあるとの想いが、当時においても依然ローマ市民の胸に残っていたからである。

人々は待ちきれないかのように、夜明けとともに競技場に殺到して席をとるのに狂奔し、なかにはそのことのために、近くの柱廊で眠らないまま夜を過ごす者たちも少なくなかった。天候などものともせず、終日、ときには四十万人にものぼる観客（訳注——この数字は誇張されている。実際の収容人員は満員でも五万人であったといわれる）が競技に目を凝らし、応援する色組の勝敗いかんによって一喜一憂するさまは、あたかもローマの命運が試合の結果に懸かっているかのようであった。

野次（やじ）であれ喝采であれ、野獣狩りや劇場の催しのつど、群衆は熱狂のあまり大喚声を上げた。現在ならば、この種の催しを楽しむことは、優雅な趣味、いや、あるいは教養あふれる趣味とおもわれるかもしれない。だが当時のローマ人たちは、かのギリシアの天才たちを模倣することに終始し、とくに共和制崩壊後は、悲劇においても喜劇においても、詩神は沈黙したままであった。そしてそれに代わって、放縦（ほうじゅう）な道化劇や軟弱な音楽、また華美な野外劇、といったものがさかんに催されていた。

●——蛮族に包囲された「永遠の都」

さて、このときゴート王アラリックは、突撃の瞬間にはやる部隊をたくみに配して市壁の周りをかこみ、主要な十二の門をかため、周辺地域との間の連絡路を断った。そして、同市にたいする豊富な糧食の供給路となっていたティベレ河の舟航を見張った。

これにたいしてローマ市の貴族や民衆がみせた最初の反応は、蛮人ごときがこの大帝都を襲撃することの不遜（ふそん）さにたいする怒りと驚きであった。しかし、そうしたローマ側の傲慢さも、その後すぐに味わわされた災難によってたちまちにして挫かれるにいたり、女々しい逆上はやる方なく、卑怯（ひきょう）にも、今度はその鉾先（ほこさき）を無辜（むこ）の者へと転じた。

犠牲者となったのは、テオドシウス帝の姪（めい）にして現皇帝の叔母、いや養母でもあったセレナ妃であった。ローマ人が彼女を尊敬していた可能性は否定できないが、しかし、あきらかにスティリコの寡婦として憎悪していた反面もあった。そうした事情から、このとき人々は、彼女が敵とひそかに通じているとの流言を信じ込み、これに熱心に耳をかたむけた。

かくして、民衆の憤激にあおられ、あるいは圧倒されて、元老院は証拠をもとめることもなく、ただちに死刑の宣告を下した。そしてこれによって、セレナ妃は屈辱のうちに絞首刑に付された。ところが、それでも蛮族が撤退する様子はなく、思惑がはずれた民衆は驚いた。

市中ではしだいに物資が窮乏し、まもなくして飢餓が人々を襲った。一日三ポンドあったパンの配給は半分となり、三分の一となり、やがてついには無となった。この間、穀物の値段が常軌を逸して急騰する。

貧しい階層は日々の必需品さえ買えず、当てにならない裕福層の慈善をもとめた。そうしたなか、ローマに居をかまえていたグラティアヌス帝の寡婦ラエタが、毎年支給されていた相当額の年金を喜捨（きしゃ）し、しばし民衆の飢餓感をやわらげた。

だが、そうした個人的な一時的の尽力では、おびただしい数の民衆を助けることはできなかった。いや、それどころか、飢餓はついに元老院議員たちの豪奢な邸宅へもその魔手を伸ばすにいたったのだ。

長い間安逸と贅沢にひたってきた裕福な者たちは、男女をとわず、いかに少ない品々で自然の欲求が満たせるものであるかを知って驚き、以前ならば即座に投げすてていたに違いない粗末な食物を、いまや不用の金銀をなげうって争いもとめた。しかしそれでも、手に入るものはごくわずかにすぎなかった。

こうした状況下、民衆はみるからに吐き気をもよおすような不衛生、いや有害とさえおもわれる食品までもうばい合い、手に入れればこれをむさぼり食らった。

それだけではない。一説によると、仲間や隣人をひそかに殺して食した者や、さらにおぞましいことには――食欲は母性本能さえ凌ぐのだろうか――幼児を殺してその死肉を味わった母親さえ、何人もいたというのだ！

こうして何千人という民衆が飢餓のために息を引きとった。だが、場外の共同墓地は敵の手にあって、しかるべき埋葬ができず、そのため市中には腐臭がただよって鼻をつく惨状となり、さらに悪いことには、これにはやり病が追い打ちをかけた。

いまやローマ側にとって、ゴート王の慈悲、あるいは少なくとも穏健さに期待する以外、希望はなかった。

そこで、非常時にあたり統治の大権をおびた元老院は、敵側との交渉を開始すべく、ふたりの使節を任命した。そのひとりは、属州統治で才幹をみせていたヒスパニア出身の元老院議員バシリウスであり、もうひとりは、かつてアラリックと親交があったほか、実業でも成功していた首席書記官のヨハンネスであった。

ゴート王のまえに進み出たふたりは、おそらく自分たちのみじめな状況にしては高慢にすぎた態度ではなかったかとおもわれる、次のような口上を述べた。

「和睦であろうと会戦であろうと、ローマがその威厳を堅持しようとする決意に変わりはない。したがって、もしわれわれに公正かつ名誉ある降伏をみとめるつもりがなければ、ただちに喇叭をふき鳴らし、わが幾万の武装市民にたいして戦闘の準備に入られるがよろしかろう」、と。

これにたいしアラリックは、「牧草は、茂っているほど刈りやすい」、と寸鉄のごとき答えを投げつけ、飢餓によらずとも、その前にすでに贅沢で骨なしとなっている者たちの脅迫など笑止千万であるとして大笑した。

それから、アラリックは鷹揚（おうよう）な態度で、ローマ市からの撤退の代償としてうけ容（い）れる用意がある賠償の内容を明らかにした。すなわち、公有であると私有であるとをとわず、市中にある金銀のすべて、価値ある貴重な動産のすべて、それに蛮族出身であることを証明できる奴隷のすべて、というのがそれであった。

そして、「国王殿下よ、それが御要求ならば、われわれには、いったい何をお残しになられるのですか？」とにわかに哀願の口調で恐る恐るたずねる両使節にたいし、この征服者はいっそう高圧的な答えを返した。「汝(なんじ)らの生命である！」、と。

しかし、かれらが謁見の間から退出するまえに、短日間の停戦をみとめ、やや穏健な交渉の余地をあたえた。さらに、気持ちの高ぶりが収まるにつれ、先に出していた条件のうち多くを緩和した。そして最後には、金五千（重量）ポンド、銀三万ポンド、絹の長衣四千着、深紅の上質布三千枚、胡椒三千ポンド、これらを即刻さし出す条件で、包囲を解くことに応じた。

だが、ローマの国庫は空であった。通常ならばイタリア本土や属州の広大な地所から上がったはずの地租が、戦禍のために入らず、貴金属や宝石類も、飢餓のさいに劣悪な食糧と交換されて無く、残っている富も所有者の貪欲さから秘蔵されていたからである。

そのため、ローマ市陥落を回避できる頼みは、教会に献上されている、かつての戦利品の残りだけとなった。

かくてこの品々によってアラリックの要求が満たされるや、市中には平穏さと物資の豊かさがもどった。

いくつかの城門が開かれ、ティベリス河や周辺地域から物資がふたたび以前のように流れ込み、郊外ではゴート軍の妨害もなく自由市場が三日間にわたって立ち、これに市民が群がり、商人たちに莫大な利益を得させた。また、穀物倉庫には、公私の別なく、溢れんばかりに穀物が詰められ、同市が必要とする今後の食糧も確保された。

かれの強い要請で、捕虜の交換と条約の締結のために三名の元老院議員が使節としてラウェンナの宮廷に派遣された。そしてその交渉で出されたアラリックの提案は、その真意を疑わせる性質のものであって、そのときの権勢としては、およそふさわしくないものであった。

すなわち、かれが切望したものとしては、西の帝国に配された全軍の総司令官たる地位、穀物や金銭による毎年の交付金、それに、みずからの本拠地としようとしていたイタリア、ドナウ間の連絡路が走るダルマティア、ノリクム、ヴェネティアの三つの属州、これだけにすぎない。

しかも、アラリックとしては、これさえもなお拒絶されたばあいは、金銭の要求をとり下げ、割譲地についても、たえざるゲルマン人の侵入で疲弊しているノリクム属州ひとつで満足する心づもりであった。

だが、臆病ゆえの頑迷さからか、あるいは利害ゆえの思惑からか、大臣オリュンピウスがこの和睦の可能性をうち砕いた。元老院の諫言（かんげん）に耳を貸そうともせず、特使たちを追い返したのである。

しかし、アラリックはこれに憤ることもなく、ふたたび特使を急派する。事の重大さを示し、また威厳を増し加えるために、今回のローマ元老院の使節には同市のインノケント司教を参加させ、これに警護としてゴートの分遣隊をつけた。

皇帝やその側近たちは、ラウェンナの沼沢地や要塞（ようさい）を難攻不落の鉄壁としてこれに安住する一方、ローマの方は無防備に近い状態にうち置いた。アラリックはなおも怒りを表にださず、フラミニア街道にそって軍をすすめ、途中つぎつぎとイタリア諸都市の司教を特派して、くり返し和平を申し入れ、他の部族あるいは他の民族の蹂躙から帝都をすくう任務をあたえ給えと願い出た。

●──蛮族王の圧力による新帝推戴

ゴート王の思惑からか慈悲心からか、いずれにせよ、目前にせまっていた災厄は、当面回避された。だがその代わり、ゴート軍の攻撃の鉾先は、ローマ人最大の偉業ともいえる土木工事のひとつ、オスティア港に向けられることになった。

この港は、冬季、海難事故によってローマ市にたいする食糧供給が不安定であったことから天才的な大カエサルが建設を思いつき、クラウディウス帝の治世に完成していた人工の港であった。海に突き出て怒濤（どとう）をはね返す防波堤にかこまれ、その狭い入口を入ると、巨大な船舶が何隻も停泊できる大きな内湾が三つもあった。そこにはティベリス河の北の支流が注いでいる。

開港後しだいに発展し、司教を擁する規模にまでなっていたこの港湾都市には、帝都に供給するアフリカ産の小麦がいくつもの大型倉庫に貯蔵されていたが、アラリックはここを占拠するや、ローマに無条件降伏をよびかけた。そしてその提案にそえて、拒否したばあいだけでなく、遅れたばあいでも、同市の生命線である穀物倉庫をすべて、即座に、破壊するという、きびしい宣言をもって圧力をかけた。市民の騒ぎや飢餓の恐怖のまえに、誇りたかい元老院もついにアラリックの提案をうけ入れざるを得なかった。すなわち、ゴート王の意向にそってホノリウス帝を廃し、代わりに帝都長官アッタルスを皇帝に戴いたのである。

これにたいし新帝は、感謝の徴としてアラリックを西の帝国全軍の司令官に任命し、またアドルフスには、宮廷内親衛隊の長として、自分の身辺警護の任をあたえた。かくして長年敵対していた両民族の間には、いまや友誼と同盟による固い絆ができたようにおもわれた。

市の城門は勢いよく開かれ、皇帝アッタルスはゴート軍が四方をとり巻くなか、かのアウグストゥス帝やトラヤヌス帝が住まいとした宮殿へと、大行列をなして進んでいった。

新帝は寵臣や追随者たちに文武の顕職を分かち終えるや、ただちに元老院を召集し、並いる議員らをまえに粛々として演説をうち、固い決意を表明した。すなわち、ローマの威厳を回復し、さらには、東の帝国とエジプト属州をふたたび西の帝国に併合するつもりである、と。

この過大な公約を耳にした者たちのうち、分別ある者はだれもが、武勲ひとつない、この帝位簒奪者に軽蔑の目をむけた。そうした市民の反応は当然であった。不遜な蛮人どもからうけた屈辱のなかで、今回の皇帝の登位ほど屈辱的なものはなかったからである。

だが、一般の民衆はいつもの軽薄さから、今回も主人の交代を歓迎したのであった。新帝にとっても、かれらの不満は好都合であった。

また一方、前帝の布告によって何度も迫害されていた異端信仰の者たちにも、この皇帝には、ある程度の支援か、さもなくば寛容さを期待していた。なぜなら、かれらは異教の地イオニアで教育をうけ、アリウス派の司教の手から洗礼をうけていたからである。

アッタルス帝治世の滑り出しは、きわめて順調であった。腹心の将校がわずかの軍隊でアフリカをくだして臣従をかち得、イタリアも大半がゴート軍の恐怖のまえに屈したのである。また、ミラノの方も、おそらくホノリウス帝の不在を心よく思っていなかったためだろう、元老院による新帝の選出を歓呼してうけ入れた。執拗に抵抗したのは、ボローニャだけであった。

アラリックは大軍をひきいてアッタルス帝をラウェンナ城門近くまで案内し、城内から近衛隊長官ヨウィウス、騎兵隊兼歩兵隊司令官ウァレンス、財務官ポタシウス、それに首席書記官ユリアヌスなど、主だった高官たちをゴート陣営にまねいた。会議の席上、これらホノリウス帝側の重臣たちは、主君の名でアッタルス帝選出の合法性をみとめ、両皇帝の間で西の帝国とイタリア諸属州の分轄を提案する。だが、この提案は冷笑をもって一蹴された。しかも、この峻拒にはアッタルス自身の侮辱的な言辞が添えられていた。すなわち、ホノリウス帝が即座に退位するならば、いずこかの遠島で余生を平和のうちに送ることをゆるしてもよいのだ、と。

ホノリウス帝の命運がまったく絶望的にみえたのか、とこうするうち、民政と軍政のそれぞれの長であったヨウィウスとウァレンスが主君の信頼にそむき、競敵の側へと寝返る。

この予期せぬ謀反に、ホノリウス帝は仰天した。かれはいまや召使の足音にも、伝令の到着にも、ことごとくおびえ、帝都に、宮廷に、寝室に、いずこにも潜んでいるにちがいない敵をおもって戦々恐々とした。ラウェンナの港には数隻の船を停泊させ、万一のばあいには、幼い甥（おい）が皇帝（テオドシウス二世）となっている東の帝国へ逃げ出せるよう手はずをととのえていた。

しかし——少なくとも歴史家プロコピウスによれば——罪なき者、愚かな者を見まもる神意なるものがあるのか、神にたいし特別の配慮をもとめるかれの願いは、むげには斥（しりぞ）けられなかった。

ホノリウス帝がしかるべき決断もできず、ただ逃亡することだけを思案していた矢先、四千名の精鋭からなる増援軍がラウェンナ港に上陸したのだ。まったく思いがけないことであった。

かれはただちに、この援軍に城壁や城門の警護を一任し、そして内部の危険から解放されるや、久しぶりに深い眠りにおちた。

さらにこうした折も折、アッタルス帝がこの地に送っていたローマ軍の敗北と、全将兵の戦死という、事態を一変させる吉報がアフリカから伝わった。

かたやホノリウス帝側のヘラクリアヌスは奮戦し、部下ともども、主君にたいする忠誠心を堅持していた。そのため、ホノリウス帝は、このアフリカの督軍が送ってよこした資金で近衛軍の支持をつなぎ止めたのにたいし、一方、アフリカからの物資供給を断たれた帝都では、騒乱や飢餓がひろがっていた。

アッタルス帝側では、アフリカ遠征の失敗を契機に内輪もめが起こり、アラリックの心も、この皇帝からしだいに離れていった。統治する気概も服従する従順さも、いずれも見られなくなっていたからである。

また、このゴート王の忠告に逆らって、無謀この上ない政策が実行され、さらには、そのための遠征軍の乗船に際してゴート兵五百名の添乗さえも拒否された。そうした決定を下した元老院の態度は、ゴート人にたいするローマ側の猜疑（さいぎ）心を暴露したことにほかならず、これは当時かれらが置かれた立場からすると、雅量とも賢明ともいえるものではなかった。

アラリックがこれに憤慨したことは言うまでもない。そしてその怒りに、さらに油を注いだのが貴族の列に加えられていたヨウィウスであった。アッタルス帝を失脚させる妙策として、表向きホノリウス帝へ背いたように振舞ったにすぎない、などと臆面もなく公言したからである。

かくしてアッタルス帝は、リミニ近くの平原で、無数のローマ人と蛮人が注視するなか、帝冠と紫衣(しえ)を剝ぎとられ、皇位の標章たるそれらの品は、平和と友情の証としてラウエンナへとどけられた。

ただちに職務に復帰した役人たちは、以前の職位を得、復帰にためらった者たちも、けっきょくは寛大にうけ入れられた。一方、帝座から降ろされた廃帝は、命惜しさから、ゴート軍に従軍する許しを乞う始末であった。

●――アラリックによる怒りのローマ市略奪

和平をさまたげていた唯一の実質的な障害が、アッタルス帝の降位によって除かれるや、アラリックはラウェンナから三マイル以内の地点まで駒をすすめ、幸運が舞いもどったことでふたたび尊大になっていたホノリウス帝側近らの煮えきらぬ態度に圧力をかけた。

ところがこのとき、バルディ家（アラリックの家系）にとって宿敵であった、かのサールスが、ラウエンナの宮廷に迎えられたとの報が入り、ゴート王をまたもや激怒させた。

入府したサールスは、ただちに三百人の兵の先頭に立ち、大胆にも城門から出撃。布陣するゴート軍を強襲して少なからぬ打撃をあたえ、意気揚々と市中にもどるという戦功をあげた。そしてこの功により、相手方に伝令をつかわして、アラリックが永久に皇帝の友情と盟約から外されたことをつたえる資格が、サールスにみとめられた。

しかし、こうしたラウエンナ宮廷の背信と愚行とは、ローマに三たび災厄をもたらす結果となる。ゴート王が略奪と報復に燃えるその心火をもはや隠そうとせず、軍をひきいて帝都の城壁下に迫ったのだ。

驚いた元老院は、帝都解放の望みもなく、ただ祖国の崩壊をいっときでも遅らせようと必死に努力したが、血縁や利害から敵に思いをよせる奴隷や召使いたちのひそかな利敵行動を監視することはできなかった。

真夜中、サラリア（街道）門がしずかに開けられ、ゴート軍の喇叭がけたたましく響き、城内の住民は眠りを破られた。

かくして建国から十一世紀と六十三年後、さしも多くの人類を征服し開化してきたこの大帝国の都も、ついにゲルマン、スキタイ諸部族の怒りの狼藉（ろうぜき）にさらされたのであった——。

西ゴート王アラリックによるローマ市略奪という事件は、帝国の人々にかつてない衝撃をあたえました。帝座はすでにミラノへ、さらにはラウェンナへと移って久しく経っていましたが、ローマ市は「帝国」発祥の地として、人々の心のなかに依然特別な地位を占めていたからです。

その「永遠の都」が、こともあろうに、蛮族によってほしいままに荒らされたのです。臣民も蛮族も、だれもが、この大帝国が本当に瓦解（がかい）しはじめたことをはっきりと悟ったにちがいありません。

西の帝国の滅亡は、先の章で語られている西ゴート族のローマ領内定住にはじまる蛮族の動向と大きく関係しています。そこで、いわゆるこの「ゲルマン民族の大移動」について、その発端から帰結までの経緯を簡単にながめてみましょう。

◉ゲルマン民族の大移動

それまで北方に住していたゲルマン民族がローマ帝国領内に入ってくるようになったきっかけは、トルコ系の遊牧民であるフン族が東方から東ヨーロッパの大草原地帯に移動してきたことに因るものでした。フン族は東ゴート族に壊滅的打撃をあたえ、たちまちゲルマン人の社会全体を恐怖におとしいれました。

こうして、まず西ゴート族がローマに保護をもとめ、帝国領内に定住するようになったのです。このときのドナウ河渡しについては、前の第Ⅸ章で紹介されている通りです。

蛮族にとってローマは悠久の昔から偉大な国であり、しかもいまやその保護をもとめる立場でしたから、かれらは自分たちの低い地位をよく自覚し、比較的自重した行動をとっていたのでした。ところが、このようにして移住してきた蛮族にたいするローマ側官吏の対応には、人種的な差別感のほかに、個人的な不道徳も加わって、不正きわまるものがありました。

そうしたことから、西ゴート族は反乱をおこし、これに親征した西の皇帝ヴァレンスを、あのハドリアノポリスの戦いで破ったのです。この事件によってもたらされた影響は、歴史的にひじょうに大きいものでした。それ以後、ローマ人と蛮族との間に、軍事的優越感の逆転がもたらされたからです。

いったん領内に入り込んだ蛮族は、ローマ側の対応に不満をおぼえるごとに、以前よりいちだんと大胆に反抗的態度をみせはじめるようになります。

越境当時、かれらが軍馬を走らせる範囲は、まだ辺境属州でした。前章の西ゴート族によるギリシア略奪も、その例です。しかし、やがてかれらはイタリア本土までも衝(つ)くようになり、ついにはローマ市までも略奪したのでした。

帝国領内に越境してきた蛮族は、ご存じのように、西ゴート族だけではありません。かれらの行動に触発されて他のゲルマン諸族もつぎつぎと侵入してきます。四〇六年には、ヴァンダル族、スエヴィ族、アラニ族の連合軍がライン河を越えてガリアへ侵入。その三年後には、ヒスパニアまでも席巻(せっけん)します。

また、ブリタニアでは、コンスタンティウスなる者が皇帝を僭称(せんしょう)し、ローマの駐留軍を同島から追い出しました。これにたいし、みずからが危殆に瀕していた西の帝国は、なんら手をうつことができませんでした。

以後、ブリタニアにローマ軍がもどることはなく、そして見捨てられたこの島国には、やがて北方ゲルマン系のアングル族やサクソン族が海をわたって侵入し、同島はふたつの民族が支配するところとなっていきます。

さて、四一〇年にローマ市を略奪した西ゴート族は、アラリックの死後、その跡を継いだ義弟アドルフスにひきいられ、ガリア方面に移動します。それまで西ゴート族は、総じてローマに協力的でした。先のアラリックにしても、ローマ側が信義をまもっていれば、旧帝都を荒らすようなことはなかったのです。

ともあれ、かれらが保護をもとめてローマ領内に移住してきてからこの時までに、ローマとの関係はさらに変化していました。当初は臣従の立場にあったものが、いまではほとんど同格の同盟者となるにいたったのです。先の一連の事件によってローマ側にその強力な武力をみせつけた結果であることは言うまでもありません。

こうして西ゴート族は、ローマ人と同盟者の立場で、他の蛮族を攻撃するようになったのです。四一五年のヒスパニアにおけるヴァンダル、スエヴィ、アラニ、各部族との戦いが、その代表的なものでしょう。

しかし、帝国へ攻め入った蛮族は、ゲルマン民族だけではありません。ローマとゲルマン民族という二極対立の構図のなかに、やがてあらたに第二の民族があらわれます。

各民族の定着地が最終的にはまだ流動的であった五世紀半ば、今度は先に述べたフン族が偉大な指導者を得て、さらに西の方へと侵入してきたのです。その偉大な指導者とは、ご存じの「アッティラ」のことです。フン族は四四一年、バルカン半島を蹂躙。その後、支配地域をライン河領域まで拡大し、それから約十年後にはガリアにまで攻め入り、さらにはイタリア本土までも侵入してきたのでした。

ローマ人はじめ西方の諸民族がこの異民族の矯激(きょうげき)さに震え上がったことは、その後かれらが伝えたフン族に関する悪魔のような印象がよく物語っています。

しかし、フン族の勢いは、ローマ軍とゲルマンの各蛮族軍からなる連合軍によってガリアで阻止され、さらにその後まもなくしてアッティラが他界すると急激に衰え、つづいて翌年（四五四年）ネダオ河岸の戦いでゲルマン人に敗れたのを最後に、集団としては壊滅。これ以降、フン族がその存在を歴史の舞台でふたたび見せつけることはありませんでした。

それにたいしゲルマンの諸部族は、それぞれなお西の帝国各地で覇権をあらそい、一部はさらに移動を進めていたのでした。そのため、「民族移動」の居留地構図は、当初とくらべ、大きく違っています。

各部族のなかでも、ヴァンダル族とフランク族の動きは、とくに注目すべきものでしょう。前者はその広大な移動範囲のゆえに、後者は中世へと続く一大王国を樹立したという理由からです。

五世紀初めライン河まで移動していたヴァンダル族は、その後さらに西進し、四二九年には、ジブラルタル海峡を越えてアフリカ大陸へ渡り、そしてそれから十年後には、カルタゴやレプティス・マグナなどの諸都市をおとして西の属州アフリカを支配します。

このヴァンダル族のアフリカ支配は、西ローマ帝国の生命線、すなわち当地からの豊かな穀物の供給を断つものでした。西の帝国の命運は、まさにこの時点で実質尽きてしまったといってよいでしょう。

その後、ヴァンダル族は地中海を制するや、オスティア港へ上陸し、ローマ市を略奪します（四五五年）。このときの略奪は、先の西ゴート族によるものよりはるかに徹底したものでした。すなわち、西ゴート王アラリックのときが三日間だったのにたいし、ヴァンダル王ゲイゼリックのときには十二日間の長きに及ぶものでした。

以上のようなヴァンダル族にたいし、もう一方の雄であるフランク族は、「民族大移動」の混乱期に帝国西北方からしだいに南下し、最終的には西ヨーロッパの広大な地域に王国をうち立てます。ただ、フランク王国がこの地につくられたのは、六世紀に入ってからのことで、西ローマ帝国終焉（しゅうえん）の頃は、その領土の南部をいまだ西ゴート族が支配していました。

フランク族について注目すべきことは、宗教にあります。というのも、ゲルマン諸族のなかで唯一、この部族だけがキリスト教正統派をうけ入れたからです。すでに第Ⅶ章でご紹介しましたように、他の各部族はすべてアリウス派だったのにたいし、フランク族だけは、五世紀終わりの時点でも、まだどのキリスト教派にもなっていなかったのです。

かれらがキリスト教へ改宗したのは、ガリアへ進出するようになったのがきっかけです。この地に植民するにともない、土地の指導者であった地元の司教との間に友好関係をうち立て、ついにはそこで勢力を張っていたキリスト教正統派を信奉するにいたったのでした。このあらたな蛮族の改宗は、言うまでもなく、カトリック教会を大いに喜ばせるものでした。

一方、フランク族にとっても、カトリック教会を味方にしたことは、その後の勢力伸張に大きく利するものでした。他の蛮族にたいする攻勢において、同教会の後ろ盾（うしろだて）を得ることになったからです。こうしてその地の住民と教会から支援されたフランク族は、六世紀に入ると、西ゴート族をピレネー山脈以遠に追いやり、西ヨーロッパに一大王国を築くことになるのです。

さて、時間が若干もどりますが、四七〇年代に入ると、こうした一連の民族移動の結果、西ローマ帝国は領土としてイタリアを残すだけの状態となっていました。

ちなみに、このような時期、まだいくらか辺境に残留していた国境守備隊の様子を伝える、ある資料が残っているそうです。それによれば、かれらの装備は貧弱で、士気も低く、さらには給料さえ支払われていなかったということです。そこでこの部隊は、イタリアへ代表を送って給料の支払いを求めたものの、返事を得られず、そのため解散にいたったとあります。そしてそのローマ軍守備隊がいなくなって保護者をなくした土地の住民は、その地の蛮族王に保護をもとめたということです。帝国滅亡間近の状況がよく想像されて余りある逸話ではないでしょうか。

◉帝位継承からみた西の帝国滅亡直前の状況

ホノリウス帝の後継者ウァレンティニアヌス（三世）帝が殺害によって他界（四五五年）してから帝国滅亡まで約二十年。この短い間に、西の帝国では、帝座の主が九人も替わり、そのうちのひとりマヨリアヌス帝を除けば、全員が凡庸で、かたちだけの皇帝でした（これは同期間、わずか三人の優れた皇帝を輩出した東の帝国と著しい対照をなしています）。

私怨からウァレンティニアヌス（三世）帝を殺害し、そのため皇帝を僭称することになったペトロニウス・マクシムス（在位四五五年）は、例のヴァンダル族によるローマ市略奪に遭遇し、敵味方双方から憎悪され、登位からわずか三カ月後に殺害されました。

その後、アウィトゥス、マヨリアヌス、リウティウス・セウェルス、アンティミウスへと、つぎつぎと帝権が移りますが、こうした帝位継承には、蛮族出身でイタリア司令官のリキメルが影の実力者として、これに干渉していました。すなわち、アンティミウス帝（在位四六七～四七二年）のときまで、かれの意向にそって帝権が移動し、東の皇帝がそれを追認するという具合でした。

しかしこの実力者も、そうした人物の常として、最後には敵対者の手によって葬り去られました。

そのあと帝座は、リキメルによって推された元老院議員オリブリウスへと移ります。しかし、アンティミウス帝は東の皇帝が西の帝国へ送った皇帝でしたから、その帝位を簒奪したオリブリウスを東の帝国が正統な西の皇帝としてみとめるはずがありません。そうした事情から帝座も不安定で、わずか一年後にはグリケリウスという軍人に帝位をうばわれています。

が、グリケリウス帝もまた傀儡(かいらい)でした。そのため、まもなくして擁立者の支持をなくすや、同じくすぐに退位に追いこまれたのでした。

そこで東のローマ皇帝レオーンは、ダルマティア出身の将軍ユリウス・ネポスを西の皇帝に指名します。ネポスはさっそくラウェンナへ入り、グリケリウス帝を退位させます。ところが、まもなくして配下の蛮族連合軍の造反にあい、逃走。やがて退位せざるを得ませんでした。

ネポスを直接退位に追い込んだのは、ローマ軍司令官のオレステスでした。しかし、オレステスはみずから皇帝になることはせず、代わりに、自分の幼い息子を帝座につけます。そしてほかでもなく、この皇帝こそが、西の帝国最後の皇帝となるのです。ちなみに、ロムルス・アウグストゥルス(語尾の「ルス」は指小辞)というその幼帝の名は、奇しくも、ローマの建国者と初代皇帝、ふたりの名にちなむものでした。

当時西の帝国は、領土の縮小や時局の混乱から財源が枯渇し、傭兵部隊であるゲルマン人部隊にたいする給与の支払いが困難になっていました。

かれらの不満が募っていたことは、言うまでもありません。ゲルマンの同胞は、力によって新しい土地につぎつぎと王国をうち建てている――。

そのような折、蛮人傭兵たちは自分たちのイタリア本土における土地所有の要求がなおも拒み続けられていたことに怒り、四七六年、暴動を起こします。このとき、その指導者としてかれらに推されたのが傭兵隊長であったオドアケルでした。

オドアケルは指導者となるや、オレステスを殺害し、幼帝ロムルス・アウグストゥルスをカンパニア地方の城に幽閉。東の皇帝ゼノンにたいして、イタリアにおける帝位継承の断絶を通告したのです。

かくして古代世界の君主として長く存続してきた西の帝国も、ゲルマン民族の大移動開始からほぼ一世紀、ローマ帝国の東西分裂からわずか約八十年後に、その国体としての伝統が絶えたのでした。

◉東と西の存亡をわけた背景上の相違

西の帝国が滅び、東の帝国が生き残った背景には、それぞれに要因がいくつかありました。そこで、以下、そうした要因について見ていくことにいたしましょう。

まず、防衛線の差を挙げることができます。西は東にくらべ、ひじょうに長い辺境を守らなければなりませんでした。この防衛線の長さの違いが、軍事や財政の点で、帝国の運営いかんに大きく影響しています。

長い国境には、それだけ多数の軍隊の存在が必要であり、そうした防衛強化のためには、相応の財源確保が必要でした。

そこで西の政府は、臣民に高額の税金を課したのでした。ところが、それは臣民全体から等しく配分されたものではなく、貧民層を苦しめるだけのものでした。なぜなら、富裕層は特権によりそうした税を免れていたからです。こうして、西の帝国を構成している大半の臣民が、最低限の生活さえままならない状況を強いられたのでした。そのため、ガリアでは農民が強盗をはたらく事態さえみられたほどです。

やがてこの内的な要因に、あらたに、蛮族による大きな外的要因が加わってきます。それは、しだいに頻発しはじめた外敵の侵寇による地域一帯の混乱と、それにともなう富や農産物の消尽です。このことは、農耕に従事する者の数を減らし、ひいては国境警備のための要員に不足をきたす事態をもたらしました。

そのうえ、西の方は東の方にくらべて、人口が少ない地域でした。言いかえれば、人的資源という点からも、もともと相対的に脆弱（ぜいじゃく）であったといってよいでしょう。

そこで蛮人を傭兵にするという習慣が生まれました。しかし、右のような状況から税収が少なくなると、西の政府にとって、かれらにたいする給与の支払いが大きな負担となりました。支払いに不満をいだくようになった蛮人傭兵が危険な存在と化していったことは言うまでもありません。

以上のような西の帝国にたいし、東の帝国は比較的短い国境線にめぐまれていました。蛮族の脅威は北部国境にかぎられ、そこの防衛だけに専念することができたのでした。東部国境の方は、ササン朝ペルシャとの友好関係により、長い間、軍事活動が不要だったからです。これは当時、ササン朝ペルシャが東からの進入者に悩まされていたことに因るものです。

もうひとつ、蛮族にたいする防衛という点で東の帝国がみせた大きな特長は、難攻不落の首都コンスタンティノポリスの存在でした。テオドシウス二世のときに、あらたな外壁と堀によって補強された、いわゆる「テオドシウス帝の大城壁」をもつこの都をおとすことは、当時の攻城法では不可能だったのです。このことは、その後一千年近くにわたって、なんども外敵の攻囲を斥けてきたことが物語っています。

しかし、なにより、「鉄壁の守り」という印象そのものが、蛮族の気勢を殺ぐものでした。また、攻囲を試みた者も、そのことを実際に思い知らされたのでした。したがって、かれらが征服しやすい方へと移っていったのは、むしろ当然であったといってよいでしょう。

次の要因としては、気候的あるいは地理的条件からくる違いが挙げられます。相対的に温暖な南部を領土としていた東の帝国は、寒冷な西の帝国にくらべて、天然資源が豊かでした。とくに農産物の供給という点では、際立っていました。それは、エジプトの存在が、このことに大きく寄与しています。この属州は、帝国全体で群を抜いた穀物生産地だったからです。

一説によると、西の帝国でもっとも豊かであるとされていた属州アフリカの三倍もの穀物を生産していたといわれています。

西の方がヴァンダル族の攻撃によってその属州さえ失ったのにたいし、東の方は最大の穀倉地帯をつねに確保していたわけですから、両者の間に豊かさの点で大きな違いがあったことは明らかです。

古代においては、天然資源、ことに農産物の豊かさいかんは、その国の経済に大きく影響していました。したがって、右のような状況では、西の帝国の経済活動が衰退していったのは、必然の成り行きです。

こうして五世紀に入ると、西の諸都市は経済活動の中心というより、むしろ要塞化して、その役割は軍事と行政を司るだけのところになっていました。すなわち、そこには防衛という消極的な活動だけで、国の発展につながるような積極的な商業活動がもはやなくなっていたのです。

以上のような環境的要因のほかに、人的要因についても見てみましょう。

ローマ人はもともと質実剛健で、勇武の民でした。建国以来の領土拡大は、そのことを如実に物語っています。また、かれらは多神教であり、宗教的に寛容でした。さらに、人種的偏見も少なかったようです。くわえて、実利的な考え方をしていた民族でした。そのため、かれらの間には、どの民族の出身であれ、優秀な者はこれを活用するという風潮がありました。以上のような民族性により、ローマはしだいに発展、拡大していったのです。

しかし、頂点にあることが長く続けば、だれであれ、その地位がもたらす影響をうけないはずはありません。国家の興亡、家門の盛衰、いずれにおいても、歴史はこのことを示しています。ローマ人にしても同じです。すなわち、みずからを元来優れた民族であると思い込み、悠久の昔からそうであったかのように現在の地位を当然とみなし、ひるがえって、周辺の蛮族を蔑視したのです。

およそ蔑視は油断をうみ、油断は情報の欠如をもたらします。その結果、あらたな事態への対応を稚拙なものにします。同時に、油断は訓練をおこたらせ、みずからの力を相対的に低下させます。蛮族がもつ潜在力をみくびり、しかるべき対応ができなかったのも、もとはと言えば、そうしたローマ人の傲慢さに起因するものでした。

かれらが初期の民族性を失わず、もしゲルマン民族の帝国編入をうまく処理し、これを植民による人的資源と税収の増加へとみちびいていたならば、後のあらたな侵入者たちにたいして、防衛上、帝国にとって有利にはたらいていたかもしれません。

最後に、もうひとつ、人的な要因の大きなものとして、宗教の問題を見逃すことはできません。多神教であったローマ人が唯一神を説くキリスト教に転じ、それにともなってさまざまな事態を経験してきたことは、すでに見てきた通りです。

それは改宗当初の帝国内における混乱、そしてその後の東西帝国間の教会の対立だけではありません。西の帝国とそこに入ってきた蛮族との間にも、宗教的対立をうみ出しました。西の帝国が正統派であったのにたいし、蛮族の大半がアリウスを信奉するようになっていたからです。このことは、従来の帝国臣民とあらたな蛮人入植者との間に反目をもたらす、ひとつの原因になったようです。

以上が、東西の違いからみた、西ローマ帝国滅亡の諸要因です。ギボンはこのあと、「西ローマ帝国滅亡の概要」と題して、かれ流の表現で西の帝国が瓦解するまでの変遷を追い、さらには、かれの時代とそのときの国際情勢をもとに、世界の将来についても語っています。

第XI章

西ローマ帝国滅亡の概要

●——滅亡の因はどこに

ギリシア人は、自国がすでにローマの一属州に落ちぶれていたこともあって、この新興民族の隆盛をひとえに幸運に帰していた。ある追従的表現によれば、むやみと恩顧をあたえてはとり上げる気まぐれな運命の女神が、ティベレ河畔に舞い降り、ここに恒久不変の玉座をさだめたというわけである。

そうしたなか、みずから生きた同時代を哲学的精神でもって歴史に著したギリシアの賢人ポリュビウスは、ローマの偉大さを支えている堅固な基盤を自国民に示して、かれらの空しい自負心をうち砕いた。

国家や同胞にたいするローマ市民の忠誠心は、教育や信仰の影響でひじょうに堅固なものであった。成人市民は凱旋の栄誉に価しようと懸命に努力し、また若者たちは若者たちで、それぞれの家庭において祖先の像をみるごとに競争心をつのらせていた。

政治体制も、それまで貴族と平民の間で行なわれてきた穏やかな闘争によって平等なものとなり、以後、自由の精神を代表する人民集会、権威と英知の象徴である元老院、行政をつかさどる君主的施政者、これら三者の間には、強い一体感がみられるようになっていた。すなわち、執政官が国旗をかかげるや、だれもが身を挺(てい)して国防にあたることを宣誓の礼でもっておごそかに誓い、十年間兵役に服してその義務を全うするようになっていたのである。

　こうしてローマは、新世代の自由民や兵士をたえず戦場におくり出し、さらにこれを、イタリア諸都市の好戦的な市民たちでもって充分に補強することができたのであった。

　かつて小スキピオを鼓舞し、またカルタゴの廃墟を実際に目にしたポリュビウスは、ローマ人の兵制や徴兵、武器や調練、行軍や幕営、なかでもとくにアレキサンダー大王のマケドニア式密集隊形よりすぐれていたローマの軍団制をつぶさに紹介している。そのかれによれば、臆病さとは無縁の、休むことを知らないこの国民の覇気や成功は、和戦双方に対応したこれら諸制度によるものであった。

　もし適時に全民族が連帯して対抗していたならば砕かれていたかもしれない雄図(ゆうと)

が、敢然と実行され、成就をみた。そして、正義を犯してまで完遂されたそうした征服事業のあとには、つねに英知や勇気に支えられた見事な施政がつづいた。戦闘には敗れても、戦争ではかならず勝つ。それがローマ軍であった。かくしてかれらは、異民族の金銀や青銅でできた像を鉄拳でつぎつぎとうち砕いていくように、ユーフラテス、ドナウ、ライン、はては大西洋までいたったのであった。

●――膨張と自壊

帝国にまでなったひとつの都市の興隆は、きわめて特異な現象として、あるいは哲学者の探究心を誘うことだろう。だが、その衰退の因については、疑問の余地はない。それは何か？　それは異常な膨張の必然の結果にほかならない。

繁栄が衰亡の原理を動かしはじめ、衰微の要因が征服の拡大とともにその数を増し、やがて時間や事件によって人工的な支柱がとり除かれるや、この途方もない構造物は、みずからの重みに耐えきれず倒壊したのだ。

ローマ帝国滅亡の過程は、しごく単純にして明らかである。むしろわれわれが驚きを禁じ得ないのは、何ゆえにかくも長く存続することができたのか、という点にある。

勝利したローマ軍は、その遠隔地で異邦人や傭兵の弊風をならいおぼえた。そして、まず自由の精神を抑圧し、最後には皇帝の権威を侵すにいたった。いや、そもそも歴代の皇帝自体が軍紀荒廃の主役であった。自分の身の安全や国家の平和をおもうあまり、軍隊を敵にたいしてばかりでなく、はからずも、みずからにたいしてさえ恐るべき存在に仕立て上げたのである。

時代が下りコンスタンティヌス帝の治世になると、この皇帝がとった制度によって軍政そのものの精神がゆるみ、やがては消えてしまった。その結果、最後には蛮族の大侵入によってローマ世界全体が圧倒されたのであった。

ローマ帝国衰亡の因としてよく帝政府の遷都が挙げられている。しかし、すでにみてきたように、施政権が移ったというより施政権が分割されたという方が、むしろ正鵠を得ていよう。東の方ではコンスタンティノポリスが帝都となったのにたいし、西の方では依然イタリアが皇帝の常住地であった。そしてかれらは、軍隊や属州についても、同等の継承権を主張していた。

このため、臣民を抑圧する機関が増え、また、テオドシウス帝の後継者たちの間では贅（ぜい）をきそう空しい競争心がみられるなど、二重統治の利点がそがれる一方、欠点が助長された。

国難に直面すれば、たとえ衰亡の途にある国であっても、自由民は総じて内部対立をおいて団結するものである。

ところが、このときのローマは違っていた。対立するアルカディウス帝（東）とホノリウス帝（西）の寵臣（ちょうしん）たちは、ともにローマを共通の敵に売りわたしたのだ。かたやビザンティン宮廷の方も、ローマ市の屈辱や西方の災難を冷淡な目で、うち眺めているだけであった。いや、おそらくは、内心嬉々とさえしていたにちがいない。

次の治世になると、両帝国間に同盟が成立したものの、東のローマ人の救援は遅々としていて一時は危ぶまれた。また、なされても、実効がほとんどなかった。ギリシア人とラテン人との間の民族的離反は、両者間に存在する言語、習俗、権益、宗教といった恒久的相違によってますます深刻なものとなっていった。

しかしながら、コンスタンティヌス帝の判断については、それが正しかったことが、その後の事件から明らかである。長い衰退の過程において、この東の帝都は、蛮族の攻囲をはねのけ、アジアの富をまもり、そして和戦いずれの情勢下においても、地中海と黒海をむすぶ、その重要な海峡をつねに押さえていたからである。したがって、コンスタンティノポリスの建設は、本質的に西方敵国の滅亡をまねいたというより、むしろ東方帝国の存続につながったというべきだろう。

●——キリスト教の影響

来世の幸福が宗教の一大目的であることからすれば、キリスト教という宗教の導入、あるいは少なくとも乱用が、ローマ帝国の衰亡にある程度あずかっていたことは、とくに驚くに足らない。

異教徒の目に小心と映ったその忍耐の教えゆえに、愛国心がそこなわれ、戦闘精神の最後の名残も修道院に埋もれてしまった。また、公私の財富が慈善や信仰というもっともらしい名目の事柄にささげられ、兵士の俸給までが節制や貞潔だけしか頭にない多数の男女のために惜しみなく遣われた。

まもなくすると、信仰心や好奇心だけでなく、悪意や野心といった俗世的な情念までが入りきたって宗教的対立に火をつけ、以後、その抗争は長期化し、ときには流血を見、教会ばかりか国全体がこれに悩まされた。

かくして皇帝の目はいやがうえにも軍隊から公会議へとうつり、ローマ世界にあらたな種類の暴政がうまれ、その影響で迫害された宗派が、国内にひそむ自国の敵という様相を呈するにいたるのである。

党派心というものは、有害なものであれ滑稽（こっけい）なものであれ、不和をかもすものであると同時に、団結をうながすものである。

このときもまた、一千八百に上る説教壇から正統派の君主にたいする従順の義務が説かれた。各司教が出席する頻繁な公会議やかれら相互間のたえざる交信によって遠隔地の教会間に連絡がたもたれ、カトリック教徒同士の一体感によって福音（ふくいん）の博愛的側面が強められた。

軟弱になった国民は、修道僧の無為あるいは不活発さをさかんにたたえたが、かりにもしこうした体裁のよい隠遁（いんとん）生活がゆるされていなかったならば、かれらは、別の、より下劣な動機を挙げて、兵役をまぬがれようとしたことだろう。

いつの時代も、信徒という者は、自分たちの自然な欲求をみとめてくれる教えであれば、ただちにその教えをうけ入れるものである。しかしながら、キリスト教が、真の意味で、良い影響を及ぼしたことについては、議論の余地がなく、この宗教に改宗した北方の蛮族のなかにも、そのことは看てとれる。

すなわち、たとえコンスタンティヌス帝の改宗がローマ帝国の衰微を早めたとしても、かれが選んだ宗教は帝国滅亡時の暴状を弱め、征服者たちの獰猛さを和らげるのに寄与したということである。

●ローマ史が教えるもの

おもうに、この大いなる変動史は、現在のわれわれにとっても、有益な教訓となり得よう。そしてその意味では、諸民族が文化や洗練の点でほぼ同じ水準に達しているこのヨーロッパ全体をひとつの偉大な国家とみなすことがゆるされるかもしれない。

もちろん、国家間の勢力バランスは、今後も変動するだろうし、わが国や近隣諸国の繁栄にしても、浮沈をくり返すことがないとはいえない。しかし、今日、この地域の総体的幸福、つまりヨーロッパ人とその植民地の住民とをそれ以外の人種よりはるかに際立たせている法制度、学芸、習俗などからなる社会形態が、そうした局部的な現象によって根底からくつがえされることは、およそあり得まい。ただ、世界の野蛮な国々が潜在的に文明国の敵であることをおもえば、われわれとしては、なかば危惧（きぐ）をともなう好奇心をもって、往時ローマ帝国をなやませた災厄が、現代のヨーロッパにもはたして起こり得ないかどうか、について自問することはゆるされることだろう。そして事によると、この同じ省察が、あの大帝国が閲した滅亡の過程を明らかにすると同時に、われわれが享受している今日の安全についても、その根拠を説明することにつながることになるかもしれない。

ローマ人は、迫る危険の深刻さや敵の規模について、皆目知らなかった。しかし実は、ライン河やドナウ河のかなたに広がるユーラシア北方の国々には、勤労の果実を掠（かす）めとろうとはやる、貧しく貪欲（どんよく）で、しかも勇ましい、遊牧や狩猟の民が無数にいたのだ。

かれら蛮族は、ひとたび干戈（かんか）の響きを聞くや、これに刺激された。そのため、遠く支那でおこった変動がしだいに伝わって、ガリアやイタリアは蛮族侵寇の脅威にさらされたのである。

戦いにやぶれたフン族が西進をはじめ、その軍勢は進軍の過程で捕虜や同盟者を傘下に加えてふくれ上がった。そしてかれらに屈した諸部族が、今度はみずからも征服欲をおぼえ、ローマ帝国めざして怒濤のごとく殺到し、先陣がたおれれば、後続がその空白をただちにうめたのであった。

だが、今日(すなわちギボンの執筆当時、つまり十八世紀後半)、平和はすでに久しく、そうした恐るべき民族が北方から侵入する可能性は、もはやない。その原因はこれまで人口の減少によるものとされてきたが、じつは文化や農業の発達がもたらした成果であるというべきだろう。

むかし森林や沼沢の間に寒村がまばらに点在していただけのゲルマニアの地には、いまや城壁でかこまれた町が二千三百もある。近世には、デンマーク、スウェーデン、ポーランドといったキリスト教王国も、つぎつぎと建国されてきている。また、ハンザ同盟の商人たちが、テュートン族の騎士らとともに、バルト沿岸にフィンランド湾まで植民地をひろげている。

さらに、そのフィンランド湾から東方海洋にかけては、ロシアが強大な国家を形成している。そしてこの国では、いまや鋤や織機、それに鍛冶炉などの文明の利器が、ヴォルガ、オビ、レナ、これらの大河地方にまでもたらされており、もっとも強猛なタタールの部族でさえ、隷従をおしえ込まれている。

したがって、現代では、独立した蛮族国というのは、ごく狭い地域にかぎられた存在である。たとえば、カルムック族やウズベック族なども、その軍隊はおそらくわずかであり、ヨーロッパ全体の脅威となることはあり得ない。

とはいえ、一見平和であるからといって、世界地図では見落としがちな、どこか模糊たる人種の中からあらたな敵、未知の危険が生じる可能性があることを忘れてはなるまい。インドからスペインまで征服したアラブ人にしても、マホメットがあらわれて、かれらに宗教的熱情をふき込むまでは、貧窮と蔑視にさらされていたことをおもえば。

かつてローマ帝国の基盤が堅固であったのは、その構成員がみせた特異なまでに強固な連帯に帰せられる。征服された民族は、独立への希望はおろか、そうした願望さえ棄て、ローマ市民となることを喜んでいた。時代が下って、西の諸属州が蛮族によってローマから切り離されるときには、属州民全体の間に嘆きの声がきかれたほどである。

そのため、属州のかたちで帝国内にとり入れられた被征服民には、民族的独立心や軍事的野心が失われたのであった。かれらは、遠くの宮廷からとどく命令でうごく傭兵や総督にその安全を期待するようになっていた。

かくて一億の民の幸福が、堕落した、ひとり、あるいはふたりの、個人的資質によって左右される状況となったのである。しかも、そうした統治者の中には、子供である者が少なくなかった。

帝国が最大の打撃をうけたのは、まさにテオドシウス帝の後継者たちが未成年の時期にほかならない。もっとも、かれらが成年に達したとおもわれる時期以降も、事態がとくに改善されたというわけでもない。

なぜなら、その時代になると、教会は聖職者に支配され、国家は宦官(かんがん)に牛耳られ、また属州も蛮族の蹂躙(じゅうりん)にさらされるようになっていたからである。

ヨーロッパは現在、大小、十二の強力な国々と三つの立派な自治国、それに多数の独立した小国に分かれている。そして、その統治者の数と同様、王として、あるいは高官として、その才能をふるう機会も増えている。したがって、北方ではユリアヌスやセミラミスのような人物が出ないともかぎらない。また、かたや南方の帝座でも、皇帝アルカディウスやホノリウスのような人品が、ふたたび玉座にあって惰眠をむさぼる可能性もある。

現代では、国家間の相互の危惧や名誉もあって、暴政は、行なおうにも、そう簡単に行なえるものではない。共和国では秩序と安定が、また、君主国においても自由の精神、少なくとも穏健な精神がみられ、あるいはまた、欠陥の多い政治体制においても、ある程度、正義や名誉の観念が行きわたっているからである。

平和時には、活発な競争によって学問や産業がますます発展し、一方、戦時といっても、小競り合い程度の交戦で、いわば軍隊の調練がなされているにすぎない。

したがって、万一タタールの草原から野蛮な征服者が突如あらわれたとなると、過去と同じような事態をまねくことだろう。すなわち、ロシアの頑健な農奴であれ、ドイツの大軍であれ、あるいはフランスの壮麗な騎士団であれ、あるいはまたブリテンの勇敢な自由民であれ、たとえ共同防衛のために連合したとしても、かならずやふたたび撃破されることだろう。

だがしかし、もしその勝利した蛮族が隷従や荒廃の地域を大西洋沿岸まで広げたにしても、生き残った文明国の国民は、一万隻の船舶に乗って、かれらの追跡をのがれ、すでにその植民者や新しい諸制度であふれているアメリカという新世界へ向かい、そこにヨーロッパ世界を復活させ、繁栄を築くであろうことは間違いない。

飢え、寒さ、疲労、身の危険、およそこうしたことが蛮族の心身を強化する。かれらはいつの時代も、こうした自然の力に軍事技術でもって対抗することを怠った文化国家、たとえば支那、インド、ペルシャを悩ませてきた。

一方、古代の好戦国、ギリシアやマケドニア、それにローマなどは、兵士という人種をそだて、その肉体をきたえ胆をねり、手にもつ鉄器を強力な武器へと変えると同時に、機動性で攻撃力を倍加させた。

ところが、法の発達や習俗の洗練にともない、この軍事的優位性はしだいに薄らいでいった。コンスタンティヌス帝やその後継者らの柔弱な時代になると、剽悍な蛮族傭兵に武器をもたせ、これに軍事教練をほどこすことによって、じつに感心なことに、自滅の種をまいたのだ。

火薬の発明により軍事技術が変化し、人間は自然のもっとも強力な要素、すなわち火や空気を制するようになった。また、数学や化学、工学や建築学といった諸学問を戦争に利用することによって、互いに相手にたいして巧妙な手段で対抗するようになった。

攻囲に要する費用は莫大であり、その費用をもってすれば、一大植民市を建設し、さらにはこれを維持することができる。歴史家はこのことを憤然として指摘する。しかしながら、都市の攻略が多大の費用と困難をともなう事業であることや、かつての武勇に代わって軍事技術で国民を保護することなどは、われわれにはかならずしも不快なことではない。

今日、タタール族にとっては、ヨーロッパの大砲や城は攻めがたい障壁となっている。かれらが征服に成功するまでには、むしろかれら自身が開化されるにちがいない。であってみれば、今後ヨーロッパが蛮族の侵寇にさらされる可能性は、もはやないと言ってよいのではないだろうか。

軍事技術の発達には、ロシアの例からも分かる通り、つねにそれに相応した平和と文治政治の発展があり、その結果、蛮族自身が征服した相手、すなわち文明諸国のなかに座を占めるようになるものである。

万一、こうした見解が愚かなものであったとしても、あるいは不確かなものであったとしても、慰めと希望をあたえる素朴な根拠がなお残っている。それは、次のようなことである。

古今の航海者たちによる発見の物語や開化した国々の歴史や伝承を読むと、身体ばかりか、精神まで裸で、法や芸術だけでなく、観念、いやほとんど言語すら欠けている野蛮人のことが、かならず出てくる。

しかし、年月が経つうち、かれらは動物を手なずけ、土地をたがやし、大洋をわたり、天体観測を行なうようになった。そうした人間の営為は、当初歩みが不規則で、しかもかぎりなく遅々としていたものの、その後加速度的に長足の進歩をみせて上昇し、頂点に上りつめるや、突然墜落へと転じた。かくして世界のさまざまな地方が光と闇の変転を経験してきたのである。

だが、その四千年の経験から、われわれはむしろ不安をのぞき、希望を高めるべきである。なぜなら、人類がどの程度の完全性を望むべきか、これを示すことは困難であるにしても、自然の様相が一変しないかぎり、いかなる国民も、ふたたび元の野蛮な状態にもどる可能性はない、と断言できるからである。

●——人類の進歩について

およそ社会の進歩は、次の三つの側面からこれを考察することができる。

(1)詩人や哲学者は、おのれが生きた時代や祖国を教化しようと、これに精魂をかたむける。しかしながら、こうした理性や想像の力は、自然の希有な所産にほかならない。したがって、いまもし、たとえばホメロスやキケロ、あるいはニュートンなどの天才が、王侯の意思や教師の指導によって創られ得るものであるとするならば、われわれはそれにたいしてそれほど賞賛を贈ることはないだろう。

(2)法治、産業、学芸、これらがもたらす恩恵は、きわめて堅固不変なものであり、教育や訓練によってそうした技術を身につけた多くの人々が、それぞれの分野で共同体の幸福に資することができる。とはいえ、この一般則は労働と技術の所産にほかならない。言いかえれば、共同体というこの複雑な機構が、時間による同化や暴力による損傷にさらされる可能性があることは否定できない。

(3)人類にとって幸いにも、きわめて有用な技術、少なくとも必須の技術については、卓越した才能や国民全体の隷従がなくとも、これを発揮することができる。ただ、各村々、各家庭、各個人に、火や金属の使用、家畜の増殖や使役、漁猟の方法、航海術の基礎知識、穀物その他滋養ある穀物の栽培、単純な工芸、これらを永久に伝えようとする思いとそのための能力がありさえすればよい。

個人の才能や国民の勤勉性などは消滅の惧(おそ)れがあるが、前述のような、いわゆるたくましい植物のごとき存在は、嵐にも耐え、不毛に近い土壌にさえかたく根をおろして永遠に絶えることがない。

アウグストゥス帝やトラヤヌス帝などの時代にみられた輝きは、やがて無知の雲でおおわれ、蛮族がローマの法制や宮殿をくつがえした。しかし、農耕の神サトゥルヌスの発明にしてその象徴でもある大鎌が、イタリアでは毎年作物の収穫にもちいられるようになり、その結果、カンパニアの海岸地帯でかつてライストリュゴネス族（ホメロスのオデュセイアに出てくる人食い巨人種）が催していた饗宴の類いは二度とみられなくなった。

各種の技術が発見されて以来、そうした人類の貴重な遺産は、戦争や交易、さらには宗教的熱情によって新旧両世界の蛮族の間にもしだいに伝わっており、その普及度からして、もはや失われることはあり得ない。したがって、結論として、世界中が、人類の富や幸福、それに知識、さてはおそらく道徳までも、その時代その時代にたえず増大させ続けてきただけでなく、今日もなお、そうした前進が続いている、という悦ばしい考察をうけ入れてもよいのではないだろうか。

解説　その後の東の帝国とユスティニアヌス帝の時代

ローマ市を擁するローマ帝国らしいローマ帝国は、以上の西の帝国の帝位継承が絶えたことによって滅びました。しかし、人民や社会がそれとともに消えてしまったというわけではありません。ゲルマン民族の王国に変わったローマの属州の多くにおいて、貴族層がそのまま残り、ひきつづきその土地を所有し、そこで影響力を保ったのでした。言語も信仰も維持されました。民衆の生活も、同様です。帝国政府に直接関係した人々のばあいは別ですが、一般臣民の生活は以前と同じ様子で続けられました。

一方、変わったことはといえば、ゲルマン民族の首長をあらたな支配者として、かれらの臣下となり、かれらにたいして税を納めるようになったということです。また、もうひとつ際立ったことは、ローマ帝国という唯一強大な政治的存在が消滅し、他に伝統的権威がいなくなったことによって、相対的に、教皇の政治的、宗教的権威が高まったことです。

こうして西の地方は、ひとつの大きな支配の時代を脱し、蛮族を王とする小国家の分立というあらたな時代へと入っていきます。

伝えられるところによれば、ギボンは執筆当初、西の帝国の終焉をもって筆をおく考えであったといわれています。前述の通り、ローマ帝国らしいローマ帝国は、東西両帝国が存在していた時代までのことであったからです。ちなみに、本書において紙数の大半をその時代までに充てましたのも、そうした理由からです。

しかし、西の帝国の滅亡を書き終えた時点において余力が残っていたことと、この『ローマ帝国衰亡史』が発刊と同時に広く世にうけ入れられたことで、ギボンは東の帝国のその後についても語ることになったのです。そしてそれは、この古代の一大帝国に関するいっそう広い歴史的視野を、われわれに与えてくれるものとなりました。

そこでこれからは、ギボンがひきつづき健筆をふるった、西の帝国滅亡後における東の帝国の歩みをみていくことにいたしましょう。

ローマ帝国が最終的に分離したあと、東の帝国は西の帝国とちがって、すぐれた皇帝にも恵まれました。さらに、唯一のローマ世界となってからも、有能な皇帝がつづき、ひじょうに繁栄しました。なかでもアナスタシウス帝（在位四九一～五一八年）などは、治政においてだけでなく、財政においても大きな成果をあげたのでした。ある資料によれば、この皇帝が国庫に遺した富は、黄金で一万五千キログラムもあったといわれています。そしてこの豊かな資金をもとに数々の偉業を達成したのが、次の第XII章に登場するユスティニアヌス（一世）帝でした。

ユスティニアヌス帝は、伯父のユスティヌス（一世）帝と同じく、農村の出身でした。しかし、アナスタシウス帝のもとで軍人として出世したこの伯父との縁故により、公の舞台に出ることになったのです。そしてさらには、ユスティヌス帝に実子がいなかったことから、帝位を継いだのでした。

かれは皇帝となるや、卓越した才幹と気宇の広大さをもって、旧ローマ帝国の再興をめざします。まず、登位から三年後、将軍ベリサリウスをさしむけてササン朝ペルシャを攻め、これに圧勝。次に、ふたたび同将軍を派遣してアフリカのヴァンダル王国をたおし、つづいて、西ゴート王国からはイベリア半島の東南部をうばいました。また、さらにその後、先のオドアケル王国に代わってイタリア本土に君臨していた東ゴート王国を滅ぼしています。

かくして六世紀半ば、東の帝国は旧領土の相当部分を回復し、その史上最大の版図(はんと)を有するにいたりました。

しかし、ユスティニアヌス帝の偉業は、そうした対外的な面だけではありません。内政の面でも、多くの大事業を成し遂げています。その主なものとしては、『ローマ法大全』の編纂(へんさん)、聖ソフィア教会の建立(こんりゅう)、キリスト教正統派の恒久的確立と西のカトリック教会との連帯などが挙げられます。

『ローマ法大全』は、それまでの法令、判決、注釈などを集大成したものです。ユスティニアヌス帝は即位から半年後、十人からなる編纂委員会をもうけ、歴代皇帝の法令をまとめた「勅令集」を完成させました。

その後、注釈の整理も進められて「学説彙纂(いさん)」が成り、また欽定(きんてい)教科書として

「法学提要」も刊行されました。そして最後に、帝自身が出した法令が「新勅令集」としてまとめられたのでした。今日では、これらの四つをまとめて『ローマ法大全』と呼んでいます。以後、この法律集はヨーロッパの諸国にうけ継がれ、その結果、現代世界が依拠する法体系となって、われわれに大きな影響をあたえています。

次に、聖ソフィア教会ですが、この大教会はもともと、コンスタンティヌス大帝の遺志を継いで、その子息帝コンスタンティウス（二世）帝が建立したものでした。しかし、その後焼失していたため、ユスティニアヌス帝が本格的に再建に乗りだしたのでした。大ドームを冠した姿は、そのときの工事によるものです。技術者や資材を東西からあつめ、五年の歳月をついやしてこの大教会が完成したとき、その壮麗さに、かれは感激のあまり、「ソロモンよ、われ汝に勝てり！」と叫んだといわれています。なお、聖ソフィア教会は後代、歴史の再洗礼をうけたため、今日では、イスラム教のモスクとして威容を誇っています。

宗教については、若干、その背景も含めた説明を要します。それが内外双方の状況と複雑に関係していたからです。

テオドシウス帝のとき、キリスト教正統派が唯一国教となったことは、読者諸賢もすでにご承知の通りです。たしかに東の帝国では、それ以降、正統派が続いていました。ところが、前のアナスタシウス帝が後にキリスト教の単性論に帰依するようになったのです。そのため、西方教会とは言うまでもなく、東方教会や正統派である帝都市民との間にも対立が生まれていました。

これを収めたのがユスティヌス帝でした。そしてその後継者ユスティニアヌス帝が、この正統派復興をさらに強力に推し進めたのでした。正統派以外の異教や異端を禁圧し、西のカトリック教会とも連携して、帝国内における信仰の統合に努めたのです。

これには当時の東の皇帝の世界観も影響しています。ローマ帝国の正統な継承者であるかれらにとって、西の旧領土は自分の領土の一部であるという意識がありました。それを臣民たる蛮族王に治めさせているのだ、という想いです。そしてその想いは、宗教政策にも反映したのでした。すなわち、西の教会との連携は国内教会全体の統一である、との認識でした。

ところが、周辺の蛮族王国（フランク王国を除く）の支配者たちは、ご存じの通り、すべてがアリウス派でした。そのため、被征服民となった旧ローマ市民との間には、感情的な対立がありました。なかには、かれらを迫害した蛮族王たちもいました。とくにその傾向が強かったのが、アフリカのヴァンダル王国でした。また、東ゴート王国との関係に軋轢（あつれき）が生じたのも、東の帝国における宗教政策の転換に端を発したものでした。

ユスティニアヌス帝による外征には、じつは、こうした宗教問題も深く係わっていたのです。かれの時代以降、東の帝国においては、正統派の信仰がふたたび不動の地位を占め（例外の時代もありますが）、さらには、歴代皇帝が宗教的権威をも併せもつ存在となっていきます。

以上のように、ユスティニアヌス帝の治世は、さまざまな面でローマ史に一時期を画した時代でした。次章でとり上げている「皇妃テオドラ」と「ニカの暴動」というふたつの主題は、そうした東ローマ皇帝のときの出来事です。前者は個人の力を、後者は群衆の力を、それぞれ表しています。古今東西、歴史はまた、こうした要因によっても、しばしば動かされているようです。

第XII章

《東ローマ帝国の隆盛》

- ユスティニアヌス帝の治世
- 皇妃テオドラ
- 大競技場の党派とコンスタンティノポリスの騒擾(そうじょう)

ユスティニアヌス（一世）が帝権を行使して最初に行なった政策は、自分の愛人、すなわち婦徳の勝利とは言いがたい、きわめて異例な世路を経て皇妃となった、かのテオドラとの間における帝国の共同統治であった。

ときは皇帝アナスタシウスの治世にさかのぼる。当時、市民同士が緑と青のふたつの色に分かれて対立していた帝都コンスタンティノポリスに、キプロス島出身のアカキウスという男がいた。かれは、「緑党」の野獣を管理していたことから「熊の親方」と呼ばれ、その仕事は名誉なものとされていた。

そのため、このアカキウスが亡くなると、かれの妻は早々と再婚して後継者を用意していた。しかし、そうした彼女の努力にもかかわらず、亡き夫の仕事は他の者にまわされてしまった。

アカキウスには、コミト、テオドラ、それにアナスタシアという三人の娘がいた。いずれも幼く、かれが亡くなったとき、長女でさえまだ七歳に過ぎなかった。

ある厳粛な祝祭でのこと。このあわれな遺児たちは、困窮していら立つ母親に哀願者の服を着せられ、劇場に送られたが、舞台に立ったかれらに、ときの緑党はあざけりの言葉をなげつけ、かたや青党は同情をよせた。そしてこのときの印象がテオドラの胸に強く焼きつき、後年、帝国の政治に影響をおよぼす遠因となった。

●――若き日のテオドラ

さて、成長にともない美が増し加わるにつれ、娘たちはつぎつぎとビザンティウム市民の公私にわたる愉楽に供された。

最初、椅子を頭にのせた奴隷の格好でコミトの脇役をつとめていたテオドラも、そのうちひとりで独自の芸を披露することになった。彼女の芸というのは、踊りでも歌でもなく、また笛の演奏でもなく、ただ無言劇だけであったが、その道化はじつに巧みで、彼女が頰をふくらませ、おどけた仕草でおのれの身の不幸をなげくたびに、劇場全体が笑いと喝采にどよめいた。

だがなんといっても、テオドラがもっていた最高のものは、その美貌であった。そしてこれは賞賛の的であったばかりでなく、快楽の対象ともなっていた。

優美で端正な顔つき。やや青白いところはあったものの、自然な生気をやどした色白の肌。あらゆる感情をたくみに映す、いきいきとした眼差し。掌上の舞をもできるかと想われるほどの軽やかな身のこなし。情人や追従のやからなら、絵筆には尽くしがたい、とまで絶賛したに相違ない、まさに比類なき女身の美をそなえていた。

しかし、何の臆面もなく大衆の目にさらされ、また官能の逸楽のために供されていたその姿態に、品位なるものはなかった。

一夜の交歓を期待した情人が、自分より強い相手や富裕な相手に、共寝の床から引きずり出されることもしばしばで、まことに、ローマ市民、異国人の別なく、じつにあらゆる階層、あらゆる職業の者たちが、彼女のふしだらな魅力を堪能していた。そのため、醜聞や誘惑をおそれる人士は、こうした彼女を通りでみとめると、すぐさま眼を逸らしていたといわれる。

テオドラが一片の恥ずかしさもなく劇場でさらしていた露骨な場面については、かの風刺的史家（プロコピウス）が、その様子を赤裸々に紹介している。

かれによれば、やがてあらゆる官能の秘術をつかい尽くした彼女は、美の女神の薄情さに不満をもらした。もっとも、そうした不平についてだけでなく、彼女の享楽にしても技芸にしても、今日これらを俗語でつぶさに語るには、ひじょうにはばかられるものがある。

帝都市民の快楽と軽蔑（けいべつ）の対象となっていたテオドラは、その後しばらくして、アフリカのペンタポリスを治めることになったティルス出身のエケボルスなる男に付き添った。しかし、不実のためか、金がかかったためか、いずれにせよ、すぐに棄てられ、この関係は束の間（つかま）のもので終わっている。

かくて赤貧に身をやつした彼女は、アレクサンドリアからコンスタンティノポリスへと長い道のりをもどり、その道中では沿道の町々の男どもにもてはやされ、もてあそばれた。おそらく、ウエヌス（ビーナス）の島の女だという前評判に十二分に応えたにちがいない。

こうしたテオドラに、恐れていたことがひとつあった。それは母親になることであった。錯綜（さくそう）した性的関係や極度の用心もあって、けっきょく、そうした事態には到らなかったものの、しかし正確には、ただ一度だけだが、その経験があった。

生まれた幼児は、父親によって救われ、アラビアで教育された。やがて臨終の父親から死の床で、自分の母親が皇妃だと知らされたその若者は、父の言葉を信じ、期待に胸をふくらませて帝都の宮殿にかけつけ、テオドラと対面したのであった。

ところが、その直後から、かれの消息は途絶えている。そのため、皇妃として汚点となる過去の秘密を、子供の命を断つことで消し去ったのだろう、との噂もあるが、事情が事情だけに、この種の風聞はいたし方あるまい。

生活も評判もともに最悪であった頃。ある日テオドラに、夢か現か、幻影があらわれ、やがて偉大な君主の配偶者になるだろう、と告げた。

開運が目前であることを知った彼女は、さっそくパフラゴニアからコンスタンティノポリスへともどり、そして演技に長けた女優よろしく、しとやかに振舞い、殊勝にも羊毛紡ぎで困窮をしのぎ、のちに壮麗な寺院となる、とある小さな家で貞節と孤独をよそおう生活を送った。

偶然か、それとも意図的か、いずれにせよ、やがて彼女の美貌は、当時飛ぶ鳥をおとす勢いであった貴族ユスティニアヌス（皇帝ユスティヌスの甥にあたる）の眼にとまり、たちまちかれの心を釘づけにした。

ユスティニアヌスはそのころ、自己修練のため、あるいは宗教上の理由から、長夜の勤行や禁欲的な食事に徹していた。彼女は、そのかれの内にひそむ欲望を、おそらく、最初は恥じらいの仕草で、その後は官能の手管（てくだ）でさかんに煽（あお）った。そしてやがて最初の陶酔がおさまるや、こんどは情味や知性といった堅実な手でかれの心を支配しつづけた。

愛する者を富ましめ、その地位を高めようとするユスティニアヌス。かれは東方の財宝を惜しげもなく彼女に注ぎ、ついには、宗教的配慮からだろうか、この愛妾（あいしょう）を正式に妻とすることを決意する。しかし当時、元老院議員と出自の卑しい女性や遊芸を職業とする女性との婚姻を禁止する法律があった。皇妃ルキピナ（別名エウフェミナ）も反対していた。また、信心ぶかいユスティニアヌスの母ウィギランティアにしても、テオドラの美貌や知性はみとめていたものの、彼女の高慢さや身持ちの悪さを懸念し、彼女との結婚によって息子の信心や幸福が損なわれることをひじょうに惧（おそ）れた。

偉大な人間は待つことを知っている。ユスティニアヌスもその例にもれない。かれは皇妃の死を待つことに決め、その間、彼女の声涙くだる母親としての哀願も寄せつけなかった。

かくて悲嘆のあまり皇妃が逝(い)くや、旧来のきびしい定めをあらためる法律が、伯父である皇帝ユスティヌスの名で公布された。そしてこれによって、それまで遊芸に身を汚していた女たちに「名誉ある改悛(かいしゅん)」——これが布告文の表現であった——の機会があたえられた。すなわち貴顕なローマ市民との正式な結婚が、ここに許されることになったのである。

ユスティニアヌスとテオドラは時を移さず式を挙げ、彼女は正式にかれの妻となった。やがてかれの昇進とともに彼女の地位もしだいに上がり、そしてついにユスティヌス帝が甥のユスティニアヌスに紫衣(しえ)をまとわせるや、帝都の総主教もふたりに帝冠をさずけたのであった。

だが、厳格なローマの慣習にもとづいて君主の妃にあたえられる通常の栄誉では、ふたりはもはや満足できなかった。そこでユスティニアヌスは、彼女を自分と対等な帝国の共治者として玉座にのせ、各属州の総督らにたいし、両者の連名で忠誠の誓いを迫った。

かくして東の帝国全体が、この「熊の親方」アカキウスの娘の才能と幸運のまえにひざまずいた。かつては大観衆が見入るなか、コンスタンティノポリスの劇場を汚した女が、いまや政府の高官、正統派の司教、軍の司令官、各国の君主などから、同市の女王として仰ぎみられる身となったのである。

かたや貞淑さの喪失を女性の堕落であるとする人々は、彼女を中傷する噂に熱心に耳をかたむけた。たしかに、巷では、嫉妬あるいは義憤から、彼女の美徳が無視され、数々の不行跡だけがさかんに言い立てられていた。

●──異例の皇妃

皇妃となってからのテオドラは、軽蔑からか羞恥からか、俗衆の追従的な賛辞をしばしば辞退し、首都のいまわしい雰囲気からのがれて、一年の大半をプロポンティス（マルマラ海）やボスポロスに臨むいくつもの離宮で快適な日々を過ごしている。自分の美貌に感謝しつつ、これをよく手入れし、入浴や美食を楽しみ、朝夕は長い微睡にふけったようだ。

そこでは、外部の目にふれない部屋で、お気に入りの侍女や宦官たちにかこまれて日をおくり、側近のためには正義を無視してまで、かれらの色と欲の双方を満足させてやった。

そうした彼女のいかがわしい控えの間には、連日、国家の錚々たる人士が足を運んだが、かれらがきまって長く待たされたあとにゆるされたものはといえば、女王の御足にしばしのあいだ接吻できることだけであった。しかも、そのような折にも、テオドラは気分のおもむくまま、あるときは無言のうちにも皇妃としての傲慢さをみせ、あるときは思い出したかのように喜劇役者としての軽薄さをみせた。

また、彼女は蓄財にも執心した。このことについては、夫亡きあとの身の不安におそわれていたその心中を考えると酌量の余地がある。そのほか、あるふたりの将軍にたいする憎悪にしても、彼女の野心というよりむしろ不安のなせる業であったのではないかとおもわれる。なぜなら、そのふたりは、ユスティニアヌス帝が病床にあったときに、首都の意向には従えないと、軽率にも宣言していたからである。

さらに、テオドラには女性としてふさわしからぬ悪徳、すなわち残酷さがあった、との非難があり、このことが彼女にたいする後世の評価に拭いがたい汚点を残している。

　多数の密偵を放って、おのれに不利な行状や風聞など逐一報告させ、密偵が黒と報告した者たちについては、司法の介入がおよばない特別の牢にうむをいわせず投獄していたからである。それればかりか、容赦を哀願する声にも眉ひとつだに動かさない冷酷な女帝のまえで、鞭や締め木による拷問が行なわれている、との噂も流れていた。

　こうした悲劇の犠牲者のなかには、暗い、不衛生な土牢のなかで果てた者も少なくなかった。かたや、生き残って牢を出た者たちのばあいでも、その大半が、あるいは四肢や理性を、あるいは財産をなくし、彼女の復讐を経験した生き証人の観を呈していた。しかも、かれらの子供にまで累をおよぼしていたといわれる。

　死罪や流罪が宣告された元老院議員や司教が自分の腹心の刑吏にひき渡されると、この刑吏まで彼女みずから脅迫していた。「命令をすみやかに実行できなければ、身の皮がいっさい剝ぎとられる覚悟でいよ」、と。

テオドラの信条には異教信仰の影があった。そのため、当時の人々の目には、彼女の信心がいかに篤かったにせよ、そのことによってすべての悪徳があがなわれるとはおもわれなかった。

しかしながら、もしその影響力を行使して皇帝の狂信をいくらかでも和らげようとしたのであれば、時代がくだった今日、われわれは彼女の宗教をたたえ、教義上の誤りについては、ある程度ゆるすべきだろう。

およそユスティニアヌスが信仰や慈善のために行なったあらゆる事業において、テオドラの名はつねに同等の名誉でもって遇されている。なかでも、とくに慈善的であった次の制度は、じつのところ、売春に身を落とさざるを得なかった自分の不幸な姉妹によせる彼女の同情心が発端だったのではないだろうか？

その制度とは、ボスポロス海峡の東側にあった離宮を豪壮な修道院に改装し、首都の街頭や娼家から遊女数百人をあつめ、相当の扶養費を出してそこで生活させたことである。

安全で聖なる、この遁世（とんせい）の場所に久しく幽閉されていた女性たちのなかには、絶望のあまり、そこから海に身を投げる者もいたといわれる。しかしそうした風聞は、皇妃の慈しみによって罪と困窮からすくわれたとする改悛者たちの声にかき消されていた。

テオドラの知性については、ユスティニアヌス帝自身、これを高く評価している。彼女のことを神からの贈物とさえ考えていたようだ。たしかに、かれが布告した法律の大半は、テオドラの賢明な助言によるものであった。

だが、それだけにとどまらない。民衆の暴動や宮廷内での事件の際にもみられたように、彼女には勇気もあった。また貞節についても、ユスティニアヌスとの結婚以来、容赦のない敵でさえ、その完璧さに沈黙せざるを得ないほどであった。それは彼女が愛を十分に堪能していたためでもあろうが、一部は、義務と利益のために快楽を犠牲にし得た克己心のためであり、この点では賞賛されてよい。

しかし、嫡男をさずかるようにとの熱願は神にとどかず、さらに痛ましいことには、ユスティニアヌスとの間に生まれたただひとりの娘も、幼いときに亡くしている。

だが、こうした不幸にもかかわらず、テオドラの絶対的な権勢はゆるがなかった。

また、皇帝の愛情についても、技巧によってか、あるいは婦徳によってか、いずれにせよ、彼女はこれをよくつなぎ止めていた。したがって、たとえば両者間の不和の場面に出くわし、それをかりそめとも知らず、不仲を信じた者たちは、そのことで命を落とすことも少なくなかった。

若いときの放縦さがたたったのだろう、テオドラはすでに健康を損ねていたようだ。そこで侍医らは、あるとき彼女にデルフォイの温泉を勧めている。

この湯治の旅行には、近衛長官をはじめとして、会計長官、それに督軍や貴族のほか、四千人の侍臣が陸続としてしたがった。皇妃の通過のために公道が修復され、そのうけ入れのために宮殿さえ建てられた。かくしてビテュニアを通った彼女は、その際、教会や修道院や病院などに多額の喜捨をし、自分の健康の回復を天に祈ってくれるよう命じている。

だが、さしものテオドラも、結婚から二十四年目、登位から二十二年目にして、ついに癌のためその生涯を閉じた。

ユスティニアヌスの悲嘆たるや、止むことがなかった。おのれが権力をふるう帝国のなかでもっとも高貴な乙女を娶（めと）ることもできたであろう人物が、かつては劇場の遊女であった、この愛する女を失って。

●――帝都をわかせた競技

古代の競技をみると、ギリシア人とローマ人との間には、大きな差があったことがうかがえる。すなわち、前者で有名な者たちはすべて演技者であったが、後者はだれもが一様に観客であったということである。

ギリシアのオリンピック競技は、富、実力、野心にたいして門戸を開放していたから、いずれかの資質に自信がある者ならだれであれ、ディオメデスやメネラオスにならってみずから馬を駆って競技に参加することできた。

戦車（二輪車）が十台、二十台あるいは四十台と、一斉に疾走できる規模であったこの豪壮な大競技場で勝者となった者には、褒美として月桂冠がおくられ、その名が家族や出身国の名とともにたたえられた。また、そのほか、真鍮（しんちゅう）や大理石の記念碑よりはるかに永続性のある叙情詩のなかでその栄誉が謳（うた）われた。

これにたいしローマのばあいは、大競馬場で馬を走らせることはおろか、そこに姿をみせることすら、元老院議員にとっては言うまでもなく、市民にとってさえはばかられた。それは催しの内容のためであった。その理由は、競技の費用こそ国家、皇帝、政務高官などの出費でまかなわれていたものの、管理運営については、これを下層の者たちがとり仕切っていたことによるものであった。

競技そのものは当初、二台の戦車がはしる簡単なもので、御者は赤と白の制服をもってそれぞれ区別されていた。やがてこれに淡緑色と明青色、このふたつが加わった。競技の回数は一日二十五回、総計すると一日百台の戦車が、連日この大競技場の盛況に彩りをそえた。

ほどなくして、この四つの党派は合法的な組織となり、その神秘的な由来も明らかにされた。すなわち、これら四色は、四季にみられる自然の色を表した。赤は夏の天狼星(てんろうせい)に、白は冬の雪に、青は秋の木陰に、緑は春の田園に、それぞれ由来する、と。

もっとも、四季というより四元素にもとづくとする解釈もあり、その解釈によれば、緑と青は、大地と海の対比を示しているのだという。したがって、緑が勝利すれば、それは豊かな収穫を意味し、青が勝利すれば、それは海運の繁栄を意味するとされた。

だがいずれにせよ、こうした農夫と船乗りの対立も、生命や財産を党派の勝敗に賭けていたローマ市民の盲目的な熱狂にくらべれば、それはまだ穏便な方であったといってよい。

●——青党と緑党の抗争

歴代の明帝はこの民衆の愚かな楽しみを軽蔑しながらも黙認していた。これにたいし、カリグラ、ネロ、ウィテリウス、ウエルス、コンモドゥス、カラカラ、エラガバルスなどの暗帝は、みずから緑か青、いずれかの党派に所属し、しきりに厩舎(きゅうしゃ)をおとずれては、ひいきの御者に声をかける一方、相手の御者にたいしてはこれを罵倒(ばとう)するなどして、民衆の所行をまね、これによってかれらの心をとらえていた。

大競技場での抗争にはつねに流血がともない、それはローマのこうした見せ物が行なわれなくなる時代まで、祝祭行事をたえず混乱におとしいれていた。現にテオドリックなど、正義の念からか、さもなくば好意からか、青党に熱狂的に味方していた執政官や貴族の横暴にたいして、緑党をまもるためにみずから介入したほどである。

コンスタンティノポリスが古代ローマから継承したもの、それは美徳ではなく、愚行であった。かつて大競技場を沸かせていた同じふたつの党派が、いっそうの狂乱でもって東の帝国の大競馬場を沸かしたのである。

さらに、アナスタシウス帝の治世になると、これに宗教的要素が加わった。そのため、争いは一段と激化した。あるときなど、果物籠に石や短剣をかくしもった緑党が、この厳粛な場で、青党の者たち約三千人を虐殺するという事件が起きている。

しかも、こうした民衆の病は帝都のなかだけにとどまらなかった。地方の諸都市でも両党の支援者がそれぞれ強力な党派をつくって争い、脆弱な支配体制の基盤をゆるがした。

激情に翻弄された民衆間のこの執拗な対立は、もっとも深刻な経済上の利害や宗教上の対立を上まわり、家庭の平和をみだし、兄弟、友人同士を離反させた。また、しばしば女性を誘惑して思い通りにし、あるいはその夫の意に反した行為をさせた。

まさに聖俗の別なく、法という法がことごとく無視されたのである。勝者となった党派の振舞いには、個人や社会の被害など気にかける様子は微塵もなかった。アンティオキアでもコンスタンティノポリスでも、かれらは放縦のかぎりを尽くし、その様たるや、「民主主義の自由」などと言ったていのものではなかった。そしてそうした状況ゆえに、聖俗の別なく、名誉をもとめる者にとっては、青もしくは緑、いずれかの党派の支持をとりつけざるを得なかった。

緑党には、アナスタシウス家か、もしくはその宗派のひそかな後押しがあるとされていた。これにたいし、正統信仰とユスティニアヌス帝の双方を熱心に支持する青党は、各都市ばかりか、元老院や宮廷までもしばしば恐怖におとしいれていたにもかかわらず、五年間以上にわたり、公にこの皇帝の庇護をうけていた。

青党はこうした後ろ盾をかさに、フン族然と長髪をなびかせ、袖の短い、ゆったりとした上衣をまとい、蛮声を張り上げながら闊歩し、その異様な風体で相手を威嚇した。そして昼間は両刃の短剣を懐にしのばせ、夜ともなると大胆に武装して街角にたむろし、つねに暴行や掠奪の機をうかがった。

緑党の者たちをはじめ、ときには党派の抗争に無関係の市民までもが、夜間青党に身ぐるみ剝がされ、なかには殺害される者も少なくなかった。したがって、金のボタンや帯飾りの着用や夜更けの外出などは、それこそ危険きわまりなかった。懲罰をまぬがれていたかれらの横暴さは、やがてますますつのり、ついには私宅にまでおし入り、はては火を放って犯罪をもみ消す工作までもする始末。もはや避難所も聖域もなく、かれらの貪欲と復讐心のために多くの無辜の血がながされた。教会は殺戮の血にそまり、暗殺者たちの間では、「ひと振りで相手をたおす」、というのが自慢の種となるありさまであった。

競って青服をまとう無頼漢たちのまえに、法は死文と化し、社会の秩序も無に帰した。債務を反故にする債権者、判決をくつがえす裁判官、奴隷を解放する主人、息子の遊興費を出す父親、この種のことが強要され、その通り実行された。いやそればかりか、召使いの欲情の餌食となる貴婦人や親の手から拉致される美童なども少なからずみられ、さらにいまわしいことには、みずから命を絶った者は別として、既婚婦人がその夫の面前で陵辱されることも珍しくなかった。

こうした青党の攻撃にさらされ、司直にも見放された緑党は、正当防衛というよりむしろ復讐の念から、やがて反攻に出たものの、勝ち目はなく、抗争を生き延びた者たちも、最後には処刑場の露と消えた。だが、なかには、運よく森や洞窟に難をのがれた者たちもいた。この残党は自分たちを駆逐した社会にたいし、その後容赦なく狼藉をはたらいたのであった。

青党の犯罪に敢然と立ち向かった司法関係の高官もいるにはいたが、そうした者たちはことごとく青党の狂乱の犠牲となった。たとえば、ある首都長官などは聖なる墓地に身をかくし、また、ある督軍などは鞭打ちの刑ではずかしめをうけた。なかでも、とくに痛憤この上ないのは、ふたりの暗殺者に馬丁を殺され、はては自分の命もねらわれたキリキア総督の事件である。暗殺者たちを断罪には処していたこの総督は、その後テオドラの命令で、この罪人たちが葬られていた同じ墓地において縛り首に処せられたのであった。

およそ野心家なら、あるいは混乱こそ青雲の志をとげる機会ともなるだろう。しかし君主にとっては、法秩序の維持が義務であるばかりでなく、利益にも通じる。

ぜひとも混乱を収めなければならない。

そこでユスティニアヌスは勅令を発し、党派や色の別なく、無辜の者はこれをまもり、罪ある者はこれを罰する、との固い決意を明らかにした。

以後、同じ布告がなんどか出され、ときには実行にも移された。だが、それでも、皇帝個人の贔屓や過去の習慣、それに危惧などもあって、司直の秤はなおも青党の方へかたむいた。ユスティニアヌスに葛藤がなかったわけではないが、喜劇役者時代の屈辱を忘れも赦しもしないテオドラの怨念に負けたかたちとなったのである。

●——二カの暴動

こうしたふたつの党派ではあったが、そのかれらがかつて一度抗争を中断し、共謀して帝都を焦土寸前にまでいたらしめる事件を起こしたことがあった。

ユスティニアヌス帝の治世五年目、一月十三日の記念祭の日、大競馬場では、絶え間ない緑党の不満の声で、場内がすでに騒然としていた。

その場に臨んでいたユスティニアヌス帝は、二十二番目の競走まで重々しく沈黙してこれを見守っていた。しかしやがて、いら立ち、触れ役の声を通してきびしい言葉を吐くにおよんだ。そしてそれを口火に、およそ皇帝と臣民との間で前代未聞の応酬がはじまったのである。

苦情を述べる緑党は当初、激したところもなく、態度もうやうやしく、ただ政府役人の圧政を非難し、皇帝にたいしては長寿と勝利とを祈ることを誓っていた。だが、これにたいしてユスティニアヌス帝は、「汝ら、無礼なやからよ。よく聞け。汝ら、ユダヤ人、サマリア人、マニ教徒どもよ。鎮まるのだ」、と怒号する。それでもかれらは、なおも皇帝の同情をもとめ、哀願をやめない。「われわれは貧しく、また罪がないにもかかわらず虐待されています。無差別な迫害のまえに、もはや街も歩けません。死ねと仰せなら、死ぬことも厭いますまい。ですが皇帝陛下よ、もし死すべきならば、陛下の命令によって、陛下のために、死なせ給え」、と。しかし、そうした緑党の痛切な叫びにも、ユスティニアヌス帝の一方的な罵りはつづいた。

為政者として何たる態度であることか――この態度に皇帝としての威厳の失墜をみてとった緑党は、公正さを拒んだ君主への忠誠をついに拒否。かれを殺人者、馬鹿者、背徳の暴君などと呼ばわり、罵声をあびせはじめる。

これにたいしユスティニアヌス帝は、いっそう激して問い返す。「命が惜しくはないのか」、と。それまで座していた青党が立ち上がり、競馬場はごうごうたる騒乱の場と化した。

あらたな事態に形勢不利とみた緑党は、そこで場外に出、コンスタンティノポリスの市中で荒れ狂った。

ちょうどこのとき、市内を引き廻されたあと、ペラ郊外の処刑場へ連行された七人の暗殺者がいた。青と緑、両党の出身者たちであり、ともに有罪判決をうけていた悪名高い無頼漢であった。

処刑場では、七人のうち四人目までただちに斬首され、五人目は絞首刑となったが、残りのふたりに同じ刑が科されようとした矢先、とつぜん縄が切れ、かれらは地面におちた。人々は逃げるふたりに声援をおくった。しかも幸運なことには、近隣の僧院から来ていた聖コノン教会の修道士が逃走するかれらをみとめ、小舟にのせて教会へと運んでいった。

このふたりのうち、ひとりは青党、もうひとりは緑党であった。そのため、圧政者の残虐に、あるいは守護者の忘恩に、それぞれの立場で両党が激しく怒り、両者の間には、囚人を解放して復讐をとげるまでしばしの間休戦する協定がむすばれた。かくして内務長官の宮殿はおし寄せる両派の暴徒によってたちまち火の海となり、幕僚や護衛兵は殺され、さらには牢獄までが破られた。自由を乱用して公序を乱したやからに、ふたたび自由があたえられたのである。

長官救出のため軍隊が派遣されたが、武装した群衆がこれに襲いかかり、しだいにその数を増して、行動もいっそう大胆になっていった。やがて敬虔(けいけん)な一心から流血を防ごうとして——たとえ軽率ではあったにせよ——中に入った聖職者らを、帝国軍として軍務についていた精強なヘルリ族が切り殺し、聖遺物を破壊するにいたるや、群衆の怒りはいっそう激化。ついには神のための抵抗と化した。家々に火を放とうと火矢を射る兵士たちの頭上に、女たちが屋根や窓から石を雨と降らせ、市民や異邦人が放火した火が四方で炎上し、街全体を炎でつつんだ。そしてこの火災によって、聖ソフィア教会の大聖堂やゼウクシッポスの浴場、宮殿の正面入口からマルスの祭壇までの部分、さらにはその宮殿からコンスタンティヌスのフォルム（大広場）の長い柱廊（ちゅうろう）などが類焼したほか、大きな病院が病人もろとも灰となった。また、教会や豪壮な建造物も多数が破壊され、金銀財宝も膨大な量が溶け、一部は焼失した。

まさに地獄絵というほかはない――。上流層や分別ある者らは、ボスポロス海峡を越えてアジアへと逃れた。そしてその後の五日間というもの、首都は両党派によるほしいままの狼藉にさらされたのであった。

ちなみに、後年この事件は、かれらの合言葉であった「ニカ（勝利せよ）」から、歴史的にそのように――「ニカの暴動」と――命名されている。

青党は勝ちほこり、緑党はなげき悲しんだが、いずれにせよ、対立が続くかぎり、双方にとって社会の秩序など問題ではなかった。そうしたなか、かれらは一時結託して、司法や財政に関する政府の腐敗を非難し、責任者であったふたりの人物――狡猾（こうかつ）なトリボニアヌスと強欲なカパドキアのヨハンネス――をその元凶だとしてはげしく糾弾した。

これがたんなる穏やかな風評であったなら、無視されていたことだろう。しかし、街が炎につつまれる事態となっては、皇帝としても民衆の声に耳をかたむけざるを得ない。ユスティニアヌス帝は、ただちに財務官と内務長官の両名を更迭(こうてつ)し、これに代わって清廉なふたりの元老院議員をそれぞれの職に任命した。かれはこの譲歩のあと、大競馬場におもむき、みずからの過ちをみとめる一方、民衆の悔悟についてもこれをうけ入れるつもりでいた。ところが、かれらは、聖書をまえに約束した皇帝の言葉を信じなかった。これをみてユスティニアヌス帝は、脅威をおぼえ、逃げるようにして宮殿へともどった。

執拗につづくこの暴動の背景には、野心的な陰謀があるに相違ない。あるとすれば、皇帝アナスタシウスの甥にあたる、あのヒュパティウスとパンペイウスとが、暴徒、とくに緑党の方に金と武器を提供しているのでは？——この疑念がかれの脳裏にきざした。

たしかに、このふたりが前の皇帝との繋(つな)がりを公然と表明できないでいたことは事実であった。ユスティニアヌス帝は気まぐれにかれらを信任したかとおもうと排斥し、排斥したかとおもうと赦免したりしていたが、そうした経緯にもかかわらず、なお臣下として忠実にみえていたこともあって、今度の暴動ではふたりをたんに重要な人質として五日間拘束していたにすぎなかった。

しかし、疑心はしだいにつのり、恐怖をおぼえるにいたるや、ついにはこの兄弟を密偵と、さらには刺客とまでみなすにいたり、宮殿からの即刻退去を命じた。

命にしたがうことは反逆につながりかねない、との抗弁もむなしく、かれらは宮殿から追い出された。案の定、その言葉通り、退去後六日目の朝、民衆に自宅をとり囲まれ、ついには捕らえられてコンスタンティヌスのフォルム（大広場）へと連行された。そして、かたくなに拒否したにもかかわらず、また妻の涙の訴えにもかかわらず、そこで王冠の代わりとして首に豪華な首飾りをかけられて、帝座へとおし上げられた。

かくしてやむなく皇帝への登位を強要されたヒュパティウスは、のちにそのときの逡巡（しゅんじゅん）を情状酌量の理由に挙げたが、もしあの場面でかれが自派元老院の忠告通り群衆の怒りをあおっていたならば、当初のあの勢いによってユスティニアヌス帝を圧倒していたかもしれない。

なぜなら、このときのユスティニアヌス帝は、恐怖に震えていたからである。じつ、ビザンティウムの宮殿には、庭園の階段に何隻もの船がつながれていて、首都から適当な距離にある安全な場所に帝の家族と財宝を移すことで、ひそかに手はずも整っていたのだ。

●——皇帝を救った皇妃の言葉

勇気のまえには運命さえ頭をたれる。このとき、もしテオドラが女性としての淑(しと)やかさを投げすてるだけでなく、臆病さをも斥(しりぞ)けることができなかったとしたならば、ユスティニアヌス帝の命運はここで尽きていたことだろう。ところが、かの名将ベルサリウスも出席していた御前会議において、彼女だけは毅然(きぜん)とした態度をみせ、このことによって夫たる皇帝を迫りくる危機から救ったのである。

「逃げることがただひとつ、安全を確保できる途だとしましても、わたくしは逃げませぬ。生には死がつきものとはいえ、いちど玉座についた者にとって、その権力と威厳を失ってまで永らえるなど、なんの意味がありましょうや。たとえ一日たりとも、王冠や紫衣を身につけぬ姿を臣下の目にさらし、皇妃としての挨拶もうけない、そうした事態ともなれば、わたくしにとって生は無価値です。陛下よ。陛下がお逃げになるおつもりならば、陛下には財宝もあり、ご覧のように、海には船もあります。ですが、みじめな流離と屈辱的な死が待っていることをお忘れなく。わたくしの方は、玉座こそ名誉ある墓場なれ、との古代の格言にしたがう覚悟でございます」

こう彼女は言い放った。

なんという剛毅（ごうき）さであることか——。このひとりの女の態度によって、その場は失っていた色をとりもどしたのであった。御前会議はただちに協議を再開し、まもなくして、両派間の対立を再度あおることが良策であるということで議を決した。つまらぬことで宿敵と組み、慈悲ぶかく気前がよかった守護者にたいして反攻した、その愚行と罪科に、われに返って愕然（がくぜん）とした青党は、ふたたびユスティニアヌスをしかるべき皇帝とみとめて大競馬場を去り、そのあとには、緑党と帝号を僭称（せんしょう）したヒュパティウスだけが残された。

忠誠心がうたがわしい相手の近衛軍とはちがい、ユスティニアヌスの軍隊は、ペルシャやイリュリクムの戦役で鍛えられた三千の精鋭からなっていた。この部隊がふた手に分かれて、ひそかに宮殿を出発。狭い路地をとおり、くすぶる余燼(よじん)やくずれ落ちる建物の合間をぬって進み、ついに大競馬場の両方の門を同時に破って場内に突入する。

狭い空間のなかで不意討ちをくらって混乱する緑党の群衆。かれらには正規軍の両側からの攻撃を支えるすべは、もとよりない。一方、青党は悔悟の怒りをここぞとばかり爆発させ、一説によれば、三万人以上を無差別に殺戮した。

帝座から引きずり降ろされ、弟のポンペイウスとともに、ユスティニアヌスのもとに連行されたヒュパティウスは、ユスティニアヌスに慈悲を乞うたが、罪状が明らかであることと、またその主張にも疑わしいところがあったほか、なにより、さきの恐怖のために皇帝の方に容赦する余裕などあろうはずがなかった。

かくしてアナスタシウス帝のふたりの甥は、十八名の貴族や執政官身分の著名な共犯者らとともに、翌日、兵士らの手によって内々に処刑されたあと海に投じられ、つづいてかれらの邸宅も破壊され、財宝も没収された。

以後数年間、大競馬場は喪のために閉鎖された。しかし、やがて喪が明け、競技が復活するや、騒乱もふたたびこれに伴うありさまで、けっきょく、この青と緑の抗争はユスティニアヌス帝の治世全体を通して絶えることなく、東の帝国に混乱をもたらし続けたのであった。

解説 ビザンティン帝国の素顔

ユスティニアヌス帝の治世末期、東ローマ帝国は深刻な財政難におちいり、経済は破綻(はたん)したも同然の状態になっていました。さかんな外征や建築事業が推し進められたことによって、あれほどあった財が底をついてしまったのです。かれの亡き後、資力を欠いた帝国は、一度回復していた領土をすべて失います。東方ではササン朝ペルシャとの抗争がふたたびはじまり、スペイン南西部の領土は西ゴートに再度うばわれ、イタリア半島にはランゴバルト族の侵入をまねいたのでした。なかでも、イタリア本土の喪失は、「ローマ帝国」としての東の帝国に、大きな衝撃をあたえるものでした。ユスティニアヌス帝の跡をついだ甥のユスティヌス二世は、その悲報に接して発狂したと伝えられています。

帝国を襲った災難は、右のことだけではありません。くわえて、今度は西方からあらたな民族がおし寄せます。アヴァール人とスラヴ人です。五八〇年代、かれらはバルカン半島の各都市を略奪しました。

いまや国内は混乱し、帝国は急速に弱体化していきます。各皇帝はそれぞれに努力したものの、帝位継承では簒奪もあり、危機の様相は深まる一方でした。

これを救ったのが、アフリカの総督であったヘラクレイオスです。かれは中央の混乱を座視できず、同名の息子を帝都へ差し向け、時の皇帝フォーカスを倒させ、みずからが帝座についたのでした。

皇帝ヘラクレイオス（在位六一〇〜六四一年）は、危殆に瀕していた帝国の建て直しに成功します。新しい行政・軍事組織をうち立て、帝国が以後長く存続する基礎を築いたのです。かれの治世におけるそうした新秩序は、過去との決別を意味していました。かくして東ローマ帝国は、およそこの時点から、史学において「ビザンティン帝国」といわれる時代へと本格的に入っていきます。

「ローマ皇帝」の国とは称していたものの、ビザンティン帝国はかつてのローマ帝国とはまったく異質の国でした。その違いを簡単にまとめると、次の通りです。

まず、地理的には、ギリシアや小アジアを中心とする東方にありました。旧帝都であったローマ市は領土外にあり、コンスタンティノポリスが終始この国の首都でした。したがって、この国に西方の趣はありません。

地理的関係から、国民もギリシア人でした。「ローマ人」という名のギリシア人。われわれには奇異な感じがしないではありません。しかし、ビザンティン人は、この表層的アイデンティティに固執しました。かれらは、自分たちのことをローマ帝国の正統な後裔であると位置づけることによって、みずからを特別な人種とみなし、そしてそうしたプライドを心の支えにして怒濤の歴史を生きていったのです。

皇帝についても、昔の「共和国元首」を想わせるものはありません。ディオクレティアヌス帝にはじまり、コンスタンティヌス帝によって推し進められた新しいかたちの帝政がさらに発展し、皇帝は専制君主たる存在となっていました。いや、それればかりか、その存在は、「神の代理人」という宗教的権威づけによって神聖化さえされたのでした。

ビザンティン帝国には、かつてのローマ帝国のように、異教の世界や影響、あるいは伝統的宗教と新興宗教との間の深刻な争いなどといったことはまったくありませんでした。内部教派間の確執はなおしばしばありましたが、キリスト教という国教自体の地位は不動でした。

すなわちビザンティン帝国は、当初から純粋なキリスト教国だったのです。したがって、文化もキリスト教文化一色でした。今日まで残る教会、修道院、聖画像（イコン）、聖遺物、すべてがそれを物語っています。

言語も違っていました。西ローマ帝国滅亡後もラテン語は東の宮廷で使われていましたが、七世紀以降はギリシア語が用いられるようになっていました。そのため、キケロやセネカ、ウェルギリウスやオウィディウスその他、ローマが輩出した多くの偉大な文人の作品も、ビザンティン人には縁遠いものとなりました。そのことは、ローマ文化、すなわち精神面における古代ローマ人との結びつきを、断つものでした。言いかえれば、国民性の点でも、かれらはまったくギリシア人だったのです。

さらに、典型的なローマ社会を象徴するもののひとつであった「パンとサーカス」も、ビザンティン時代にはほとんどみられません。ユスティニアヌス帝時代からしだいに削減されていた帝都市民への穀物配給は、ヘラクリウス帝によって完全に廃止されました。これは、直接的には、かれの時代にエジプトを失ったことに因(よ)るものでした。

一方、競技の方も過去のものとなっていました。以前は年間百日以上も開催されていた競馬ももはやなく、青と緑の両派が衝突していたあの場面もみられませんでした。したがって、民衆の生活の点でも、「ローマ」は遠い過去のものとなっていたのです。

軍事組織や行政組織が時代に応じてさまざまに変化していったことは、言うまでもありません。

後期東ローマ帝国（ビザンティン帝国）とは、以上のような国だったのです。

これから中世を経て近世初期にいたるまで続くこの国の歴史には、数々の大ドラマがみられます。それはまた、多彩でもあります。たしかに、これほどまでに変転をくり返し、これほどまでに長く余命を保つことができた国は、史上ほかにはありません。

したがって、事情がゆるせば、興味深いその歴史についても、各時代を追っていきたいものです。しかし、大変残念ながら、本書の紙数には限りがあり、そのためわれわれは、ここで先へ進まなければなりません。

次章では、ビザンティン帝国に代わって地中海までも支配下に収めることになるイスラム勢力のことをとり上げます。

六二七年、東ローマ帝国はヘラクリウス帝の活躍でササン朝ペルシャに勝利し、一時失っていたシリア、パレスティナ、エジプトの奪還に成功していました。ところが、それから十年もたたない間に、そうした領土はまたもや異民族にうばわれていくのです。

それまでとはまったく違った新しい勢力、すなわちイスラム勢力の台頭によるものです。かれらは、ビザンティン帝国の海外領土だけでなく、東方の大国であったペルシャまでも滅ぼし、その後さらにはアフリカへと進出します。

このイスラム勢力の出現と拡大によって、古代から続いていた地中海世界の政治的、経済的構図は破壊され、一変しました。地中海は、ローマにとって「われらが海」から「イスラムの海」となったのです。

これは、世界史において、時代を大きく画する出来事でした。そしてそれ以後近世にいたるまで、イスラム諸国家は、地中海周辺と近東における覇権勢力として歴史を動かしていくのです。

およそ国家の興亡には、それに先立つ、その精神文化の盛衰が大きく係わっていきます。七世紀以降のアラブ人の活躍は、その歴史的な例です。そこで次の第XIII章では、とくに、東方の民族に新しい活力を吹き込んだ宗教とその創始者モハメッドについて、ギボンの考察をとり上げてみたいとおもいます。

第XIII章

《イスラム勢力の台頭》

✴モハメッドの生誕、性格、教義

✴歴代カリフの栄華

●——栄える系譜

キリスト教徒はモハメッドの出自の卑しさを盛んにあげつらう。だが、その中傷はきわめて拙く、むしろかれの美点を強調する結果となっている。

国家的名誉でもあり伝説でもあったイスマイルを祖とするモハメッドの系譜は、たとえそれに一部疑念があるにせよ、高貴な人物を多数輩出している家系であることは疑えない。じじつ、かれが生をうけたクライッシュ族のハシェム家は、アラブ第一の名家であり、メッカの統治者にして世襲の守護者でもあった。

モハメッドの祖父アブドル・モタレブは、度量の大きいハシェムという豪商の息子にあたる。

ハシェムはかつて、自分の商売の品を放出して飢饉（ききん）にあえぐ住民を助けたことがあった。そしてこのモタレブもまた、その父親と同様、メッカの住民を救うのである。しかも、かれはそのときに、あわせて剛毅（ごうき）さをも示すことになった。

当時イエメン王国は、キリスト教徒のアビシニア王に隷属していた。その王の家臣アブラハーなる者が、キリスト教の名誉を汚されたことを根に、メッカへの復讐(ふくしゅう)を期し、多数の象を擁するアフリカ人部隊をひきいてこの聖なる都市を包囲したときのことである。

舞台が交渉の場にうつると、モタレブは開口一番、家畜の返還をせまった。そこでアブラハーが、「なぜ、慈悲を乞わないのか？　汝(なんじ)らの神殿が破壊されようとしているというに」、と訊いたのにたいし、かれは毅然(きぜん)たる態度でこう答えている。

「家畜はわがものであり、カーバ神殿は神々のものである。したがって、もし不敬をはたらく者があれば、神々みずから神殿をお護りになろう」、と。

けっきょく、食糧の不足からか、クライッシュ族の果敢さのためか、いずれにせよ、アビシニア軍はその後、不名誉にもあわただしい撤退を余儀なくされた。

爾来、かれらの敗走は、異教徒の頭上に石の雨をふらせた鳥の大群があったとする奇跡物語として伝えられており、往時もかなり長い間、このときのメッカの解放は「象の時代」として記念されていた。

●――モハメッドの誕生

社会的に栄(は)えある生涯を生きたアブドル・モタレブは、また家庭的幸福にもめぐまれ、百十歳という長寿にくわえて、六人の娘と十三人の息子をもさずかっている。そしてその子供たちのうちかれがもっとも愛したのが、後年モハメッドの父となるアブダラであった。

このアブダラはひじょうに温厚であり、またすぐれて美丈夫でもあったらしく、かれが高貴なザライト族出身のアミナと結婚の床入りをした最初の夜、二百人の乙女が嫉妬(しっと)と絶望のあまり命を絶ったという話が伝わっている。

そうしたアブダラとアミナとの間にひとり息子としてモハメッドが誕生したのは、皇帝ユスティニアヌスが没してから四年後、――もし敗北していればカーバ神殿がキリスト教の神殿と化していたこととおもわれる――あのアビシニア軍の敗走から二カ月後のことである。

不幸にも、モハメッドはメッカでの幼少時、祖父だけでなく両親までもなくしている。親戚は多く、おのおの力もあった。そのためだろう、遺産配分でこの遺児に回ったものはといえば、わずかにラクダ五頭とエチオピア人の召使い一人にすぎなかった。

平時、戦時をとわず、国内、国外をとわず、若き日のモハメッドをまもり、導いたのは、親戚のなかでもっとも有力な伯父アブ・アレブであった。

成長したモハメッドは二十五歳のとき、メッカの貴婦人カディジャに仕えることになる。かれはかいがいしく働いた。すでに寡婦となっていた彼女は、その健気さにうたれ、やがてかれと結婚し、その妻となる。

モハメッドとカディジャの婚姻契約をみると、そこには、古代の単純な形式ながら、ふたりの間の相愛の情が如実に謳われている。また、クライッシュ族のなかでもっとも秀逸な人物として評価されていたことや、さらには、気前のよい伯父が提供してくれた金十二オンスとラクダ二十頭が新郎から新婦への贈物であったことなども記されている。

かくしてアブダラの息子は、この縁組により先祖の地位にかえり咲き、四十歳のとき預言者としてイスラムを宣言するまで、賢明な貴婦人から良き夫として敬愛される幸せな生活を送った。

●――預言者の風貌と人柄

モハメッドはひじょうに美男であった。すなわち、その恩恵に与らなかった者は別として、ほとんどすべての者が評価するであろう外見的資質にめぐまれていた。あわせて、公の場でも私的な座でも、口を開こうとすれば一同が注視するといった人間的魅力も備えていた。

堂々とした姿かたち、威厳にみちた風貌、するどい眼光、男らしい笑顔、豊かな顎鬚、あらゆる感情を鮮烈にうつす表情、すべての言葉にともなう絶妙な仕草、こうしたかれの姿は、仲間たちの賞賛の的であったといわれる。

日常の社会的慣習をよく守り、礼を尽くすこと、非の打ちどころがなく、上流階級や有力者にはしかるべき敬意を示す一方、メッカの卑賤層にも親しく接していた。言動は気さくで、いたずらに主張を露わにすることもなく、友情と博愛の情から、つねに人にたいして丁重であった。

そのうえ、卓越した記憶力、場をなごませる軽妙なユーモア、高遠な想像力、さらには素早い判断力、とくに思考と行動の両方における勇気、これら多くの天資にもめぐまれていた。

ちなみに、こうしたモハメッドの企図が成功とともに膨らんでいった可能性は否定できない。もっとも、神の召命(しょうめい)としてかれが最初にいだいた思想のなかには、すでに独創的な大天才の炎がみてとれるが。

●――自然を教師として

その土地のもっとも高貴な部族のなかで育ち、純粋なアラビア語を話したモハメッドは、さわやかな弁舌と時をわきまえた沈黙で、聞く者に強い印象をあたえた。ただ、文字は識らなかった。読み書きを教わらなかったからである。また、それが一般的状況であったから、恥ずべきことでもなかった。

近代のわれわれは、文字を通して多くの聖者や英雄の心を知る。だが、モハメッドはその手段にめぐまれず、自然と人間を唯一の教師とする限られた生存圏のなかで成長した。かれの政治的考察や哲学的考察に、かなり空想の跡がみとめられるのは、おそらくそのためだろう。

やがて世界の国々やこの世のもろもろの宗教に思いをめぐらせるようになったモハメッドは、ペルシャやローマの弱体を知るようになるとともに、その一方で、自国の退廃をなげく想いをつのらせていった。そしてついには、アラブ古来の美徳と不屈の精神とを、ひとつの神、ひとりの王のもとに統一することを決意したのであった。

その半生をよくみると、かれが東の帝国におもむいて宮廷や軍営、あるいは寺院などをおとずれた形跡はない。シリアへのわずか二度の旅行にしても、ボストラとダマスクスの定期市に行ったことだけにかぎられている。しかも、伯父の隊商に加わったのも十三歳のときであって、それもカディジャの商品をさばくや、ただちに帰路につかざるを得なかったことなどが分かる。

しかしながら、こうしたあわただしい短い旅行であったとはいえ、モハメッドの天才的洞察力は、同じ仲間にはまったく見えなかった何かを明視していた可能性がないではない。沃土（よくど）のような精神に、たとえわずかではあったにせよ、知識の種がまかれたことも、当然考えられる。

ただ、シリア語は解さなかったから、おのずから好奇心にも限界があったことだろう。生涯の歩みや史書その他から判断しても、かれの視野がアラブ世界のはるか彼方にまでおよんでいた跡はない。

信仰や商取引きのために、あの砂漠の各地から、毎年多くの巡礼者がメッカをおとずれ、現地民と接触していたことをおもえば、たとえ自国語だけしか解らない普通の市民であっても、そうした交流のなかで、各部族の性格や政治情勢のほか、ユダヤ教徒やキリスト教徒の教義や習慣などまで知り得た可能性は否定できない。

おもうに、会話は理解を深める。しかし、孤独は天才を創る。また、作品の統一性は、それが独りの作り手によるものであることを物語る。

日常生活のなかで、耽溺（たんでき）といえるまでに瞑想にふけっていたモハメッドは、毎年ラマダンの月になると世間からもカディジャからもはなれて、メッカから三マイルほど隔てたヘラの洞窟にこもり、天界ではなく預言者の心のなかに棲（す）まう情念——あるいは欺瞞（ぎまん）の霊かもしれない——と対話した。

こうしてかれは、やがて自分の家族や同胞にイスラムの名で、ひとつの教義を宣べつたえるようになる。しかしながら、その内容は、となると、それは永遠の真実と必要な虚構とから成り立っているといわざるを得ない。すなわち、「アラーのほかに神なし。モハメッドは神の使徒なり」、というのがそれである。

●――イスラムの教義

モハメッドの教えは、きわめて単純明快である。コーランは、唯一神に関する輝かしい宣言にほかならない。「昇るものは沈み、生まれるものは死に、朽ちるべきものは朽ちる」

――まことに、道理ではないだろうか。かれはこの考えをもとに、人間であれ偶像であれ、星であれ月日であれ、これらの崇拝を徹底してしりぞけた。

そして、宇宙の創造主のなかにこそ、時空に左右されない、それ自身の必要性によって存在し、かつ知的にも道徳的にも、それ自身からまったき完全さが導き出される永遠普遍の実体が在る、としてこれをあがめたのである。

この預言者の口を通して示された、そうした深い真理は、今日かれの弟子たちによって堅持され、コーランの注解者たちによって形而上学的に正確な定義づけが行なわれている。

自然の事物のなかに表されている神の存在を正しく認識し、人間の心に刻印されているその掟をしかるべく実行することが、真意はどうであれ、いつの時代も預言者の目的であったことに変わりはない。モハメッドもそのような名誉ある任務を――鷹揚にもというべきだろうか――すでに幾多の前任者にゆるしてきた。つまり、アダムの堕落からコーランの宣言にいたるまでの間、長い霊的発現の連鎖があったということである。

その間に選ばれた十二万四千人の者たちの間には、功徳や恩寵の点で差はあったが、かれらによって預言は連綿としてつたえられた。またその後も、偶像崇拝や堕落から人々を目覚めさせようとして、三百十三人の使徒が送られた。

かくして聖霊を通して語られた言葉が記された書物は、百四巻にも上り、超越的英智をそなえた立法者、すなわちアダム、ノア、アブラハム、モーゼ、キリスト、それにモハメッドが、唯一不変の宗教にもとづく六つの儀式を人類につぎつぎと教示してきた。

そしていま、この六人の権威と地位とは後の者ほど高くなっているという違いはあるものの、しかしかれらのうちの一人でもうけ入れない者には、不信心者の烙印(らくいん)が押されるにいたっている。

当時、ギリシア語とシリア語による聖書外典以外、こうした開祖たちに関する書物はすでになく、アダムはその行為ゆえに子孫の感謝や尊敬を得られず、ただ、ユダヤ教へ改宗した下級階層の者たちだけがノアの七つの戒律をまもるにすぎない状況となっていた。またアブラハムについても、かれの故郷カルディアでシバ人がその名をただ漠然とあがめていたにすぎなかった。

幾多の預言者のなかで、人々の間で絶えることなく崇拝されていたのは、モーゼとキリストのふたりだけであり、霊感をうけて書かれたもので残っていたものも、いわゆる新約と旧約のふたつだけであった。

モーゼをめぐる奇跡物語はコーランでもとり上げられ、また着色もされている。このことは、捕囚(ほしゅう)の身ともいえるユダヤ人が、軽蔑(けいべつ)すべきあらたな教義を信奉する他国人にたいし、みずからの信仰を暗に強要することによってひそかに復讐しているといった感がないではない。

かたやイスラム教徒は、モハメッドから、イエス・キリストを崇敬するよう教えられていた。すなわち、「マリアの子、イエス・キリストは神の使徒であり、イエスがマリアに語った言葉やその身から出た聖霊は、現世においても来世においても、ひとしく神聖なものである。また、イエスは神の御前に立てる者たちのひとりである」、と。

聖書にしても聖書外典にしても、奇跡物語はそれこそ溢れんばかりに多い。あの聖母マリアの無原罪懐胎という概念にしても、じつはラテン教会がはばかることなくコーランから拝借したものにほかならない。

●——コーランとは

およそ観念の伝達には、相互間に言語や思想の点で類似性がなければならない。たしかに哲学者の高説など、農夫の耳にはむなしく響くだけだろう。しかしながら、こうした両者の理解力の差も、人間の口や筆がつたえる神の言葉による無限な心と有限な心の接触に比べれば、その懸隔たるや些々たるものではないだろうか。

ユダヤ人の預言者にせよ、キリストの使徒や伝道者にせよ、かれらの霊感は理性や記憶にもとづくものと言えなくもない。それにまた、かれらの才能がかならずしも一様でなかったことは、新旧ふたつの聖書の文体や構成をみれば明らかである。これにたいしモハメッドのばあいは、たんなる一編者としての役割に甘んじているものの、その精神性は高遠である。かれ自身やかれの弟子たちによれば、コーランの内容はけっして被造物ではなく、神性のなかに常在する不変なものであって、光のペンによって書かれた永遠の布告であるという。

いわゆる、ユダヤ教においてもっとも重要な事柄の御使いとされていた天使ガブリエルが、絹をあしらい宝石をちりばめた巻物を地上にもたらし、その一章一節をつぎつぎとこのアラブの預言者に示したものであるというのである。

はたして、たしかにそうなのだろうか？　いや、コーランは神意を完全に著した不変的なものではなく、むしろモハメッドの判断によって創られたものであった。それゆえにこそ、すべての啓示がかれの企図や心情にきわめてよく合致しており、また前後矛盾している点についても、「後者の行が優先する」とする重宝な原則によって問題の解決をみているのである。

そうした神や使徒の言葉は、当初、弟子たちによってヤシの葉や羊の肩骨に記され、すべてのページがとくに整理されることもなく、かれの妻のひとりが管理する家具のなかに半ば無造作に納められていた。

それを、モハメッドの死後二年経たのち、かれの友人にして後継者でもあったアブー・バクルが編纂(へんさん)して世に出したのである。その後ヘジラ(イスラム紀元)一三年にカリフのオスマンがこれを改訂したが、今日にいたるまでコーランのどの版も、統一性のある完全な書物としての特異性をつねにはっきりと謳っている。

その使命の真実性についてモハメッドは、熱情からか虚栄からか、いずれにせよ、おのれが著した書物、すなわちコーランから説明している。また大胆なことに、人間にたいしてだけでなく天使にたいしても、たとえ一行といえども、その模倣を禁じているばかりか、この作品は神ご自身の口授によるものであるとまで断言している。

●——世界史からみたコーランとモハメッド

元来、信仰心あつく、音楽を好み、恍惚(こうこつ)におちいりやすく、天才の作品を比較するにはあまりにも無知に過ぎたアラブの民にとって、こうした主張は大いにうったえたに相違ない。

だが異教徒のヨーロッパ人にとって、翻訳ではコーランの文体の統一性や多彩性はわかるべくもなく、むしろ思想や情熱を喚起されることが希れな、ただ延々とつづく一貫性のない寓話や教訓、それに朗唱のための詩文などから構成される熱狂的な文章には、かえって苛立ちをおぼえることだろう。

モハメッドの教説は、その神聖さゆえに威厳こそあれ、最深遠とされている部分でさえ、はるか昔、同じ国において同じ言葉で簡潔につづられたヨブ記には到底およばない。

それでもなお、コーランの内容が人間の理解力を超えているのだとすれば、ではホメロスの『イーリアス』やデモステネスの演説など、いったい、どのような優れた知性に帰されるべきだろうか。

およそあらゆる宗教が、その聖典に欠けている部分については、宗祖の言行がこれを補っている。モハメッドのばあいも、その言葉が多くの真実を啓示し、またその行動が多くの美徳を例示していた。そのため、公私をとわず、そうした言行の一つひとつがかれの妻たちや仲間によって記録されていた。かれの死後二百年を経たのち、アル・ボカリの努力によってヨンナすなわち口法がさだめられ聖別された。それは三十万という数に上る、きわめてうたがわしい話のなかから、実話とおもわれる七千二百七十五の伝承を選び出したものである。この敬虔な著者は、日々メッカの神殿で祈り、ゼムゼムの聖水で身を清めたのちに筆をとり、原稿はそのつど使徒の墓場や説教壇のなかに納めていた。そしてこの作品が、のちにソンナ派の正統な四宗派によって、しかるべきものとして認められたのであった。

なるほどモハメッドの数々の才能は、たしかにわれわれの賞賛に価する。しかし、かれの偉業については、あまりに過大な評価がなされているきらいがある。じっさい、雄弁な狂信家の教えを多くの民が信奉していることが、はたしてそれほど驚くべきことだろうか。なぜなら、キリスト教の異端の歴史をみると、使徒の時代から改革者の時代にいたるまで、同じような誘惑が何度もくり返されているからである。

また、ひとりの市民が剣と王笏（おうしゃく）をにぎって自国を征服し、その勝利した軍隊を基礎に君主国をうち建てることが、はたしてそれほど信じがたいことだろうか。なぜなら、東方における数多くの王朝をめぐる興亡をみると、卑賤な身分から身を興し、克服しがたい障害を克服して王国を築き、さらにはその征服地を広げていった者が少なくないからである。

モハメッドのばあいも同じである。かれは宣教ばかりか征戦をも命じられ、この相反する性質の事業をともに遂行することによって、みずからの美質を高めたと同時に、成功をも得たのである。

武力と説得、熱誠と威嚇（いかく）、これらをたくみに組み合わせて、あらゆる障壁が崩れおちるまで相手を執拗（しつよう）に攻めるモハメッドの呼びかけは、アラブ人を自由と勝利、戦争と略奪、今世と来世における情欲の耽溺へとみちびいた。

かれが禁止事項を課したのは、おのれの名声を確立し、人々を服従させるのに必要だったからにほかならない。成功の障害であったものといえば、それはただひとつ、神の統一性や完全性に関する理性的な信条のみにすぎなかった。

●――イスラムの不変性

イスラム教について驚くべきことは、その布教範囲ではなく、むしろその不変性に在る。すなわち、モハメッドがメッカやメディナで唱えたと同じ教説が、十二世紀という星霜（せいそう）を経た今日でもなお純粋なかたちで、インド、アフリカ、トルコの諸民族によって維持され信奉されていることに在る。

キリスト教のばあい、これとは対照的な観を呈している。したがって、仮にいまもし、あの聖ペテロや聖パウロがヴァチカンを訪れたとしたならば、壮麗な教会のなかで、しかもはなはだ異様な儀式によってあがめられている神とは、いったいどのような神であるのかと、おそらく尋ねることだろう。

これにたいしイスラム教のばあいは、まったく事情を異にする。たとえば、ますます偉容を増しているトルコの聖ソフィア教会にしても、それは本来、モハメッドがメディナに造った貧弱な礼拝所を象徴したものである。

かれらはいつの時代も終始一貫して、礼拝の対象を人間の感覚や想像の産物とする誘惑に抗してきた。「アラーのほかに神なし。モハメッドは神の使徒なり」――これがかれらの変わらぬ信仰告白である。

神の概念が偶像で汚されたり、預言者の数々の名誉が人間的範囲を超えたりしたことは一度もなく、また、弟子たちの感謝の言動にしても、師たるモハメッドの生きた教訓により理性や信仰の枠を外れたことはなかった。

たしかにアリの信奉者たちは、かれらの英雄とその家族をずっと聖別してきている。ペルシャの学者の間では、神性がイマームという人物のなかに具現化されているという者たちもいるが、かれらの信仰はソンナ派からは一様に迷信として非難されている。したがって、それはいわば聖人崇拝や殉教者崇拝にたいする警告としての役割を果たしているにすぎないと言ってよい。

神の属性や人間の自由をめぐる形而上学的問題については、キリスト教徒の間では言うまでもなく、イスラム教徒の間でもしきりに議論されてきた。しかし後者においては、それが民衆の扇動や国内の混乱につながった例は一度もない。この大きな違いは、おそらく王権と聖権、すなわち政治と祭事の分離いかんに因るものである。

モハメッドの後継者にして信徒の指導者でもあるカリフは、宗教的に新奇なものはすべてこれを抑圧もしくは阻止した。それは保身策であった。また、聖職者の位階も教育も、あるいは聖俗いずれの野心も、そうしたことはイスラム教徒には無縁であった。ただイスラム法に通じた者が、信徒の良心と信仰の導き手となってきたにすぎない。

今日コーランは、大西洋からガンジス河にいたる広範な地域において、たんに神学の根本教義であるのみならず、民事法典や刑事法典でもあり、人間の行動や本質を律する法として、無謬（むびゅう）不変な神の加護のもとにあるとされている。

しかしながら、たとえば文字を読めない立法者が自己の謬見（びゅうけん）や社会の偏見によって政治を誤った多くの例にみられるように、こうした宗教的隷属性にはいくらか欠陥がともなっている。それに、アラビアの砂漠でできた制度は、繁栄で喧騒（けんそう）をきわめるイスファハンやコンスタンティノポリスなどの都市にはかならずしも適さない。そのため、聖典をあつく拝するイスラム法官も、そうした状況においては、時代の習俗やその時々の政策により適した巧妙な解釈をうち出している。

●――モハメッド以後のアラブ世界

最後に、良否はともかく、人々の幸福にたいしてモハメッドがあたえた影響について述べてみたい。

偏見にみちたキリスト教徒やユダヤ教徒は、イスラム教を自分たちの教えほど完全ではないと考えている。だが、そうしたかれらでさえ、モハメッドがその教えを世に広めるために虚偽の召命をみずからに課したという程度のことは、これをゆるすことだろう。

たしかにモハメッドは、宗教の基礎として、かつて右のふたつの民族にあたえられた啓示の真実性や神聖さ、また宗祖の美徳や奇跡などについて、敬虔な態度で思いをめぐらせている。

そしてそうした熟慮のすえ、アラブのすべての偶像を神の祭壇のまえで破壊した。また、人身御供（ひとみごくう）についても、祈りや断食あるいは喜捨（きしゃ）などをもってそれに代え、さらには、来世における報酬や罰についても、無知で肉欲的な人々に訴えるような形象でこれを描かせた。

ただ、自国の人々が活用できる道徳や政治制度をもたらすことには、成功したとはおもわれない。だがかれは、信心ぶかい者たちの間にあって、友愛と慈善の精神を示し、美風の実践を説いた。さらには、おのれの戒律や垂範によって復讐の習慣を廃し、寡婦や孤児の救済にもつとめた。

その結果、ことごとく敵対していた各部族が、以来、信仰や服従の点では団結するにいたり、それまで内部抗争にむなしく費やされていた敢闘精神が、外敵に向けられたのであった。

アラビアは国内的には自由な社会である一方、外国にたいしては脅威的存在であった。したがって、もしイスラム教の影響がそれほど大きなものでなかったとしたならば、この国は歴代君主のもとで繁栄をきわめていたことも考えられる。

しかし、現実には、迅速な征服地の拡大とともに主権をなくしていった。植民地は東西にひろがり、これにともない改宗者や捕虜との混血がすすみ、やがてカリフが三人交代すると、その玉座はメディナからダマスクスの谷やティグリス河畔へと移され、そしてその後、これらの聖なる都市は瀆神（とくしん）的な戦争によって荒廃に帰した。

かくして幾世代にもわたる変遷のすえ、砂漠の民ベドウィンは支配という夢からさめ、ふたたび外界と交渉のない往時の独立へともどっていったのであった。

解説 イスラム勢力の発展と東ローマ帝国の衰亡

モハメッドが逝き、その後継者たちの時代に入ると、イスラム勢力はアラビア半島から東西へと広がっていきます。七世紀前半にはビザンツ軍をその海外領土から駆逐し、つづいてササン朝ペルシャを滅ぼし、その後アフリカへと攻め入り、そして七世紀半ばには、カルタゴ近くにまで版図を広げていました。

前進はなおも続きます。八世紀に入ると、海をわたってイベリア半島へ入り、西ゴート王国を倒し、そしてさらには、北上してピレネー山脈を越え、フランク王国へと侵入します。

しかし、ここで前進をはばまれることになりました。「トゥール・ポワティエの戦い」(七三二年)において同国宰相カール・マルテルひきいるフランク軍に敗れたのです。これを機に、イスラム勢力は征戦を中止。ピレネー以南へひき返し、イベリア半島以南で地歩を固めたのでした。

以後イスラム勢力は、キリスト教国による「国土回復運動（レコンキスタ）」によって追われる一四九二年まで、約八百年近くも同半島を支配することになるのです。今日スペイン、ポルトガルが他のヨーロッパ諸国と違って、独特の文化をみせているのも、このようにアラブ人による長期間におよぶ支配の影響によるものです。

一方、東の方への膨張については、先のササン朝ペルシャの征服のほか、当時の中国、すなわち唐朝との交戦が挙げられます。

ちなみに、この七五一年の「タラス河畔の戦い」（現キルギス共和国北部にある河）で唐軍をやぶり、捕らえた捕虜のなかに紙漉き職人がいたことから、製紙法がイスラム世界に伝えられたといわれています。その後、製紙技術はイスラム圏を徐々に西へ西へと伝播し、ヨーロッパへ入ったのは十二世紀以降のことでした。

イスラム勢力が広がりをみせていた当時、一方の西方では、西ローマ帝国の滅亡とその後の混乱によって、国土は痛ましいほどに疲弊していました。そして耕地の荒廃や産業の衰退と同時に、かつての知の伝統もほとんど途絶えていました。

本を読む者はなく、したがって書物の需要もありませんでした。わずかに聖職者だけが、聖書の理解と教会の運営上、ラテン語を通してその範疇(はんちゅう)の知識を学ぶにとどまっていました。

　学問が写本というかたちで伝えられていた社会では、それが保管されていた都市の荒廃は、学問の断絶を意味しています。したがって、西方におけるそうした文化遺産の喪失については、たとえば、ローマ市の次のような衰退をみれば、容易に想像できるのではないでしょうか。

　この「永遠の都」のばあい、かつては百万前後あった人口が、帝国滅亡後の四世紀末には八万人程度まで激減していました。そしてそれが六世紀前半には、約二万五千人にまでなり、さらに、先のユスティニアヌス帝がイタリア本土を回復した時点（五五五年）では、一説によれば、なんと、わずか五百人程になっていたということです。

　最後の数字は、東ゴート王国との間の二十年にわたる交戦の結果です。それにしても、驚くべき荒廃ぶりです。それがたとえ、一千人であったにせよ、市全体が廃墟と化していた実状に疑問の余地はありません。そうした状況では、写本などだれもかえりみる者がいなかったことは明らかです。いや、かりにそれに心を痛めた者がいたにせよ、なんらなす術がなかったことでしょう。

◉イスラム勢力の繁栄と世界史におけるその地位

そうした西方にたいし、イスラム教という新しい血液を注ぎ込まれた東方の躍動は著しく、目を見張るものがありました。以後、広大なイスラム圏は各時代と各地域において、さまざまな王朝を生み、多彩な歴史を展開していきます。そして十七世紀に入って世界の重心が西欧へと傾きはじめるまで、総体として、中国と並んで世界を動かし続けたのです。

そこで、その偉大であったイスラム勢力の歴史を追う意味で、代表的な王朝をいくつか挙げるとすると、次の通りでしょうか。

まず、モハメッド亡き後のカリフ（宗教的後継者）制による初めての王朝であったウマイヤ朝。唐の長安に伍する都バグダードを築いたアッバース朝。高い文化でヨーロッパ人を魅了したイベリア半島の後ウマイヤ朝。十字軍から聖地を奪回した明君サラディンが興したアイユーブ朝。破竹の勢いであったモンゴル勢力を撃退したマムルーク朝。さらに、小アジアを征したセルジューク朝トルコ。グラナダ（スペイン）のアルハンブラ宮殿で有名なナスル朝。そして最後に挙げるべきは、われらが「東ローマ帝国」を滅ぼすことになるオスマン朝トルコでしょう。

これらの諸王朝は、それぞれの最盛時には、西欧人の目にはまばゆいばかりの栄耀（えいよう）をみせたのでした。その一例として、アッバース朝（七五〇～一二五八年）の例を挙げてみましょう。

「平安の都」とよばれた新都バグダードの町には、ティグリス、ユーフラテスの両大河から水を引いた運河が縦横に走り、海陸を通して、インド、中国、チベット、東南アジア、アフリカ、中央アジア、カスピ海、黒海、さらには遠く西欧からも、さまざまな物品が流れ込んでいました。

東西との交易によるその繁栄ぶりは、次の数字にもあらわれています。すなわち、ある同時代の資料によれば、当時バグダードの人口は約百万、そして市内にはモスクが三万、公衆浴場が一万もあったそうです。

また、もうひとつの例としては、西欧に近いイベリア半島に建国した後ウマイヤ朝（七五六〜一〇三一年）が挙げられます。バグダードほどではありませんが、首都コルドバもまた大いに栄華をほこり、その頃には「世界の宝石」と謳われたのでした。人口約五十万。そこには、一千六百のモスク、三百の浴場、それに七十の図書館があったといわれています。

そしてこのような物質的繁栄を背景に、大いなる文化の発展もみられました。イスラム諸王朝は、オリエント固有の学問は言うまでもなく、外国のすぐれた知識についても関心をよせ、これを吸収し、さらには発展させています。なかでも特筆すべきは、同じくアッバース朝の例でしょう。

同朝では、「知恵の館」と称される学術機関が創設され、ギリシア・ローマの古典をアラビア語へ翻訳する事業が進められたのでした。失われる運命にあった西洋古代の学問が、こうしてイスラムの地で存続することになったのです。そしてイスラムの学者たちによって、エジプト文明、ペルシャ文明、インド文明、ギリシア文明と、それぞれの地域がもっていた古代の学問が融合・発展させられたのでした。

後代、イタリアその他の欧州各国で「ルネサンス」（文芸復興）がみられるようになったのも、じつはアラブ人によるこの貴重な媒介があったからにほかなりません。

以上、右の略述からでもよくお分かりのように、イスラム勢力は西方世界にとって、始終、さまざまな面で影響をうけざるを得ない存在だったのです。これを言いかえれば、ビザンティン帝国の状況もまた、イスラム諸王朝の動向に大きく左右されたのでした。

◉ビザンティン帝国のその後——滅亡寸前まで

さてそこで、ここからは、最後の強大なイスラム王朝オスマン・トルコによって帝都が包囲されるようになるまでの変遷について、歴史のパノラマを観ているかのように、およそ世紀単位で、その流れを追っていきましょう。

ふたたび縮小する領土——ビザンティン中興の英雄と謳われた、先のヘラクレイオス帝の努力も空しく、イスラム勢力の台頭によって海外領土を失った帝国は、

その後八世紀初めまでに、二度アラブ人によって帝都を包囲されました。さいわい、大城壁と秘密兵器「ギリシアの火」によって二度とも敵を撃退しましたが、帝国の版図はいまや限られたものとなっていました。

バルカン半島にはスラヴ人が定住をはじめていました。イタリア本土も、すでに久しい以前からランゴバルト人に占領され、それまでビザンティン帝国の支配下におけるイタリアの首都であったラウェンナも、かれらの手におちていました。

偶像破壊政策――この時代になると、国内では、ひとつのあらたな事態がみられるようになります。「偶像破壊運動」といわれるものです。それまで行なわれていた聖像にたいする崇拝が禁止され、さらにはそれが既存の聖像を破壊するという行動にまで発展したのです。それは、形あるものを崇めないイスラム教の影響によるものでした。

レオ三世（在位七一七～七四一年）がはじめたこの過激な宗教政策は、国内に混乱をまねいたばかりでなく、西方教会との関係にも大きな亀裂を生じさせました。その結果、フランク王国のカール大帝が、ローマ教皇の承認のもとに西ローマ皇帝を名乗り、東の皇帝へ対抗しました（八〇〇年）。それには、聖像破壊にたいする西方教会の怒りのほか、政治的要素も絡んでいました。ビザンティン帝国の威光という、それまでの伝統的通念を払拭するには、東と対等の権威をつくる必要があったのです。ローマ帝国唯一の継承者を自任していたビザンティン皇帝が、この西の皇帝位をみとめなかったことは、言うまでもありません。

独自の統治制度――一方、イスラム勢力との戦いは続いていましたが、敵が帝都まで迫るという事態はみられなくなっていました。それは、小アジアにあらたに創られた統治制度によるものでした。

テマ（軍管区）制度と呼ばれるこの体制の新設によって、各地区の長官は軍事権と行政権の両方をあわせ持つようになり、防衛の機能がよく働くようになっていたのです。これは、それまでのローマ統治の名残であった行政権だけの総督による属州制度を改めたものでした。

ブルガル人の脅威――しかし、今度は、アラブ人に代わって、西方に新手の脅威があらわれます。ブルガル人です。バルカン半島に定住していたかれらはしだいに力をつけ、やがて強大なブルガリア王国を築きます。ビザンティン帝国にとって、それは帝都に近い距離にありましたから、深刻な問題でした。その通り、やがて両国間では凄(すさ)まじい戦いが何度もくり広げられます。その間コンスタンティノポリスが包囲されたことも、一度ならず、ありました。

しかし、ブルガリア軍も、あの鉄壁と秘密兵器の前には為すすべもなく、けっきょく、撤退を余儀なくされたのでした。

東地中海の再制覇——十世紀後半にはいると、二人の軍人皇帝が相次いであらわれ、帝国はイスラム勢力にたいして攻勢に出ます。ニケフォロス二世とヨハネス一世です。

ニケフォロス二世は、アラブ軍をつぎつぎとうち破り、アンティオキアを陥して国境をシリアまで拡大しました。さらに、クレタ島やキプロス島の奪還にも成功しました。それによって帝国は三百年ぶりに東地中海を制したのです。

つづくヨハネス一世も、東方やバルカン半島における帝国の支配圏をひろげ、また、ロシアのキエフ公国を臣従させたことによって、北方の守りを固めたのでした。

そして次の皇帝バシレイオス二世(在位九七六〜一〇二五年)の時代になると、ビザンティン帝国は宿敵ブルガリア王国をたおします。以後西方でも領土をしだいに回復し、さらに十一世紀半ばには、ローマ時代の国境であったドナウ河まで押し広げます。イタリア本土についても、南部をふたたび支配下に収めました。隣国の神聖ローマ帝国を圧倒する勢いでした。

財政面でも、宮殿の蔵を掘り下げるほど、財宝を貯えたのでした。当時の人々には、かつてあったような帝国の復興も夢ではないように思われたにちがいありません。

あらたな危機——ところが、バシレイオス二世帝が没するや、帝国はふたたび衰勢に転じることになります。広大な土地を所有する貴族らの勢力が強くなり、そのため皇帝の絶対的権力が及ばなくなったのです。しかも折悪しく、このようなときに、東方では強力な民族が出現していました。セルジューク・トルコ人です。

一〇七一年、かれらは「マンツィケルトの戦い」においてビザンツ軍をうち破り、皇帝ロマノス四世を捕虜にまでしたのでした。それから約十年後には、小アジアの大部分がかれらの支配下に入っていました。

また、マンツィケルトの戦いと同じ年には、大西洋沿岸からやってきたノルマン人がイタリア南部の帝国領土を占領。つづいて、このノルマン人もまた東の帝都をめざしたのでした。ビザンティン帝国は、ふたたび存亡の危機に立たされたのです。

ふたたび強国として

——この危機から帝国を救ったのがアレクシオス一世（在位一〇八一～一一一八年）でした。かれは、それまで対立していた貴族勢力と和解し、その一方で、西方が送ってきた第一回十字軍をたくみに利用して、セルジューク・トルコの支配下にあった小アジアの奪還に成功します。また、特権と引き換えにヴェネティアに援助をもとめ、共通の敵であったノルマン人を斥けます。

十二世紀、ビザンティン帝国は、こうして強国として返り咲き、イタリア諸都市との交易によって大いに繁栄しました。

偉大なアレクシオス一世帝の死後も、ヨハネス二世、マヌエル一世、と優れた皇帝が相次ぎます。そのため、領土もふたたび拡大しました。

とくにマヌエル一世は、ローマ帝国の復興をめざしてバルカン半島やイタリア本土の一部に支配地を広げたのでした。しかし、これはヴェネティアとの間の友好関係に打撃をあたえる結果となりました。また、それまでかろうじて維持されていたセルジューク・トルコとの非交戦状態が破られ、東方から攻勢をうけることになりました。

超民族国家としての終わり

——そこでマヌエル一世は、トルコ軍を撃退すべく親征します。ところが、予期に反して一敗地にまみれ、小アジアにおける覇権をまったく失うにいたったのです。

以後、ビザンティン帝国はふたたび混乱におちいります。帝国の衰勢を機に、それまで断絶していたブルガリア王国が復活。つづいて、セルビアも独立します。

それまで曲がりなりにも諸民族をまとめていた世界国家としての旧東ローマ帝国

は、これによって終わったのでした。

十字軍による帝都占領――加えて、このようなときに、予測もしない事態に見舞われます。西方からきた第四回十字軍によって帝都を占領されたのです。これには、指揮官たちの野心、ヴェネティア人の貪欲さ、それに偶然も関係していました。

とはいえ、いずれにせよ、聖地奪回へ向かうはずの十字軍が、こともあろうに、キリスト教国の首都を略奪、占領するとは。ローマ教皇もこれにははげしく怒りましたが、事態をくつがえすことはできませんでした。

かくしてビザンティン帝国は、一時歴史の舞台から姿を消すことになります。そしてそれに代わり、十字軍勢力がコンスタンティノポリスを中心に支配する「ラテン国家」が存在することになります。一方、帝都を追われた皇族や貴族は、小アジアの各地に亡命政権をつくって帝国の再興を期したのでした。

蘇った帝国――そしてそれから約六十年が経った一二六一年、亡命政権のひとつであるニカイア帝国の皇帝ミカエル八世（パライオロゴス）がコンスタンティノポリス奪還に成功します。かくしてビザンティン帝国は、ふたたび蘇(よみがえ)ったのでした。そしてこのときに、余勢をかって周辺の領土も一部回復しました。なんという、ビザンティン人の政治的生命力でしょうか。

しかしながら、あらたなビザンティン帝国をとり巻く状況には、厳しいものがありました。それまで約半世紀の間、一帯を支配していたラテン国家側の反抗が予想されたからです。じじつ、それ以後、帝国は各国との間で外交的、軍事的緊張にさらされ続けます。と同時に、国内的にも問題がありました。ミカエル八世以後のパライオロゴス朝においては、帝位継承にもしばしば血生臭さがともなっていたのです。

衰退の一途――こうして帝国がまたもや弱体化していく十四世紀には、それまでなお蛮族視されていた西の諸地方が繁栄をみせます。ポーランド、ハンガリー、ボヘミア、それにセルビアの各国が、それぞれ明君を戴(いただ)き、時期を前後して覇を唱えるようになったのです。

これら隣国の強大化によって、帝国はかつてのように西側の国境を押し返すことができる可能性はなくなりました。いや、ごく限られた領土を守ることすら容易ではない状況となったのでした。

このように、懸命に生き延びてきた東の帝国。この瀕死(ひんし)の帝国に最後の引導をわたしたのは、東欧のあらたなイスラム勢力、オスマン朝トルコでした。

最後の危機――さて、ここから、いよいよ次章へ直接つながる時代へと入ります。

モンゴル勢の侵入に押されて小アジア西部に移っていたトルコ人たちは、十四世紀直前の首長オスマンのときに建国。以後、着々と勢力をひろげていました。

その過程では、ビザンティン帝国側が先の西方隣国へ対抗するために、かれらに援軍を要請したこともありました。その後、オスマン・トルコの軍勢は、独自にバルカン半島に足場を確保し、次第に帝国の周辺国、すなわちセルビアやブルガリアを征服していきます。

こうして十五世紀半ば頃には、コンスタンティノポリス近郊を除くバルカン半島と小アジアの一帯は、すでにこのイスラム新興勢力の領土となっていました。ビザンティン帝国は、その史上はじめて、周囲をひとつの強大な敵対勢力にとり囲まれるかたちとなっていたのです。

この間、ビザンティン側がそうした包囲網の形成を座視していたわけではありません。このように完全に追いつめられるまでに、東の諸皇帝は西側諸国にたいし、再三にわたってキリスト教世界全体にたいするトルコ人の脅威を説き、その防衛のために自国への支援をもとめていたのでした。

じじつ、最後の帝都攻防に先立つこと約五十年前、すなわち一三九九年から三年をかけて、ときの皇帝マヌエル二世はみずから、西欧各国へ足を運んでいます。そしてそうした旅程のなかで、あたかも一四〇〇年には、極西の島国イングランドにまで渡り、当時の国王ヘンリー四世の宮廷へも働きかけていました。

しかし、遠来のビザンティン皇帝にたいする各国君主の接応は敬意にみち、また、きわめて好意的であったものの、肝腎の軍事援助の要請にたいする反応は冷ややかでした。

その後一四〇二年、オスマン・トルコは中央アジアの英雄ティムール（帝国）によって壊滅的な打撃をうけます。しかし悔しいことに、ビザンティン帝国単独では、この機を活かすことはできませんでした。

もしこのとき、全西方勢力が一致団結してトルコ人に当たっていたならば、かれらの脅威は完全に払拭されていたかもしれない、というのが、後代、歴史家たちの間でよく聞かれる意見です。

かくしてビザンティン側が手をこまねいている間に、オスマン・トルコは力を回復し、さらには以前にもまして強大となり、コンスタンティノポリス征服の意図をふたたび露わにします。

たいする帝国は、一弱小国に転落してから久しく、いまや一都市にすぎず、しかもその都市の内部は多くが荒れはてた状態にまでなっていたのでした。

十五世紀初頭にコンスタンティノポリスを訪れた西側旅行家たちは、一様に、帝都の痛ましい変わりようを伝えています。ある旅行家は、廃墟にみちた巨大な都市だ、と。また、ある旅行家は、人影がなく、まったく閑散としている市街であった、と。さらにまた、ある旅行家は、わずかな数の住民が貧相な住居で生活していた、とも。

かつては六十万人の人口を擁し、賑(にぎ)わいをきわめていた都が、かくまでになっていたのです。なんという変わりようでしょうか。そしてそのような国、すなわち自滅寸前ともおもわれたような都市を、ついにイスラムの大軍が包囲・攻略することになったのです。

次章でギボンが語る帝都の攻防戦は、『ローマ帝国衰亡史』のなかの圧巻です。その史述は、端然とした古典的文体にもかかわらず、きわめて臨場感にあふれ、陥落前後の模様や戦闘の場面をわれわれに生き生きと伝えてくれています。では、さっそく、これから、その歴史絵巻を観覧することにいたしましょう。

第XIV章

《東ローマ帝国の滅亡》

✳トルコ人によるコンスタンティノポリスの攻囲と最終的征服

●――攻城開始

コンスタンティノポリスの形状を構成する三角形の三辺のうち、海にのぞむ二辺からこの都市を攻略することは不可能であった。プロポンティス（マルマラ海）が自然の、港湾が人工の、それぞれ要害となっていたからである。一方、三角形の基底部にあたる陸地側にしても、二重の城壁と深さ百フィートの堀によってまもられていた。フランザスの言によれば、その長さは六マイルに及んでいた。

イスラム軍の攻撃の主力は、まずこの防衛ラインに向けられた。これにたいし東の皇帝は、とくに危険な部署数カ所におのおの指揮官と任務を割り当て、その後みずからも外壁の守りについた。

籠城（ろうじょう）最初の数日間、ギリシア兵はときに堀に下り、ときに広場に撃って出た。だが、まもなく兵力の差が二十倍以上もあることが分かり、それ以降は投石器による堡塁（ほうるい）の防護に徹した。

したがって、かれらが専守に転じたことについては、けっして臆病さから出た行為とみるべきではない。たしかに、東のローマ帝国は、国全体が道義心も覇気も著しく無くしてはいた。しかしながら、このときは別である。帝都攻防戦におけるコンスタンティノス帝の行動は、英雄の名にふさわしく、また義勇軍の胸にも古代ローマ人の美徳がよみがえり、さらにまた外国からの救援軍にしても、西方の騎士道精神をいかんなく発揮していたからである。

絶え間ない矢と槍（やり）の斉射——。これにともない、マスケット銃や大砲の爆音が耳をつんざき、火煙があたりを包む。小型銃器から発射される弾丸は、一度に五発から十発。胡桃（くるみ）大の大きさで鉛製。威力となると、隊列の密集度や火薬の分量にもよるが、通常一発で数人の鎧（よろい）の胸当てと身体をつらぬく強さであった。

イスラム軍の橋頭堡（きょうとうほ）はたちまちにして塹壕（ざんごう）のなかに落ち、あるものは瓦礫（がれき）でおおわれた。

他方のキリスト教徒側も、日々あらたな戦術上の知識を得てはいたが、火薬の備蓄が不十分であったうえ、それが連日の戦闘で尽きていった。しかも、かれらの火砲類の規模や数量は、ともに貧弱であった。

籠城側に重火砲があったかどうかよくは分からない。しかし、かりにもしあったにしても、そこに据えつけることは躊躇されたにちがいない。なぜなら、発砲の衝撃によって老朽化した城壁がくずれ落ちる恐れがあったからである。イスラム軍側はすでにこのことを知っていた。そこで、士気、資力、専制、いずれの点においても圧倒的規模で、敵のこの弱点を衝くことになった。かくして長く砲列を敷いたイスラム軍砲兵部隊が城壁に照準をあわせ終わるや、次の瞬間、十四門の砲がもっとも脆弱な箇所をめがけて一斉に火をふき、轟音とともに天地をゆるがせた。

このうちのひとつについては、百三十丁の銃を搭載していたとか、あるいは百三十発の弾丸を発射していたなど、しごく曖昧な記述がある。いずれにせよ、そうしたスルタンの兵力と戦術のなかに、われわれは揺籃期の軍事科学を垣間みることができる。

瞬時を惜しむ君主のまえで、イスラム軍側の重砲の装塡と発射は一日わずか七回しかできなかった。ある時など、熱した金属が暴発して、作業兵数名がふき飛ばされるといった事故まで起きた。そのため、発砲直後に毎回砲口に油を注ぎ込むことによって、こうした事故を防ぐことが考え出された。これを考案した技術者にたいし、イスラム軍全軍から絶大な賞賛があびせられたことは言うまでもない。

　攻囲当初の乱射は、爆音ほどの効果はなかった。ところが、このときたまたまイスラム軍陣地にいたひとりのキリスト教徒が、ある忠告をした。そしてその忠告にしたがってあらたな部位を狙(ねら)ったところ、射撃が不完全であったにもかかわらず、強力な火力での反復攻撃により、城壁に若干の被害が生じた。

トルコ兵は堀の縁まで接近し、その巨大な間隙(かんげき)をうめて突撃通路を確保しようと、無数の束柴(そくさい)や木の幹、さらには大樽までつみ上げた。この作業に殺到するかれらの勢いたるや、最前列にある者、力弱き者など、後から押されて深い溝に墜落し、重なり合って人の山ができるほどであった。

　懸命に堀を埋めようとする攻城軍、かたや投げ入れられた物を必死で除こうとする籠城軍。それはいわば、昼間に張られた蜘蛛の糸が一夜のうちに払われてしまうさまに似て、イスラム軍側の徒労に終わった。

●——攻防はつづく

メフメットは次の策として、坑道による接近を命じた。しかし、これがまた難事業であった。地面が岩盤状で、掘削が困難だったからである。そのうえ、何度こころみてもキリスト教徒の工兵隊に阻止され、かれは司令官としての面目を逸した。ちなみに、このときにはまだ、こうした地下通路に火薬を込めて何もかも吹き飛ばす、あの発明はなされていなかった。

コンスタンティノポリス攻城戦にみられた特徴のひとつは、新旧両兵器の結合あるいは併用である。たしかに、「消えない液体の火」（いわゆる「ギリシアの火」）が火薬の発見により廃用に追い込まれることもなく、依然、火砲とともに石や矢を放つ仕掛けがもちいられ、弾丸と破城槌（はじょうつい）とが同じ城壁に同時にうち込まれた。

たとえば、武器や束柴をおさめた巨大な木造の動楼は、そのよい例である。牛革で三重におおわれ、転（ころ）ではこばれるこの可動倉庫は、銃眼からたえず斉射でき、しかも内の射手は安全であった。前方には三つの出入り口があり、兵士と作業員が入れ替わることによって出撃と退却をいつでも可能とし、また、階段をつたって上部の露台へのぼり、その高さから滑車で橋桁をおろせば、目前の城壁をしかと把捉することができた。

こうした各種の消耗戦術のなかには、ギリシア人がはじめて体験し、応戦に苦しんだものも少なくなかった。そのためもあり、聖ロマヌス教会の塔がついに倒壊する。しかし、トルコ兵の突入は激しい戦闘のすえ撃退され、やがて夜の帳が下りて交戦は中断された。

この間、イスラム軍が決定的な再攻撃を期して夜明けを待ったのにたいし、キリスト教徒側は、皇帝やジュスティニアーニが教会や市街の安全を確保する作業を夜を徹して督励するなど、寸暇をおしみ応戦策に奔走した。

そして暁――。はやるスルタンの目に驚くべき光景がとび込んだ。なんと、自軍の動楼が灰燼に帰し、昼間の戦闘でうめた堀がもとにもどされ、聖ロマヌスの塔がふたたび聳え立っているではないか！　かれは作戦の失敗に落胆し、おもわず不敬な言葉を口にした。「たとえ三万七千人の預言者がなんと言おうと、これほどのことが、これほど短時間に、異教徒によって為し得られるとは信じがたい」、と。

●——帝都への援軍

キリスト教諸国の援助は冷淡で、しかも遅れていた。イスラム軍の攻囲が最初懸念された段階で、皇帝コンスタンティノスはエーゲ海の島々や、モレアそれにシチリアなどにたいして最低必要な物資の供給をすでにもとめていたのだ。したがって、北風さえ執拗(しつよう)に吹くことがなければ、四月の初旬には、商売と戦争の両方の用意をととのえた五隻の大型船がキオス港から出帆する予定であった。それがいまだに出帆できないでいる。

その五隻のうちの一隻には皇帝旗が掲げられていたが、他の四隻はジェノア所有の船であった。そして全船とも、小麦や大麦、葡萄(ぶどう)酒、食用油、野菜、それと、とくに帝都防衛のための兵士や水兵を満載していた。

苛立(いらだ)ちがつのるなか、やがて南から微風がおこり、二日目にはこれが強い疾風に変わった。そのため、船隊はこの風にのり、滑るようにヘレスポントゥス海峡、マルマラ海を通過することができた。しかし、帝都はこのときすでに海陸とも敵の封鎖のなかにあった。イスラム艦隊が三日月形に展開してボスポロス海峡の入口をおさえ、キリスト教徒側のこの大胆な援軍を拿捕もしくは撃退しようと待ちかまえていた。

コンスタンティノポリスの地勢を脳裏におもい浮かべられた読者なら、この壮観に圧倒されるのではないだろうか。

わずか五隻にすぎない東の帝国側艦隊が、歓声を上げながら、三百隻からなるイスラム艦隊へと肉薄する。帆を満帆に張り、すべての櫂が全力で波をける——。城壁やトルコ陣営のみか、ヨーロッパとアジアの両海岸にも無数の見物人が鈴なりにつらなり、かたずを飲んでこの光景を注視した。

一見したところ、事の帰趨に疑念の余地はなく、物量ではるかに優るイスラム軍の優位は絶対であった。したがって、凪でさえあれば、かれらはこの戦いを確実に制していたことだろう。

ところがイスラム艦隊は、人民の能力ではなくスルタンの専制がにわかに造り上げた、不備の多い艦隊であった。この点は、いつの時代もかれらの弱点である。

たしかに、歴史をみると、トルコ人はその勢威盛んなときですら、海の戦いには総じて劣勢であった。そのためか、かれらは、神が自分たちに地上をお与えなら、海上は異教徒にゆだねておられると考えていたようだ。とくに今日（十八世紀後半）においては、一連の敗北や急激な傾廃とによって、この謙虚な告白が動かしがたい真実となっている。

イスラム艦隊は、やや大型のガレー船十八隻を除けば、あとはすべて造りが粗末な無甲板の小船であり、大砲の装備もなく、しかも操舵が未熟なうえ、ただ兵士だけが詰め込まれていたにすぎなかった。

したがって、勇気というものがもっぱら力の自覚から生じることをおもえば、もっとも勇敢な親衛隊兵士といえども、海という初めての戦場では、あるいは震え上がったに相違ない。

これにたいし、キリスト教徒側の小艦隊は、五隻の頑強な大型船からなり、これを海の危険になれた熟練の舵手が操船し、また戦闘員としてはイタリア、ギリシアの精鋭が乗船していた。

各船とも行く手をさえぎる小さな障害物などものともせず、その巨体で、あるいはこれを沈め、あるいはこれを蹴散らした。なかに乗り込もうして大胆にも近づいた敵の頭上には、例の液体の火をあびせた。加えて風や波も、その性質上、すぐれた航海者の方に味方した。皇帝の艦船が一時圧倒されそうになったが、あわやのところでジェノアの僚船に救出された。

この戦闘でイスラム海軍は、接近戦でも遠距離戦でも、けっきょく、二度も甚大な損害をこうむった。

メフメットは海岸にあって馬上から怒号を発し、ときに褒賞の約束をもって、ときに敵の恐怖よりはるかに恐るべき威嚇をもって督戦した。そして戦闘員さながらに体を動かし、はては、おのれが自然の主であるかのごとく、無謀にも馬を駆って海に入ろうとまでした。

このメフメットの叱咤と味方陣営の野次のまえに、トルコ艦隊は三度目の攻撃を試みる。だが、それは前の二度の攻撃よりいっそう凄惨をきわめ、直接かれらから聞いたとするフランザスの証言——著者としては信じがたいが——によれば、この日一日のトルコ人戦死者の数は一万二千人以上に上った。

おもわぬ大打撃をうけ、欧亜両海岸へ算をみだして遁走したイスラム軍。これにたいしキリスト教徒側の小艦隊は、意気揚々と無傷のままボスポロス海峡をすすみ、そして港湾の鉄鎖の内側にゆうゆうと錨を下ろした。

●——燃え上がる最後の炎

キリスト教徒側は、この戦いによって全イスラム海軍を完全に粉砕したと豪語した。かたやイスラム艦隊の提督は、眼にうけた傷による激痛がなかったならばこのような惨敗はなかったものを、と弁解に走った。

ブルガル貴族出身の背教者でもあったこの指揮官バルトオグルは、その貪欲さのゆえに軍人としてきわめて不評を買っていた人物であったが、それでなくとも、専制という支配体制下の例にもれず、不運は有罪に価するものとされた。

かくしてこの指揮官は、栄えある位階も勲功も怒れるメフメットのまえに無と帰し、その面前で地面に仰向けにされ、四人の奴隷が四肢を押さえるなか、黄金の笏で百回の笞刑をうけた。ただ、宣告されていた死刑まではいたらず、財産没収と流刑だけでゆるされた。それにたいし、かれはスルタンの慈悲をたたえたといわれる。

物資補給をうけたギリシア人側には希望がよみがえり、西方同盟諸国の怠慢を非難する声が上がった。わずかといえども、いま近隣海洋諸国からそれぞれしかるべき援軍があれば、古代ローマの威名を救い、この都を存続させることができるものを、と。

これまで何百万という十字軍兵士が、アナトリアの砂漠やパレスティナの岩山において死をうけ入れてきたことをおもえば、この戦いはまだ容易な戦いであった。なぜなら、難攻不落の帝都で専守に徹すればよいだけだったからである。

しかし、コンスタンティノポリス解放の試みは、けっきょく、今回のささやかな支援だけで終わりとなった。遠方の国々は帝都が存亡の危機にあるとは知らず、またハンガリーの使節、少なくともフニアディの使節にいたっては、イスラム軍陣営に起居し、スルタンの不安を除こうとしたばかりか、作戦の助言まであたえる始末であった。

ギリシア人側に敵の御前会議の様子は分からなかったが、しかしかれらは、自分たちの執拗な抗戦のまえにメフメットの忍耐も尽きはてたに相違ないと考えていた。じつのところ、スルタンがこの時点で撤退を思案しはじめていたことはたしかである。

したがって、ビザンティン宮廷とひそかに通じていたアリル・パシャが出した背信の建議に、嫉妬（しっと）と野望に燃えていた副大臣が反対の意を唱えなかったとしたならば、攻囲はすみやかに解かれていたことだろう。

海陸両面からの攻撃がないかぎり、帝都の陥落はあり得ないとおもわれた。突破不可能な鉄鎖をいまや大型の船八隻、小型の船二十隻余、それに若干のガレー船やスループ船がまもっている。であってみれば、イスラム側としては、この障壁の突破どころか、むしろ敵艦隊の出撃や公海上でのあらたな海戦を怖れていたものとおもわれる。

●——オスマン艦隊の山越え

ところが、こうした難局のなか、大胆きわまる作戦がスルタンの脳裏にひらめいたのだ。それは、軽量の船舶と軍需品とを、ボスポロス海峡から港湾の奥地へ陸上輸送しようというものであった。前代未聞の奇策である。

行程は距離にして約十マイル。地面は凹凸がはげしく、茂みが一面をおおっている。また、ガラタ郊外の後方には道を切りひらかなければならない。加えて、その道を自由に通過しうるか全滅にいたるかは、ひとえにジェノア人の出方いかんに懸かっていた。

だが、この利己心のかたまりのような商人どもには、わが身の安全だけしか念頭になかった。かたやメフメットには、策に不足があっても、それをおぎなうに足る従順な隷臣が無数にいた。

かくて地面がならされ、平らとなった道には分厚い板が敷きつめられ、さらにその上に滑りをよくするため牛や羊の脂が塗られた。そしてその上をボスポロス海峡から陸揚げされた、総数八十隻からなる五十櫂もしくは三十櫂の軽ガレー船とブリガンティン型帆船とが、つぎつぎと転の上を人力と滑車とによって引かれていった。

各船とも、船首、船尾にはそれぞれ二名の誘導者が立ち、帆はすべて広げられて風にあたり、作業にはこれを鼓舞する歌やかけ声がともなった。

こうしてわずか一夜のうちに、このイスラム艦隊は山を越え、平原を進み、傾斜を駆けおり、そしてついに、喫水の深いギリシア側艦隊の妨害がおよばない港湾の浅い水域に進水したのだ！

この作戦による味方の狼狽(ろうばい)と敵側の意気衝天ははなはだしく、戦局に甚大な影響をあたえた。これについては、実際に目撃した両国民の筆になる記録が残っている。

たしかに以前にも、古代人が似たような戦術を何度かとってきた。しかし、このときのイスラム軍のガレー船は大型のボートも同然であった。したがって、戦いの規模や距離、障害や手段をおもえば、かれらの壮挙は今日の工業に匹敵(ひってき)する一大奇跡のようなものであったと断言してもよいだろう。

港湾の奥地を兵と艦船で占めるや、イスラム軍はもっとも狭い部分に、桶や大樽を並べて梁(はり)でつなぎ、要所を鉄でとめてこれに板を敷き、長さ百、幅五十キュビットの橋、いや突堤を造った。

そしてこの浮き砲台に巨砲一門をすえつけ、その一方で、兵員と攻城梯子(はしご)を積んだ八十隻のガレー船を、城壁にもっとも接近しやすい地点、すなわち、かつてラテン人征服者らが急襲した地点へと近づかせた。

こうした敵の工事を未完の段階で粉砕しなかったことについて、キリスト教徒側は爾来その失態を非難されてきた。しかし、試みようにも、味方の火砲が敵の圧倒的な火砲によって沈黙させられていたのが実情であった。かれら自身は問題の橋ばかりか、全敵艦船までも夜襲によって焼き払うことさえ考えていたのである。ところが、これもスルタンの警戒が厳重で接近をはたせず、かえって先頭の小型ガレー船が、あるものは撃沈され、あるものは捕獲にあい、はてはイタリアとギリシアの壮丁四十名がかれの命によって惨殺された。これにたいし皇帝は、報復としてトルコ人捕虜二百六十人の斬首(ざんしゅ)を城壁に晒(さら)させた。だが、それでもなお悲憤を晴らすことはできなかった。

●——落城まえの城府内

——籠城すでに四十日。帝都の命運は風前の灯火となっていた。少数の守備隊は敵の両面攻撃によって疲労の極に達し、幾世代も外敵に抗してきた城壁もイスラム軍の火砲のまえに少なからぬ箇所が大きく口をあけた。聖ロマヌス門近くの四つの塔にいたっては、すでに完全に倒壊していた。

こうした状況下で、守備隊の反乱をおそれた皇帝は、兵士の俸給をまかなう策として、四倍にして返す約束で教会の聖器物を徴発したが、この冒瀆(ぼうとく)的行為は内部分裂を図る者たちに、かえってあらたな非難の口実をあたえる結果となった。

いまや不和の空気が城内に満ち、それが残っていた最後の力まで殺いでいく——。ジェノアとヴェネティアからの援軍が軍役におけるお互いの優位をめぐって争い、一方では、ジュスティニアーニと野心家の大公ノタラスとが、相手をそれぞれ裏切り者、臆病者と呼ばわって非難し合った。

こうした攻防のさなか、すでに幾度か講和や降伏といった言葉が発せられ、軍営と城郭との間を使節が何度か行き来した。逆境によってすでに屈辱をなめていた皇帝としては、国教と帝権の存続さえみとめられれば、いかなる提案もこれをうけ入れる覚悟であった。

かたやスルタンにしても、これ以上の自軍兵士の流血は避けたいと願っていたし、またそれ以上に、おのれ自身のために帝都の財宝を掌中にしたいと願っていた。欲心だけからいうならば、メフメットは年額十万ダカットで満足していたかもしれない。ところが、大なる野望がすでにこの東の都をつかんで離さなかった。そのためかれは、ここを所有するについては、ギリシア皇帝にたいし十分な対価を、またギリシア側人民にたいしては信教の自由もしくは安全な出国を、それぞれ約束した。

だがしばらくの交渉のすえ、それが不毛と悟るや、コンスタンティノポリス城壁下に玉座をすえるか墳墓をきずくか、どちらかを決するまで戦い抜くことを宣言。これにたいし皇帝コンスタンティノス・パラエオログスの方も、名誉心と世間の非難にたいする恐れから開城などできず、ついには玉砕を決意した。

●――決戦に向けて

スルタンは星占いにより五月の二十九日を運命の日とさだめ、その攻撃準備に数日を割き、兵士にはしばしの休息をあたえた。そして二十七日夕、最終命令を発し、全軍の武将を集めるとともに、伝令を走らせて各兵士にこの難事業の目的とそれにともなう義務とを周知させた。

恐怖こそ専制政治の第一の統治原則というべきだろうか、かれは東洋的な表現でこう威嚇した。すなわち、逃亡した者や戦線を離脱した者は、たとえ鳥の羽をもっていようとも、かならず捕らえて、余みずからが容赦なく裁く、と。

総督や親衛隊兵士の大半は、もとはキリスト教徒の家系であった。かれらの間では、何代にもわたる養子縁組によって栄えあるトルコ名がひき継がれ、そうした変遷のなかで、模倣や訓練を通してひとつの軍団、あるいはひとつの連隊、あるいはひとつの「小室（オダ）」としての精神が連綿と伝えられていた。

この聖戦に参加したイスラム軍兵士には、祈りと沐浴（もくよく）で心身を清め、翌日の夕方まで食を断つことが勧められた。またそのほか、イスラム教の修道僧が大挙して陣営をおとずれ、兵士らにたいし、殉教への憧れをかき立ててまわった。聖戦に身を奉じた者には川が流れる楽園が待っており、そこでは黒い瞳の乙女らにいだかれつつ永遠の若さを享受できるのだ、と。

しかし、兵を動かす策としてメフメットがもっとも信をおいたのは、直接的、現世的報酬であった。そこでかれは、兵士たちにたいし、勝利のあかつきには俸給を倍にすることを約束した。

「街と建物は余のものである。捕虜や略奪品は、武勲の褒賞として汝ら(なんじ)にあたえる。富を得て、楽しむがよい。だが、とくに最初に城壁に登った豪傑には、多々あるわが属州のなかでも、もっとも豊かな属州の知事職をもって報いよう。しかし、余の感謝はそれで尽きるものではない。余はその者の期待をはるかに超えて、名誉と富とをいや増しにさずけるであろう」、と。

こうした強力な激励策によって、兵士たちは死をも恐れない戦闘心をあおられた。かくして攻撃にはやる熱気が充満した軍営では、「神は神。アラーのほかに神なし。モハメッドは神の使者なり」との雄叫びが全体にこだまし、夜に入るとガラタから七つの塔まで、海も陸もイスラム軍のかがり火で煌々と輝いたのであった。

●――帝都最後の日

一方、キリスト教徒側の状況は、これとは対照的に、城市内には罪を悔いてか、あるいはその処罰を恐れてか、声高に発せられる悲痛な叫びに満ちていた。聖母マリアの像をかかげた荘厳な行列も行なわれたが、かれらの切なる哀願はこの守護神の耳にはとどかない。

いまや人々は、頑迷(がんめい)さゆえにしかるべき降伏の時機を逸したのだ、として皇帝を非難した。そして迫りくる運命におびえ、トルコ人への隷従によって得られる安全あるいは安息にあこがれる始末であった。

二十八日夕、敵の総攻撃にそなえ、ギリシアの最高位の貴族と同盟軍の勇将らが宮廷にあつめられ、それぞれの義務と危険とが確認された。

この席で皇帝コンスタンティノスは、最後の臣下にたいし、さまざまなことを約束し、自分の心中ではすでに消えていた希望の火を、臣下の心の中に燃え立たそうと努めた。かえりみれば、その空しい最後の演説は、ローマ帝国葬送の辞にほかならなかった。

国のために殉死する英雄たちにたいして、福音(ふくいん)も教会もなんら確たる報酬を示すこともできなかった。皇帝の模範や籠城の苦しみが、追いつめられた最後の戦士たちに自棄的な勇気をあたえていただけであった。まさに何もかもが暗く憂鬱(ゆううつ)で、慰安などひとつもなかった。

そのときの悲壮な光景については、この集会に出席していた歴史家フランザスの筆がつたえている。全員涙を流し、たがいに抱き合い、家柄や貧富に関係なく、帝都防衛に命をささげることを誓い合うと、各々の部署へともどり、塁壁の上で夜を徹して警護にあたった、と。

皇帝はその後側近とともに、数時間後にモスクと変わる運命にあった聖ソフィア教会の聖堂に入って祈り、聖体拝領の秘蹟を涙してうけた。その後、悲嘆の声が大小こもごも響きわたる宮殿でしばしの休息をとったあと、かつて知らずして傷つけたかもしれないとおもわれる者たちに赦(ゆる)しを乞うてまわった。そしてそれが終わるや、ふたたび騎乗して護衛兵を巡察し、つづいて敵情の視察におもむいた。

ああ、最後の皇帝コンスタンティノス。その苦難と最期とは、歴代東ローマ皇帝の栄華よりはるかに光彩を放っている——。

●——その前夜

小規模の攻撃ならば、夜陰に乗じて成功することがあるかもしれない。だが、大規模な総攻撃のばあいは事情が異なる。

メフメットは軍事的判断と占星術の知識をもとに、五月二十九日の朝を決戦の時とさだめた。そのため、すでに多くの箇所が城壁の亀裂部へいたる平坦路と化していた壕には、その縁のところまで兵士がすすみ、大砲や束柴がはこばれた。また、防備の薄い港湾側の城壁には、八十隻のガレー船が船首から攻城梯子を使って登ることができる距離にまで接近するなど、総攻撃前夜は寸時をおしんだ準備作業となった。

この夜の作業については、沈黙がきびしく言いわたされ、違反者には死刑が科されるとされていた。だが、運動や音響の法則が軍律や威嚇にしたがうことなどあり得ようはずがなく、たとえ一人ひとりは声をおし殺し、足を静かに運ぼうとしても、全体で数千人の行進や作業は奇妙な騒音となって響き、その音は塔の上に立つ見張り番の耳にも達していた。

●――総攻撃、開始

夜が明けるや、イスラム軍は定例の号砲を放つことなく、海陸両面から総攻撃を開始。密集して切れ目なく、後から後から押し寄せるさまは、さながら撚糸をおもわせた。

最前列の部隊は、老少の弱卒、農民や浮浪者、それに略奪や殉教の思いにかられて攻囲軍に参加した者たちから成っていた。

この烏合の衆ともいうべき第一陣が、まず城壁めがけて突進――。登攀を試みようとした豪胆な者たちは、たちまちにして射落とされた。

キリスト教徒側には、一矢も一弾も無駄はなかった。だが、うねり来る大軍をまえにした必死の防戦で、やがて精気も弾薬も尽きていった。かたやイスラム軍側は、戦死にまさる祖国への貢献はないかのごとく、熱狂的な先鋒部隊がみずからの死体でうめ、後続の戦友に格好の突撃路を提供した。

つづいて、オスマン・トルコ帝国の各行政区長官のもと、アナトリアとルーマニアの軍隊がつぎつぎと投入された。しかし、一進一退をくり返すばかりで、二時間経ったあとも、ギリシア軍側が優位を保っていたばかりか、むしろ戦況をさらに有利に展開していた。また、そうしたなかで、祖国解放のために最後の奮闘をうったえる皇帝の声も、依然聞こえていた。

このときである、無敵の精鋭軍「イェニツェリ」が獅子奮迅の突撃をかけたのは。

スルタンは騎上で鉄笏を片手にかれらの戦闘ぶりを注視し、その周囲には一万の親衛隊がひかえて、キリスト教徒側に引導をわたす瞬間を待った。まさに、戦局の推移はメフメットの判断と指令いかんにかかっていた。

戦陣の背後には、督戦、制止、処罰の任にあたる大勢の司法官がならび、前方の危険から逃れ得ても、後方には、まぬがれ得ない不名誉な刑死が用意されていた。律動的な音は血液や精気の循環をうながし、それによって理性や名誉などよりはるかに強力に人体に働きかける。経験がわれわれに教えるところである。このときも、恐怖や苦痛の叫びは、大小の太鼓や喇叭からなる勇壮な軍楽の響きにかき消されていた。

陸上の砲列、ガレー船、浮き突堤、これらすべてから、城壁全体にわたってオスマン軍の火砲が炸裂し、軍営も城郭もともに砲煙につつまれた。帝都の解放か陥落以外、もはやそれを晴らすすべはなかった。

およそ神話や古代の英雄たちがみせた一騎討ちなら、おもしろみもあり、親しみも湧こう。あるいは、戦術のみごとな展開なら、精神を高揚させ、必要にして有害な科学、すなわち軍事学を洗練させもしよう。
だが、総攻撃となると、流血や恐怖、それに混乱のほか、いったい何があろうか？
したがって筆者としては、ひとりとして傍観者たり得ず、また行為者自身もしかるべき判断を下しかねた状況について、三世紀と一千マイルの時空をへだてた今日、これをくわしく描写することは控えたい。

●――指揮官の戦線離脱

おもうに、コンスタンティノポリス陥落の直接の因は、ジュスティニアーニの籠手を弾丸あるいは矢が貫いたことに帰せられる。手の流血と激痛に、帝都防衛の要であったこのジェノア人指揮官が、おもわず戦意を喪失したのである。

近くで奮戦していた皇帝は、医者をもとめて持ち場を離れようとしていたかれをみとめ、遮（さえぎ）った。「傷は浅い。危機が迫っているいま、貴下の存在は不可欠である。しかるに、いったいいずこへ行くのだ」、と。

これにたいし、ジュスティニアーニは震えつつ、「神がトルコ人のために開け給うた同じ路を通って退却します」と答え、内壁の裂け目のひとつから姿を消した。

ガラタあるいはキオス島で生きながらえた数日間、かれは自責の念と世間の指弾とによって苦しめられたといわれる。たしかに、この臆病な行為によって、軍人としてのそれまでの数々の名誉も完全に無に帰した。

指揮官ジュスティニアーニの行為は、すぐさまラテン人救援軍の大部分がならうところとなり、さらに勢いを増した猛攻のまえに、防戦はほころびを見せはじめる。イスラム軍兵士の数は、キリスト教徒守備兵の五十倍、いやおそらくは百倍となった。二重の城壁は、敵の火砲によっていまや瓦礫の山と化していた。

おそらくこの時点で、周囲数マイルにおよぶ城壁のところどころには、いまや接近がきわめて容易となった箇所や守備がひじょうに手薄となった箇所があったにちがいない。したがって、攻城側がそこに兵力を集中することができれば、帝都は完全におちる状況となっていた。

●——ついに城壁に立ったイェニツェリ

スルタンの褒賞を最初に射止めたのは、ハッサンという名の怪力、巨漢のイェニツェリ兵であった。かれは偃月刀(えんげつとう)と円盾をそれぞれの手にして外壁の登頂を試み、これに成功したのだ。

このハッサンに遅れをとるまいとした三十名のイェニツェリのうち、十八名がその大胆な試みの途上で命を落としたが、残りの十二名の兵士は、かれと同じく、ついに城壁の上に立った。

その後この巨人は、城壁の上からつき落とされ、地上でおき上がろうとしたところを、雨のような矢と石の猛射にさらされた。だが、あらたな勢いはもう止めるべくもない。かれの成功によって城壁を登ることが可能であることが明らかとなったのだ。トルコ兵たちは、いまや城壁にも塔にも雲霞(うんか)のごとく押し寄せた。

かくしてギリシア側守備隊はしだいにふくれ上がる大軍に圧倒され、有利な地歩から後退していく——。

●——皇帝の戦死と落城

この時点ではまだ、指揮官として、また一兵卒としてその義務を全(まっと)うしている皇帝の姿がなおみとめられていた。しかし、やがてついには見えなくなった。

かれの周りで戦っていた貴族たちは、息絶える瞬間まで、パラエオログスとカンタクゼウスの名誉ある名をよく守りぬいた。「余の首をはねるキリスト教徒は、ひとりもいないのか」、とさけぶ皇帝の悲痛な声が聞かれた。たしかに、生き身のまま異教徒の手におちることが、かれがもっとも恐れていたことであった。追いつめられた皇帝は、唯一最後の手段として、まとっている紫衣（しえ）を剝（は）ぎとり、混乱のなかに突入し、ついにはだれかの手にかかって斃（たお）れ、戦死者の屍（しかばね）の山にその身を埋めたのであった。

皇帝の死を境に、ギリシア側は総崩れとなり、全員が市街にむかって逃げた。だが、聖ロマヌス教会門の狭い路地のところまでくると、大勢が後ろから押されて転倒し、つづく群衆に踏まれて多くが命を落とした。

トルコ兵は、内壁の裂け目からなだれ込み、街に入ると、港湾側のファナル門を突破してきた味方と合流した。この最初の追撃戦で、約二千人のキリスト教徒が殺された。やがて貪欲さが残酷さを制するにいたるや、そのあとには略奪がつづいた。

もともとギリシア人の抵抗があれほどまでになかったならば、殺戮（さつりく）は即座に止めるべきだったというのが、イスラム教徒側の考えであったから、当然の成り行きといえるだろう。

かくして五十三日におよぶ籠城ののち、かつて幾多の外敵をしりぞけてきたコンスタンティノポリスも、ついにメフメットの力のまえに完全に屈したのである。歴史上この帝都が占領されたことは一度だけあるが、それはラテン人によるものであった。しかし、今回はイスラム教徒によるものであって、国の宗教までが踏みにじられたのである。

●——城府内の混乱

悲報には翼でもあるのか、総じてこれが伝わるのはまことに速い。だが、コンスタンティノポリス城内の広さでは、反対側の住民が陥落を知るまでには、あるいは若干の時を要したのではないだろうか。

もっとも、全市にわたる混乱、都と運命を共にする不安、敵の襲撃の音、こうしたなかではだれもが一睡だにできなかったに相違ない。筆者にしても、多くの婦人たちがイエニツエリの乱入によってはじめて安らかな微睡(まどろみ)を破られたなどとおもっているわけではない。

人々は落城を知るや、家からも修道院からも飛び出した。そして弱者も一丸となれば力を発揮できるとでも思ったのか、あるいは群衆の中なら自分ひとりは目立たず安全だとでも考えたのか、臆病な動物の群れさながら、だれもが震えながら路上に身をよせ合った。

住民が帝都の四方から聖ソフィア教会に押し寄せ、一時間もすると、内陣、聖歌隊席、身廊、それに上下の回廊、あらゆる場所が一般の老若男女のほか、司祭、修道士、修道女などで埋まった。集まった群衆は、すべての扉になかから閂をおろし、つい最近まで異端の建物として避けていたこの大聖堂にたいして熱心に祈りはじめた。

それは、かれらがある男の言葉を信じていたからでもあった。この狂信家あるいは詐欺師によれば、トルコ人は帝都に突入し、聖ソフィア教会前の広場にあるコンスタンティヌス大帝の柱廊のところまでは迫るものの、ここまでくると、ひとりの天使が剣を片手に天から降りてきて、物乞いのひとりにいたるまで救う、というのである。

そしてさらに、「この剣をとれ。これで主の民の仇を討て」という言葉が発せられ、これを聞いて遁走するトルコ兵を追って、ローマ人はかれらをまず西方から駆逐し、つづいてアナトリアからペルシャの辺境にいたるまで撃退する、というのだ。

ちなみに歴史家ドゥカスがギリシア人の不和と頑迷さを非難したのは、このときのことである。それには多少の妄想もあったかもしれないが、おおかたは真実であったといってよい。かれはいう、「もしその天使があらわれ、そして汝らが教会の統一に同意したならば敵を撲滅してやろうと約束したとしても、そうした存亡の秋においてさえ、汝らはその保護をしりぞけ、神を裏切ったことであろう」、と。

●――勝者の権利――略奪

だが、悲壮な思いで待つ当の天使は降りてこない。扉はついに斧で破られ、トルコ兵がなだれ込む――。かれらは抵抗がないことを知って、血を流す要もなく、たちまち自分の捕虜とする男女を漁りはじめた。選択の基準は美や若さ、あるいは裕福な顔つきなどで、所有権は先取、腕力、階級などのいかんによって決せられた。一時間もすると、元老院議員らはその奴隷たちと、高位の聖職者らは教会の守門たちと、また平民階級の若者らはそれまで太陽や近しい縁者にさえ顔をみせなかった高貴な乙女たちと、それぞれ一緒にされ、男は紐で、女はベールや帯で、おのおの縛られていた。

父親のうめきにも母親の涙にも、あるいは子供の泣き叫ぶ声にも強奪の手をゆるめないトルコ兵。これによって社会的地位は混乱し、自然の繋がりは断絶をみた。とりわけ悲嘆の声が強く聞かれたのは、胸をはだけ、両手をかざし、髪を振り乱しながら、祭壇からひき離される修道女たちのばあいであった。もちろんわれわれとしても、修道院での徹夜の行よりハレムでの夜とぎを選ぶといった者は少ないのではないかと考えたい。

かくして外に引き出されたギリシア人たちは、いち早くもどってふたたび略奪したいトルコ兵に、脅され殴られして、無理やり足ばやに歩かされた。

同じような略奪は、帝都の教会や修道院、宮殿や家宅など、いたるところでみられた。いかに神聖なところであろうと、いかに隔離されたところであろうと、トルコ兵の暴手がおよばないところはなかった。かくして約六万人のギリシア人が市内からトルコ軍の野営地や艦隊に移され、ほしいままに交換や売却に付されてオスマン帝国の各地へと送られた。

この運命に遭遇した者たちのなかには、著名な人物も少なくなかった。たとえば、皇帝の筆頭侍従であり第一秘書官でもあった歴史家フランザスも、そのひとりである。かれは家族とともにこの災難にまき込まれ、奴隷の苦しみを四カ月ほど味わっている。そして解放されたその冬にアドリアノポリスへおもむき、ミル・バシャ、すなわち主馬頭から妻を買いもどしたが、若さと美の盛りであったふたりの子供はすでにメフメットによってかれ自身の用のために拉致されてしまっていた。

外港の鉄鎖や入口は、この時点でもまだイタリアの商船や艦船が占拠していた。しかし、帝都が陥ちるまで勇敢に闘ったこうした船団も、敵の水兵たちが市中略奪のために散らばった隙をとらえて脱出する。

船に帆があがると、海岸には群衆が走り寄り、ひたすら救助を乞いもとめた。だが、運搬の手段がほとんどない。かろうじて行なわれた救出では、ヴェネティア人もジェノア人も自国民を優先した。

これにたいしガラタの住民は、だれもが家から飛び出し、スルタンの寛大な言質があったにもかかわらず、大事な品々あるいは必須の品々だけを手にして船へと走った。

大都市の陥落やそれにつづく略奪について記すとなると、歴史家はその惨状だけをくり返し述べるよう運命づけられているといってよい。たしかに、同じ激情からは、同じ事件がひき起こされているに相違ない。であってみれば、そうした激情が野放図にゆるされたときの文明人と野蛮人との間の差は、いかに小さなものであることか。

偏見や怨念(おんねん)に根ざした激しい抗議のなかにおいても、イスラム教徒がキリスト教徒の血をほしいままに流したといった非難は聞かれない。かれらの実践原則、すなわち古代の掟からすれば、被征服者の命は征服された段階で失われたのである。したがって、征服者は合法的な報酬として、男女いずれをとわず、捕虜の使役や売却などから実利を引き出すことがゆるされていた。

スルタンも兵士たちにたいして、勝利のあかつきにはコンスタンティノポリスの富をあたえることを約束していた。生産性において一時間の略奪の方が長年月の勤労を上回っていたことをおもえば、おそらく君主のこの約束は前線の兵士をいっそう奮起させたにちがいない。

ところが実際には、戦利品のしかるべき配分が実行されず、戦闘の苦難や危険をさけていた軍営びたりのやからが、武勲の褒賞を横どりする結果となった。そうしたかれらの強奪行為には、まことに一片の教訓も一風の興趣もなく、ここに記すに足らない。

攻囲直前の疲弊していた帝国は、財産価値として総額四百万ダカットであったと評価されている。そしてそのうちのごく一部がヴェネティア人、ジェノア人、フィレンツェ人、それにアンコーナ商人のものであったといわれる。

ちなみに、これら外国人の資本が迅速かつ不断の流通のなかで増殖されていたのにたいし、ギリシア人の富財は豪邸や衣裳部屋の虚飾のために用いられるか、あるいは国土防衛のために徴発されることのないよう金塊や古銭のかたちで秘蔵されるか、どちらかであった。

●侵された聖域

帝都陥落にともなう数々の悲劇のなかで、とりわけ教会や修道院にたいする冒瀆や狼藉ほど、キリスト教徒を嘆き悲しませたものはないだろう。地上の天国、第二の天蓋、天使の乗物、神の栄光の座などと呼ばれてきた聖ソフィア教会の大伽藍までが、幾世代にもわたる寄進の品々を剝奪され、しかもそれら金銀や真珠宝石、花瓶や聖器物などは、すべて人間の便宜のために乱用されたのである。

聖像にしても例外ではない。不敬なやからの目に価値ありと映った部分がことごとく剝ぎとられただけでなく、そのあとの画布や木板までが、あるいは割られ、あるいは焼かれ、あるいは踏みにじられ、あるいは台所や厩舎などの卑賤な用に供されたのだ。

しかし、こうした聖なる教会が荒らされたのは、これが初めてのことではない。ラテン人征服者の前例がある。その意味では、あのときあの悪業なカトリック教徒がキリストや聖母マリア、それに多くの聖人たちにもたらした災難を、こんどは狂信的なイスラム教徒が偶像崇拝の象徴にたいして加えたのだ、ということができる。

おもうに、哲学者ならばこのようなばあい、世の喧騒から超然として離れ、次のことを観察するにちがいない。すなわち、芸術の衰退期においては、技能や作品の価値がややもすれば逆転し、また、聖職者の術策や俗衆の軽信によって幻視や奇跡が矢つぎばやに産み出されるものである、ということを。

帝都の陥落で失われたものは多い。そのなかで、哲学者がもっとも嘆くのは、この大混乱で破壊されたり持ち去られたりして、ビザンティン帝国の諸文庫、約十二万点の写本が消失してしまったことだろう。

故買の値段については、十巻がわずか一ダカットほどで取り引きされていたふしもある。なぜなら、この唾棄すべき値段でも、書架一架分の神学の書籍にたいしては高すぎるとされていたらしく、これで古代ギリシアの科学と文学の白眉、すなわちアリストテレスとホメロスの全作品が購入できたと伝えられているからである。

●──「征服王」の入城

この歴史的な日、すなわち一四五三年の五月二十九日は、第一時から第八時まで混乱と略奪がコンスタンティノポリス市中を支配したが、その後スルタンが大臣や総督をしたがえ、親衛隊をひきつれて、聖ロマヌス門から凱旋した。あるギリシア人歴史家によれば、かれら親衛隊兵士はその一人ひとりが、ヘラクレスの体軀とアポロの機敏さをそなえ、通常兵士の十人に匹敵した戦士たちであったという。

進み行くメフメットのまえに展開する新奇、壮麗な伽藍や邸宅。かれは東洋の建築とはまったく異なるこれらの建物をしばし満足と驚異の目でうち眺めた。そしてさらに歩をすすめ、大競技場までくると、三匹の蛇がからむ円柱をみとめ、これをこの帝都の守護神像か魔除とおもってか、手にした鉄笏あるいは戦斧でそのうちの一匹の下顎をうち砕いて、力を誇示した。

やがて聖ソフィア教会の正門にいたるや、この建物を自分の栄光の記念碑にしようと強くおもったのだろう、かれは門前で馬を下り、大聖堂へと入った。そして、内でひとりの狂信的なムスリムが大理石の舗床を破壊している場面に出くわすや、偃月刀をふるってその者をきびしく叱正。捕虜や略奪品が汝ら兵士にあたえられるということは、建物類は一切が君主のものだということだ、としてその行為をいさめた。

●——残照のなかで

東方教会の大本山であったこの教会は、スルタンの命によりただちにモスクに改装された。しかし、改装とはいっても、持ち運びできる華麗な聖器物類はすべて略奪されてしまっていたため、十字架の撤去のほかは、彫像やモザイクでおおわれていたすべての壁が洗い清められたのち、まったく単純素朴な元の状態に復されただけであった。

同日、いやあるいは翌日の金曜日か、触れ役がもっとも高い小塔に上り、そこから神とその預言者の名において礼拝への参集を呼びかけた。礼拝では、まずイマームが説教を行ない、つづいて、近日まで最後のローマ皇帝のまえでキリスト教の秘蹟がとり行なわれていた大祭壇へとメフメットがのぼり、感謝と祈りの儀式を執り行なった。

礼拝をおえて聖ソフィア教会を出ると、かれはコンスタンティヌス大帝以降の歴代の皇帝が住居とした宮殿へと向かったが、そのところに到るや目にしたものは、建物が豪壮なだけの、主のいない廃邸であった。先の数時間にわたる略奪のため、君主の栄華を映すものはすでに何ひとつ残ってはいなかったのだ。

ああ、栄華のはかなさよ――。運命の変転に胸を衝かれた征服者メフメットの口から、おもわずペルシャの古詩の一節がもれた。

――王のすまいし宮殿に　蜘蛛が糸張り、

アフラシアブ（＝サマルカンド）の望楼に　梟(ふくろう)が鳴く――

終章

十五世紀にみられたローマの廃墟

「ローマ帝国衰亡史」の結語

●――栄華の跡

ローマ教皇エウゲニウス四世（在位一四三一〜四七年）の時代も終わりに近づく頃、教皇の従者であった博学の士ポッジョは、友人とともにカピトリーノの丘にのぼり、円柱や神殿の廃墟の間に腰をおろして、眼下にひろがる荒廃の跡をみわたした。そして人間だけでなく、希代の作品さえも容赦せず、都市や国家もろとも葬り去る栄枯盛衰のことわりに胸を衝かれ、過去の栄光ゆえにひときわ悲劇的であるローマの滅亡について、その友人とふたりして語り合った。

「はるか昔、すなわち、エウァンデルがトロヤの客人アエネアスを饗応（きょうおう）した頃のローマを、ウエルギリウスは物語のなかで描いている。それによれば、当時このタルペーイアの岩のあたりには人影もなく、一面が野生の茂みにおおわれていたという。その後この詩人の時代になって、屋根が金箔（きんぱく）でふかれた神殿が建てられたが、その神殿はすでに倒れ、金箔もすべて剝ぎとられて、残っているものはひとつもない。その運命の輪が一回転し終わり、ここはふたたびイバラが茂るところとなったのだ」

「いまわれわれが座っているこの聖なる丘は、かつてはローマ帝国の心臓、全世界の中心、諸王の恐怖の的として、幾多の凱旋が行なわれ、多くの国々からもたらされた貢納品や戦利品でかざられた場所であった」

「だが、いま目にしている、かつての帝都の光景たるや、なんといういたましい変わりようであることか。あの勝利の路が蔓でおおわれ、あの元老院の議員席が糞土にまみれているのだ」

「パラティノの丘に目をやれば、崩れた建造物の間には、大理石の劇場や巨大な彫像、それにオベリスク、はては皇帝ネロが住んだ宮殿の前廊までみとめられる。一方、他の丘には廃墟や草木のほかは何ひとつない。往時ローマ人が立法や行政官選出のために集まった広場の跡も、一部は菜園となり、一部は牛や豚の飼育地となっている」

「永遠を期して建てられた公私の建造物が、あるものは倒れ、あるものは剝がれ、あるものは毀たれして、それはさながら、切りとられた巨人の手足のようだ。長い歳月と数々の事変に耐えてきたこれら豪壮な遺跡のまえに立つと、ローマの凋落ぶりがいっそう強く胸をうつ……」

●──忘れ去られた過去

かのペトラルカ(一三〇四〜七四年)が方々に点在する遺物をながめ、その一つひとつから雄弁にも優って真実を教えられていたとき、かえりみて、自国民の無関心さに驚いたのであった。

友人のリエンツォとコロンナ家のひとりを除けば、ローマの貴族や一般住民よりローヌ河流域出身の異国人の方がこうした古代の遺物に通じているのを知って、得意になるというより、むしろ慙愧(ざんき)の念を禁じ得なかったといわれる。

十三世紀初め頃につくられた都市案内には、ローマ市民の無知や偏見が如実(によじつ)にあらわれているが、その中でみとめられる名前や場所に関するいくつもの間違いを列挙するまでもなく、カピトリーノ神殿の伝承だけでも、それを聞く者に侮りと憤りの冷笑を浮かべさせるのではないだろうか。

「カピトリーノという名は」──と匿名の作家はいう──「かつて執政官や元老院議

員が全世界を治める統治の中心として、この場所にあたえられたものである。高く堅牢な城壁は硝子や金でおおわれ、その上には珍しい彫刻が見事にほどこされた屋根まで付いていた。また、堡塁の下には、ほぼ全体に金箔がはられ、宝石がちりばめられた宮殿があった。その価値たるや、世界の価値の三分の一に相当した」

「神殿には各属州からもたらされた彫像がいくつも並べられていたが、その一つひとつには首から鈴が下がっていて、一種、芸術とも魔術ともいえる仕掛けになっていた。もしある属州がローマに反旗をひるがえすや、彫像がその方角を向いて鈴を鳴らし、これを聞いたカピトリーノ神殿の預言者が異変を元老院に知らせ、せまる危険を警告するといったものである」

もうひとつ、それほど重要ではないが、同じく笑止な例として、コンスタンティヌス大帝の浴場から今のクイリナーレの丘に移されている、ふたりの裸の若者が引く二頭の馬の大理石像を挙げることができる。

この彫像には、根拠もなしに、ギリシアの彫刻家フィディアスとプラクシテレスの名が使用されている。しかし、これはまだ容赦できるとしても、かれらがペリクレスの時代からティベリウスの時代まで四百年以上も時を移されたことや、哲学者あるいは魔術師にされたことについては、まことに遺憾というほかはない。

今日ヴァチカン宮殿を飾っているナイル像は、ミネルヴァの神殿かあるいは僧院近くの葡萄(ぶどう)畑で人夫が土を掘り起こしているさいに発見された。ところがその後、好奇心旺盛な見物者がぞくぞくと押しよせるのに辟易(へきえき)した所有者が、この像を元の場所に埋めもどしたのであった。

また、高さが十フィートあるポンペイウスの像のばあいは、その発見が訴訟事件へと発展した。見つかった場所が家屋をへだてる仕切り壁の真下であったことから、隣り合うふたりの家主がそれぞれ権利を主張したからである。

そこで公平な裁判官は、それぞれの言い分にこたえるため、頭と胴体をきり離すことを宣告したのであった。おそらく、もしこのとき枢機卿(すうききょう)の仲裁と教皇の気前の良さによってこの英雄像が自国民の蛮行から救い出されることがなかったなら、右の判決はその通り執行されていたにちがいない。

●——近世のローマ市

しかし、こうした蛮風もやがてはしだいに消えてゆき、マルティヌス五世やその後継者たちの時代になると、聖職界の秩序もローマ市内のさまざまな装飾物も旧状に復された。

十五世紀以降にみられる同市の改良も、それは自由や努力の自然な結果ではない。およそ大都市の基礎は、近隣の豊富な労働力に在る。その大都市が必要とする生活物資や商工業品が、そこから供給されるからである。

だが、いまやカンパーニャ・ディ・ローマは、大半が寂寞（せきばく）たる荒野と化し、王侯や聖職者らの所領は、怠惰な土地の家臣たちがこれをなかばなおざりに耕している。しかも、わずかな収穫物さえ、専売のために貯えられたり、輸出に廻されたりしている状況だ。

大都市の発展に必要な他の要因としては、より人為的なものが挙げられる。君主の居住と豪奢（ごうしゃ）な宮廷の多大な出費などである。

しかしながら、属州や貢納もまた、帝国の滅亡とともにすでに無くなって久しい。そのため、たとえペルーの銀やブラジルの金がいくらかヴァチカンに流入しているとしても、枢機卿の収入や聖務の報酬、巡礼者や隷民の寄進、それに教会税の一部など、こうしたものだけでは、怠惰な都市や宮廷をかろうじて賄えるにすぎないだろう。

現在(十八世紀後半)のローマの人口は他のヨーロッパの大都市にくらべてはるかに少なく、十七万人を超えることはない。そして広大な城壁内にある七つの丘も、その大部分が葡萄畑や廃墟と化している。

近代都市のばあい、街の壮麗さは、政府の乱費や迷信の影響に帰されることが少なくない。およそいつの時代にも、あらたな一族が興ってきた。そして子供のないローマ教皇が、教会や国家の費用で、そうした一族の栄華を増し加えてきた。これらかれら幸運児たちの宮殿は、もっとも金のかかる優雅と隷従の象徴である。これまで、建築、絵画、彫刻などの逸品がその用に供されてきた。古代の貴重な事物が、あるいは趣味のために、あるいは虚栄のために、諸方からあつめられて宮殿の長い廊下や庭園などに飾られていることからしても、このことは得心がゆく。

教会収入の遣い方はもう少しましで、歴代の教皇がこれを盛大な礼拝の式典のために充ててきた。ただ、その礼拝に使われていた祭壇や礼拝堂、それに教会などの造営について、これらをここで逐一あげても、それほど意味がないだろう。なぜなら、宗教的建造物のうちもっとも光輝ある建物とされている聖ペテロ教会の大聖堂、「ヴァチカンの太陽」のまえでは、小さな星々はすべて霞んでしまうからである。ユリウス二世、レオ十世、シクストゥス五世などの名声には、ブラマンテやフォンタナ、ラファエロやミケランジェロなどが光彩をそえている。これは教会や宮殿にたいして、昔おしみなく注がれていたと同じ気前のよさが、古代の作品の復活やそれとの競合に向けられるようになったことに因るものである。大地に倒れていたオベリスクは起こされ、ひときわ目立つ場所に移されている。大カエサルや他の執政官らが造った十一の水道橋についても、そのうちの三つが復元をみたほか、大理石の水盤に常時新鮮な水を供給できるよう、新旧いくつものアーチを通して人工の川も引かれている。

聖ペテロ教会では、階段を早足に上ろうとする参詣者も、ふたつの大きな噴水の間にそびえ立つ、高さ百二十フィートもあるエジプト花崗岩の円柱には、おもわず足を止めることだろう。

古代ローマの地図や案内記、また記念物などについても、古物研究家をはじめとする数多くの学者による解明が進み、英雄の足跡や帝国の遺物をみようと、かつて蛮国であった北方の国々から多くの人々が熱心にこの地をおとずれるようになっている。

●――本衰亡史の回顧と著者の結語

こうしたあらたな巡礼者の感嘆は言うまでもないが、読者諸賢におかれても、人類が閲した歴史のなかでもっとも壮大にして、またおそらくはもっとも荘厳であった、ローマというこの大帝国の衰退と滅亡の歴史には、ひとしく深い感慨を誘われるのではないだろうか。

表向き「共和国」という名称と体面とを維持した初期の皇帝らによる巧妙な政策、多数の軍人僭帝（せんてい）によってひき起こされた国内の混乱、キリスト教の発展と各宗派、コンスタンティノポリスの建設、帝国の分裂、ゲルマン人やスキタイ人の侵入と定着、国内法の制定・編纂（へんさん）、モハメッドの性格と宗教、教皇の現世支配、シャルルマーニュによる西ローマ帝国の復興とその後の衰微、ラテン人による東方への十字軍遠征、サラセン人やトルコ人の征服事業、東ローマ（ビザンティウム）帝国の滅亡、中世におけるローマ市の状況と変遷等々、まことに、各種の原因とそれにつづく現象とが、かくまでに興趣に富むさまざまなかたちをとって現れている歴史はほかにない。

しかしながら、この主題の重要性や多彩性を大いに強調する歴史家も、だれであれ、かならずや自己の力量不足を痛感せざるを得ないことだろう。またその一方で、ときに関係資料の不足という問題もあり、これにも苦言を呈せざるを得まい。

かえりみれば、本ローマ史の構想が最初にわたしの脳裏をよぎったのは、カピトリーノの廃墟に佇んでいるときであった。以来、二十年近くの歳月をこの著述にささげてきた。それは楽しい日々でもあった。当初の抱負がすべて満たされているわけではないが、本章を最後として、わたしはいまこの作品を、読者諸賢の温情あるご高批にゆだねる次第である。

一七八七年六月二十七日　於ローザンヌ

解説　ローマ帝国の遺産

エドワード・ギボンの『ローマ帝国衰亡史』は、以上をもって完結しました。いかがでしたでしょうか。読み終えられて、多くの方がこの大国の歴史に、初めてあるいは改めて、深い感慨をおぼえておられるのではないでしょうか。ローマという外国の、しかも遙か昔の国を、いまや身近なものに感じられるようになられたのではないでしょうか。しかし、現代にまで伝わっているローマの遺産をよくお知りになれば、その感はさらに深まることでしょう。と同時に、今後の西洋文化の理解にも大いに役立つことでしょう。

この古代の大国の影響は、言語、文学、美術、宗教、建築、政治、行政等々、多岐にわたっています。そこで最後に、ローマ帝国が遺した事物のうち、いくつか代表的なものをご一緒にみていきたいとおもいます。

言語——まず、国民・国家の特性を形成する上でその一大要素である言語については、どうでしょうか。ご存じのように、ローマ帝国の言語はラテン語でした。このラテン語は、今日欧州各国で話されているロマンス語系の諸言語の母体となっています。すなわち、イタリア語、フランス語、スペイン語、ポルトガル語、ルーマニア語などは、紀元八世紀以降、口語ラテン語から派生し発展した言葉です。

ラテン語の影響は、同じ語系の言語にたいするものにとどまりません。それはヨーロッパの他の系統の言語にも及んでいます。たとえば、ゲルマン語系であるドイツ語や英語の語彙にも、ラテン語がそれぞれ形を変えて数多くみられます。その割合は、ちょうど日本語にたいする漢字の割合と同じようなものだと申し上げてよいかもしれません。

たとえば、本衰亡史（原著英文）の文章も、通常の言い回しに使われている単語を除けば、全体の半分前後はラテン語源の単語によって占められています。非ロマンス語系の英語においてさえ、ラテン語の影響はそれほど顕著です。

読者諸賢が日常なにげなく口になさっておられる日本語化した英単語のなかに

も、もちろん、たくさんのラテン語源のものがあります。世界共通の学術語だけでなく、各欧州語の新造語も、多くがギリシア語やラテン語の語幹を基礎につくられています。

以上のような次第で、ローマ帝国の言葉は、意外にも現代社会に大きな影響を及ぼしているのです。そしてその影響は、インターネットの普及にともなう英語のグローバル化によって、日本語の中にも、今後ますます広がりゆくことは間違いありません。

文学――言語の次には、その直接の産物である文学をみてみましょう。ヨーロッパにおいては、ごく最近まで、ギリシア語と並んでラテン語に通じることが教養の証とされていました。すなわち、近代ヨーロッパを導いてきた知性は、およそギリシア語とラテン語で書かれた古典から得られていたのでした。

その一例として、イギリスの学制で有名な「グラマー・スクール」が挙げられます。大学進学準備のためのこの中等学校は、右の両言語の文法を教えるところとして十六世紀にはじめて創られたのがその前身でした。そして十七世紀以降にみられる同国の発展を支えた人材の多くが、この学校を通してギリシア・ローマの古典に親しんでいたのでした。

今日までこのように正式な文語ラテン語が続いてきた理由は、西方キリスト教会の功績に帰することができます。西ローマ帝国の滅亡後、ラテン文語は教会の公用語として、ミサのほか、聖書その他の神学の研究に用いられてきたからです。

時代が下り、蛮族が開化されていくにつれ、開明国の高い文化を学ぼうとする者たちが現われるのは、歴史にみられる必然です。ゲルマン諸国家の知識層にしても、同じです。かれらも写本を探しもとめ、偉大なローマ人が残した文化の吸収に努めたのでした。以来、ヨーロッパにおいては、ラテン語は学者の間でも共通語となりました。したがって、どの国でも、書物はラテン語で出版されていました。このことは、ごく近世まで続いていました。

さいわい「ローマ」は、後世の人々が手本とするに足る優れた作家を多数輩出しています。すでに第Ⅱ章でも一部紹介されている通りです。かれらの作品の多くは、ギリシアの有名作家の作品と並んで、今日でも世界文学史上の傑作のうちに数えられ、人類共通の遺産として、わが国においても、外国のものと意識されないほどに、翻訳を通して親しく読まれています。

宗教――次は、宗教を見てみましょう。ローマ帝国の国教とまでなったキリスト教については、信仰の点だけでなく政治の点でも、この宗教が東西帝国と密接に結びついていた状況をみてきました。その影響は時代を下るごとに、ますます大きいものとなり、その過程において、神学上の違いからローマ・カトリック、ギリシア正教、さらにはプロテスタント、その他の教派に分かれました。それ以後、ヨーロッパ各国はそれぞれ各伝統をひき継いで現代にいたっています。そしてローマ帝国以降あらたに生まれたキリスト教的世界観が、今日の欧米人の考え方に大きく反映されています。

国際政治における波及も、例外ではありません。とくに教派の違いによるキリスト教国同士の対立やイスラム教圏との対立は、残念ながら、その思わしくない例です。一方、よろこばしいことに、キリスト教の精神に則って行なわれてきた大規模な社会改革や慈善事業も数多くありました。

人類にたいする影響度を人口の点からみると、近年の統計によれば、世界の四大宗教のうち、イスラム教徒が約十八億人、ヒンズー教徒が約十億人、そして仏教徒数が約五億人であるのにたいし、キリスト教徒数は約二十四億人となっています（『ブリタニカ国際年鑑2017年版』）。

すなわち、ローマ帝国において一大宗教となったキリスト教は、以来さまざまなかたちで、しかも大きく、世界を動かしてきたのです。また、現在も動かしているのです。このことは、近い将来も変わることはないでしょう。

美術——次は美術です。あるいは、美術と建築、同時に扱ってよいかもしれません。コンスタンティノポリス建設のときに、コンスタンティヌス大帝が帝国の方々から彫像を集めさせ、それで市街を飾ったという行がありましたが、そのように、ローマ時代に造られた大規模な建造物には、その一部として多くの美術品がみられるからです。

今日欧米でみられる古典的な美術品や古風な建造物も、その伝統を継いで、多くがギリシアを源流としてローマ時代に発展、普及したものをモチーフ（原型）としています。

たとえば、アメリカ合衆国の建国者のひとりであったトーマス・ジェファーソンは、首都ワシントンを造るにあたって、ローマの建築物を手本にしたのでした。そのジェファーソンの遺志をついで、米議会の議事堂は現在のものも、ローマ時代に多神教の神殿であったパンテオン（万神殿）を模したものにほかなりません。

また、アメリカの上院を英語で“The Senate”と言いますが、これもローマの元老院を表していた言葉です。旧弊の多いヨーロッパと決別して新世界を築こうとした建国者たちにしても、このように、かれらの政治や文化の理想はその源流である「ローマ」だったのです。

近代が再現したもうひとつのローマ時代の建築物としては、戦勝を記念して建てられた凱旋門があります。十八世紀から十九世紀にかけて、ヨーロッパでは凱旋門がランドマークとして都市計画のなかに採り入れられるようになりました。フランスのパリにみられるナポレオンの凱旋門は、そのもっとも代表的なものです。そのほか、ドイツのベルリンにあるブランデンブルク門も有名です。この建造物は、ローマ式凱旋門の重厚さとギリシア式列柱の明快さをたくみに調和させたものだといわれています。

他の美術や建築についても、そうです。ほとんどすべてがローマ文化の影響をうけています。そうしたものは多数残っており、書籍や放送その他で紹介されていますから、読者各位、その〝雰囲気〟についてはすでによくご存じのことでしょう。

法律・政治――古代ローマの影響は、もちろん、法律・政治にも及んでいます。『ローマ法大全』が世界の法治国家の法制の基礎となっていることについては、先のユスティニアヌス帝の業績のところですでに申し上げました。ここでは、そのいわゆる「ローマ法」がその後の各国家に引き継がれてきた過程を簡単に見てみましょう。

中世の都市国家フィレンツェは、ローマ共和国を模範としていました。したがって、法制も都市国家として採用できる部分は、ローマ法に倣ったのでした。ゲルマン系国家でもローマ法は採用されています。中世ドイツに中央政府はありませんでしたが、困難な事件については、判例をローマ法に求めたといわれています。

近世ではオランダも、また後には、その植民地であった南アフリカも、この古代の法律を模範としたのでした。現代に近いもののなかでは、「ナポレオン法典」（一八〇四年公布）と「ドイツ民法典」（一八九六年公布）が有名です。

以後、西洋文化の影響のもとに世界各地でさまざまな国（日本も含めて）が改革あるいは独立していくのにともない、西洋の法制が国際的な法制となったのです。そして今日に到っています。言いかえれば、これは「ローマ法」の現代世界にたいする大きな影響にほかなりません。

政治面では、北欧を除く今の欧州連合（EU）と昔のローマ帝国とは、地理的、文化的に通じる面があります。読者諸賢もすでにお気づきのことでしょう。たしかに、もしそうでなければ、自由を標榜する独立心旺盛な西欧各国ですから、ヨーロッパが一体である、という観念は生まれなかったことでしょう。

以上のほか、政治面への影響としては、フランス革命期にナポレオンが創設した執政官職があります。ナポレオンはフランス皇帝となるまえに、古代ローマの執政官（コンスル）職に倣い、みずからのためにこれを創ったのでした。なお、今日では、コンスルという言葉は一般に、外交使節団の領事をあらわす言葉として用いられています。

このように、古代ローマのイメージは、欧州各国の指導者の脳裏に強く焼きついていたようです。ロシア皇帝の「ツァー」という称号も、ドイツ皇帝の「カイザー」という称号も、ともにあのカエサル（シーザー）の名に由来しています。

また、二十世紀に入り、イタリアのムッソリーニがエチオピア征服をめざしたのも、第一章にあったローマ帝国初期に試みられたエチオピアとアラビア・フェリックス（現イエメン）への遠征が前例としてあったからだといわれています。

暦——では最後に、われわれの日常生活に関係の深い事例をひとつ挙げてみましょう。それは暦です。

現在世界各国で使われている暦は、ローマ教皇グレゴリウス十三世（在位一五七二〜八五年）が創った「グレゴリオ暦」にもとづく太陽暦ですが、そのもとになったのはユリウス・カエサル（シーザー）が前四五年に定めた「ユリウス暦」でした。カエサルは、それまでの不完全な太陽太陰暦であった「ローマ暦」をあらため、四年に一度、閏（うるう）年を入れることによって太陽の一回帰年に近づけたのです。

しかし、時代が進むにつれ、回帰年との間になお存在していた微妙な差が蓄積されて大きくなりますので、そこで、それを調整し、より狂いの少ないものにしたのがグレゴリオ十三世でした。これが今日われわれが使用しているグレゴリオ暦、いわゆる西洋暦（西暦）です。

暦に関連したこととして、月の呼び名にも影響がみられます。当時ローマは、いまのように一月を年の始めとするのではなく、三月を最初の月としていました。これは、ローマ人にとって、一年の初めの季節を感じさせる種蒔きの時期がこの頃に当たっていたからです。

ご存じのように、七月のことを英語で〝July〟といいますが、この〝July〟という言葉はユリウス・カエサルの〝Julius〟からきています。また、八月のことを〝August〟といいますが、こちらはカエサルの養子であった、初代皇帝アウグストゥス・カエサルの〝Augustus〟に由来しています。

いまの暦で七月に当たる元の呼び名は、五を意味する〝グウィンティリス〟、八月は六を意味する〝セクスティリス〟でした。この呼び名と現代の西暦における月の順序に二カ月のずれがあるのは、前述のように、古代ローマでは三月を一年の最初の月としていたことに因るものです。

現代の暦の基礎がローマ時代に創られたユリウス暦であることは、それを使用している日本人の生活のなかにも、気づかないうちにローマ文化がすでに深く浸透しているということにほかなりません。しかも、その古い暦があの有名なカエサル（シーザー）の手によるものであったとは、少々驚きではないでしょうか。

そのほか、生活の面では、欧米でみられる各種の行事、料理、ファッション、装身具、伝承医学など、ローマ帝国の影響は他にも数多くみられます。

まことに、なんという大きく多岐にわたる遺産であることでしょうか。ローマ帝国はかくも偉大だったのです。

あとがき

近世最大の歴史家エドワード・ギボンの『ローマ帝国衰亡史』は、ここに終わりました。

いかがでしたでしょうか？——おそらく、皆様それぞれに、きっと、充実した読後感をおぼえておられることでしょう。

原著の発刊からすでに二世紀余り。この間、当然ながら、新事実の発見や史学的手法の発達がありました。

そのため、十八世紀後半としては考証学的にきわめて精確であったこの名著も、現代では、学問的価値がいくぶん低下したといわれています。

初刊当時でさえ、絶賛だけがあったわけではありません。『ローマ帝国衰亡史』は、その絶大な人気ゆえに、じつは、一方で激しい批評にもさらされていました。それは主に、キリスト教を扱った章をめぐるものでした。ギボンの見解のなかには、時のキリスト教聖職者の反発をさそうものが少なくなかったからです。

一説によると、かれの存命中に出版されたものだけに限っても、この希代の歴史書を批難した書籍の数は、約六十冊にも上ったといわれています。

さらに、古代のすぐれた文明としては、世界に唯一ローマ帝国しかなかったかのような見方が、ギボンのなかには感じられます。こうした偏見にたいしては、われわれは東洋人として、大いに抵抗をおぼえます。

しかし、それでも、『ローマ帝国衰亡史』が歴史書の白眉（はくび）であることに、依然、変わりはありません。

ギボンの時代以降、ローマ史については、じつに膨大な数の書籍が著されてきたにもかかわらず、この「衰亡史」は、歴史書としての格において、類書中、依然、筆頭を占めています。

ギボンを批難した先の書物にしましても、すべてが忘れ去られ、「衰亡史」だけが燦然（さんぜん）と輝き続けている状況です。

また、ギボンの西洋至上主義のような世界観にしましても、東洋の凋落（ちょうらく）がいちじるしい当時の国際事情をおもえば、あるいは無理もないことでしょう。

そこで、ゆるぎない『ローマ帝国衰亡史』の価値については、ひとつの象徴的な言葉をもって、結語とさせて頂きます。これは、ギボンの論敵が、ケンブリッジ大学で説教を行なった際に、ギボン批難の前置きとして口にした言葉です。すなわち、「言語が続くかぎり、この書は永遠に続く」、と。

皆様のなかには、そうした本書を読み終えられたいま、ローマ史や西洋史全般にたいして関心を強くなされた方々が、少なからずおいでのことでしょう。

さいわい、わが国では、ローマ史も含め、西洋史関連の書籍が多数出版されています。

ギボンの『ローマ帝国衰亡史』につきましても、昭和期の村山勇三先生訳（岩波書店）に加え、近年版では中野好夫先生ほか訳（筑摩書房）が出ています。いずれも原著の全章を通した力作です。

また、著者ギボンの人柄や人生については、『ギボン自伝』（筑摩書房）で詳しく知ることができます。とくにご関心のある方は、これらの書物に目を通されるとよいでしょう。

さらにまた、英語にご興味をおもちの読者は、原著に当たってみられるのもよいでしょう。

現在入手できる英書としては、エヴリマン叢書（そうしょ）版、ペンギン版その他いくつかあります。

ちなみに、本書『〈新訳〉ローマ帝国衰亡史』は、J・B・ビュアリ編（全七巻、一九〇九年）を底本とし、章編成にあたっては、旧ヴァイキング版を参考にいたしました。

さて、いまや皆様は、「木を見て、森を見ず」といった、ややもすれば、浩瀚（こうかん）な歴史書にともなう弊害におちいることなく、有史後の世界の成り立ちに多大な影響をあたえてきた古代ローマの全体像を、本書を通して鮮明に把握されたわけです。皆様は、この時点で、日本人であると同時に、「世界人」となられたのです。ひるがえって、その意味で、この訳書の使命もまた、ここに達成されました。

いま、ペンを擱(お)くにあたり、本書をお読み頂いたすべての方々に、心から厚くお礼申し上げます。とともに、今後のご健康とご発展とを、衷心(ちゆうしん)よりお祈り申し上げます。

そして最後となりましたが、この企画と拙稿をとり上げて頂いたＰＨＰ研究所ビジネス出版部の金田幸康編集長と、直接その編集に多大の精根をかたむけて頂いた小林英史氏とにたいしましては、深甚の感謝を申し上げる次第であります。まことに、ありがとうございました。

本書を中倉家祖父母並びに母トシ子に捧ぐ――

二〇〇〇年九月一日　於平戸

中倉玄喜

⁂

本書〝普及版〟の編集にあたっては、ＰＨＰ研究所学芸出版部の藤木英雄氏に多大のご尽力を頂きました。末尾ながら、氏にもまた深く感謝の意を表します。

中倉玄喜

二〇〇八年三月　於福岡

文庫版あとがき

いま本書を詠み了（お）えられて、どのような感慨が皆様の胸に去来していることでしょうか。

少なくとも、ひとつの歴史書に触れたことは、共通した事象として、その歴史書の時間的、空間的な広がりが、皆様の心にも広がったことを意味します。以後は、皆様の想像力がその心象をいわば種子として、およそ無意識の裡（うち）にも、いっそう高い世界認識へと皆様を導いてくれることでしょう。

ギボンの原著発刊から二世紀半、そして『［新訳］ローマ帝国衰亡史』単行本の初刊から二十年。この度あらたに、拙訳によるこの名著をお読みくださった皆様とお別れするに及んで、筆者は、ご縁という、そのご好意にたいして深い感謝の念を禁じえません。諸賢のこれからのご清健と益々のご発展をお祈り致す次第です。

なお最後に、本書の刊行作業において多大なご尽力を頂いた文庫出版部部長の山口毅氏、助手の宮里祥子氏、装丁デザイナーの一瀬錠二氏、校閲の小倉一邦氏、編集・組版の月岡廣吉郎氏の諸氏、並びにその他多くの関係者の方々には、この結びの行（くだり）をお借りして、深甚の謝意を表します。

二〇二〇年五月　於福岡

編訳者　中倉玄喜

●東西ローマ帝国皇帝表

紀元前　0　紀元

ユリウス＝クラウディウス朝

27 アウグストゥス（～紀元14）
14 ティベリウス（～37）
37 ガイウス（～41、カリグラ）
41 クラウディウス（～54）
54 ネロ（～68）
68 ガルバ（～69）
69 オトー、ウィテリウス

フラウィウス朝

ウェスパシアヌス（～79）
79 ティトゥス（～81）
81 ドミティアヌス（～96）

100

五賢帝

ネルウァ＝トラヤヌス朝

96 ネルウァ（～98）
＊トラヤヌスと共同統治（97～98）
98 トラヤヌス（～117）
117 ハドリアヌス（～138）

アントニヌス朝

138 アントニヌス・ピウス（～161）
161 マルクス・アウレリウス（～180）
＊ウェルスと共同統治（161～169）

200

混乱の時代「3世紀の危機」

セウェルス朝

180 コンモドゥス(～192)
193 ペルティナクス
ディディウス・ユリアヌス
セプティミウス・セウェルス(～211)
211 カラカラ(～217)
*ゲタと共同統治(211～212)
217 マクリヌス(～218)
218 エラガバルス(～222)
222 アレクサンデル・セウェルス(～235)
235 マクシミヌス(～238)
238 ゴルディアヌス1世、2世
*アフリカ
バルビヌス、プピエヌス・マクシムス
*イタリア
ゴルディアヌス3世(～244)
244 フィリップス(～249)
249 デキウス、ホスティリアヌス(～251)
251 トレボニアヌス・ガルス(～253)
253 アエミリアヌス
ウァレリアヌス(～260)

300

混乱の時代「3世紀の危機」

＊ガリエヌスと共同統治（253〜260）

260 ガリエヌス（〜268）

〈西〉

260 ポストゥムス、ウィクトリヌス、テトリクスのガリア帝国（〜274）

268 クラウディウス（〜270）

270 クインティルス

270 アウレリアヌス（〜275）

275 タキトゥス（〜276）

276 プロブス（〜282）

282 カルス（〜283）

〈西〉

283 カリヌス（〜285）

〈西〉

287 正帝マクシミアヌス（〜305）

293 副帝コンスタンティウス（〜305）

305 正帝コンスタンティウス（〜306）

305 副帝セウェルス（〜306）

〈東〉

260 オダイナトス、ゼノビア、ウァパッラトスのパルミュラ王国（〜273）

〈東〉

283 ヌメリアヌス（〜284）

〈東〉

284 正帝ディオクレティアヌス（〜305）

293 副帝ガレリウス（〜305）

305 正帝ガレリウス（〜311）

305 副帝マクシミヌス（〜309）

四分統治の時代

306 正帝セウェルス(〜307)
306 マクセンティウス(〜312)
＊イタリア
306 副帝コンスタンティヌス(〜307)
308 正帝コンスタンティヌス(〜324)
＊リキニウスと共同統治(312〜324)
324 コンスタンティヌス　単独統治(〜337)
337 コンスタンティヌス2世(〜340)
337 コンスタンス(〜350)
350 マグネンティウス(〜353、帝位簒奪者)
355 副帝ユリアヌス(〜361)
361 正帝ユリアヌス(〜363)
361 ユリアヌス　単独統治(〜363)
363 ヨウィアヌス(〜364)
364 ウァレンティニアヌス1世(〜375)
375 グラティアヌス(〜383)
375 ウァレンティニアヌス2世(〜392)
＊イタリア、イリュリクム

308 正帝リキニウス(〜324)
309 正帝マクシミヌス(〜313)
337 コンスタンティウス2世(〜361)
351 副帝ガルス(〜354)
364 ウァレンス(〜378)
379 テオドシウス1世(〜395)

400

383 マクシムス（〜388、帝位簒奪者）
392 エウゲニウス（〜394、帝位簒奪者）
395 ホノリウス（〜423、摂政・スティリコ）
421 コンスタンティウス3世
423 ヨハンネス（〜425、帝位簒奪者）
425 ヴァレンティニアヌス3世（〜455）
455 ペトロニウス・マクシムス
455 アウィトゥス（〜456）
457 マヨリアヌス（〜461）
461 リウィウス・セウェルス（〜465）
467 アンテミウス（〜472）
472 オリブリウス
473 グリケリウス（〜474）
473 ネポス（〜475）
475 ロムルス・アウグストゥルス（〜476）
475 **西ローマ帝国滅亡**
476 オドアケル（〜493）

395 アルカディウス（〜408）
408 テオドシウス2世（〜450）
450 マルキアヌス（〜457）
457 レオーン（〜474）
474 ゼノン（〜491）
＊バシリスクス（475〜476）

500

600

蛮族による支配

ビザンティンの再征服

493 テオドリクス(〜526)
526 アタラリクス(〜534)
534 テオダハド(〜536)
536 ヴィティギス(〜540)
540 ヒルディハド(〜541)
541 トティラ(〜552)
552 テイアス(〜553)

491 アナスタシウス(〜518)
518 ユスティヌス1世(〜527)
527 ユスティニアヌス1世(〜565)
565 ユスティヌス2世(〜578)
578 ティベリウス2世(〜582)
582 マウリキウス(〜602)
602 フォーカス(〜610)
610 ヘラクレイオス(〜641)
641 コンスタンティノス3世
641 ヘラクロナス
641 コンスタンス2世(〜668)
668 コンスタンティノス4世(〜685)
685 ユスティニアノス2世(〜695)

700 ― 800 ― 900

695 レオンティオス(〜698)
698 ティベリオス3世(〜705)
705 ユスティニアノス2世(復位)(〜711)
711 フィリッピコス(〜713)
713 アナスタシオス2世(〜715)
715 テオドシオス3世(〜717)

イサウリア朝

717 レオーン3世(〜741)
741 コンスタンティノス5世(〜775)
775 レオーン4世(〜780)
780 コンスタンティノス6世(〜797)
797 エイレーネー(女帝)(〜802)
802 ニケフォロス1世(〜811)
811 スタウラキオス
811 ミカエル1世(〜813)
813 レオーン5世(〜820)
820 ミカエル2世(〜829)
829 テオフィロス(〜842)
842 ミカエル3世(〜867)
867 バシレイオス1世(〜886)
886 レオーン6世(〜912)

1000

マケドニア朝

912 アレクサンドロス（〜913）
913 コンスタンティノス7世（〜959）
920 ロマノス1世（〜944）
959 ロマノス2世（〜963）
963 ニケフォロス2世（〜969）
969 ヨハネス1世（〜976）
976 バシレイオス2世（〜1025）
1025 コンスタンティノス8世（〜1028）
1028 ロマノス3世（〜1034）
1034 ミカエル4世（〜1041）
1041 ミカエル5世（〜1042）
1042 ゾエ（女帝）とテオドラ（女帝）
1042 コンスタンティノス9世（〜1055）
1055 テオドラ（女帝・復位）（〜1056）
1056 ミカエル6世（〜1057）

コムネノス朝

1057 イサキオス1世（〜1059）

ドゥカス朝

1059 コンスタンティノス10世（〜1067）
1068 ロマノス4世（〜1071）
1071 ミカエル7世（〜1078）
1078 ニケフォロス3世（〜1081）

1100　1200

ラテン帝国の支配者たち

1204 ボードワン1世(〜1205)
1206 アンリ1世(〜1216)
1216 ピエール・ド・クルネ(〜1219)
1221 ロベール・ド・クルネ(〜1228)
1228 ボードワン2世(〜1261)

コムネノス朝

1081 アレクシオス1世(〜1118)
1118 ヨハネス2世(〜1143)
1143 マヌエル1世(〜1180)
1180 アレクシオス2世(〜1183)
1183 アンドロニコス1世(〜1185)
1185 イサキオス2世(〜1195)
1195 アレクシオス3世(〜1203)
1203 イサキオス2世(復位)とアレクシオス4世(〜1204)
1204 アレクシオス5世
1204 コンスタンティノス(11世)
1204 テオドロス1世(〜1222)

ニカイア亡命政権

1222 ヨハネス3世(〜1254)
1254 テオドロス2世(〜1258)
1258 ヨハネス4世(〜1261)
1259 ミカエル8世(〜1261)

1400　1300

パライオロゴス朝

1261 ミカエル8世（〜1282）
1282 アンドロニコス2世（〜1328）
1328 アンドロニコス3世（〜1341）
1341 ヨハネス5世（〜1391）
1347 ヨハネス6世（〜1354）
1376 アンドロニコス4世（〜1379）
1390 ヨハネス7世
1391 マヌエル2世（〜1425）
1425 ヨハネス8世（〜1448）
1448 コンスタンティノス11世（〜1453、12世）
1453 **東ローマ帝国滅亡**

●—ローマ帝国年表

＊はおよその年代を示す。

西暦	事項
紀元前 七五三	ロムルスがローマを建国
五〇九	君主制（王制）廃止。共和制がはじまる
六〇	カエサル、ポンペイウス、クラッススの第1回三頭政治
五三	クラッススがパルティア遠征で戦死
四四	カエサル暗殺
二七	オクタウィアヌスが「アウグストゥス」の称号を得て元首制を開始
＊七	イエス・キリスト誕生
紀元 九	ローマ、トイトブルクの戦いでゲルマン人に敗北

西暦	関連事項
＊五三	パルティアが最盛期となる
二〇	パルティア、ローマにシリアを譲渡
八	前漢滅亡
二五	後漢建国

＊三〇	イエス・キリスト処刑
四一	カリグラ暗殺
五四	ネロ即位
六六	第1次ユダヤ戦争
七九	ヴェスヴィオ火山が噴火し、ポンペイ埋没
八〇	ローマのコロッセオが完成
九六	ネルウァ即位（五賢帝時代はじまる）
九八	トラヤヌス即位
一〇五	タキトゥス『歴史』出版
一一七	ローマ帝国が最大版図に
	ハドリアヌス即位
一三八	アントニヌス・ピウス即位
一六一	マルクス・アウレリウス・アントニヌス即位
二一二	帝国内の全自由民にローマ市民権を付与
二一六	カラカラ浴場が完成
二一八	エラガバルス即位

五七	奴国王、光武帝より印綬を受ける
一〇五	蔡倫、紙を造り献上
二二〇	後漢滅亡、魏建国

西暦	事　項
二三五	軍人皇帝時代がはじまる（3世紀の危機）
二五〇	デキウス帝によるキリスト教徒迫害
二六〇	ヴァレリアヌス帝がペルシャ王シャプール1世に捕らえられる
二八四	ディオクレティアヌス即位、専制君主制はじまる
二九三	四分統治開始
三〇三	ディオクレティアヌス帝、キリスト教弾圧開始
三〇六	コンスタンティヌス1世即位
三一三	ミラノ勅令によりキリスト教公認
三三〇	コンスタンティヌス帝が新帝都コンスタンティノポリスに遷都
三六一	ユリアヌス即位

西暦	関連事項
二二六	パルティア滅亡、ササン朝ペルシャ建国
二三九	倭の女王卑弥呼、魏に遣使
二六五	魏滅亡、西晋成立
三一六	西晋滅亡、五胡十六国時代がはじまる

三七六	ゲルマン民族の大移動はじまる
三七九	テオドシウス即位
三九二	テオドシウス帝、キリスト教以外の宗教を禁止
三九五	帝国が東西に分裂
四一〇	西ゴート族のアラリックがローマを占領
四五二	フン族のアッティラがイタリアに侵入
四五五	ヴァンダル族がローマを占領
四七六	西ローマ帝国滅亡
五二七	ユスティニアヌス1世即位
五二九	『ローマ法大全』の編纂
五三二	コンスタンティノポリスでニカの乱勃

＊三六九	大和政権がほぼ日本全国を統一
四二九	ヴァンダル王国建国
四三九	北魏、長江以北を統一、南北朝時代がはじまる
四八一	フランクのクロヴィスがメロヴィング朝を創始
四九三	テオドリック、イタリアに東ゴート王国建国

西暦	事項
	発
五三七	ユスティニアヌス1世、聖ソフィア教会を再建
五七二	ビザンティン帝国とササン朝ペルシャの戦争
*五八〇	アヴァール人・スラヴ人によるギリシア都市の破壊はじまる
六一〇	カルタゴのヘラクリウス、フォーカスを打倒
*六一八	コンスタンティノポリス市民への穀物配給（「パン」）の廃止
六二六	ペルシャ軍とアヴァール・スラヴ軍、

西暦	関連事項
五三四	北魏滅亡
	ヴァンダル王国滅亡
五五五	東ゴート王国滅亡
*五七〇	モハメッド生誕
五八一	隋建国
五九三	推古天皇即位。聖徳太子摂政に
六一八	唐建国
六二二	モハメッド、メディナに赴く（ヘジラ暦元年）

	コンスタンティノポリスを包囲
六三六	ヤルムーク河畔の戦い。ビザンツ軍がアラブ軍に敗北
六五五	ビザンツ海軍がアラブ海軍に敗北
六七四	アラブ軍、コンスタンティノポリスを包囲
*六八〇	ブルガール人が建国
七一七	レオーン3世即位 アラブ軍、コンスタンティノポリスを包囲
七二六	レオーン3世、聖像崇拝禁止を表明

六三〇	第1次遣唐使
六四五	大化の改新
六五一	ササン朝ペルシャ滅亡
六六一	ウマイヤ朝成立
七一〇	平城京遷都
七一一	西ゴート王国滅ぶ
七二〇	『日本書紀』成立
七三二	トゥール・ポワティエ間の戦い、イスラム教徒の西欧進攻を阻止
七五〇	アッバース朝成立

西暦	事項
七五一	ラヴェンナがランゴバルト人に占領される
七八七	第2回ニカイア公会議。聖像崇拝の復活
七九七	エイレーネー、ビザンティン帝国最初の女帝に
八一五	第2次聖像崇拝禁止運動はじまる
八四三	聖像崇拝の最終的な復活
八六〇	キエフ・ルーシ、コンスタンティノポリスを攻撃
八六七	バシレイオス1世即位。マケドニア王朝はじまる

西暦	関連事項
七五一	アッバース軍、タラス河畔の戦いで唐軍を破る
七五六	カロリング朝開始
	後ウマイヤ朝おこる
七六二	バグダードの建設はじまる
七九四	平安京遷都
八〇〇	カール大帝、西ローマ皇帝として戴冠
八四三	フランク王国三分される
八七一	アルフレッド大王、イングランドを統治
八八二	キエフ公国建国

九一三	ブルガリア人、コンスタンティノポリスを包囲
九四七	このころ、コンスタンティノス7世の宮廷でマケドニア朝ルネサンスが花開く
九六三	ニケフォロス2世即位
九七六	バシレイオス2世即位。ビザンティン帝国の最盛期
九九六	バシレイオス2世、反貴族的新法を発布
一〇一八	第1次ブルガリア帝国を滅ぼす
一〇四七	コンスタンティノポリスに法科大学と哲学大学設立

八九三	第1次ブルガリア帝国の最盛期
九〇七	唐滅亡。五代十国時代はじまる
九三五	平将門の乱
九三六	藤原純友の乱
九六〇	宋建国
九六二	神聖ローマ帝国成立
一〇〇〇	ハンガリー王国建国
一〇一六	藤原道長、摂政に
一〇一八	ノルマン人、南イタリアに侵入
一〇三八	セルジューク朝トルコ建国

西暦	事項
一〇五四	東西教会の分裂
一〇五七	イサキオス1世即位
一〇七一	マンツィケルトの戦い。ロマノス4世がセルジューク・トルコ軍の捕虜となる
一〇八一	アレクシオス1世即位
一一五五	ビザンツ軍、イタリア半島東部を占領
一一七一	ビザンティン帝国とヴェネティアの断交
一二〇四	第4回十字軍のコンスタンティノポリス占領 ビザンティン帝国いったん滅亡

西暦	関連事項
一〇六六	ノルマンディー公ウィリアム、イングランドを征服し、ノルマン朝はじまる
一〇九六	第1回十字軍
一一二七	南宋建国
一一四七	第2回十字軍
一一六九	サラディン、アイユーブ朝を樹立
一一八七	第2次ブルガリア帝国おこる
一一八九	第3回十字軍
一一九二	源頼朝、征夷大将軍になり、鎌倉幕府を開く（諸説あり）

一二六一	ニカイア帝国のコンスタンティノポリス占領 ラテン帝国滅亡。ビザンティン帝国再建。パライオロゴス朝成立
一三三一	オスマン帝国（オスマン・トルコ）、ニカイアを占領
一三四〇	アンドロニコス3世、エピロス併合

一二一九	ジンギス・ハンの西征
一二三四	モンゴル、金を滅ぼす
一二五八	アッバース朝滅亡
一二七一	フビライ、元王朝建設
一二七九	南宋滅亡
一二八二	ハプスブルク家のオーストリア進出
一二九九	オスマン朝成立
一三〇三	イル・ハン国軍、シリアでマムルーク朝に敗北
一三三三	鎌倉幕府滅亡
一三三六	後醍醐天皇、吉野に移る。南北朝時代へ
一三四七	ペスト大流行
一三六八	明建国

西暦	事　項
一三八九	コソヴォの戦い。東欧連合軍がオスマン帝国に敗北
一三九六	オスマン帝国、コンスタンティノポリスを包囲。ニコポリスの戦い
一三九九	マヌエル2世、西欧へ救援依頼の旅へ出立
一四二二	オスマン帝国、コンスタンティノポリスを包囲
一四二八	マムルーク朝がキプロスを占領
一四五三	東ローマ帝国滅亡

西暦	関連事項
一三七〇	ティムール帝国成立
一三七八	教会大分裂により、ローマとアヴィニョン両方に教皇が立つ(～一四一七)
一四〇二	ティムール、アンカラの戦いでオスマン軍を破る
一四〇五	鄭和の大遠征
一四一二	オスマン帝国再興
一四五三	英仏の百年戦争終結

＊この作品は、二〇〇八年三月にPHP研究所より刊行された『［新訳］ローマ帝国衰亡史　上・下〈普及版〉』を加筆・修正したものである。

＊本書に掲載の「解説」は、ギボンの原著『ローマ帝国衰亡史』の記述に準拠する形で、編訳者がまとめたものである。

＊本書の本文および巻末の「東西ローマ帝国皇帝表」「ローマ帝国年表」に登場する各種年号には、諸説あるもの、推定のものを含む。

編訳者紹介

中倉玄喜（なかくら　げんき）

1948年、長崎県平戸市生まれ。高知大学文理学部化学科卒。翻訳家。訳書は、エドワード・ギボン著『〈新訳〉ローマ帝国衰亡史』、ルイジ・コルナロ著『無病法』、ユリウス・カエサル著『〈新訳〉ガリア戦記』（ともにPHP研究所）がある。

編集協力——月岡廣吉郎
図版製作——いのうえ しんぢ

PHP文庫　［新訳］ローマ帝国衰亡史

2020年6月18日　第1版第1刷
2024年9月12日　第1版第7刷

著　者　エドワード・ギボン
編訳者　中　倉　玄　喜
発行者　永　田　貴　之
発行所　株式会社PHP研究所
東京本部　〒135-8137　江東区豊洲5-6-52
ビジネス・教養出版部　☎03-3520-9617（編集）
普及部　☎03-3520-9630（販売）
京都本部　〒601-8411　京都市南区西九条北ノ内町11
PHP INTERFACE　https://www.php.co.jp/
組　版　月　岡　廣　吉　郎
印刷所
製本所　大日本印刷株式会社

ISBN978-4-569-90063-6

PHP文庫

最強の教訓！世界史

神野正史 著

決して「戦略」を見失わず、ドイツ統一を達成したビスマルク。片や連戦連勝なれど戦略を見失い失敗した上杉謙信――偉人の叡智に学ぶ。

PHP文庫

こんなに面白かった

古代史「謎解き」入門

関裕二 著

「『日本書紀』は何のために書かれたのか？」など、古代史の入門者に向けてその謎解きのノウハウを、ユニークな視点で解説した一冊！